Online-Shopping in Argentinien und Mexiko

Europäische Hochschulschriften

Publications Universitaires Européennes
European University Studies

Reihe II
Rechtswissenschaft

Série II Series II
Droit
Law

Bd./Vol. 4225

PETER LANG
Frankfurt am Main · Berlin · Bern · Bruxelles · New York · Oxford · Wien

Elke Stoffmehl

Online-Shopping in Argentinien und Mexiko

Eine Untersuchung
des Verbrauchervertragsrechts
mit Blick auf das deutsche Recht
unter Berücksichtigung europarechtlicher
Bezüge

PETER LANG
Europäischer Verlag der Wissenschaften

Bibliografische Information Der Deutschen Bibliothek
Die Deutsche Bibliothek verzeichnet diese Publikation in der Deutschen Nationalbibliografie; detaillierte bibliografische Daten sind im Internet über <http://dnb.ddb.de> abrufbar.

Zugl.: Münster (Westfalen), Univ., Diss., 2004

Dissertation der Rechtswissenschaftlichen Fakultät der Westfälischen Wilhelms-Universität zu Münster

Erstgutachter:	Prof. Dr. Thomas Hoeren
Zweitgutachter:	Prof. Dr. Dr. h.c. (H.) Reiner Schulze
Dekanin:	Prof. Dr. Ursula Nelles
Tag der mündlichen Prüfung:	02. November 2004

D 6
ISSN 0531-7312
ISBN 3-631-54199-6

www.peterlang.de

Vorwort

Die vorliegende Arbeit hat im Wintersemester 2004/05 der Rechtswissenschaftlichen Fakultät der Westfälischen Wilhelms-Universität zu Münster als Dissertation vorgelegen. Die Dissertation widmet sich der Untersuchung und Beurteilung des vertraglichen Verbraucherschutzes im Electronic Commerce in Argentinien und Mexiko mit Blick auf die deutsche Rechtslage unter Berücksichtigung europarechtlicher Bezüge. Rechtsprechung und Literatur sind bis einschließlich Februar 2004 berücksichtigt.

Die Auswahl der beiden lateinamerikanischen Länder folgt einerseits aus der wirtschaftlichen Bedeutung ihrer Märkte. Mexiko und Argentinien stellen neben Brasilien in Lateinamerika die größten E-Business-Märkte dar. Andererseits besteht in Argentinien und Mexiko eine unterschiedlich weit entwickelte an die neuen Vertriebswege angepasste Gesetzeslandschaft, die exemplarisch die Situation in Lateinamerika wiederspiegelt und hier aufgezeigt wird.

Bestärkt wurde ich in meiner Idee, das argentinische und mexikanische Verbraucherschutzrecht sozusagen als „Aufhänger" für die vorliegende Studie zu nehmen, durch meinen Doktorvater Herrn Prof. Dr. Thomas Hoeren. Herrn Prof. Dr. Thomas Hoeren möchte ich für die Betreuung und Begutachtung der Arbeit meinen ganz persönlichen herzlichen Dank aussprechen.

Mein Dank für das Zustandekommen dieser Dissertation gilt natürlich auch meinen Eltern, die immer „ein offenes Ohr" für mich hatten und mir die Arbeit durch ihre Unterstützung ermöglichten. Nicht zuletzt möchte ich meinem Bruder Thomas danken, der immer wieder einen kritischen Blick auf meine Entwürfe geworfen hat.

Düsseldorf, im April 2005 — Elke Stoffmehl

Inhaltsübersicht

Inhaltsverzeichnis

Abkürzungsverzeichnis

a.A.	anderer Ansicht
ABl. EG	Amtsblatt der Europäischen Gemeinschaften
Abs.	Absatz
AcP	Archiv für civilistische Praxis
AG	Amtsgericht
AGB	Allgemeine Geschäftsbedingungen
AGBG	Gesetz über Allgemeine Geschäftsbedingungen
AJAG	Argentinisch-Deutsche-Juristenvereinigung
AK	Alternativkommentare
ALADI	Asociación Latinoamericana de Integración
Alfa-Redi	Revista de Derecho Informático
arg.	argentinisch
Art.	Artikel
AT	Allgemeiner Teil
Aufl.	Auflage
BB	Der Betriebs Berater
Begr.	Begründung
BGB	Bürgerliches Gesetzbuch
BGB-InfoV	Verordnung über Informations- und Nachweispflichten nach bürgerlichem Recht
BGBl.	Bundesgesetzblatt
BGH	Bundesgerichtshof
BGHZ	Amtliche Sammlung der Entscheidungen in Zivilsachen des Bundesgerichtshofs
B.O.	Bolitín Oficial de la República Argentina
B.O.E.	Bolitín Oficial del Estado
BR-Drs.	Bundes-Ratsdrucksache
B2B	Business to Business
B2C	Business to Consumer
BT-Drs.	Bundestags-Drucksache
BTX	Bildschirmtext
BVerfG	Bundesverfassungsgericht
BVerfGE	Amtliche Sammlung der Entscheidungen des Bundesverfassungsgerichts
c.	contra
ca.	circa
C.C.	Código Civil
C.Com.	Código de Comercio

CEPAL	Comisión Económica para América Latina y el Caribe
CICOMRA	Cámara de Informática y Comunicaciones
CISG	Übereinkommen der Vereinten Nationen über Verträge über den internationalen Warenkauf
CNCiv.	Cámara Nacional de Apelaciones en lo Civil
CNFedCont.-Adm.	Cámara Nacional de Apelaciones en lo Contencioso Administrativo Federal
CODIAC	Grupo Convergencia Digital A.C.
Cofetel	Comisión Federal de Telecomunicaciones
Coladic	Consejo Latinoamericano de Estudiosos del Derecho Internacional y Comparado
Const.Nac.	Constitución de la Nación Argentina
CR	Computer und Recht
CRi	Computer und Recht International
C2C	Consumer to Consumer
DAC	Development Assistance Committee
DB	Der Betrieb
Decr.Leg.	Decreto Legislativo
ders.	derselbe
d. h.	das heißt
Disp.	Disposición
DNCI	Dirección Nacional de Comercio Interior
D.O.	Diario Oficial
D.O.F.	Diario Oficial de la Federación
Dok.	Dokument
DStR	Deutsches Steuerrecht
EcomDer	Congreso Internacional por Internet sobre Aspectos Jurídicos del Comercio Electrónico
EG	Europäische Gemeinschaften
EGV	Vertrag zur Gründung der Europäischen Gemeinschaft
Einf. v.	Einführung vor
Einl.	Einleitung
e-mail	electronic mail
endg.	endgültig
EnTel	Empresas Nacionales de Telecomunicación Estatales
EP	Principles of

	European Contract Law
EU	Europäische Union
EuGH	Gerichtshof der Europäischen Gemeinschaften
EuGVO	Verordnung (EG) Nr. 44/2001 des Rates über die gerichtliche Zuständigkeit und die Anerkennung und die Vollstreckung gerichtlicher Entscheidungen in Zivil- und Handelssachen
EuGVÜ	Europäisches Übereinkommen über die gerichtliche Zuständigkeit und die Vollstreckung gerichtlicher Entscheidungen in Zivil- und Handelssachen
EuZW	Europäische Zeitschrift für Wirtschaftsrecht
EVÜ	Europäisches Übereinkommen über das auf vertragliche Schuldverhältnisse anwendbare Recht
EWG	Europäische Wirtschaftsgemeinschaft

Exp.	Expediente
f., ff.	folgende, fortfolgende
FARL	Fernabsatzrichtlinie
FernAbsG	Fernabsatzgesetz
FIW	Forschungsinstitut für Wirtschaftsverfassung und Wettbewerb e.V.
FS	Festschrift
Fn.	Fußnote
GG	Grundgesetz
G.O.	Gaceta Oficial
G2B	Government to Business
G2C	Government to Consumer
G2G	Government to Government
HGB	Handelsgesetzbuch
h. M.	herrschende Meinung
Hrsg.	Herausgeber
hrsg.	herausgegeben
HWiG	Gesetz über den Widerruf von Haustürgeschäften und ähnlichen Geschäften
INEGI	Instituto Nacional de Estadística, Geografía y Informática
ITU	International Telecommunication Union
i.S.d.	im Sinne der/des
i.V.m.	in Verbindung mit

JCP	Journal of Consumer Policy
JurPC	Internetzeitschrift für Rechtsinformatik
JuS	Juristische Schulung
JZ	Juristenzeitung
KOM	Kommission der Europäischen Gemeinschaften
K&R	Kommunikation & Recht
LDC	Ley de defensa del consumidor
LFPC	Ley Federal de Protección al Consumidor
Lit.	Literatur
LL	Revista Jurídica Argentina La Ley
LLealCom	Ley de Lealtad Comercial
LODC	Ley orgánica de defensa del consumidor
MDR	Monatsschrift für deutsches Recht
MDStV	Mediendienste-staatsvertrag
mex.	mexikanisch
MHG	Gesetz zur Regelung der Miethöhe
Mio.	Millionen
MMR	Multimedia und Recht
MünchKommBGB	Münchener Kommentar zum Bürgerlichen Gesetzbuch
m.w.N.	mit weiteren Nachweisen
NJW	Neue Juristische Wochenschrift
N°	Number, número
Nr.	Nummer
Núm.	número
ODTE	Consumers International Office for Developed and Transition Economies
OECD	Organization for Economic Co-operation and Development
OLG	Oberlandesgericht
OR	Schweizerisches Obligationenrecht
PAnGV	Preisangabenverordnung
PC	Personal Computer
RabelsZ	Zeitschrift für ausländisches und internationales Privatrecht
REDI	Revista Electrónica de Derecho Informático
RegE	Regierungsentwurf
Rspr.	Rechtsprechung
RIW	Recht der internationalen Wirtschaft
RL	Richtlinie
Rn.	Randnummer
R.O.	Registro Oficial del Ecuador
Rs.	Rechtssache
S.	Seite

S.A.	Sociedad Anónima	VDZ	Verband Deutscher Zeitschriftenverleger
SC Mendoza	Suprema Corte de Justicia de la Provincia de Mendoza	VerbrKrG	Verbraucherkreditgesetz
SECOM	Secretaría de Comunicaciones	Vgl.	vergleiche
Slg.	Sammlung	VuR	Verbraucher und Recht
Sup.	Suplemento	Web-Dok.	Web-Dokument
st.	ständige	WM	Wertpapier-Mitteilungen
TDG	Teledienstegesetz	WSA	Wirtschafts- und Sozialausschuss
Telmex	Teléfonos de Méxiko S.A. de C.C.	z.	zum
u. a.	und andere, unter anderem	z. B.	zum Beispiel
UNCITRAL	United Nations Commission on International Trade Law	ZEuP	Zeitschrift für europäisches Privatrecht
UNCTAD	United Nations Conference on Trade and Development	ZIP	Zeitschrift für Wirtschaftsrecht
v.	vom	ZRP	Zeitschrift für Rechtspolitik
		ZUM	Zeitschrift für Urheber- und Medienrecht

1. Teil: Einleitung

A. Einführung, Gegenstand und Ziel der Studie

I. Einführung

Die technischen Erfolge und Entwicklungen der letzten Jahrzehnte stellen eine tragende Säule des Reichtums und des hohen Lebensstandards in den Industrieländern dar. Die Nutzung der neuen Informations- und Kommunikationstechnologien und der durch das Internet ermöglichte elektronische Handel, der auch als elektronischer Geschäftsverkehr bezeichnet wird (Electronic Commerce, kurz: E-Commerce), sind ein Motor des wirtschaftlichen Wachstums und der Produktivität dieser Länder.

Die Unterscheidung zwischen Industrieländern und Entwicklungsländern[1] zeigt sich besonders in der technischen Entwicklung und somit auch im Bereich der neuen Medien und der Bedeutung ihrer Nutzung für den neuen Verkaufsweg im E-Commerce. Die globale Vernetzung der einzelnen Staaten stellt gerade für die Entwicklungsländer – auch in Lateinamerika - eine große Herausforderung dar, da es oft an den nötigen finanziellen Mitteln zum Ausbau der neuen Informationstechnologien mangelt und diese Länder somit den rasanten Veränderungen im technischen Bereich oft hinterherhinken. Die ungleiche Verteilung von Informations- und Kommunikationstechniken weltweit und die unterschiedlichen Zugangsmöglichkeiten verschiedener Gesellschaftsgruppen zu den neuen Techniken und Informationen wird als „digitale Spaltung" bezeichnet.[2]

Gleichzeitig sind die neuen Medien für die Entwicklungsländer eine Chance, sich durch eine Verbindung mit den internationalen Netzen einen verbesserten sozialen und ökonomischen Entwicklungsstand und somit höheren Wohlstand durch einen gesteigerten Grad an Kommunikation und durch Infor-

---

1 Der Entwicklungsstand eines Landes wird an unterschiedlichen Kriterien gemessen, insbesondere an wirtschaftlichen, sozialen und soziokulturellen Merkmalen; vgl. hierzu etwa *Nohlen,* S. 221ff., 357ff.. Unter Berücksichtigung derartiger Kriterien hat etwa das DAC als der zuständige Auschuss der OECD eine Liste erstellt, in der nach wie vor sämtliche lateinamerikanische Länder als Entwicklungsländer erfasst werden; vgl. Liste Stand 1/2003: www.oecd.org/dataoecd/35-/9/2488552.pdf.

2 Vgl. Schlussbericht der *Enquete-Kommission* – Globalisierung der Weltwirtschaft, Kapitel 5.5, S. 262ff. m.w.N.. Sie wird auch als „digital divide" bezeichnet, vgl. etwa *Hilbert,* Desarrollo productivo N° 104, S. 31f. m.w.N. und als „brecha digital", so etwa *Iriarte,* Alfa-Redi N° 105, 6/2002; *CODIAC,* Boletín de política informática 2001, N° 5.

mationen zu verschaffen.[3] In wirtschaftlicher Hinsicht schafft gerade das Internet die Möglichkeit Geschäftsabschlüsse im Rahmen des E-Business weltweit zu tätigen, weshalb der elektronische Geschäftsverkehr als entscheidender Faktor für einen florierenden Außenhandel gesehen wird.[4] Pessimistische Stimmen befürchten eher eine Vergrößerung der digitalen Spaltung und eine Verschärfung der sozialen und ökonomischen Unterschiede.[5] Über mögliche Vor- und Nachteile soll im Rahmen dieser Studie aber nicht diskutiert werden. Festgehalten werden soll aber, dass in tatsächlicher Hinsicht Zahlen einen eindeutigen Eindruck über den derzeitigen Rückstand der Informations- und Kommunikationstechnologien und des E-Commerce in Lateinamerika gegenüber den Industrienationen vermitteln.[6]

II. Gegenstand der Studie

Der zunehmende Einsatz des Internet führt weltweit zu zahlreichen Rechtsänderungen, da sich aufgrund der neuen grenzüberschreitenden sozialen und wirtschaftlichen Situation zahlreiche neue juristische Fragestellungen ergeben und somit die Rechtssysteme beeinflusst.[7] Nötig ist für den elektronischen Geschäftsverkehr daher neben der technischen Infrastruktur auch ein ausreichender rechtlicher Rahmen für den E-Commerce, damit beispielsweise potentielle Ge-

---

3 Vgl. etwa speziell zu Mexiko: *Zermeño González*, Boletín de política informática 2002, N° 3. Vgl. zu Lateinamerika die Studie der *CEPAL*, Globalización y desarrollo, Kapitel 7, S. 215ff..

4 Vgl. die Begründung der gemeinsamen Resolution 43/00 v. 28.06.2000 der Mercosurländer, in der die besondere Bedeutung des elektronischen Geschäftsverkehrs für das Wachstum des gemeinsamen Marktes betont wird: *„Que el fomento y desarrollo del comercio electrónico es de significativa importancia para la inserción del MERCOSUR en el mundo del nuevo milenio, como así también para el crecimiento de su comercio exterior.“*.

5 Kritisch etwa zu der Frage, ob die Internetnutzung den Außenhandel von Entwicklungsländern verbessern kann *Afemann*, in: Engels/Nielinger, S. 21, 35ff.. Vgl. zu dieser Thematik auch die BT-Drs. 14/9200, S. 259ff. mit Nachweisen.

6 Vgl. *CEPAL*, Electronic Commerce, International Trade and Employment: Rewiew of the Issues, 2002; vgl. auch die Studie der *UNCTAD*, E-Commerce and Development Report 2002 und den E-Commerce and Development Report 2003. Speziell zu Lateinamerika etwa *Hilbert*, Desarrollo productivo N° 104 m.w.N.; *ders.*, Desarrollo productivo N° 100, 103-114.

7 Beispielsweise Fragen des Datenschutz-, Wettbewerbs-, Urheber-, Vertrags-, Haftungs- und des Internationalen Privatrechts; vgl. hierzu den kurzen Überblick von *Hoeren*, FIW-Schriftenreihe 2001 (184), 19-37.

schäftspartner oder Verbraucher neben der technischen Sicherheit auch Rechtssicherheit genießen.

Voraussetzung für jede wirtschaftliche Betätigung im Internet soll der Abschluss von Rechtsgeschäften sein.[8] Gegenstand dieser Studie ist der vertragliche Verbraucherschutz im Online-Shopping in Argentinien und Mexiko mit Blick auf das deutsche Recht unter Berücksichtigung europarechtlicher Bezüge. Die in Deutschland seit der Verbraucherschutzbotschaft des US-amerikanischen Präsidenten John F. Kennedy vom 15.3.1962[9] in der Literatur geführte Diskussion um den „Schutz der schwächeren Vertragspartei",[10] die in einer verstärkten legislativen Tätigkeit mündete[11] und auch in Mexiko 1975 zum Erlass eines spe-

---

8 Verträge, die über das Internet geschlossen werden, werden unabhängig von ihrem Vertragsgegenstand als elektronische Verträge („contratos electrónicos") bezeichnet. Ein elektronischer Vertrag wird nach h. M. durch den Einsatz eines elektronischen Mediums, das nicht notwendigerweise ein Computer sein muss, geschlossen; vgl. *Carrion*, S. 2; *Galdós*, Alfa-Redi N° 102, 3/2002, 1, 6f; *Lorenzetti*, S. 173. Nach einer restriktiveren Mindermeinung handelt es sich nur um solche Verträge, die durch die Transaktion zweier Computer zustande kommen; *Brizzio*, LL 2000-A-921. Der elektronische Vertrag ist von dem sogenannten Informatikvertrag („contrato informático") zu unterscheiden. Dieser wird durch seinen Vertragsgegenstand definiert, bei dem es sich um eine Informatikware oder Informatikdienstleistung handelt, beispielsweise Verträge über Hardware, Software, Entwicklung einer Webseite oder den Internetzugang; zum Vertragsabschluss muss nicht notwendigerweise das Internet eingesetzt werden; vgl. *Carrion*, S. 2f.; *Fuentes Pinzón*, S. 2ff.; *Galdós*, Alfa-Redi N° 102, 3/2002, 1, 6f; *Molina Quiroga*, S. 1; *Mosset Iturraspe*, LL 1991-A-402; *Sendoya*, S. 1; SC Mendoza, sala I, febrero 5-990, „Sistex S.A. c. Oliva S.A., Valerio" v. 05.02.1990, LL-1991-A-402ff..

9 Public Papers of the United States, John F. Kennedy, Containing the Public Messages, Speeches and Statements of the President, January 1 to December 31, 1962, 235-243.

10 Vgl. etwa *von Hippel*, Der Schutz des Schwächeren, 1982. Siehe ferner *Weitnauer*, Der Schutz des Schwächeren im Zivilrecht, 1975. Allerdings gehen diese beiden Studien über den Bereich des Verbraucherschutzes hinaus.

11 Seit der Verbraucherschutzbotschaft hat sich eine weltweite Verbraucherschutzbewegung entwickelt, die nicht nur in zahlreichen Einzelstaaten, sondern auch auf übernationaler Ebene in den vergangenen Jahrzehnten Erfolg verbuchen konnte. Hier ist beispielsweise die 1985 von der UNO verabschiedete Verbraucherschutzcharta (Resolution der Generalversammlung 39/248 v. 9.4.1985) zu nennen, im Internet zu finden unter: http://www.un.org/documents/ga/res/39/a39r248.htm. Einen kurzen Überblick über die deutsche Verbraucherschutzpolitik in den 60er und 70er Jahren und der Verbraucherschutzgesetzgebung gibt *Micklitz*, in: MünchKommBGB, v. §§ 13,14, Rn. 15 ff. und auf europäischer Ebene *ders.*, in: MünchKommBGB, v. §§ 13,14, Rn. 23ff. jeweils mit Nachweisen.

ziellen Verbraucherschutzgesetzes führte[12] und in Argentinien mit Verzögerung die Theorie und Gesetzgebung in den 80er und 90er Jahren beschäftigte,[13] bekam erneuten Antrieb mit Einsatz des Internet im E-Commerce.[14] Ausdruck der

---

[12] Ley Federal de Protección al Consumidor, D.O.F. v. 22.12.1975. Einen kurzen Überblick über die Entwicklung des Verbraucherschutzes in Mexiko gibt *Pacón*, S. 133ff m.w.N.. Der Gedanke des Verbraucherschutzes findet sich bereits in Art. 28 III der mexikanischen Verfassung von 1917. Begünstigt wurde der Erlass eines Verbraucherschutzgesetzes in Mexiko aber erst durch die wirtschaftliche Krise in den 70er Jahren. Trotz der ähnlichen wirtschaftlichen Situation zahlreicher lateinamerikanischer Länder, blieb Mexiko mit dem Erlass aber eine Ausnahme; vgl. hierzu *Arrighi*, JCP 1992, 179, 186. Erst mit dem Demokratisierungsprozess der 80er Jahre konnte sich der Verbraucherschutz in Lateinamerika entwickeln und führte Anfang der 90er Jahre zu seiner Etablierung durch diverse Verbraucherschutzgesetze in zahlreichen lateinamerikanischen Staaten, beispielsweise in Brasilien: Lei N° 8078 v. 11.9.1990, in Ecuador: Ley 107 v. 18.7.1990, R.O. v. 12.9.1990, in Peru: Decr.Leg. 716 v. 7.11.1991, in Uruguay: Ley 17.189 v. 20.09.1999, D.O. v. 30.09.1999- N° 25368, das durch Ley 17.250 v. 11.08.2000, D.O. v. 17.08.2000 – N° 25583 abgelöst wurde.

[13] Einen kurzen Überblick über die Entwicklung des Verbraucherschutzes in Argentinien geben *Gnielinski*, S. 22ff., 103f.; *Micele*, LL 1994-A-900ff.; *Pacón*, S. 178ff.; *Stiglitz*, JCP 1994, 459-463. Die Entwicklung des Verbraucherschutzes in Argentinien steht in engem Kontext mit der politischen Geschichte des Landes. Geprägt wurde die Politik des Landes im 20. Jahrhundert durch häufige politische Wechsel mit anhaltenden Wirtschaftskrisen und den damit eng verpflochtenen sozialen Konflikten. Das Fehlen einer kontinuierlichen Wirtschaftspolitik und die Lähmung der Wirtschaft durch wiederholte staatliche Eingriffe und nicht zuletzt die Militärdiktatur der 70er Jahre verhinderten zunächst eine sachgerechte Verbraucherschutzpolitik. Erst die Reformen der Wirtschaft unter dem Präsidenten Menem und die Liberalisierung des argentinischen Marktes erforderten neue gesetzliche Maßstäbe mit einer Stärkung der Verbraucherinteressen in dem neuen wirtschaftlichen Gefüge. Allerdings war bereits vor Erlass des nach einem langen parlamentarischen Weg am 15.19.1993 in Kraft getretenen argentinischen Verbraucherschutzgesetzes Nr. 24.240 (B.O. v. 15.10.1993) der Verbraucherschutz anerkannt. Im Zuge des Gesetzeserlasses wurde der Verbraucherschutz auch explizit in die argentinische Verfassung von 1853 in Art. 42 und 43 Const.Nac aufgenommen. Art. 42 Const.Nac. erkennt die Verbraucherrechte an, in Art. 43 Const.Nac. wird den Verbraucherschutzorganisationen eine Aktivlegitimation gewährleistet.

[14] Vgl. beispielsweise in Deutschland: *Gößmann*, MMR 1998, 88-92; *Hoeren/Oberscheidt*, VuR 1999, 371-387; *Horn*, MMR 2002, 209-214; *Löhnig*, NJW 1997, 1688-1689; *Marvitz*, MMR 1998, 188-191; *Meents*, Verbraucherschutz bei Rechtsgeschäften im Internet, 1998; *Reich/Nordhausen*, Verbraucher und Recht im elektronischen Geschäftsverkehr, 2000; *Waldenberger*, BB 1996, 2365-2371. In Argentinien etwa *Becerra*, EcomDer 2000;

Verbraucherschutzdiskussion sind bereits erlassene Bestimmungen zur Regelung des E-Commerce und des vertraglichen Verbraucherschutzes in Deutschland, die maßgeblich von der europäischen Gemeinschaftsgesetzgebung beeinflusst sind,[15] und legislative Bestrebungen in Argentinien[16] und besondere Verbraucherschutznormen in Mexiko[17].

Durch die Internationalisierung des Konsums der Verbraucher wird ferner die Notwendigkeit eines europäischen Verbraucherschutzes dokumentiert. Der Verbraucherschutz hat in der EU ganz allgemein einen hohen Stellenwert erlangt, im Rahmen einer Harmonisierung der Rechtsordnungen in den Mitgliedstaaten der EU ist der Verbraucherschutz eine wesentliche Säule neben Gesellschaftsrecht und Arbeitsrecht geworden.[18] Da gerade im Internethandel immer häufiger Verbraucher an grenzüberschreitenden Geschäften beteiligt sind, wäre daher eine alleinige Betrachtung der deutschen Rechtslage zu eng. Ausdruck dieser Entwicklung ist eine maßgebliche Prägung des deutschen Verbraucherschutzrechts durch das europäische Gemeinschaftsrecht, auch im elektronischen Geschäftsverkehr.[19] Trotz vorhandener verbraucherschützender Richtlinien wird von der Europäischen Kommission in der „Verbraucherpolitischen Strategie 2002-2006" ausdrücklich darauf hingewiesen, dass es in der EU weiterer Maßnahmen des Verbraucherschutzes bedarf, um ein gleichmäßig hohes Verbraucherschutzniveau zu erreichen.[20] Gerade die Akzeptanz des Verbrauchers vom Internet zum Erwerb von Waren hänge nach wie vor entscheidend davon ab, dass sein Vertrauen in diese Form des Handelns gestärkt werde. Der Verbraucher habe nach wie vor Vorbehalte gegen Online-Einkäufe, so dass ihr Anteil an den Umsätzen im Einzelhandel nur 2 % ausmache.[21] Dabei muss berücksichtigt werden, dass der Verbraucher trotz der voranschreitenden Rechtsvereinheitlichung aufgrund bestehender unterschiedlicher Regelungen in den einzelnen

---

Lorenzetti, LL 2000-D-1003; *ders.*, S. 217-257; *Parellada*, XIV Congreso Internacional del Coladic 2001, 89-96.

15 Vgl. 3. Teil II. 2. c).

16 Vgl. 3. Teil II. 2. a).

17 Vgl. 3. Teil II. 2. b).

18 Vgl. *Hommelhoff*, S. 2.

19 Vgl. zur Veränderung des deutschen Verbraucherschutzrechts unter dem Einfluss der europäischen Gemeinschaftsgesetzgebung etwa *Fischer*, VuR 2003, 20-25.

20 Verbraucherpolitische Strategie 2002-2006 v. 07.05.2002, KOM(2002) 208 endg., ABl. EG 2002, Nr. C 137/2-23; im Internet zu finden unter (56 Seiten im PDF-Format): http://europa.eu.int/eur-lex/de/com/cnc/2002/com2002_0208de01.pdf (nachfolgend: „Verbraucherpolitische Strategie" mit Angabe der Seitenzahlen der Internetversion), S. 13. Siehe auch das Grünbuch zum Verbraucherschutz in der Europäischen Union, KOM(2001) 531 endg..

21 Verbraucherpolitische Strategie, S. 16.

Mitgliedstaaten weiterhin besondere Vorbehalte hat, Verträge mit grenzüberschreitendem Charakter abzuschließen.[22] Im Rahmen des im Jahre 2000 verabschiedeten Aktionsplans *e*Europe[23] hat die Kommission daher eine Strategie für die Begründung des Vertrauens der Verbraucher in Online-Geschäfte entwickelt, die auf vier Elementen beruht: gute *e*Commerce-Kodizes, gute alternative Streitbeilegungsverfahren, klare und kohärente Rechtsvorschriften sowie wirksame Durchsetzung.[24]

Trotz des nachlassenden Enthusiasmus und der zahlreichen Firmeninsolvenzen im neuen Marktsegment sowie bereits bestehender unterschiedlich ausgestalteter Verbraucherschutznormen ist und bleibt die Thematik des Verbraucherschutzes also im elektronischen Geschäftsverkehr auf der Ebene des argentinischen, des mexikanischen, des deutschen ebenso wie auf der des europäischen Gemeinschaftsrechts weiterhin aktuell, auch wenn die Verbraucherpolitik an Impetus verloren hat.[25]

III. Ziel der Studie

Mit dieser rechtsvergleichenden Dissertation, die als „Anknüpfungspunkt" der Untersuchung die Rechtslage in Argentinien und Mexiko hat, werden im Wesentlichen drei Ziele verfolgt:

- Zunächst wird aufgezeigt und analysiert, inwieweit sich die Probleme, die sich im Rahmen eines Vertragsschlusses via Internet stellen, von dem argentinischen und mexikanischen Rechtssystem sachgerecht erfassen lassen. Soweit die-

---

22 Verbraucherpolitische Strategie, S. 10: „Nur 31 % der Verbraucher halten sich bei einem grenzübergreifenden Streit mit einem Lieferanten für ausreichend geschützt, bei einem vergleichbaren Streit innerhalb des eigenen Landes sind es hingegen 56 % (EOS GALLUP EUROPE, „Consumers survey", Januar 2002) Auch die Unternehmen wissen oft nicht, wie sie bei Verkäufen an Verbraucher in anderen Mitgliedstaaten vorgehen sollen. Deshalb muss die Europäische Union dafür sorgen, dass das Vertrauen der Verbraucher in grenzüberschreitende Geschäfte durch einen rechtlich geregelten und praktizierten Binnenmarkt gestärkt wird. Voraussetzung hierfür sind einfachere und einheitlichere Rechtsvorschriften, ein ähnlicher Durchsetzungsgrad in der gesamten EU, leichter zugängliche Verbraucherinformationen, Verbraucherbildung und wirksame Rechtsschutzverfahren." Siehe auch Grünbuch zum Verbraucherschutz in der Europäischen Union, KOM(2001) 531 endg., S. 11.

23 Der Aktionsplan eEurope ist im Internet zu finden unter: http://europa.eu.int/information_society/eeurope/action_plan/pdf/actionplan_de.pdf.

24 Verbraucherpolitische Strategie, S. 16.

25 Die Verbraucherpolitische Strategie 2002-2006 etwa beschränkt sich im Wesentlichen darauf den vorhandenen Bestand an Rechtsregeln zu perfektionieren.

se Rechtsordnungen einer Modifizierung bedürfen, wird untersucht werden, inwieweit das deutsche Zivilrecht zur Anpassung dienen könnte, um den Besonderheiten des Einsatzes des Kommunikationsmediums zum Vertragsschluss gerecht zu werden. Gleichzeitig werden die Unterschiede der Rechtsordnungen im Bereich des Zustandekommens von Verträgen aufgezeigt und analysiert, ob und inwieweit diese Unterschiede speziell für Vertragsschlüsse im elektronischen Geschäftsverkehr unter Beteiligung von Verbrauchern Lösungsansätze bieten, die in das deutsche Recht Eingang finden könnten.

- Die Studie erschöpft sich aber nicht in der Erörterung dieser Fragestellungen. Im Mittelpunkt der folgenden Untersuchung steht ferner eine Darstellung ausgewählter rechtlicher Besonderheiten des argentinischen und mexikanischen vertraglichen Verbraucherschutzrechtes und ihr Adaptionswert für das deutsche Recht am Beispiel des „Online-Shopping". Eine vollständige und lückenlose Darstellung sämtlicher verbraucherschutzrechtlicher Regelungen wird mit dieser Studie nicht angestrebt, vielmehr werden punktuell besondere Verbraucherschutzinstrumente auf ihre Tauglichkeit im E-Commerce untersucht.
- Um dem Thema der vorliegenden Arbeit gerecht zu werden, ist ferner eine Beschäftigung mit europarechtlichen Bezügen mit dem Ziel einer Harmonisierung der verschiedenen mitgliedstaatlichen Regelungen der EU unerlässlich. Die derzeit geltenden Verbraucherschutzbestimmungen der Europäischen Gemeinschaft sind dadurch gekennzeichnet, dass diese keine allumfassenden Regelungen für Geschäftspraktiken als zentrales Anliegen in Sachen Verbraucherschutz bieten, sondern sich auf spezifische punktuelle Regelungen beschränken. Vertragliche Rechte wurden dem Verbraucher etwa durch die Fernabsatzrichtlinie und die E-Commerce-Richtlinie im Hinblick auf die Anforderungen der zu gewährenden Informationen eingeräumt. Die aktuelle Rechtssituation beruht aber auf dem Mindeststandardprinzip, das es den einzelnen Mitgliedstaaten erlaubt, neben den einheitlich zu erlassenden Bestimmungen weitere Bestimmungen zu erlassen, die ein höheres Verbraucherschutzniveau gewähren. Ferner ist die rechtliche Thematik des Zustandekommens von Vertragsschlüssen im Internet weiterhin den einzelnen nationalen Rechtsordnungen vorbehalten. Eine Harmonisierung der nationalen Rechtsordnungen der EU ist aber als entscheidender Faktor zur Erhöhung des Verbrauchervertrauens und zum wirtschaftlichen Wachstum des E-Commerce anzusehen.

Es ist daher nicht verwunderlich, dass in der ersten Zielsetzung der „Verbraucherpolitischen Strategie" festgelegt wird, dass ein gleichmäßig hohes Verbraucherschutzniveau geschaffen werde müsse. So heißt es wörtlich: „Wir müssen noch intensiver darauf hinwirken, dass Verbraucher und Unternehmen die Vorteile des Binnenmarkts nutzen können. Von entscheidender Bedeutung hierfür ist, dass in ganz Europa gemeinsame Rechtsvorschriften und Verfahren zum Schutz der Verbraucher eingeführt werden. Wir dürfen es also nicht dabei belassen, dass in jedem Mitgliedstaat andere Regelungen gelten, sondern müssen auf ein einheitlicheres Umfeld für den Verbraucherschutz in der gesamten EU hinarbeiten."[26] Die Europäische Kommission wechselt programmatisch von der Mindestharmonisierung zur Vollharmonisierung als neues Politikziel.

Vor diesem Hintergrund werden konkrete Harmonisierungsvorschläge im Hinblick auf den vertraglichen Verbraucherschutz auf europäischer Ebene unterbreitet. Aufgabe der Untersuchung ist aber nicht ein umfassendes Konzept zu entwerfen, sondern vielmehr die Auseinandersetzung mit einzelnen Verbraucherschutzinstrumenten und punktuellen Problemen des allgemeinen Vertragsrechts unter Berücksichtigung der jüngsten Tendenzen und Projekte zur Harmonisierung im privatrechtlichen Bereich. Die Frage danach, in welcher Form eine Harmonisierung auf EU-Ebene stattfinden soll, etwa durch ein eigenständiges Verbraucherschutzgesetzbuch[27] oder im Rahmen eines einheitlichen europäischen Vertragsgesetzbuches[28] oder eines Europäischen Zivilgesetzbuches[29] würde den Rahmen der Ausarbeitung übersteigen.[30]

B. Gang der Untersuchung

Im Folgenden werden in dem 2. Teil der Arbeit die Grundlagen, die Entwicklung und die wirtschaftliche Bedeutung des elektronischen Geschäftsverkehrs in Argentinien und in Mexiko dargestellt.

Der 3. Teil der Studie befasst sich mit der Konzeption des argentinischen, mexikanischen und deutschen Verbrauchervertragsrechts. In diesem Abschnitt werden sowohl die Gründe und die Entwicklung des vertraglichen Verbraucherschutzrechts, speziell auch im elektronischen Geschäftsverkehr aufgezeigt. Daraufhin folgt eine Analyse des argentinischen, mexikanischen und des deutschen Verbraucherbegriffs im Hinblick auf den Online-Shopping-Bereich. Da der

---

26 Verbraucherpolitische Strategie, S. 12.

27 Siehe dazu *Medicus*, JuS 1996, 761, 766f.; kritisch hingegen *Roth*, JZ 1999, 529, 533; *Roth*, JZ 2001, 475, 485f..

28 Vgl. hierzu jüngst *Stathopoulos*, ZEuP 2003, 243, 245f..

29 Vgl. dazu insbesondere die Entschließung des Europäischen Parlaments über die Angleichung des Privatrechts der Mitgliedstaaten vom 26.05.1989, ABl. EG 1989, Nr. C 158/400, abgedruckt in ZEuP 1993, 613-615; die Entschließung des Europäischen Parlaments zur Angleichung bestimmter Bereiche des Privatrechts der Mitgliedstaaten, abgedruckt in ZEuP 1995, 669. Siehe auch *Schmid*, JZ 2001, 674ff; *Sonnenberger*, JZ 1998, 982, 988, jeweils m.w.N..

30 *Micklitz*, VuR 2003, 2, 9f. sieht in dem sukzessiv und detailliert ausgestalteten europäischen Verbrauchervertragsrecht Innovationspotential für ein europäisches Privatrecht.

deutsche Verbraucherbegriff maßgeblich durch das europäische Gemeinschaftsrecht geprägt ist, ist es unerlässlich den gemeinschaftsrechtlichen Verbraucherbegriff in die Untersuchung miteinzubeziehen.

Im Anschluss hieran werden in dem 4. Teil der Studie der Vertragsschluss im Online-Shopping nach argentinischem und mexikanischem Recht analysiert und untersucht, inwieweit das deutsche Recht für eine Überarbeitung der beiden Rechtssysteme dienen könnte. Gleichzeitig werden Unterschiede in den Rechtssystemen aufgezeigt und punktuell untersucht, ob es für den deutschen vertraglichen Verbraucherschutz sachdienlich sein könnte, Besonderheiten des argentinischen oder mexikanischen Zivilrechts ins deutsche Vertragsrecht zu integrieren. Beispielsweise wird der Integrationswert der im argentinischen Código Civil geltenden Übermittlungstheorie, die als entscheidenden Zeitpunkt des Vertragsschlusses unter Abwesenden die Abgabe der Annahmeerklärung festlegt, untersucht. Im Hinblick auf den Zeitpunkt des Vertragsschlusses ist hier ferner die Problematik zu analysieren, dass im mexikanischen Verbraucherschutzrecht bestimmte Verträge erst nach Ablauf einer fünftägigen Widerrufsfrist wirksam zustande kommen.

In dem 5. Teil der Studie wird das spezielle Verbraucherschutzinstrument der vorvertraglichen Informationspflichten bei Vertragsschlüssen im Online-Shopping nach argentinischem, mexikanischem und deutschem Verbraucherschutzrecht analysiert. Am Ausgangspunkt der Untersuchung steht eine Gegenüberstellung der Informationsmodelle in den drei Rechtsordnungen. Anschließend wird eine Eignungs- und Effizienzprüfung der vorhandenen und der in Gesetzesprojekte eingebetteten Informationspflichten vorgenommen und ihr Adaptionswert für das deutsche Recht bestimmt. Gleichzeitig werden Überarbeitungsvorschläge für alle drei Rechtsordnungen erarbeitet werden. Am Ende des 5. Teils wird die Untersuchung kurz auf das europäische Gemeinschaftsrecht bezogen werden.

Gegenstand des 6. Teils ist die Fragestellung, ob Angaben auf Webseiten rechtsverbindliche Wirkung haben. Hier wird untersucht werden, ob Webseiten im Sinne der ausdrücklich im argentinischen Verbraucherschutzgesetz anerkannten Publikumsofferte oder als bloße „invitationes ad offerendum" zu qualifizieren sind. Soweit sich eine unterschiedliche rechtliche Qualifikation ergibt, wird analysiert werden, ob eine gesetzliche Regelung zur Publikumsofferte in das deutsche und das europäische Gemeinschaftsrecht zu integrieren ist.

Eine Zusammenfassung der Ergebnisse enthält die Dissertation im abschließenden 7. Teil.

2. Teil: Grundlagen, Entwicklung und wirtschaftliche Bedeutung des elektronischen Geschäftsverkehrs

A. E-Business, E-Commerce und Online-Shopping

„E-Business", „E-Commerce" und „Online-Shopping" sind gern und häufig gebrauchte Schlagworte, wenn es um Handelstransaktionen im Internet geht. Welche Prozesse und Aspekte aber genau angesprochen werden, darin ist man sich uneinig. Zu „E-Commerce" gibt es unzählige verschiedene Definitionsversuche,[31] „Online-Shopping" dagegen wird häufig einfach synonym verwendet. Um die Thematik dieser Arbeit genauer einzugrenzen, sollen nun im Folgenden die Zusammenhänge und Inhalte dieser Begriffe in der gebotenen Kürze erläutert werden.

Mit E-Business sind sämtliche mit Hilfe von Informationstechnologien vollbrachten Geschäftsprozesse innerhalb und außerhalb eines Unternehmens gemeint.[32] Ein Bereich des E-Business ist der E-Commerce,[33] wobei man unter E-Commerce (Elektronischer Geschäftsverkehr) die auf elektronischem Wege realisierte Anbahnung, Aushandelung und/oder Abwicklung von Geschäftstransaktionen zwischen Wirtschaftssubjekten versteht.[34] Im Gegensatz zur allgemeinen weiten Begriffsbestimmung des E-Business liegt der Fokus beim E-Commerce auf der kommerziellen Aktivität zwischen den Marktteilnehmern[35] und betrifft somit den Absatzweg des Unternehmens.

Die einzelnen Transaktionen im E-Commerce lassen sich ferner anhand der beteiligten Subjekte qualifizieren. Im E-Commerce wird in der Praxis im Wesentlichen zwischen zwei Fallgruppen unterschieden:

- Geschäfte zwischen Unternehmen, die über das Internet geschlossen werden, die sogenannte Business to Business Beziehung (B2B),

---

31 Vgl. etwa die Auflistung von *Schindera*, S. 21ff..

32 *Merz*, S. 19; *E-Commerce-Center Handel*, S. 19.

33 Vgl. so *E-Commerce-Center Handel*, S. 19.

34 *Strauß/Schoder*, in: Hermanns/Sauter, 61, 62; vgl. auch *Becker*, S. 635, der diese Definition als „engere" Begriffsbestimmung ansieht, wobei unter E-Commerce im weiteren Sinne „jede Art wirtschaftlicher Tätigkeit auf der Basis elektronischer Verbindungen" zu verstehen sei. Vgl. zu weiteren Definitionen etwa *Merz*, S. 20f.; *Schindera*, S. 23.

35 *Merz*, S. 19, wobei nach Ansicht des Autors die Grenzen zwischen den einzelnen Bereichen fließend seien.

- Geschäfte zwischen Unternehmen und Verbrauchern, die über das Internet geschlossen werden, die sogenannte Business to Consumer Beziehung (B2C).[36]

Im Mittelpunkt der folgenden Untersuchung steht das sogenannte „Online-Shopping“ als wichtigster Teilbereich des E-Commerce, wobei es hier ausschließlich um Transaktionen zwischen Unternehmen und Verbrauchern (B2C) geht. Unter „Online-Shopping“ wird der Vertrieb von Produkten im Internet verstanden, wobei sowohl Warenbestellungen (Hard-Goods) als auch der Vertrieb von digitalisierten Produkten (Soft-Goods) erfasst werden.[37] Zu differenzieren ist zwischen Offline- und Online-Geschäften, die sich nur hinsichtlich der Leistungserbringung unterscheiden. Sowohl Offline- als auch Online-Geschäfte werden „online“ abgeschlossen. Bei den Offline-Geschäften erfolgt die Leistungserbringung im Gegensatz zu den Online-Geschäften in herkömmlicher Weise, beispielsweise durch Lieferung oder Übersendung per Post. Der Kauf von körperlichen beweglichen Waren (Hard-Goods) im Internet ist in seiner Struktur durchaus mit dem herkömmlichen Versandhandel vergleichbar.[38] Im Gegensatz hierzu werden bei den „Online-Geschäften“ nicht-materielle Produkte (Soft-Goods) vertrieben, wobei anders als bei Offline-Geschäften die Leistungserbringung dann „über das Netz“, beispielsweise durch Download von digitalisierbaren Waren, wie Software oder Musikdateien, Audioclips oder Dokumenten erfolgt.[39]

Eine Online-Shopping-Transaktion lässt sich chronologisch in mehrere Phasen zerlegen, insbesondere in eine Informationsphase und eine Verhandlungsphase (Pre-Sales-Bereich), die im Vertragsschluss münden, sowie in eine Abwicklungsphase (After-Sales-Bereich).[40] Die unterschiedlichen Phasen kön-

---

[36] Vgl. hierzu und zu weiteren Formen von Beziehungen im Internethandel, wie C2C (consumer to consumer), G2B (government to business), G2C (government to consumer) und G2G (government to consumer): *Aberastegui/Bordaisco*, S. 174; *Lorenzetti*, S. 230f.; *Pardini*, S. 143; *Piaggi*, LL 1999-E-1186, 1189. Vgl. hierzu in der deutschen Literatur *Merz*, S. 22 ff.; *Kaminski*, in: Kaminski/Henßler/Kolaschnik/Papathoma-Baetge, S. 18f., Rn. 44ff..

[37] Vgl. *Gartmann/Wojciechowski*, S. 116; *Grundmann*, in: Kaminski/Henßler/Kolaschnik/Papathoma-Baetge, S. 787, Rn. 2 und *Papathoma-Baetge/Iliev*, in: Kaminski/Henßler/Kolaschnik/Papathoma-Baetge, S. 819f., Rn. 48ff.. Siehe zu der Bezeichnung als „Soft-Goods“ und „Hard-Goods“ etwa *Merz*, S. 393f..

[38] *Cichon*, S. 205f.

[39] *Köhler/Arndt*, S. 28f., Rn. 83ff.; *Merz*, S. 393f.; *Piaggi*, LL 1999-E-1186f., 1189. Diese beiden Arten des E-Commerce werden in der Literatur auch als „indirekter und direkter elektronischer Geschäftsverkehr“ bezeichnet; vgl. *Aberastegui/Bordaisco*, S. 174; *Palazzi*, Alfa-Redi N° 5, 12/1998, 1, 2; *Parellada*, S. 89f..

[40] *Merz*, S. 21, 30f..

nen im B2B und B2C unterschiedlich lang sein,[41] wesentlicher Kern aller geschäftlichen Transaktionen ist aber stets der Vertragsschluss an sich, wobei beim Vertragsschluss im Internet drei Grundformen unterschieden werden können.[42] Die wichtigste Form des Zustandekommens von Online-Verträgen stellt das Ausfüllen eines Bestellformulars auf einer Internetseite eines Online-Anbieters durch den Kunden dar. Nach Füllen eines virtuellen Warenkorbs mit den von ihm gewünschten Produkten, erscheint eine Bestellmaske oder ein Online-Formular, in welches der Kunde die erforderlichen Informationen eingibt. Durch Klicken des Bestellbuttons wird seine Bestellung schließlich an den Anbieter gesandt. Dieser bestätigt den Eingang der Bestellung regelmäßig automatisch auf einer darauf folgenden Webseite oder per e-mail. Neben dieser typischen Konstellation im Online-Shopping kommt der Vertragsschluss durch wechselseitige e-mails der Vertragsparteinen via Internet in Betracht.[43] Letztlich kann ein Vertragsschluss auch im Chat erfolgen,[44] wobei diese Möglichkeit wohl keine besondere Bedeutung für das Online-Shopping zwischen einem Verbraucher und einem Online-Shopping-Unternehmen haben wird.

B. Infrastruktur, Entwicklung und wirtschaftliche Bedeutung des E-Commerce in Argentinien und Mexiko

I. Indikatoren der technischen Infrastruktur

Essentiell für die Entwicklung des Internet und dessen wirtschaftlicher Bedeutung ist die Infrastruktur der Telekommunikation sowie die spezifische Infrastruktur für das Internet, wie u. a. die Verteilung der Computer, der Hosts und der Internetanschlüsse.

1. Telekommunikation

Wichtige Eckdaten für die technische Entwicklung der Telekommunikation und des Internet in Argentinien und Mexiko sind die Jahre 1990 und 1995; 1990 wurde der Telekommunikationssektor privatisiert und im Jahr 1995 begann die Kommerzialisierung des Internet in beiden Staaten. Durch die Privatisierung der

---

41 *Merz*, S. 30f..

42 Vgl. *Rehbinder/Schmaus*, UFITA 2000, 313, 314ff..

43 Zur Funktionsweise des e-mail-Versands siehe etwa die Beschreibung von *Federrath/Pfitzmann*, in: Moritz/Dreier, S. 9f., Rn. 38-41; *Ultsch*, NJW 1997, 3007.

44 Vgl. hierzu *Baetge*, in: Kaminski/Henßler/Kolaschnik/Papathoma-Baetge, S. 95, Rn. 3.

argentinischen staatlichen Gesellschaft EnTel Ende 1989/Anfang 1990 und der mexikanischen staatlichen Gesellschaft Telmex im Jahr 1990 wurde ein Impuls für die Modernisierung der Telekommunikation geschaffen.[45] Das mit der Privatisierung des Telekommunikationssektors in Argentinien gesetzte Ziel eine signifikante Modernisierung der veralteten Infrastruktur der Telekommunikation mit einer 100 % Digitalisierung des Telefonnetzes herbeizuführen, wurde Anfang 1998,[46] in Mexiko im Jahr 2001 erreicht.[47] Gleichzeitig wurden die technischen Grundvoraussetzungen für die Nutzung des Internet verbessert und es kam zu einer überproportionalen Entwicklung der Telekommunikation und des Internet, gleichwohl blieb die Penetrationsdichte der Anschlüsse relativ niedrig.

Seit 1990 stieg in beiden Staaten die Zahl der installierten Festnetzanschlüsse stetig, wobei jeweils von 1990 bis 1999 etwa eine Verdoppelung der Festnetzanschlüsse erreicht wurde. Trotz dieser starken Anstiege in beiden lateinamerikanischen Ländern war und ist die Penetrationsdichte der Festnetzanschlüsse auch im Vergleich zu anderen Ländern relativ niedrig. Während im Jahr 1999 in Argentinien pro 100 Einwohner 19,4 Personen einen Festnetzanschluss hatten, waren es in Mexiko in demselben Jahr nur 11,22 Personen pro 100 Einwohner, insbesondere in den USA lag die Zahl 1999 wesentlich höher bei 67,30 Festnetzanschlüssen und in Deutschland mit 58,7 Anschlüssen pro 100 Einwohner.[48] Auch in den folgenden Jahren ist die Penetrationsdichte in Mexiko und Argentinien nicht wesentlich gestiegen. Die genauen Zahlen für die Jahre 2000 - 2002 folgen aus der Abbildung 1.

Abbildung 1: Entwicklung des Festnetzes in Mexiko und Argentinien

Jahr	**Festnetz-Anschlüsse in 1000**		**Festnetz- Penetrationsdichte pro 100 Einwohner**	
	Mexiko	**Argentinien**	**Mexiko**	**Argentinien**
1990	5,352.8	3,471.3	6,4	10,76
1999	10,927.4	7,109.5	11,2	19,4
2000	12,331.7	7,894.2	12,4	22,02
2001	13,774.1	8,108.0	13,7	22,38
2002	14,975.1	8,009.4	14,7	21,88

45 Vgl. zur Privatisierung in Argentinien, Mexiko und anderen lateinamerikanischen Staaten *Katz*, S. 73-89.

46 SECOM: http://secom.psi.gov.ar/municipios/ver.asp?MID=10&tipo=nota&id=114; *Marc*, S. 4.

47 Cofetel: http://204.153.24.194/html/5_est/graficas/Graf3_pag5.html.

48 Vgl. zu den USA, Deutschland und anderen Ländern im Jahr 1999: Cofetel, http://www.-cft.gob.-mx/html/5_est/graficas/comp_inter_telfija_densidad.pdf.

Der Internetzugang kann heutzutage aber auch über Mobiltelefone vermittelt werden. Die Penetrationsdichte der Mobiltelefone liegt in Mexiko im Jahr 2002 bei 25,4 pro 100 Einwohner und hat somit Argentinien mit 17,76 Telefonen pro 100 Einwohner in der Entwicklung überholt.[49]

2. Spezifische Infrastruktur für das Internet

Im Hinblick auf die Entwicklung der spezifischen Infrastruktur des Internet, wie etwa die Anzahl der installierten Computer, der Internetnutzer und der Hosts ergibt sich in Argentinien und Mexiko folgendes Bild:

Die Anzahl der persönlich genutzten Computer hat in den letzten Jahren in Argentinien überproportional zugenommen, dennoch ist die Computerdichte bezogen auf die Gesamtbevölkerung auch hier recht gering, wie aus der Abbildung 2 folgt. 1999 besaßen lediglich 4,92 pro 100 Einwohner einen PC, im Jahre 2002 waren es 8,2 pro 100 Einwohner. Ähnlich ist die Situation in Mexiko, wo im Jahr 1999 nur 4,42 Personen pro 100 Einwohner einen Computer besaßen, im Jahr 2002 waren es mit 6,87 weniger als in Argentinien. Aus der Abbildung 2 folgt, dass die Penetrationsdichte weit unter der Deutschlands liegt. Gleichzeitig ist ein Boom hinsichtlich der Anzahl der Internetnutzer und der Hosts in Argentinien und Mexiko zu verzeichnen, wobei auch hier die Zahlen weit hinter denen in Deutschland zurückbleiben. Einzelheiten hierzu finden sich in der Abbildung 2.

---

[49] Zu allem Vorstehenden: Mexiko Festnetz: Cofetel: http://204.153.24.194/html/-5_est/celulares-/usumincel.html; Mobiltelefonie: Cofetel: http://204.153.24.194/html/5_-est/celulares/telecelular.htm. Argentinien: Festnetz 1990: *Marc*, S. 7; 1999: SECOM: http://secom.psi.gov.ar/-municipios/ver.asp?MID=10&tipo=nota&id=114; Festnetz 2000, ITU: http://www.itu.int/ITU-D/ict/statistics/at_glance/main00.pdf; Festnetz 2002, ITU: http://www.itu.int/ITU-D/ict/statistics-/at_glance/main02.pdf; Festnetz 2001, ITU: http://www.itu.int/ITU-D/ict/statistics/at_glance-/main01.pdf; Mobil 2000, ITU: http://www.itu.int/ITU-D/ict/statistics/at_glance/cellular00.pdf; Mobil 2001, ITU: http://www.itu.int/ITU-D/ict/statistics/at_glance/cellular01.pdf; Mobil 2002, ITU: http://www.itu.int/ITU-D/ict/statistics/at_glance/cellular02.pdf jeweils mit weltweitem Vergleich.

Abbildung 2: Entwicklung der Anzahl der persönlichen Computer, Internetnutzer und ihrer Penetrationsdichte je 100 Einwohner[50]

	1999		2000		2001		2002	
	PC X1000	PC /100	PC X1000	PC /100	PC X1000	PC /100	PC X1000	PC /100
Argentinien	1.800	4,92	2.560	7,14	2.900	8,01	3.000	8,20
Mexiko	4.300	4,42	5.700	5,76	6.900	6,87	6.900	6,87
Deutschland	24.400	29,69	27.640	33,61	31.510	38,22	35.921	43,49

	1999		2000		2001		2002	
	Nutzer X1000	Pro 100	Nutzer X1000	Pro 100	Nutzer X1000	Pro 100	Nutzer X1000	Pro 100
Argentinien	900	2,45	2.600,0	7,25	3.650,0	10,76	4.100,0	11,20
Mexiko	2.500	2,56	2.712,4	2,74	3.635,6	3,62	4.663,4	4,57
Deutsch land	15.900	19,35	24.800,0	30,15	30.800,0	37,36	35.000,0	42,37

	1999		2000		2001		2002	
	Hosts Total	Pro 100	Hosts Total	Pro 100	Hosts Total	Pro 100	Hosts Total	Pro 100
Argentinien	142.470	0,38	270.275	0,75	465.359	1,28	465.359	1,28
Mexiko	404.873	0,41	559.165	0,56	918.288	0,91	918.288	0,91
Deutsch land	1.635.067	1,98	2.040.437	2,48	2.426.202	2,94	2.594.323	3,14

---

[50] ITU mit einem weltweiten Vergleich: 1999: abgedruckt bei *Engels/Nielinger*, Anhang I, S. 205-207; 2000: www.itu.int/ITU-D/ict/statistics/at_glance/Internet00.pdf.; 2001: www.itu.int/ITU-D/ict/statistics/at_glance/Internet01.pdf; 2002: www.itu.int/ITU-D/ict/statistics/at_glance/Internet-02.pdf.

3. Verteilung der Telekommunikations- und Informationstechnologien

Wie zu erwarten in Ländern mit einer hohen städtischen Konzentration sind die Telekommunikations- und Informationstechnologien in Mexiko und Argentinien geografisch sehr ungleich verteilt.[51] So variiert die Telefondichte in den einzelnen argentinischen und mexikanischen Provinzen sehr stark, wie aus der nachstehenden Abbildung 3 für Argentinien 2001 und für Mexiko 2001- 2003 ersichtlich ist. Die Verteilung der Telefonanschlüsse folgt der städtischen Konzentration und der Verteilung des Wohlstandes. In Mexiko ist die Verteilung der Festnetzanschlüsse im Norden inklusive dem Hauptstadtbereich höher als im Süden,[52] es besteht daher eine Art „Nord-Südgefälle“ im Hinblick auf die Telefondichte. Die Verteilung innerhalb beider Länder folgt ferner der Einkommensverteilung und dem Ausbildungsniveau der Einwohner, wobei die höheren Einkommensgruppen mit einem besseren Bildungsstandard ungleich größeren Zugang zu den Informations- und Telekommunikationstechnologien haben.[53] In Argentinien konzentrieren sich im mittleren Teil zwischen Mendoza und Buenos Aires etwa 80% der Wirtschafts- und Finanzkraft des Landes und etwa 80% der Kommunikationsinfrastruktur, wobei die höchste Dichte in dem Hauptwirtschaftszentrum Buenos Aires zu verzeichnen ist.[54] Zudem ist zu berücksichtigen, dass die Verteilung in jeder Provinz ein Durchschnittswert aus urbanen und ländlichen Zonen ist. Das bedeutet, dass Gebiete existieren, in denen es praktisch keinen Telefonservice gibt und somit auch keine Internetnutzung. Gleichzeitig besteht auch eine geografische Ungleichverteilung im Hinblick auf die Verteilung der PCs und der Internetnutzer, wie sich hier für Argentinien in der Abbildung 3 zeigt. Anfang 2001 besaßen 8,2% der Gesamtbevölkerung in Buenos Aires (Capital Federal) 19,9% der vorhandenen Computer. 28,9% der Internetnutzer befanden sich in der Hauptstadt.

---

[51] Vgl. hierzu *Hilbert/Katz*, S. 70 mit Fn. 8 mit Daten zur Urbanisationsdichte in Mexiko mit 75%, in Argentinien mit 89,6%; siehe auch *Herzog*, in: Herzog/Hoffmann/Schulz, Teilband V, S. 33.

[52] Siehe hierzu *Stephens*, S. 6.

[53] Vgl. dazu eingehend *Hilbert/Katz*, S. 67ff..

[54] *Herzog*, in: Herzog/Hoffmann/Schulz, Teilband V, S. 29.

Abbildung 3:

Verteilungsdichte der Telefone und der Internetnutzung pro Provinz Anfang 2001 (Argentinien)[55]						Verteilung der Festnetzanschlüsse je Bundesstaat pro 100 Einwohner von 2001-2003 (Mexiko)[56]			
Provinz	**% der Gesamtbevölkerung**	**Geografische Verteilung des BIP in %**	**% der Festnetzanschlüsse**	**PCs %**	**% Internetnutzer**	**Bundesstaat**	**2001**	**2002**	**6/ 2003**
Capital Federal	7,6	24,8	20,98	19,9	28,9	Aguascalientes	13.2	14.2	14.9
Buenos Aires	38,2	36,1	42,46	36,6	38,0	Baja California	19.8	20.8	21.3
Catamarca	0,9	0,4	0,43	0,5	0,4	Baja California Sur	18.5	19.8	20.6
Chaco	2,7	1,0	0,96	1,3	1,0	Campeche	7.3	7.8	8.3
Chubut	1,1	1,6	1,08	1,4	1,1	Coahuila	15.4	16.6	17.4
Córdoba	8,5	7,6	7,82	8,2	6,2	Colima	15.8	17.1	17.8
Corrientes	2,6	1,1	1,08	1,4	1,1	Chiapas	3.9	4.2	4.5
Entre Ríos	3,20	2,0	2,13	2,4	1,8	Chihuahua	15.0	16.0	16.7
Formosa	1,4	0,3	0,42	0,7	0,5	Distrito Federal	35.4	37.6	38.7
Jujuy	1,7	0,6	0,69	0,8	0,6	Durango	10.8	12.0	12.7
La Pampa	0,8	0,9	0,78	0,9	0,7	Guanajuato	10.5	11.2	11.7
La Rioja	0,8	0,7	0,42	0,6	0,5	Guerrero	7.6	8.2	8.6
Mendoza	4,4	2,6	3,18	3,5	2,7	Hidalgo	7.0	7.6	8.0
Misiones	2,7	1,6	1,02	1,9	1,4	Jalisco	17.9	18.9	19.5
Neuquén	1,3	1,5	1,13	1,5	1,1	México	12.6	13.7	14.2
Río Negro	1,5	1,5	1,26	1,7	1,3	Michoacán	9.0	9.8	10.1
Salta	3,0	1,4	1,22	2,0	1,5	Morelos	14.3	15.8	16.3

[55] *Prince&Cooke*, http://www.princecooke.com/pdf/Mapa_indicadores_TIC_2001.doc.

[56] Cofetel: www.cft.gob.mx/html/5_est/graficas/lineastelfonicas_01.html.

San Juan	1,7	1,0	1,04	1,3	1,0	Nayarit	10.3	11.2	11.9
San Luis	1,0	1,6	0,63	1,2	0,9	Nuevo León	23.0	24.0	24.7
Santa Cruz	0,5	1,0	0,49	0,8	0,6	Oaxaca	4.7	5.2	5.4
Santa Fe	8,3	8,0	8,12	7,8	5,9	Puebla	9.6	10.7	11.1
Santiago del Estero	2,2	0,5	0,61	0,9	0,7	Querétaro	12.7	13.7	14.4
Tierra del Fuego	0,3	0,5	0,36	0,5	0,4	Quintana Roo	12.9	14.0	14.8
Tucumán	3,7	1,7	1,69	2,2	1,%	San Luis Potosí	8.9	9.6	10.0
Chaco	2,7	1,0	0,96	1,3	1,0	Campeche	7.3	7.8	8.3
Chubut	1,1	1,6	1,08	1,4	1,1	Coahuila	15.4	16.6	17.4
Córdoba	8,5	7,6	7,82	8,2	6,2	Colima	15.8	17.1	17.8
Corrientes	2,6	1,1	1,08	1,4	1,1	Chiapas	3.9	4.2	4.5
Entre Ríos	3,20	2,0	2,13	2,4	1,8	Chihuahua	15.0	16.0	16.7
Formosa	1,4	0,3	0,42	0,7	0,5	Distrito Federal	35.4	37.6	38.7
Jujuy	1,7	0,6	0,69	0,8	0,6	Durango	10.8	12.0	12.7
La Pampa	0,8	0,9	0,78	0,9	0,7	Guanajuato	10.5	11.2	11.7
La Rioja	0,8	0,7	0,42	0,6	0,5	Guerrero	7.6	8.2	8.6
Mendoza	4,4	2,6	3,18	3,5	2,7	Hidalgo	7.0	7.6	8.0
Misiones	2,7	1,6	1,02	1,9	1,4	Jalisco	17.9	18.9	19.5
Neuquén	1,3	1,5	1,13	1,5	1,1	México	12.6	13.7	14.2
Río Negro	1,5	1,5	1,26	1,7	1,3	Michoacán	9.0	9.8	10.1
Salta	3,0	1,4	1,22	2,0	1,5	Morelos	14.3	15.8	16.3

II. Wirtschaftliche Bedeutung des E-Commerce

Obwohl die kommerzielle Nutzung des Internet in Argentinien bereits 1995 begann, besaß der E-Commerce bis Ende der 90er Jahre nahezu keine Bedeutung. Anfang 1999 gab es kaum lokale argentinische Unternehmen, die das Internet zur Produktvermarktung nutzten. Die vorhandenen Internetnutzer kauften nahezu ausschließlich auf ausländischen Web-Seiten. Bis Ende November 1999 betrieben 150 Unternehmen E-Commerce an Endkunden. Auch wenn bereits 1996 die ersten zehn Unternehmungen elektronischen Handel betrieben, sind 67% der genannten Firmen erst im Jahre 1999 dazu übergegangen. Bis Anfang 2001 hatte sich die Situation nur unwesentlich verändert.[57] Anfang 2000 hatten die argentinischen Konsumenten 63% aller Produkte auf ausländischen Webseiten geordert und auch die mexikanischen Konsumenten haben bei 60% der Bestellungen ausländische Anbieter bevorzugt.[58]

Die geringe Kaufkraft der Argentinier führt dazu, dass hauptsächlich Erzeugnisse mit einem geringen Wert gekauft werden. Im Jahr 1998 wurden über das Internet vor allem Software (30%), Hardware (9%), Bücher (27%), Videos (4%) und Musik und CDs (17%) erworben.[59] Bevorzugt wurden Anfang 2000 von den Endverbrauchern weiterhin Bücher, CDs, Software und auch Lebensmittel im Netz geordert.[60] Diese Entwicklung setzte sich Anfang 2001 fort, Bücher führten mit 48% aller im Internet getätigten Käufe die Liste an, dann folgten CDs mit 36% und Software mit 18%.[61]

Nach dem Marktführer Brasilien stellen Mexiko an zweiter Stelle gefolgt von Argentinien in Lateinamerika die größten E-Business-Märkte dar.[62] Wie hoch allerdings die im E-Commerce erzielten Umsätze in den vergangenen Jahren waren, lässt sich nur schwer beantworten. In den letzten Jahren wurden zahlreiche Statistiken mit widersprüchlichen Zahlen zum im Netz getätigten Umsatz publiziert. Zum Teil wurden von Unternehmensberatungen enorme Transaktionsvolumina prognostiziert. So schätzte die Boston Consulting Group den Jahresumsatz 1999 im E-Commerce für Argentinien auf insgesamt US$ 82 Millionen und die eher zurückhaltende International Data Corporation auf immerhin

---

57 Alles Vorstehende *Herzog*, in: Herzog/Hoffmann/Schulz, Teilband V, S. 62.

58 *CEPAL*, Electronic Commerce, S. 15; *Boston Consulting Group*, Online-Retailing, 2001, S. 2.

59 *ITU*, Challenges to the Network, S. 8.

60 *D'Alessio/Harris*, International Research Online, S. 6f..

61 *Prince&Cooke*, http://www.princecooke.com/pdf/Internet_y_comercio_electronico_en_-Argentina.pdf.

62 Vgl. *UNCTAD*, E-Commerce and Development Report 2003, S. 19f., 22.

US$ 49 Millionen.[63] Nach Angaben der Boston Consulting Group seien allein im Bereich des B2C 82 Millionen US$ im Jahr 2000 in Argentinien mit 37 Millionen Einwohnern umgesetzt worden.[64] Im Jahr 2001 soll sich nach Angaben der Boston Consulting Group der Umsatz im Netz auf 119 Mio. US$ in Argentinien gesteigert haben, was einen Anstieg von 60% gegenüber dem Vorjahr bedeuten würde.[65]

In Mexiko als dem zweitgrößten lateinamerikanischen Markt mit 97 Millionen Einwohner sollen nach Angaben der Boston Consulting Group 91 Mio. US$ im Jahr 2000 im B2C umgesetzt worden sein, was ein Wachstum von 912% gegenüber 1999 bedeuten würde.[66] Andere gehen von einem Volumen Ende 2000 im B2C von 50 Millionen US$ aus.[67] Im Jahr 2001 sollen 134 Mio. US$ erwirtschaftet worden sein, wobei die Wachstumsrate im B2C mit 75% über der Argentiniens gelegen haben soll.[68] Trotz divergierender Angaben über die tatsächlichen Umsätze im E-Commerce besteht Einigkeit zwischen den Analysten, dass die Märkte in dem angegebenen Zeitraum eine dynamische Entwicklung mit stetig ansteigenden Umsatzvolumina verzeichnen konnten.

III. Wachstumsbeeinträchtigende Faktoren

Das mangelnde Verbrauchervertrauen in Argentinien und Mexiko behindert – wie auch in vielen anderen internationalen Märkten – ein weiteres Wachstum des B2C.[69] Mangels der notwendigen Information ist der Verbraucher sehr verunsichert, welche Risiken ein Einkauf via Internet mit sich bringt und kauft die Produkte bevorzugt auf dem traditionellen Wege. In Argentinien kauften im Juni 2000 23% aller Internetnutzer einen Artikel im Netz, die restlichen 77% der Verbraucher nutzten das Internet u.a. als Informations- und Kommunikationsmedium.[70]

Ein Problem ist die Unsicherheit des Verbrauchers bei der Nutzung von Kreditkarten zur Rechnungsbegleichung und ein landesspezifischer komplizierter Vorgang der Identifikation des Kartennutzers.[71] Im März 2000 hatten 66%

---

63 *Herzog*, in: Herzog/Hoffmann/Schulz, Teilband V, S. 62.

64 *Boston Consulting Group*, Online-Retailing 2000, S. 9.

65 *Boston Consulting Group*, Online-Retailing 2001, S. 2.

66 *Boston Consulting Group*, Online-Retailing 2000, S. 9.

67 *Palacios*, S. 22.

68 *Boston Consulting Group*, Online-Retailing 2001, S. 2.

69 *UNCTAD*, E-Commerce and Development Report 2003, S. 20.

70 *Prince&Cooke*, http://www.princecooke.com/pdf/Internet_y_comercio_electronico_en_-Argentina.pdf.

71 *Boston Consulting Group*, Online-Retailing 2000, S. 18.

der Personen, die nicht im Internet einkauften, als Grund angegeben, dass sie Angst vor einem Missbrauch ihrer Kreditkartendaten hätten, 30% hatten kein Vertrauen in die verschiedenen Zahlungsmedien, 17% besaßen keine Kreditkarte und 25% hatten Angst, dass die bestellten Waren nicht ankommen.[72] Diese Vorbehalte, ihre Kreditkarte zur Zahlung via Internet auf lateinamerikanischen Webseiten einzusetzen, haben auch 2/3 aller Kreditkarteninhaber im Jahr 2000.[73] Ferner ist zu berücksichtigen, dass der E-Commerce in den vergangenen Jahren auch dadurch behindert wurde, dass nur 14% der Haushalte in Argentinien, Mexiko und Brasilien Anfang 2000 eine Kreditkarte besaßen.[74] Zahlreiche Online-Shops bieten aber gar keine andere Zahlungsmöglichkeit an.

Speziell in Argentinien wirkt sich in diesem Zusammenhang auf ein weiteres Wachstum des Segments die desolate wirtschaftliche Situation negativ aus. Die argentinischen Käufer konnten immer seltener Onlinekäufe per Kreditkarte tätigen, da viele ausländische B2C-Anbieter argentinische Kreditkarten als Zahlungsmedium aufgrund der mangelhaften Bankdeckung und der gesetzlichen Restriktionen nicht mehr akzeptierten. Zu groß war die Angst der Unternehmer, dass die offenen Rechnungen für die georderten Produkte nicht beglichen würden.[75]

Zudem vermindert das Fehlen von Systemen, die vor Missbrauch schützen und die Bezahlung des Produktes garantieren, das Potential der Geschäftsabschlüsse im Netz. Dies wird deutlich am Beispiel von United Airlines und American Airlines. In Argentinien akzeptieren diese Unternehmen nur Käufe von E-Tickets, wenn der Käufer eine Kreditkarte eines Institutes mit Sitz in den USA hat. Diese Sicherheitsmaßnahmen verhindern natürlich, dass die meisten Argentinier ein Ticket erwerben können.[76]

Eine weitere Beeinträchtigung ist in den hohen Lieferkosten für auf ausländischen Webseiten georderte Produkte zu sehen.[77] Ferner ist der Service der Internetanbieter nach Angaben der Boston Consulting Group oft defizitär, auf Anfragen der Verbraucher wird langsam oder gar nicht geantwortet,[78] die Lieferung der Produkte erfolgt schleppend und ist unsicher.[79] Dennoch führt Argentinien nach einer Statistik für das Jahr 2000 in Südamerika den Qualitätsstandard bei der fristgemäßen Produktauslieferung an. In Argentinien kommen 75% der Bestellungen pünktlich an, während es in Brasilien 62% und in Mexiko lediglich

---

72 *D'Alessio/Harris*, International Research Online, S. 10.

73 *CEPAL*, Eletronic Commerce, S. 16.

74 *InfoAmericas*, Consumer E-Commerce, S. 3.

75 Vgl. zum Ganzen: *Arce*, S. 1f..

76 *CICOMRA*, .com.ar, Teil 7, S. 8.

77 Vgl. hierzu *InfoAmericas*, E-Commerce & Logistics, S. 1ff..

78 *Boston Consulting Group*, Online-Retailing 2000, S. 18.

79 *Boston Consulting Group*, Online-Retailing 2000, S. 19.

35% sind.[80] Weiteres Manko ist die mangelnde Vielfalt der Produkte und die Tatsache, dass die im Internet vermarkteten Produkte oft auch teurer als die in traditionellen Geschäften erhältlichen sind.[81]

Negativ wirkte sich ferner in den vergangenen Jahren auf die Entwicklung des Internet in Argentinien die im internationalen Vergleich relativ überteuerten Telefontarife aus (Abbildung 3), was wohl u.a. daran liegt, dass der Markt zwischen wenigen Unternehmen aufgeteilt ist.[82] Im Vergleich mit ausgewählten Ländern lag Argentinien mit einem monatlichen Grundpreis im Jahr 1998 von US$ 12,82 und Tarifen pro Minute für überregionale Gespräche von US$ 0,57 an der Spitze. Lediglich bei den urbanen Gesprächen mit US$ 0,045 war Argentinien im Vergleich mit ausgewählten Ländern billiger.

Abbildung 3: Telefontarife im internationalen Vergleich (1998)[83]

	Monatlicher Grundpreis in US$	**Urbane Gespräche in US$**	**Überregionale Gespräche in US$**
Argentinien	12,82	0,045	0,570
USA	12,71	0,056	0,113
Brasilien	12	0,069	0,410
Spanien	9,79	0,108	0,371
Uruguay	6,95	0,048	0,386

Obwohl sich auf die Entwicklung des Internet in Argentinien der über die Telefonnummer 0610 speziell für das Internet eingeführte reduzierte Telefontarif positiv auswirkte, da die Tarife für diese Verbindungen seit 1997 im Durchschnitt um 45% gesunken sind,[84] musste im Oktober 2000 ein Nutzer, der monatlich 40 Stunden im Web surft trotz dieser Kostenreduzierung insgesamt monatlich rund 77 US$ inklusive Mehrwertsteuer aufwenden. Diese Summe setzt sich aus etwa 28 US$ für die Telefongespräche zusätzlich der monatlichen Gebühren für den Telefonanschluss von 13 US$ und den Anschlussgebühren der Internetserviceprovider zum Web in Höhe von 22,9 US$ zusätzlich der Mehr-

[80] *Boston Consulting Group*, Online-Retailing 2000, S. 19.

[81] *Boston Consulting Group*, Online-Retailing 2000, S. 19.

[82] BT-Drs. 14/9200, S. 259, 266.

[83] *Colomé/Neder/Ceballos Ferroglio*, S. 7.

[84] *CICOMRA*, .com.ar, Teil 3, S. 6.

wertsteuer von insgesamt 13,5 US$ zusammen.[85] Nach Angaben der Bosten Consulting Group sollen die monatlich aufzuwendenden Kosten in Argentinien bei 26 Gesprächsstunden bei rund 68 US$ liegen. Ein Betrag, der von vielen Argentinier nicht aufgewendet werden kann. Im Vergleich hierzu muss in Mexiko ein User zwar mit 45 Dollern weniger als in Argentinien aufwenden,[86] doch sind auch diese Beträge für viele Menschen in Mexiko unverhältnismäßig hoch.[87] Die Kosten werden daher als ein wesentlicher Faktor angesehen, der ein weiteres Wachstum des Segments behindert. Um die Anzahl der User signifikant zu steigern, müssen die insgesamt für die Nutzung des Internet anfallenden Kosten weiter sinken.[88]

IV. Profil des durchschnittlichen Internetnutzers

Letztlich fragt sich noch, wie das Profil des potentiellen Online-Shopping-Kunden in Argentinien und Mexiko aussieht. Der typische Internet-Nutzer in Argentinien entsprach im März 2000 dem Bild eines jüngeren, gebildeten, besser verdienenden Mannes. Der Nutzer war im Mittel 29 Jahre alt, in 71,5% der Fällen männlich mit einem hohen universitären Bildungsgrad (71,3%) und einem hohen sozioökonomischen Niveau (94,3%). Er hatte seit durchschnittlich 5 Jahren Computererfahrung und benutzte wöchentlich im Durchschnitt 5,3 Stunden den PC, 63% surften seit weniger als zwei Jahren im WWW.[89]

Auch in Mexiko war Ende 2000 der Männeranteil unter den Internetnutzern mit 60% überrepräsentiert. Darüber hinaus ist der typische Internetnutzer zumeist recht jung: etwa 30% der Nutzer waren ca. 30 Jahre und 17% etwa 18 Jahre alt. Der Grad der Schulbildung der Nutzer liegt aber unter der Argentiniens, denn nur 50% der User hatten einen universitären Abschluss. Der Durschnittsnutzer war ferner 6,6 Mal wöchentlich im Netz.[90]

---

[85] *CICOMRA*, .com.ar, Teil 3, S. 13.

[86] *Boston Consulting Group*, Online-Retailing 2000, S. 14.

[87] Siehe hierzu auch *Schulz*, in: HerzogHoffmann/Schulz, Teilband IV, S. 45.

[88] *Boston Consulting Group*, Online-Retailing 2000, S. 13.

[89] *CICOMRA*, .com.ar, Teil 3, S. 7.

[90] *Palacios*, S. S. 9.

3. Teil: Grundlagen des vertraglichen Verbraucherschutzrechts

A. Entwicklung des traditionellen zivilrechtlichen Vertragskonzepts unter dem Einfluss des sozialen Wandels

Zunächst bedarf es sozusagen als „Fundament" der Untersuchung einer Darstellung der Grundlagen des vertraglichen Verbraucherschutzrechts in Argentinien, Mexiko und Deutschland. Zu diesem Zweck sollen die Gründe für den Verbraucherschutz und dessen Entwicklung - speziell im E-Commerce - in Argentinien, Mexiko und Deutschland aufgegriffen werden, wobei das Thema aufgrund der Fülle des juristischen Materials nur angerissen werden kann.

I. Vertragsmodell des argentinischen und mexikanischen Código Civil und des BGB

1. Vertragsmodell bei Schaffung des Código Civil in Argentinien, Mexiko und des BGB

Der argentinische[91] als auch der mexikanische Código Civil[92], die in ihrer Entstehung maßgeblich vom französischen Recht geprägt wurden,[93] weisen anders als das deutsche Bürgerliche Gesetzbuch Legaldefinitionen des Vertrages auf. Nach Art. 1137 arg. C.C. handelt es sich um einen Vertrag, wenn mehrere Personen eine Einigung über eine gemeinsame Willenserklärung mit dem Ziel treffen, ihre Rechte zu regeln. Es muss eine Einigung durch mindestens zwei über-

---

91 Ley 340 v. 25.09.1869, im Internet zu finden unter: http://infoleg.mecon.gov.ar-/txtnorma/codcivil.rtf.

92 D.O.F. v. 26.05.1928, zuletzt reformiert am 29.05.2003, im Internet zu finden unter: http://www.cddhcu.gob.mx/leyinfo/pdf/2.pdf. Aufgrund von Besonderheiten der mex. Verfassung von 1824 wurden zunächst in den einzelnen Provinzen eigenständige Código Civiles entwickelt, vgl. *Domínguez Martínez*, Parte General, S. 60f., die aufgrund des mex. föderalen Systems auch heute noch existieren. Diese C.C. der einzelnen Provinzen sind aber nicht Gegenstand der Untersuchung, sondern ausschließlich der bundesweit geltende Código Civil.

93 Vgl. zum Einfluss des französischen Rechts auf diese Rechtssysteme und andere lateinamerikanische Länder *Castán Tobeñas*/Castán Vázquez/López Cabana, S. 73-95 m.w.N.. Siehe speziell zur Entstehungsgeschichte des mex. Código Civil etwa *Domínguez Martínez*, Parte General, S. 60ff.; *López Monroy*, 165; *Prati*, S. 95ff..

einstimmende Willenserklärungen erzielt werden.[94] Nach Art. 1793 mex. C.C. sind alle Vereinbarungen, die Verpflichtungen und Rechte produzieren oder übertragen als Verträge zu bezeichnen. Der weitere Begriff der Vereinbarung ist in Art. 1792 mex. C.C. definiert, wobei unter einer Vereinbarung eine Einigung von zwei oder mehr Personen zu verstehen ist, durch die Verpflichtungen erzeugt, übertragen, modifiziert oder gelöscht werden sollen. Der argentinische und der mexikanische Gesetzgeber haben sich somit ausdrücklich zur Vertragsfreiheit, d.h. der Freiheit des einzelnen, seine Lebensverhältnisse durch Verträge eigenverantwortlich zu gestalten,[95] bekannt.

Obwohl eine Vertragsdefinition im BGB fehlt, zeigen die §§ 151, 305 BGB, dass das BGB den Begriff des Vertrages und mit ihm die Vertragsfreiheit voraussetzt.[96] Ähnlich wie im argentinischen und mexikanischen Recht versteht man unter einem Vertrag die von zwei oder mehreren Personen erklärte Willensübereinstimmung über die Herbeiführung eines rechtlichen Erfolges.[97] Die Vertragsfreiheit ist eine zentrale Ausprägung der Privatautonomie[98] und als Teil des in Art. 2 Abs. 1 GG enthaltenen Rechts auf freie Entfaltung der Persönlichkeit auch verfassungsrechtlich geschützt.[99]

Elementare Gemeinsamkeit der Ordnung der privaten Rechtsverhältnisse im argentinischen, im mexikanischen und im deutschen Zivilrecht, die in ihrer Entstehung maßgeblich vom Wirtschaftsliberalismus geprägt wurden, ist ursprünglich, dass diese auf dem Prinzip formal-abstrakter Gleichheit aller Rechtssubjekte im Vertragsrecht beruhen.[100] Allgemein ausgedrückt ist nach *Hönn* unter Parität, „die vom positiven Recht den Vertragsparteien eingeräumte Rechtsstellung, welche ihnen einen Interessenausgleich in Selbstbestimmung mit der

---

94 *López de Zavalía*, S. 13, 21.

95 So die Definition von *Heinrichs*, in: Palandt, Einf. v. § 145 BGB, Rn. 7. Als Aspekte der Vertragsfreiheit werden die Abschluss-, Gegnerwahl-, Typenwahl-, Gestaltungs-, Lösungs- und Formfreiheit genannt; vgl. *Dilcher*, NJW 1960, 1040 m.w.N..

96 So *Dilcher*, NJW 1960, 1040; *Hönn*, S. 5f. m.w.N..

97 *Heinrichs*, in: Palandt, Einf. v. § 145 BGB, Rn. 1.

98 *Jauernig*, in: Jauernig, v. § 145, Rn. 8; *Heinrichs*, in: Palandt, Einf. v. § 145 BGB, Rn. 7. Vgl. zu der Thematik der Privatautonomie und Vertragsfreiheit in der arg. Lit. etwa *Aparicio*, S. 89f..

99 Vgl. BVerfGE 8, 274, 327f.; 70, 115, 123.

100 Vgl. hierzu in der arg. Lit.: *Alterini*, S. 128f; *Aparicio*, S. 71, 73ff.; *Farina*, S. 85.; *Stiglitz*, Contratos Civiles, S. 213. Siehe in der mex. Lit.: *Domínguez Martínez*, Parte General, S. 76; *Sánchez Medal*, S. 4ff.. In der deutschen Lit. grundlegend *Flume*, S. 10ff.; *Hönn*, S. 5ff., 9ff.; *Westermann*, in: Gutachten (Hrsg. Bundesminister der Justiz), 1, 11, 80.

Chance der Äquivalenz eröffnet", zu verstehen.[101] Jede Vertragspartei soll hiernach die gleichen Chancen haben, auf den Vertrag einzuwirken.

2. Sozialer Wandel und Wandel des Vertragsrechts

Seit der Schaffung der drei Zivilgesetzbücher sind die Gesellschaft und ihr Selbstverständnis einem erheblichen Wandel unterlegen. Der wachsende Stellenwert der Informationstechnologien und die weltweit über das Internet abrufbaren Informationen führen zu gravierenden gesellschaftlichen Veränderungen und der rechtlichen Regularien.[102] Der einzelne muss seine Entscheidungen durch den technischen Fortschritt und die Entwicklung der Informationsgesellschaft[103] als weitere Herausbildung der Industriegesellschaft[104] zunehmend in weit gehend globalisierten anonymen Märkten fällen und wird Risiken ausgesetzt, die häufig für das Individuum nicht mehr überschaubar sind.[105] Gleichzeitig geht aber mit dem technischen Fortschritt eine massive Produktivitätssteigerung einher; insbesondere in den Industriestaaten führt ein wachsender Reichtum der Gesellschaft zu erhöhter materieller Sicherheit sowie zu Freiheit und Selbstverwirklichung. Teile der Gesellschaft können aber an einem gewachse-

---

101 *Hönn*, S. 99, wobei es sich nach Ansicht des Autors lediglich um einen formalen Begriff handele, weshalb es noch der Festlegung von Maßstäben für einen legitimen Interessenausgleich bedürfe. *Lovece*, in: Weingarten/Ghersi, 151, 153; *Stiglitz* stellt im Wesentlichen auf eine gleiche Verhandlungsmacht der Parteien ab, die fehle, wenn der Wille nur einer Vertragspartei den Vertragsinhalt bestimmt; vgl. *Stiglitz*, Contratos Civiles, S. 213.

102 Vgl. zum Einfluss der Informationstechnologien auf die Gesellschaft *Danzin*, Die gesellschaftlichen Auswirkungen der Informationstechnologien, 1978; *Kalbhen*, u.a., Gesellschaftliche Auswirkungen der Informationstechnologien, 1980; *Sarra*, S. 21ff.; *Steinmüller*, Verbraucherpolitische Hefte 1985, Heft 1, 7-42. Vgl. zur rechtlichen Situation etwa *Hoeren*, Rechtsfragen der Informationsgesellschaft, 1999.

103 Informationsgesellschaft wird definiert als „eine Gesellschaft, die in vielen Lebensbereichen maßgeblich vom Einsatz der neuen Informations- und Kommunikationstechniken geprägt ist"; vgl. *Enquete-Kommission* „Zukunft der Medien in Wirtschaft und Gesellschaft; Deutschlands Wege in die Informationsgesellschaft" (nachfolgend: *Enquete-Kommission*), S. 15.

104 Nach *Rock/Rosenthal*, Verbraucherpolitische Hefte 1985, Heft 1, 43, 45 ist die Informationsgesellschaft aus ökonomischer Sicht wesentlich Kommunikationswirtschaft. Diese ist nicht als Negation des Begriffs der Produktionswirtschaft, der dem Begriff Industriegesellschaft zugeordnet ist, zu verstehen, sondern vielmehr als höchste Entwicklungsstufe der Industriegesellschaft.

105 Vgl. etwa zu den Risiken in der als solchen bezeichneten „modernen Gesellschaft" *López Ayllón*, S. 17f..

nen Wohlstand nur bedingt oder gar nicht partizipieren. Verbraucherprobleme sind daher vor allem in unterentwickelten Gebieten auch soziale Probleme.[106]

Durch die neuen Informations- und Kommunikationstechniken wird maßgeblich die Form der Austauschbeziehungen beeinflusst. Die Technik, die bislang nur als Produktionshilfsmittel diente, wurde mit deren Weiterentwicklung als „Kommunikationstechnik" eingesetzt, was eine Differenzierung zwischen Individualkommunikation und einer anonymen Massenkommunikation zuließ.[107] Anders als bei der Individualkommunikation kann sich der Verbraucher, der eine Ware oder Dienstleistung benötigt, durch das Massenkommunikationsmedium Internet mit verhältnismäßig geringem Aufwand einen umfassenderen und aktuelleren Überblick über Produkte und auch Dienstleistungen verschaffen. Gleichzeitig kann er durch eine größere Auswahl Waren oder Dienstleistungen in Anspruch nehmen, die besser auf seine individuellen Ansprüche zugeschnitten sind.[108] Kommt es dann zum Vertragsschluss unter Einsatz von technischen Mitteln, fehlt aber regelmäßig die Individualisierbarkeit der Vertragsparteien.[109]

Diese tatsächliche Veränderung der Gesellschaft durch die ökonomisch-soziale Realität hat das Verständnis des Vertragsrechts beeinflusst.[110] Das Prinzip der Vertragsfreiheit wurde im Zuge des sozialen Wandels in Argentinien, Mexiko und in Deutschland in Rechtsprechung, Schrifttum und auch vom Gesetzgeber unter den Gesichtpunkten der Vertragsgerechtigkeit, der Sicherung der Daseinsvorsorge, des Vertrauensschutzes oder dem Ausgleich von Äquivalenzstörungen fortentwickelt.[111] War das Selbstverständnis des Vertragsmodells des argentinischen und des mexikanischen Código Civil sowie des BGB noch weitest gehend von der Individualität des Vertrages geprägt, rückt aufgrund erhöhter standardisierter Produktionsprozesse und Verkaufstechniken der „Massenvertrag" („contratación en masa") unter Verlust der Individualität immer weiter

---

106 Vgl. *Reich/Micklitz*, S. 1.

107 *Rock/Rosenthal*, Verbraucherpolitische Hefte 1985, Heft 1, 43, 47.

108 Siehe hierzu *Enquete-Kommission*, S. 17f..

109 *López Ayllón*, S. 13, 17; *Nordhausen*, in: Reich/Nordhausen, Nr. 3, S. 2, Nr. 13, S. 7; *Enquete-Kommission*, S. 22.

110 Vgl. zur wechselseitigen Beeinflussung von Rechtsordnung und Sozialgeschehen in den einzelnen Rechtsordnungen etwa *Aparicio*, S. 71ff, 78ff.; *López Ayllón*, Las transformaciones del Sistema Jurídico y los Significados Sociales del Derecho en México: La Encrucijada entre Tradición y Modernidad, 1997; *Lovece*, in: Weingarten/Ghersi, 151, 153ff.; siehe *Becker*, Recht im Wandel seines sozialen und technologischen Umfeldes, FS Rehbinder, 2002; siehe auch *Wieacker*, 9-35.

111 Vgl. etwa *Hönn*, S. 7 m.w.N.; *Oechsler*, Gerechtigkeit im modernen Austauschvertrag, 1997. Siehe zu dieser Entwicklung in Argentinien die Darstellung von *Gnielinski*, S. 36-39, 52-63. Vgl. zur Entwicklung in Mexiko etwa *Domínguez Martínez*, Parte General, S. 86f.; *Sánchez Medal*, S. 5ff..

in den Vordergrund vertraglicher Beziehungen.[112] Ausfluss dieser Entwicklung ist eine Zurückdrängung der Bedeutung des individuellen Willens für die Rechtsfolgen und den Vertragsinhalt.[113] Diese Entwicklung wird noch im E-Commerce aufgrund der Globalität des Kommunikationsmediums und der massenhaften Vernetzung von Individuen verstärkt, da hier einfacher als im herkömmlichen Handel grenzüberschreitende Geschäfte unter weitest gehendem Verlust der Kenntnis der genauen Person des Vertragspartners getätigt werden.

II. Notwendigkeit eines Verbraucherschutzes

1. Gestörte Vertragsparität als Schlüsselproblem des Verbraucherschutzes

Ausgangspunkt der Diskussion um den Verbraucherschutz war die Skepsis, ob die bürgerlichen Gesetzbücher mit dem ihnen zu Grunde liegenden liberalen Vertragsmodell, das auf der Gleichheit und der Willensfreiheit der Rechtssubjekte aufbaut, dem wirtschaftlichen und sozialen Wandel noch gerecht würden.[114] Dieser Idealfall, dass bei Vertragsabschluss jede Vertragspartei mit annähernd gleicher Erfolgsaussicht auf einen Vertrag einwirken kann und somit dieselben Möglichkeiten hat, ihre Interessen zu verwirklichen,[115] entspricht allerdings nicht mehr der tatsächlichen Praxis. Die Störung der Vertragsparität, d. h. dass das Vorliegen einer Ungleichgewichtslage aufgrund besonderer Umstände, wird als Ursache für Kompensationsmaßnahmen im Verbraucherschutzrecht gesehen.[116] Nach Art. 1 S. 2 des mexikanischen Verbraucherschutzgesetzes

---

[112] Vgl. in der arg. Lit. *Aparicio*, S. 80f., 84f. (zur Massenproduktion); so auch *Alterini*, S. 126f., 135 und in der mex. Lit. etwa *Zuloaga*, S. 38ff.. Vgl. in der deutschen Lit. etwa *Hönn*, S. 7 zum Massenverkehr.

[113] Insbesondere im Bereich des Massenverkehrs und der Daseinsvorsorge kann die Vertragsfreiheit durchaus soweit eingeschränkt sein, dass ein Kontrahierungszwang über die gesetzlichen Spezialbestimmungen hinaus besteht; so in der arg. Lit. *Aparicio*, S. 89f. und in der deutschen Lit. *Heinrichs*, in: Palandt, Einf. v. § 145 BGB, Rn. 8-10 m.w.N.. Auch die Kontrolle von AGB ist in diesem Kontext zu sehen; vgl. *Aparicio*, S. 81, 90f.; *Sánchez Medal*, S. 5, 11; *Hönn*, S. 8f.. Vgl. in der Rspr. insbesondere BGHZ 12, 286, 304f; 21, 319, 333ff..

[114] *Aparicio*, S. 80ff.; *Damm*, JZ 1978, 173, 177; *Tinti*, S. 10.

[115] *Alterini*, S. 128; *Aparicio*, S. 76, 80.

[116] Vgl. *Hönn*, S. 306ff.; *Lieb*, AcP 178 (1978), 196-226; *Westermann*, in: Gutachten (Hrsg. Bundesminister der Justiz), 1, 79ff.; *Vázquez Ferreyra/Romera*, zu Art. 3, S. 18f. Teilweise wird auch vom „Schutz des Schwächeren" gesprochen, so *Alterini*, S. 36f., 153; *Aparicio*, S. 177ff.; *Arroyo*, EcomDer 2000, S. 2; *Weitnauer*, Der Schutz des Schwächeren im Zivilrecht, 1975. Vgl. zur Anerkennung von Ungleichgewichtslagen durch das BVerfG:

(LFPC) ist ausdrückliches Ziel des Gesetzes eine juristische Gleichheit in den Beziehungen zwischen Lieferanten und Verbrauchern herzustellen.

In der Literatur und Rechtsprechung werden zahlreiche Begründungen für eine Störung der Vertragsparität oder Unterlegenheit einer Vertragspartei gefunden.[117] Als Ursache der Imparität zwischen Verbraucher und Unternehmer werden vor allem wirtschaftliche und intellektuelle Ursachen angeführt.[118] Wirtschaftliche Unterlegenheit einer Vertragspartei besteht, wenn die Funktionsvoraussetzung des liberalen Wirtschaftsmodells, nämlich eine ausgeglichene Marktstruktur zwischen den Vertragsparteien nicht mehr gewährleistet ist,[119] wie etwa durch das Ausnutzen von marktbeherrschenden Positionen.[120] Eine intellektuelle Unterlegenheit entsteht durch Rationalitätsmängel, die dazu führen, dass der Verbraucher die Bedeutung und Tragweite einer vertraglichen Verpflichtung nicht richtig einschätzt.[121] Rationalitätsmängel können originär durch Wissensdefizite des Verbrauchers oder aber auch durch das Verhalten auf der Anbieterseite verursacht sein.[122] Etwa in bestimmten Vertragssituationen kann der Verbraucher die Bedeutung einer rechtsgeschäftlichen Entscheidung nicht richtig wahrnehmen.[123] Im Internethandel besteht die Gefährdung des informellen Selbstbestimmungsrechts des Verbrauchers aufgrund der fehlenden Kontroll-

---

BVerfG NJW 1990, 1469, 1470 (Handelsvertreterentscheidung); 1994, 36, 38ff. (Bürgschaftsentscheidung). Siehe in der mex. Lit. etwa *Ovalle Favela*, Ley Federal, S. 15f.; *Sánchez Medal,* S. 15. Vgl. in Deutschland zur Kritik an der Lehre der Vertragsparität *Medicus*, Abschied von der Privatautonomie im Schuldrecht?, S. 19ff., 30, 35; *Zöllner*, AcP 196 (1996), 1, 15ff..

117 Vgl. zu verschiedenen Begründungen *Alterini*, S. 36f.; *Szafir*, S. 101; vgl. hierzu auch Hönn, S. 15f.. Siehe zum Verbraucherschutz allgemein: *Gärtner*, JZ 1992, 73-79.

118 Vgl. zu dieser Unterscheidung etwa *Kemper*, S. 36ff., 59 ff.; siehe auch die Verbraucherpolitische Strategie, S. 6.

119 *Kemper*, S. 60.

120 Siehe *von Hippel*, Der Schutz des Schwächeren, S. 29.

121 Hier ist natürlich die besondere Situation Lateinamerikas zu berücksichtigen, die besonders durch Arbeitslosigkeit und Analfabetismus – anders als etwa in Deutschland – geprägt ist; vgl. hierzu auch *Mosset Iturraspe*, Economía de Mercado, S. 25.

122 *Enderlein*, S. 237; *Kemper*, S. 36f., 53f.; *Vázquez Ferreyra/Romera*, zu Art. 4, S. 23f.; *Weingarten*, S. 33f..

123 *Enderlein*, S. 237. Als Beispiel kann die Situation des Haustürgeschäfts genannt werden. Der Verbraucher neigt in dieser Verkaufssituation zu übereilten und unüberlegten Geschäftsabschlüssen provoziert durch eine Überrumpelung des Verkäufers, wovor er geschützt werden soll; *Drexl*, S. 312f.; *Drygala*, NJW 1994, 3260; *Enderlein*, S. 237; *Gilles*, NJW 1986, 1131. In diesem Kontext sind auch fragwürdige Werbemethoden zu sehen; vgl. *Kemper*, S. 54f.; *Thiedig*, S. 11ff..

möglichkeit von Vertragspartner und Ware.[124] Die Schutzbedürftigkeit des Verbrauchers wird ferner aus der Schnelligkeit und Flüchtigkeit der Fernkommunikation abgeleitet.[125] Die Auswirkungen der Informationsgesellschaft auf Austauschbeziehungen führen also für den Verbraucher neben einer Zahl von Vorteilen[126] ebenfalls zu gravierenden Nachteilen und Risiken mit der Folge einer „Ungleichgewichtslage" der Vertragsbeziehungen.

2. Überblick über die Kodifikation des vertraglichen Verbraucherschutzrechts im elektronischen Geschäftsverkehr

Ausdruck der Kompensation von Ungleichgewichtslagen zugunsten der Verbraucher soll die Kodifikation von Verbraucherschutzbestimmungen in Argentinien, Mexiko und Deutschland sein. Durch diese gesetzlichen Regelungen wird versucht, die Vertragsfreiheit einzuschränken, um die Vertragsparität zwischen den Vertragsparteien wieder herzustellen. Im Folgenden wird ein Überblick über den Entwicklungsstand der Regelung des vertraglichen Verbraucherschutzes im elektronischen Geschäftsverkehr sowie über Bestrebungen der gesetzlichen Weiterentwicklung gegeben. Besonderes Augenmerk wird hierbei auf die Darstellung der Besonderheiten im argentinischen und mexikanischen Recht gelegt, wohingegen die Entwicklung in Deutschland nur kursorisch dargestellt wird.

a) Argentinien

Obwohl in Argentinien bis dato keine speziellen vertraglichen Verbraucherschutzbestimmungen für über das Internet getätigte Geschäfte erlassen wurden,[127] ist ein deutlicher Einfluss der neuen Technologien auf die Rechtsentwicklung zu sehen. Zwar wurde zunächst in der argentinischen Literatur die Notwendigkeit einer Regelung des elektronischen Geschäftsverkehrs ganz allgemein bestritten,[128] heutzutage ist aber auch ein Bedürfnis nach einem ausrei-

---

[124] *Martinek*, NJW 1998, 207; *Enquete-Kommission*, S. 21-27.

[125] Vgl. *Köhler*, NJW 1998, 185, 186; *Meents*, S. 179.

[126] Eingehend zu den Vorteilen der Informationsgesellschaft für den Verbraucher *Enquete-Kommission*, S. 17-20; vgl. auch zu Vorteilen des Internet-Shopping *Köhler*, NJW 1998, 185.

[127] Ein ähnlicher legislativer Rückstand besteht etwa auch in Peru; vgl. hierzu *Iasoni*, Alfa-Redi N° 101, 2/2002.

[128] Vgl. hierzu die Darstellung der akademischen Diskussion von *Lorenzetti*, S. 38ff., 175 m.w.N..

chenden Verbraucherschutzrecht im elektronischen Geschäftsverkehr in der argentinischen Literatur anerkannt.[129]

Im Zuge der voranschreitenden Entwicklung des Internet seit Anfang 1990 wurden in Argentinien diverse Dekrete, Resolutionen und Gesetze zur Regulierung, Entwicklung und Förderung des Internet verabschiedet, die mittelbar auch zu einer Besserung der wirtschaftlichen, technischen und rechtlichen Stellung des Verbrauchers bei der Nutzung des Internet führen sollen.[130] Es wurden aber nur wenige Dekrete und Resolutionen verabschiedet, die speziell auf den Entwicklungsstand des E-Commerce Bezug genommen haben. Insbesondere sind hier das Dekret 1081/98, die Resolution 412/99 und die Resolution 1248/99 der Arbeitsgruppe für E-Commerce und Auslandshandel („Grupo de Trabajo sobre Comercio Electrónico y Comercio Exterior") des Wirtschaftsministeriums („Ministerio de Economía") zu nennen, in denen Empfehlungen zu den wirtschaftlichen und rechtlichen Rahmenbedingungen des elektronischen Geschäftsverkehrs gegeben wurden. Die Entwicklung wird in Anhang 1 kurz anhand einer Auswahl verschiedener Normen und Gesetzesinitiativen chronologisch dargestellt.[131]

Zudem sind diverse Gesetzesinitiativen zu nennen, die u.a. Normen enthalten, die speziell auf den Einsatz und den Vertragsabschluss unter Einsatz der Neuen Medien abgestimmt sind. Insbesondere sind ein Projekt zur Modernisierung und Rechtsvereinheitlichung des Código Civil und de Código de Comercio (1), als auch zwei Projekte zum E-Commerce auf den Weg gebracht worden (2), (3), die diverse verbraucherschützende Bestimmungen enthalten:

(1) Seitens einer Kommission, die bereits im Jahre 1995 durch das Dekret 685/95[132] im Justizministerium („Ministerio de Justicia") zur Reform des Código Civil ins Leben gerufen worden war, wurde ein Projekt zur Änderung und

---

[129] Vgl. etwa *Galdós*, Alfa-Redi N° 102, 3/2002, 1, 8; *Guerriero*, S. 5; *Lorenzetti*, S. 218ff., 237f.; *ders*., LL 2000-D-1003, 1007.

[130] Neben den technischen und rechtlichen Rahmenbedingungen für die Entwicklung des Internet ist weitere notwendige Voraussetzung, dass der Einsatz der spanischen Sprache im WWW gefördert wird. Ende 1998 waren ca. 75% aller Websites in englischer Sprache, nur 2,53% auf Spanisch; vgl. *Gaibrois*, S. 8. Zu diesem Zweck wurde beispielweise im Jahr 2000 ein Abkommen zwischen Spanien und Argentinien geschlossen: „Acuerdo para promocionar el uso del idioma ESPANOL en la Red Internet entre la Secretaría General de Comunicaciones del Ministerio de Fomento del Reino de Espana y la Secretaria de Comunicaciones del Ministerio de Infraestructura y Vivienda de la República Argentina", im Internet zu finden unter: http://www.setsi.mcyt.es/sat/argentina.htm.

[131] Vgl. zu weiteren Normen beispielsweise *Martínez Fazzalari*, Régimen Público de Internet, 1999; *Delpech*, S. 28-47. Siehe auch die Auflistung bei ALADI unter www.aladi.org.

[132] Vgl. B.O. v. 22.05.1995, S. 1.

Rechtsvereinheitlichung des Código Civil und des Código de Comercio[133] im Jahr 1998 entwickelt. In das einheitliche Gesetzbuch sollen Artikel aufgenommen werden, die der voranschreitenden Digitalisierung bei der Abgabe von Willenserklärungen Rechnung tragen. Insbesondere enthält das Projekt Regelungen zur Gleichstellung der digitalen Unterschrift mit der handschriftlichen Unterschrift, zum Beweiswert digital signierter Dokumente, sowie Neuerungen zum Vertragsschluss. Nach einem langen Gesetzesweg wurde aber schließlich das Signaturgesetz Nr. 25.506[134] im Jahre 2001 als Spezialgesetz zur Regelung der digitalen Unterschrift erlassen.[135]

(2) Im August 2000 wurde durch die Behörde des Ministerkabinetts („Jefatura de Gabinete de Ministros") im Senat ein Gesetzesentwurf zur Regelung der digitalen Form für Rechtsakte und zur Regelung des E-Commerce eingereicht („Anteproyecto de Ley de Formato Digital de los Actos Jurídicos. Comercio Electrónico").[136] In diesem Projekt werden die Grundzüge des Modellgesetzes der United Nations Commission on International Trade Law (UNCITRAL) zum E-Commerce aus dem Jahr 1996[137] und der Richtlinie 2000/31/EG des Europäischen Parlamentes und des Rates vom 08.06.2000 über den elektronischen

---

133 In dem aktuellen Gesetzesprojekt in der Fassung des Beschlusses v. 01.11.2001 der Kommission der Abgeordnetenkammer für allgemeine Gesetzgebung („Comisión de Legislación General de la Cámara de Diputados") wurde das ursprüngliche Projekt „Proyecto de Unificación de Código Civil y Comercial de 1998" von Héctor Alegría, Atilio A. Alterini, Jorge H. Alterini, María J. Méndez Costa, Julio C. Rivera, Horacio Roitman unter Änderung der Artikelnummern, aber ohne gravierende textliche Änderungen, beibehalten. Der Text des ursprünglichen Projektes findet sich unter: http://www.alterini.org-/fproyley.htm. Das aktuelle Projekt in der Fassung des Beschlusses v. 01.11.2001 findet sich unter: http://www.laley.com.ar/download/proyecto-uccc.pdf bzw. http://www1.hcdn.-gov.ar/dependencias/clgeneral/dictamen%20completo/codcivil.pdf.

134 Vgl. B.O. v. 14.12.2001, S. 1ff. siehe Text: http://infoleg.mecon.gov.ar/txtnorma/70749.-htm. Einen guten Überblick über den Stand der Gesetzgebung im elektronischen Geschäftsverkehr, insbesondere auch zur digitalen Signatur in der Comunidad Andina gibt der Bericht von *Sarmiento* „Legislacion sobre Comercio Electrónico en los Países Miembros de la Comunidad Andina", 2002.

135 Regelungen zur digitalen Signatur existieren in Lateinamerika beispielsweise auch in Uruguay: Dekret 65/998 v. 10.03.1998, Peru: Gesetz 27.269 v. 26.05.2000; Kolumbien: Gesetz Nr. 527 v. 18.08.1999; Chile: Gesetz Nr. 19.799; weitere Gesetze sind im Internet zu finden unter: http://www.revistasdederecho.com/firmadigital/ und http://www.aladi.org.

136 Der Entwurf ist mit Begründung im Internet zu finden unter: http://www.geocities.com/-SiliconValley/Circuit/4888/anteproy.htm; abgedruckt auch bei *Delpech*, S. 325-344.

137 Vgl. Modellgesetz der UNCITRAL z. E-Commerce v. 16.12.1996, in der Fassung aus dem Jahr 1998, im Internet zu finden unter: www.uncitral.org/spanish/texts/electcom/ml-ecomm-s.htm.

Geschäftsverkehr[138] umgesetzt.[139] Insbesondere diente die E-Commerce-Richtlinie als Grundlage für die Regelungen zu „digitalen Verträgen“ und zum Verbraucherschutz.[140] In dem Vorschlag für eine umfassende Regelung des elektronischen Geschäftsverkehrs sind in vier Teilen u. a. Regelungen zur Rechtsgültigkeit und zum Beweiswert von digitalen Dokumenten sowie zur digitalen Unterschrift einschließlich eines Zertifizierungsverfahrens (Art. 6-21, 50-77), zum Zustandekommen von Verträgen (Art. 27-33), zur Haftung der Internetserviceprovider (Art. 34-39) und zum Verbraucherschutz (Art. 40-49) vorgesehen. Bei diesem Projekt handelt es sich bis dato um das wichtigste und umfangreichste Gesetzesprojekt zur Regulierung des elektronischen Geschäftsverkehrs, weshalb es auch Gegenstand der folgenden Untersuchung sein wird.

(3) Am 01.10.2001 wurde von Pedro del Piero ein Gesetzesentwurf über Informationsdienste und elektronische Kommunikation („Proyecto de Ley sobre servicios de información y comunicación electrónica“) in den Senat eingereicht.[141] Nach Art. 1 Abs. 1 des Entwurfs sollen durch das Gesetz gleiche Bedingungen für die unterschiedlichen Nutzungsmöglichkeiten von Informationsdiensten und elektronischer Kommunikation geschaffen werden. Der Entwurf ist in drei Kapitel untergliedert: Das erste Kapitel (Art. 1–18) beschäftigt sich mit Informationsdiensten in Informationsnetzen, das zweite Kapitel (Art. 19–21) mit Vertragsschlüssen auf elektronischem Weg und das dritte Kapitel (Art. 22) ist steuerrechtlichen Aspekten gewidmet. Vorgesehen sind in dem Entwurf nicht sehr umfangreiche Regelungen zur Haftung der Internetprovider (Art. 5), zum Verbraucherschutz (Art. 6), Informationspflichten (Art. 17) und zum Vertragsschluss auf elektronischem Weg (Art. 19ff.).

Keines der vorgeschlagenen Gesetze wurde bis heute verabschiedet. Lediglich das Signaturgesetz Nr. 25.506 wurde im Jahre 2001 als Spezialgesetz mit direktem Bezug zum elektronischen Handel erlassen.[142] Der kurze Überblick über die rechtliche Entwicklung und die legislativen Bestrebungen in Argentinien zeigt, dass es nach wie vor an einer einheitlichen Regelung des elektronischen Handels fehlt, die einzelnen juristischen Probleme werden vielmehr in den diversen Dekreten, Resolutionen und auch in dem Signaturgesetz nur punktuell geregelt.

Aufgrund des Fehlens einer besonderen Regelung für Verbrauchergeschäfte im Internet kommt daher lediglich die Anwendung des im Jahre 1993

138 Vgl. ABl. EG 2000, Nr. L 178/1-16.

139 Vgl. Entwurfsbegründung, S. 7.

140 Vgl. Entwurfsbegründung, S. 10.

141 Enwurf S-01-1438; http://proyectos.senado.gov.ar/web/owa/web_proce.texcompleto?-origen=S&numexp=1438/01&tipo=PL&tipdoc=TE.

142 Da es sich bei dem Signaturgesetz nicht um ein Gesetz mit direktem Bezug zum Verbraucherschutz handelt, wird es nicht Gegenstand der Untersuchung sein.

erlassenen argentinischen Verbraucherschutzgesetzes („Ley de Defensa del Consumidor")[143] und der entsprechenden Umsetzungsverordnung Nr. 1798/94[144] in Betracht.[145] Das Gesetz ist in drei Teile und 17 Kapitel untergliedert, wobei im ersten Teil die allgemeinen Vorschriften und die einzelnen Verbraucherrechte aufgelistet sind, im zweiten Teil wird das Verfahrensrecht behandelt und im dritten Teil die Grundsätze der Verbrauchererziehung und die Schlussbestimmungen.

b) Mexiko

In Mexiko wurde wesentlich früher als in Argentinien bereits im Jahr 1975 ein spezielles Bundesverbraucherschutzgesetz („Ley Federal de Protección al Consumidor")[146] verabschiedet. Es enthielt zahlreiche materiellrechtliche Regelungen, beispielsweise über Werbung und Informationspflichten. Das Gesetz blieb in Kraft, bis es durch das neue Bundesverbraucherschutzgesetz[147] im Jahr 1992 aufgehoben wurde.[148] Das Gesetz aus dem Jahr 1992 ist in 15 Kapitel untergliedert. Die beiden ersten Kapitel beinhalten allgemeine Vorschriften und Definitionen, im III. bis XI. Kapitel sind umfassende materiellrechtliche Bestimmungen aufgelistet. Das XII. Kapitel ist den Vorschriften zur Aufsicht und Kontrolle gewidmet. Verfahrensvorschriften enthält Kapitel XIII. und Regelungen über Sanktionen finden sich in Kapitel XIV. Schließlich sind die Verwaltungsbeschwerden im letzten Kapitel geregelt. Durch das neue Gesetz sollte der Verbraucherschutz modernisiert werden, indem besondere Verkaufssituationen wie etwa Haustürgeschäfte oder Kreditgeschäfte geregelt wurden.

---

[143] Ley 24.240 (nachfolgend: LDC), B.O. v. 15.10.1993. Novelliert durch Ley 24.568, Ley 24.787 und Ley 24.999.

[144] B.O. v. 18.10.1994.

[145] „Indirekt" dienen dem Verbraucherschutz auch beispielsweise das Gesetz gegen unlauteren Wettbewerb (Ley de Lealtad Comercial Nr. 22.802, B.O. v. 11.05.1983 und das Wettbewerbsschutzgesetz (Ley de Defensa de la Competencia Nr. 22.262, B.O. v. 06.08.1980), so *Farina*, S. 86ff.; *Vázquez Ferreyra/Romera*, zu Art. 3, S. 17.

[146] D.O. F. v. 22.12.1975.

[147] D.O.F. v. 24.12.1992 (nachfolgend: LFPC), zuletzt reformiert am 05.06.2000 v. D.O.F. v. 5.06.2000, 24.ff durch Dekret vom 29.05.2000; siehe Text unter: http://www.cddhcu.gob.-mx/leyinfo/pdf/113.pdf.

[148] Dem Verbraucherschutz dient auch das Wettbewerbsgesetz (Ley Federal de Competencia Económica), D.O. F. v. 24.12.1992; so *Arce Gargollo*, S. 99.

Durch Dekret[149] vom 29.5.2000 wurde das LFPC, der Código Civil sowie der Código de Comercio reformiert, um den Besonderheiten des elektronischen Geschäftsverkehrs Rechnung zu tragen. Insbesondere wurden diverse Normen zum Zustandekommen von Verträgen beim Einsatz von elektronischen Medien im Código Civil (Art. 1803, 1805, 1834 bis C.C.) und im Código de Comercio[150] (Art. 80, 89-94 C.Com.) modernisiert. Zum Schutze der Verbraucher wurden u. a. spezielle Informationspflichten des Lieferanten bei Transaktionen, die mittels elektronischer, optischer Medien oder irgendeiner anderen Technologie erfolgen, ins LFPC (Art. 76 bis LFPC) aufgenommen. Als Grundlage für das Gesetz zur Reform des Código Civil, des Código de Comercio und des LFPC dienten drei Gesetzesinitiativen vom 30.04.1999, vom 15.12.1999 und vom 22.03.2000, die sich ihrerseits u. a. an das Modellgesetz der UNCITRAL zum elektronischen Geschäftsverkehr als auch an die „Leitlinien für den Verbraucherschutz im Zusammenhang mit dem elektronischen Geschäftsverkehr" der OECD vom 9.12.1999 anlehnten.[151]

Durch eine weitere Reform des Código de Comercio vom 29.08.2003[152] wurden schließlich Regelungen zur elektronischen Unterschrift in den Gesetzestext eingefügt.[153] Die Vorschriften entsprechen zum überwiegenden Teil wortgenau den Regelungen des Modellgesetzes der UNCITRAL zum elektronischen Geschäftsverkehr.

Mexiko ist im Hinblick auf die Regelung des elektronischen Geschäftsverkehrs - auch speziell im Bereich des vertraglichen Verbraucherschutzes – also fortschrittlicher als Argentinien und gehört in Lateinamerika zu den weiter entwickelten Ländern in diesem Bereich.[154]

---

149 *„Decreto por el que se reforman y adicionan diversas disposiciones del Código Civil para el distrito federal en materia común y para toda la república en materia federal, del Código Federal de Procedimientos Civiles, del Código de Comercio y de la Ley Federal de protección al Consumidor*", D. O. F. v. 29.05.2000, 12ff.; im Internet mit Begründung zu finden unter: http://www.cddhcu.gob.mx/camdip/comlvii/comcomer/incomele.htm und unter: http://www.amiti.org.mx/biblioteca/Ley%20de%20Comercio%20Electrnico.PDF.

150 D.O.F. v. 15.09.1889, zuletzt reformiert am 29.08.2003.

151 So die Begründung des Reformgesetzes vom 29.05.2000, D. O. F. v. 29.05.2000, 12ff, Internetversion: S. 1f., 4ff..

152 D.O.F. v. 29.08.2003, 52ff..

153 Für einen guten Überblick zur Reform vom 29.08.2003 siehe *Reyes Krafft*, Alfa-Redi N°123, 12/2003.

154 Im Gegensatz zu Mexiko hat sich der Gesetzgeber in Ecuador für den Erlass eines speziellen Gesetzes zur Regelung des E-Commerce entschieden: „Ley de Comercio Electrónico, Firmas Electrónicas y Mensajes de Datos", Ley N° 2002-67, R.O. Sup. 557 de 17 de Abril del 2002. In Art. 48-50 des Gesetzes wird dem Verbraucher im E-Commerce ein besonderer Schutz durch spezielle Informationspflichten gewährt. Die Regeln ergänzen den

c) Deutschland

Anders verhält sich die Rechtslage in Deutschland, da hier ein einheitliches Verbraucherschutzgesetz nicht besteht. Der deutsche Gesetzgeber hat zum Schutze des Verbrauchers eine Vielzahl von Bestimmungen sowohl im BGB als auch in Spezialbestimmungen erlassen.[155] Diese Rechtsentwicklung ist maßgeblich vom Recht der Europäischen Union (EU), das nach Art. 153 Abs. 1 EGV[156] ein hohes Verbraucherschutzniveau anstrebt, geprägt.[157]

Dem Verbraucherschutz bei Geschäftsabschlüssen im Internet wurde in Umsetzung der Richtlinie über den Verbraucherschutz bei Vertragsabschlüssen im Fernabsatz (97/7/EG) vom 20.5.1997[158] durch das „Gesetz über Fernabsatzverträge und andere Fragen des Verbraucherrechts sowie zur Umstellung von Vorschriften auf den Euro" vom 27.6.2000[159] Rechnung getragen. Das Fernabsatzgesetz wurde durch das „Gesetz zur Modernisierung des Schuldrechts" vom 26.11.2001[160] in das BGB integriert.

Schließlich wurde durch das Schuldrechtsmodernisierungsgesetz und durch das „Gesetz über rechtliche Rahmenbedingungen für den elektronischen

---

Verbraucherschutz, der nach dem im Jahr 2001 erlassenen „Ley orgánica de defensa del consumidor" (LODC), No. 2000-21, R.O. No. Sup. 116 v. 10.7.2000 besteht, das insbesondere in den Art. 45 LODC dem Verbraucher bei dem Erwerb von Waren über das Internet ein Widerrufsrecht einräumt. Auch in Kolumbien hat sich der Gesetzgeber für die Regulierung des elektronischen Geschäftsverkehrs durch ein spezielles Gesetz (Ley 527/1999 vom 18.08.1999) entschieden. Hierin finden sich aber keine besonderen Vorschriften zum Verbraucherschutz.

155 Die Bestimmungen sollen hier nicht einzeln aufgeführt werden, vgl. vielmehr die Auflistung von *Heinrichs*, in: Palandt, Einf. v. § 145 BGB, Rn. 13-17.

156 Früher Art. 129a EG-Vertrag, konsolidierte Fassung, ABl. EG 2002, Nr. C 325/33.

157 Vgl. zum Einfluss der europäischen Gemeinschaftsgesetzgebung auf den zivilrechtlichen Verbraucherschutz in Deutschland etwa *Fischer*, VuR 2003, 20-25; *Hommelhoff*, AcP 192 (1992), 71-107; *Kainz*, in: Heusel, 63-79.

158 ABl. EG 1997, Nr. L 144/19 (nachfolgend: FARL oder Fernabsatzrichtlinie); abgedruckt in NJW 1998, 212-215.

159 BGBl. I 2000, S. 897 ff., berichtigt am 21. 07.2000 (BGBl. I 2000, S. 1139). Für einen Überblick siehe *Bülow/Artz*, NJW 2000, 2049-2056; *Fuchs*, ZIP 2000,1273-1287; *Lorenz*, JuS 2000, 833-843; *Meents*, CR 2000, 610-614; *Tonner*, BB 2000, 1413-1420.

160 BGBl. I 2001, S. 3138, in Kraft seit dem 01.01.2002. Dieses Gesetz führte zur Integration weiterer verbraucherschützender Normen ins BGB; einen Überblick gibt *Frings*, VuR 2002, 390-398.

Geschäftsverkehr“ (Elektronischer Geschäftsverkehr-Gesetz – EGG)[161] die Richtlinie 2000/31/EG über bestimmte rechtliche Aspekte der Dienste der Informationsgesellschaft, insbesondere des elektronischen Geschäftsverkehrs, im Binnenmarkt vom 08.06.2000[162] in das deutsche Recht umgesetzt.

III. Verbraucherschutzinstrumente

Zum Ausgleich der beschriebenen Imparität werden in Argentinien, Mexiko und Deutschland verschiedene rechtstechnische Mittel gewählt, die sowohl die Vertragsanbahnung, den Vertragsabschluss und die Vertragsdurchführung betreffen.

1. Informationspflichten als Kompensationsmittel

In allen drei Rechtsordnungen soll es dem Verbraucher durch Etablierung von Aufklärungs- und Informationspflichten ermöglicht werden, eigenverantwortliche und selbstbestimmte Kaufentscheidungen zu fällen und Markttransparenz herzustellen.[163] Es wird konstatiert, dass es sich hierbei um eine wesentliche Bedingung für einen funktionierenden Wettbewerb handele.[164] Dieses Instrument hat der argentinische Gesetzgeber im Jahr 1994, ähnlich wie in der EU in Art. 153 EGV, ausdrücklich in Art. 42 Abs. 1 der argentinischen Verfassung[165] (Constitución de la Nación Argentina) niedergelegt. In Mexiko gibt es zwar ein explizit verfassungsrechtlich verankertes Informationsrecht der Verbraucher nicht, der mexikanische Gesetzgeber hat aber das Recht des Verbrauchers auf Information über maximale Preise in Art. 28 Abs. 3 der mexikanischen Verfassung aufgelistet.[166] Das Recht des Verbrauchers auf Information findet seine

---

[161] BGBl. I 2001, S. 3721, in Kraft seit dem 01.01.2002. Das Gesetz führte zur Integration der Vorschriften der E-Commerce-Richtlinie auch durch Änderung des Teledienstegesetzes, der Zivilprozessordnung und des Teledienstedatenschutzgesetzes.

[162] ABl. EG 2000, Nr. L 178/1 (nachfolgend: E-Commerce-Richtlinie).

[163] Vgl. *Günther*, VuR 2003, 25, in der arg. Lit. etwa *Ossola/Vallespinos*, S. 20f.; in der arg. Rspr. CN Fed. Cont.-Adm., Sala II, 29/6/00; „Movistar S.A. c. Secretaría de Comercio e Inversiones"; abgedruckt bei *Stiglitz*, Derecho del Consumidor, S. 76-79; in der mex. Lit. etwa *Arce Gargollo*, S. 107; *Ovalle Favela*, Derechos, S. 30ff..

[164] Vgl. etwa *Günther*, VuR 2003, 25.

[165] Art. 42 Abs. 1 der Constitución de la Nacion Argentina in der Fassung v. 22.08.1994: *„Los consumidores y usarios de bienes o servicios tienen derecho, en la relación de consumo, a la protección de la salud, seguridad e intereses económicos; a la información adecuada y veraz; a la libertad de elección y a condicioens de trato equitativo y digno."*

[166] Constitución Política de los Estados Unidos Mexicanos, D.O.F. v. 05.02.1917, in der Fassung vom 29.10.2003.

Anerkennung letztlich aber ausdrücklich in dem Katalog der Grundprinzipien des Verbraucherschutzes in Art. 1 Abs. 3 III. LFPC.

Während im argentinischen Verbraucherschutzgesetz neben der allgemeinen Informationspflicht für alle Verbrauchergeschäfte nach Art. 4 LDC und für Publikumsofferten nach Art. 7 LDC auch besondere Informationspflichten etwa in Art. 33 LDC über einen Widerruf im Versandhandel oder bei Haustürgeschäften im Sinne des Art. 32 LDC bestehen,[167] existiert in Deutschland eine allgemeine Informationspflicht für alle Verbrauchergeschäfte nicht,[168] vielmehr variieren die Informationspflichten nach der Art des Rechtsgeschäfts.

Für den hier in Rede stehenden elektronischen Geschäftsverkehr ist eine verstärkte legislative Tätigkeit im Bereich des Verbraucherschutzes in Deutschland zu erkennen. Maßgeblich soll durch eine Ausweitung der Informationspflichten im elektronischen Geschäftsverkehr und im Fernabsatz ein verbesserter Schutz der Verbraucher erreicht werden.[169] Besondere Informationspflichten der Unternehmer wurden in Umsetzung der Fernabsatzrichtlinie in § 312c Abs. 1 Nr. 1 BGB i.V.m. § 1 Verordnung über Informations- und Nachweispflichten nach bürgerlichem Recht[170] und in Umsetzung der E-Commerce-Richtlinie in § 312e Abs. 1 Nr. 2 BGB i.V.m. § 3 BGB-InfoV eingeführt.

Die Informationspflichten sind Ausdruck eines Systems, dass in der deutschen Literatur als sogenanntes „Informationsmodell“[171] bezeichnet wird oder auch mit der Wertung und Terminologie von *Reich*[172] Ausdruck eines „marktkomplementären“ im Gegensatz zu einem „marktkompensatorischen“ Verbraucherschutzrecht ist. Marktkompensatorischer Verbraucherschutz ist durch eine stärkere staatliche Intervention zum Aufbau oder zur Förderung von „Gegenmacht“ geprägt.[173] Marktkomplementär bedeutet, dass die Marktprozesse, an denen ein Verbraucher beteiligt ist, nur mittelbar durch gesetzgeberische Tätigkeit in Form von Rahmenbedingungen beeinflussbar ist, so dass der Verbraucher

---

[167] Weitere Informationspflichten finden sich etwa in Art. 14 LDC (Garantieschein), Art. 21 LDC (Kostenvoranschlag) und in anderen Gesetzen wie etwa in Art. 1, 5, 6, 9, 12 LLealCom.

[168] Vgl. die exemplarische Aufzählung bestehender Informationspflichten in Deutschland von *Kind*, S. 63ff..

[169] Vgl. Erwägungsgrund (11) Fernabsatzrichtlinie.

[170] BGB-Informationspflichten-Verordnung (nachfolgend: BGB-InfoV) in der Fassung der Bekanntmachung v. 5.8.2002, BGBl. I 2002, S. 3002ff..

[171] Vgl. zu dieser Bezeichnung etwa *Schünemann*, in: FS Brandner, 279, 295; siehe zum Informationsmodell etwa *Fleischer*, ZEuP 2000, 772-798 und die die instruktive Abhandlung von *Kind*, Die Grenzen des Verbraucherschutzes durch Information – aufgezeigt am Teilzeitwohnrechtegesetz, 1998.

[172] *Reich*, Markt und Recht, S. 198.

[173] *Reich*, Markt und Recht, S. 198, 218ff..

seinerseits in die Lage versetzt wird, sich selbst zu helfen.[174] Der Gesetzgeber soll sich einer direkten staatlichen Kontrolle enthalten, solche Eingriffe kämen vielmehr nur als ultima ratio in Betracht.[175] Das derzeit in Deutschland geltende Verbraucherschutzrecht ist weitgehend als „marktkomplementär" gedacht.[176]

Dem argentinischen Gesetzgebungsverfahren ist anders als in Deutschland eine eingehende Diskussion in der einschlägigen Literatur um einen sachgerechten Verbraucherschutzansatz nicht vorangegangen. Das LDC sieht trotz bestehender Informationspflichten eine stärkere staatliche Kontrolle vor als in Deutschland, wie etwa die Kontrolle von Allgemeinen Geschäftsbedingungen durch die zuständige Behörde in Art. 38 LDC. Es sind aber legislative Bestrebungen zu erkennen, das liberale Prinzip der rechtsgeschäftlichen Entscheidungsfreiheit durch verstärkte Information im E-Commerce zu schützen.[177]

Der mexikanische Gesetzgeber hat zwar in dem neuen Verbraucherschutzgesetz aus dem Jahr 1992 eine gesetzlich legitimierte stärkere staatliche Kontrolle zum Schutze des Verbrauchers nicht aufgegeben,[178] auch hier wird aber verstärkt auf Verbraucherinformation zum Schutze der rechtsgeschäftlichen Entscheidungsfreiheit der Verbraucher gesetzt. Jüngst hat Mexiko besondere Informationspflichten für Transaktionen, die mittels elektronischer, optischer Medien oder irgendeiner anderen Technologie erfolgen – mithin also im elektronischen Geschäftsverkehr – in Art. 76 bis II., III. und V. LFPC normiert. Lieferanten müssen neben den besonderen Informationspflichten zusätzlich etwa die allgemeinen Informationspflichten in Kapitel III des LFPC beachten, die für alle Verbrauchergeschäfte heranzuziehen sind.

2. Weitere gemeinsame Kompensationsmittel

Neben den Informationspflichten gibt es im gegenwärtigen deutschen Verbraucherschutzrecht auch partielle Eingriffe des Gesetzgebers in den Privatrechtsverkehr, wie etwa das im Fernabsatz bestehende Widerrufsrecht des Verbrau-

---

174 *Westermann*, in: Gutachten (Hrsg. Bundesminister der Justiz), 1, 8. Vgl. zu dieser Thematik auch *Schünemann*, in: FS Brandner, 279ff..

175 *Kind*, S. 44f..

176 So *Westermann*, in: Gutachten (Hrsg. Bundesminister der Justiz), 1, 8ff..

177 Vgl. beispielsweise die Informationspflichten in Art. 30f. des Gesetzesentwurfs zur Regelung der digitalen Form für Rechtshandlungen und zur Regelung des E-Commerce („Anteproyecto de Ley de Formato Digital de los Actos Jurídicos. Comercio Electrónico"), siehe zu dem Projekt 3. Teil I. 2. b).

178 Beispielsweise müssen sich die Anbieter nach Art. 8 LFPC an die Preise halten, die mit dem Secretaria de Comercio y Fomento Industrial vereinbart wurden, von diesem festgelegt, authoriziert oder registriert wurden.

chers nach § 355 i.V.m. § 312d BGB,[179] die Überprüfung von AGB[180] oder Schriftformerfordernisse in bestimmten Vertragssituationen[181], um punktuelle Störungen des Marktgleichgewichts zu korrigieren.[182]

Diese Kompensationsmittel hat auch der argentinische Gesetzgeber zum Schutze der schwächeren Vertragspartei im LDC normiert. In Teil I (Art. 1 bis 40) des Gesetzes werden die allgemeinen Vorschriften und die einzelnen Sachbereiche geregelt, beispielsweise die Schriftform für Kaufverträge in Art. 10 LDC und in Art. 37-39 LDC die Inhaltskontrolle von missbräuchlichen Klauseln und Adhäsionsverträgen. Insbesondere steht den Verbrauchern ein Widerrufsrecht nach Art. 34 LDC zu, wenn sie einen Vertragstyp nach Art. 32 (Haustürkauf) oder Art. 33 (Versandkauf und andere) LDC abschließen. Von Art. 33 LDC wird neben dem Versandhandel auch ausdrücklich jeder Vertragsabschluss unter Einsatz von Telekommunikation, elektronischen Medien oder ähnlichen Medien erfasst, wobei hierunter der Vertragsschluss via Internet, insbesondere e-mail oder durch Einsatz von Webseiten zu subsumieren ist.[183]

Auch das mexikanische Gesetz kennt diese Kompensationsmittel. Beispielsweise ist nach Art. 52 LFPC die Schriftform bei Haustürgeschäften einzuhalten. Die Kontrolle von Allgemeinen Geschäftsbedingungen und Adhäsionsverträgen ist in Art. 85-90 LFPC geregelt. Ferner wird dem Verbraucher ein Widerrufsrecht nach Art. 56 LFPC bei einem Vertragsabschluss nach Art. 51 LFPC gewährt, wobei neben Haustürgeschäften alle Geschäfte erfasst werden, die nicht in dem Geschäftslokal getätigt werden. Diese Geschäfte werden in Art. 51 LFPC auch als „indirekte Käufe“ bezeichnet. Aus der Aufzählung in Art. 53 LFPC, wie etwa der Einsatz des Fernsehens, des Telefons, der Post oder jeder weiteren Kommunikation, die keinen direkten Kontakt zulässt, folgt, dass von diesem Konzept jegliche Geschäftssituation erfasst wird, die eine direkte Kommunikation oder eine persönliche Kommunikation zwischen dem Verbraucher und dem Lieferanten ausschließt.[184] Kennzeichnend für „indirekte Verträge“ ist, dass diese ohne gleichzeitige körperliche Anwesenheit der Vertragsparteien ge-

---

179 Es bestehen auch Widerrufsrechte in anderen Vertragssituationen, wie etwa bei Haustürgeschäften nach § 355 i.V.m. § 312 BGB.

180 §§ 305 – 310 BGB.

181 Beispielsweise in § 492 BGB (Verbraucherdarlehensvertrag).

182 *Westermann*, in: Gutachten (Hrsg. Bundesminister der Justiz), 1, 9f..

183 *Andino Dorato*, in: Ameal/Tanzi, 533, 539 (für e-mail und Webseiten); *Messina De Estrella Gutiérrez*, in: Ameal/Tanzi, 827, 832; *Lorenzetti*, S. 246 aber kritisch zum Downloading.

184 *Ovalle Favela*, Ley Federal, S. 102.

schlossen werden.[185] Hierunter sind daher auch Vertragsschlüsse via Internet zu subsumieren.[186]

3. Besondere Kompensationsmittel des LDC und des LFPC

Neben diesen den Rechtsordnungen gemeinsamen Kompensationsmitteln, die sich aber durchaus in ihrer konkreten Ausgestaltung unterscheiden, ist hervorzuheben, dass im argentinischen LDC und im mexikanischen LFPC dem deutschen Verbraucherschutzrecht unbekannte Instrumente existieren. Hier ist die in Art. 7 LDC legalisierte Publikumsofferte und die Rechtsverbindlichkeit von Werbung als Bestandteil des Angebots nach Art. 8 LDC zu nennen. In Mexiko besteht beispielsweise die Besonderheit, dass der Gesetzgeber über eine fünftätige Widerrufsmöglichkeit in Art. 56 S. 2 LFPC hinaus als weiteres Schutzinstrument nach Art. 56 S. 1 LFPC ausdrücklich geregelt hat, dass der Vertrag erst mit Ablauf dieser Frist wirksam zustande kommt. Zudem wird in Art. 48 LFPC explizit die Rechtsverbindlichkeit von Angeboten mit Zugaben und Sonderangeboten an die Öffentlichkeit im Sinne des Art. 46 LFPC geregelt.

IV. Zusammenfassung

Im Mittelpunkt der Untersuchung steht der Vertrag als solcher und sein Wandel im Zuge einer sich verändernden Gesellschaft. Das Verständnis des traditionellen Vertragsmodells, das maßgeblich in den drei Rechtsordnungen vom Wirtschaftliberalismus bestimmt wurde und von der Gleichheit der Vertragsparteien geprägt war, hat sich mit der Entwicklung der Industriegesellschaft verändert. Schlagwort für den Prozess der Gesellschaftsveränderung durch den Einsatz der Neuen Medien ist die „Informationsgesellschaft", die weitreichende Veränderungen der Handelsbeziehungen unter Teilnahme von Verbrauchern gebracht hat. Die Störung der Vertragsparität aufgrund besonderer Umstände wird richtigerweise als Ursache für Kompensationsmaßnahmen im Verbraucherschutzrecht gesehen. Verbraucherschutz hat die Aufgabe die Gerechtigkeitsgewähr, die in abstracto in der Durchsetzung und Durchhaltung formaler Gleichheit aller Träger ökonomischer Rollen vor dem Gesetz liegt, durch geeignete Maßnahmen sicherzustellen. Notwendigerweise wird hierzu der Grundsatz der Vertragsfreiheit eingeschränkt, um beiden Vertragsparteien dieselben Chancen einzuräumen, auf den Vertrag einzuwirken. Die Selbstbestimmung einer Vertragspartei darf nicht zur Fremdbestimmung der anderen Vertragspartei führen.

---

[185] *Ovalle Favela*, Derechos, S. 46.

[186] So auch *Márquez*, REDI N° 43, 2/2002, 1, 4.

Legislativer Ausdruck der sozioökonomischen Veränderung und einer von den nationalen Gesetzgebern angenommenen Imparität der Vertragsparteien sollen diverse Verbraucherschutzregelungen in Argentinien, Mexiko und in Deutschland sein. Festzuhalten bleibt, dass in Mexiko und Deutschland die Rechtssituation im elektronischen Geschäftsverkehr weiter entwickelt ist als in Argentinien. Zwar bestehen in Argentinien einige legislative Bestrebungen, insbesondere durch den Erlass eines einheitlichen Gesetzes zum elektronischen Geschäftsverkehr, tatsächlich wurden aber bis heute keine speziellen Normen zur Regelung des vertraglichen Verbraucherschutzes in diesem Bereich erlassen. Zur Zeit kommt in Argentinien für den elektronischen Geschäftsverkehr daher nur eine Anwendung des LDC in Betracht, wobei zu zeigen sein wird, ob der Anwendungsbereich für Online-Shopping-Verträge eröffnet ist. In Mexiko hat sich der Gesetzgeber, wenn auch nicht durch ein einheitliches Gesetz, so aber doch durch eine Reform für die Aufnahme und Modernisierung diverser Einzelregelungen in die bestehenden Gesetze entschieden und so auch dem vertraglichen Verbraucherschutz Rechnung getragen.

Gleichsam wie in Mexiko hat sich der deutsche Gesetzgeber für eine Modernisierung der vorhandenen Regelungen im Hinblick auf den vertraglichen Verbraucherschutz im E-Commerce (Regelungen zum Fernabsatz) entschieden, wobei in Deutschland die Reform unter maßgeblichem Einfluss der europäischen Rechtssetzung erfolgte. Hervorzuheben ist daher, dass die Kontrolle der Vertragsfreiheit heute keineswegs mehr allein die Aufgabe des nationalen deutschen Gesetzgebers und Richters ist, sondern immer stärker durch europarechtliche Vorgaben und auch durch die einschlägige Judikatur des EuGH determiniert wird. Diese Entwicklung ist im Hinblick auf die Globalisierung der Märkte und grenzüberschreitende Verträge im E-Commerce ausdrücklich begrüßenswert, um insbesondere mehr Rechtssicherheit bei solchen Vertragsabschlüssen zu schaffen.

Zur Kompensation einer Störung der Vertragsparität werden unterschiedlichste Rechtsinstitute eingesetzt. Der deutsche Gesetzgeber ist bisher bis auf einige partielle Eingriffe im Wesentlichen dem Informationsmodell gefolgt und auch in Mexiko kommt diesem eine wachsende Bedeutung zu. In Argentinien sind Bestrebungen zu sehen, den Verbraucherschutz durch spezielle Informationspflichten im elektronischen Geschäftsverkehr ebenso zu verbessern. Im Ergebnis ist mithin festzuhalten, dass in beiden lateinamerikanischen Ländern eine Abkehr von einer eher dirigistischen Sichtweise mit einer stärkeren direkten Einflussnahme des Staates zum Schutze des Verbrauchers zu einer mittelbaren Einflussnahme zu erkennen ist, wie dies in Deutschland und auf der Ebene der Europäischen Union praktiziert wird.

B. Grundlegendes zum Verbraucherbegriff

Verbraucherschutz genießt eine Person bei Geschäftsabschlüssen im Online-Shopping nur dann, wenn sie Verbraucher im Sinne der Verbraucherdefinitionen in den einzelnen Rechtsordnungen bei Geschäftsabschlüssen im Internet ist. An dieser Stelle ist daher zunächst zu untersuchen, für welchen schützenswerten konkreten Personenkreis die einschlägigen verbraucherschützenden Vorschriften in Argentinien, Mexiko und Deutschland Anwendung finden. Soweit unterschiedliche Schnittmengen des schützenswerten Personenkreises bestehen, wird in einem weiteren Schritt diskutiert, ob der deutsche Verbraucherbegriff im Hinblick auf die Besonderheiten des argentinischen oder mexikanischen Verbraucherbegriffs im Lichte des Online-Shopping einer Modifizierung bedarf.

I. Der Verbraucherbegriff

1. Definition des Verbrauchers und Verbrauchereigenschaft bei Online-Shopping-Verträgen nach argentinischem Recht

a) Definition

Der in Art. 1 S. 2 LDC und Art. 2 Abs. 2 S. 1 LDC normierte einheitliche Verbraucherbegriff wird geprägt durch eine Begriffsbestimmung, die sowohl positive als auch negative Kriterien zur Abgrenzung des schützenswerten Personenkreises enthält.

In positiver Hinsicht ist Verbraucher oder Benutzer nach der Legaldefinition in Art. 1 S. 2 LDC eine natürliche als auch eine juristische Person, die entgeltliche Verträge mit einem bestimmten Inhalt (...) für den eigenen Konsum, zu ihrem eigenen Vorteil, zugunsten ihrer Familie oder sozialen Gruppe abschließt. Durch eine Verknüpfung von drei Kriterien – (1) persönliche, (2) funktionelle und (3) sachliche – wird der Geltungsbereich des LDC in positiver Hinsicht festgelegt. Diese sind konkret:

(1) Die Bestimmung des zu schützenden Personenkreises, wobei sowohl natürliche als auch juristische Personen unabhängig von der Größe oder Bilanzsumme als schutzbedürftig angesehen werden. Entscheidend ist vielmehr, ob die juristische Person für sich „verbraucht“.[187] Nach Ansicht einiger Autoren darf

[187] *Stiglitz/Stiglitz*, S. 120.

der Begriff der juristischen Person[188] nicht im strengen juristischen Sinn verstanden werden, sondern sei vielmehr weit auszulegen, da der Schutz des Gesetzes auch Verbänden und bloßen Interessengemeinschaften zu gewähren sei.[189]

(2) Als funktionelles Kriterium steht im Mittelpunkt der Definition des Verbrauchers der *Endverbrauch* von Sachen oder Dienstleistungen durch den geschützten Personenkreis.[190]

(3) Sachlich eingeschränkt wird der Verbraucherbegriff durch die möglichen Vertragsgegenstände. Die Definition des Verbrauchers und Benutzers wird in Art. 1 S. 2 a) bis c) LDC an den Abschluss von bestimmten Rechtsgeschäften geknüpft. Vertragsgegenstand kann nach Art. 1 S. 2 LDC nur a) der Erwerb oder die Miete beweglicher Sachen sein, b) eine Dienstleistung oder c) der Erwerb von neuen Immobilien zu Wohnzwecken einschließlich der Heimstätten, wenn das Angebot öffentlich erfolgt und an einen bestimmten Personenkreis gerichtet ist.

In negativer Hinsicht wird die Gruppe der Verbraucher von den Nichtverbrauchern durch Art. 2 Abs. 2 S. 1 LDC abgegrenzt, wonach kein Verbraucher oder Benutzer ist, wer zum Zwecke der Produktion, Verarbeitung, Vermarktung oder Leistung an Dritte Sachen oder Dienstleistungen erwirbt, lagert, gebraucht oder verbraucht. Weiter eingeschränkt wird der Begriff gemäß Art. 2 Abs. 2 S. 2 LDC, wonach von dem Gesetz nicht die Leistungen von Freiberuflern erfasst werden, die zur Ausführung ihres Berufs eines Universitätstitels bedürfen und in das Register einer Berufsvereinigung eingetragen sein müssen.

b) Verbrauchereigenschaft im Online-Shopping

Eine natürliche oder juristische Person, die im Rahmen des Online-Shopping Waren erwirbt, ist als Verbraucher im Hinblick auf die positiven und negativen Bestimmungen des Verbraucherbegriffs in Art. 1 und 2 LDC zu qualifizieren.

Beim Online-Shopping schließt der Kunde einen Vertrag mit dem nach Art. 1 S. 2 a) LDC geforderten Inhalt ab. Unter den Begriff des Erwerbs im Sinne des Art. 1 S. 2 a) 1. Alt. LDC fallen alle Vertragstypen, die aufgrund einer entgeltlichen Leistung zu einer Eigentumsverschaffung von Waren im Allgemeinen führen.[191] Von der Definition des Art. 1 S. 2 a) 1. Alt. LDC werden ins-

---

[188] Die Arten der juristischen Personen sind in Art. 33ff. C.C. aufgelistet, wobei das argentinische Zivilrecht ähnlich wie das deutsche Recht zwischen juristischen Personen des privaten und des öffentlichen Rechts unterscheidet.

[189] *Micele*, LL 1994-A-900, 914; *Vázquez Ferreyra/Romera*, zu Art. 1, S. 6.

[190] *Stiglitz/Stiglitz*, S. 113; *Vázquez Ferreyra/Romera*, zu Art. 1, S. 6f..

[191] Vgl. *Gnielinski*, S. 117f..

besondere Kaufverträge erfasst.[192] Allgemein handelt es sich nach der Definition des Art. 1323 C.C. als auch nach Art. 450 C.Com. um einen Kauf, wenn sich der Verkäufer verpflichtet, dem Käufer das Eigentum an einer Sache zu übertragen und sich der Käufer seinerseits verpflichtet, einen bestimmten Kaufpreis zu zahlen. Unter einer Sache im Sinne der Art. 1323, 1327 C.C. ist nach Art. 2311 C.C. ein materieller Gegenstand zu verstehen, der einen Wert besitzen kann, wobei es sich um einen wirtschaftlichen Wert handeln muss.[193] Ausdrücklich erfasst wird nach Art. 2311 Abs. 2 C.C. auch die Energie. Beweglich ist die Sache nach Art. 2318 C.C., wenn sie von einem zum anderen Ort bewegt werden kann.

Bei einem Online-Shopping-Vertrag über bewegliche Sachen, wie etwa Büchern, handelt es sich in der Regel um einen Kaufvertrag, denn beim Vertrieb von Waren via Internet werden diese gegen Entgelt veräußert.[194] Eine andere Qualifikation rechtfertigt sich nicht aus dem Umstand, dass der Verkäufer möglicherweise verpflichtet ist, die Ware zu liefern. Für die Qualifikation des Vertrages ist nach der absolut h. M. auf die das Geschäft prägende Pflicht abzustellen.[195] Die Lieferung der Ware stellt gegenüber dem Veräußerungsvorgang lediglich eine untergeordnete Nebenpflicht nach argentinischem Recht dar, wenn die Lieferung überhaupt eine Pflicht des Verkäufers ist. Der Veräußerungsvorgang ist somit prägend für den Online-Vertrieb von Waren als Kauf. Soweit im Online-Shopping bewegliche Sachen verkauft werden, wird dieser Vertrag als Kaufvertrag vom Anwendungsbereich des Art. 1 S. 2 a) LDC erfasst.

Problematisch könnte aber sein, ob auch der Erwerb über eine Online-Übertragung, beispielsweise von Software erfasst wird, da vom Wortlaut des Art. 1 S. 2 a) LDC i.V.m. Art. 2311 C.C. nur bewegliche Sachen erfasst werden. Zu berücksichtigen ist hier, dass bereits beim herkömmlichen Vertrieb von Standardsoftware über die rechtliche Einordnung des Vertrages als Kaufvertrag Uneinigkeit in der argentinischen Literatur besteht.[196] Im Mittelpunkt der Diskussion steht die Problematik, ob Standardsoftware als bewegliche Sache[197], an

192 *Farina*, S. 59.

193 *Alterini*, S. 219f..

194 Vgl. zu dieser Qualifikation auch im deutschen Recht *Cichon*, S. 208f..

195 Stellvertretend für viele *López de Zavalía*, S. 54ff..

196 Dagegen mit der Annahme einer lizenzvertraglichen Übertragung eines Nutzungsrechts etwa *Correa/Batto/Czar de Zalduendo/Nazar Espeche*, S. 185; *Guibourg/Alende/Campanella*, S. 231. A.A. *Cara Correa*, S. 7, der davon ausgeht, dass Software kaufweise erworben werden kann.

197 Die Sachqualität verneinend: *Brizzio*, LL 2000-A-921, 934; *Pardini*, S. 34; *Cara Correa*, S. 3 sieht Software als eine Form der Energie an, weshalb Art. 2311 C.C. anwendbar sei.

der Eigentum erworben werden kann,[198] rechtlich zu qualifizieren ist. Letztlich kann die exakte rechtliche Einordnung des Vertriebs von Software unter Einsatz des Internet aber offen bleiben. Der Grundsatz der günstigsten Auslegung für den Verbraucher nach Art. 3 LDC gebietet es, dass auch die mit einem Kauf vergleichbaren Fälle von der Verbraucherdefinition des LDC erfasst werden, die nach Erlass des LDC auftreten, aber noch nicht vom Gesetzgeber berücksichtigt werden konnten; die Aufzählung in Art. 1 S. 2 a) 1. Alt. LDC ist nicht als abschließend zu verstehen.[199] Der Vertrieb von Software durch Downloading im E-Commerce hat sich erst nach Schaffung des LDC im Jahr 1994 entwickelt, weshalb diese Vertriebsform keine Berücksichtigung durch den Gesetzgeber finden konnte. Unter Anwendung dieses Grundsatzes geht die argentinische Literatur richtigerweise davon aus, dass der Verbraucher beim Erwerb von Standardsoftware auf einem Datenträger, auch beim Vertrieb auf telematischem Wege, den Schutz des LDC genießt.[200] Unter dem Gesichtspunkt des Verbraucherschutzes ist nicht einzusehen, warum Verbraucher, die etwa Bücher erwerben oder Software auf einem Datenträger bestellen oder diese vom Rechner des Anbieters online beziehen, unterschiedlich im Hinblick auf spätere Rechtsstreitigkeiten gestellt werden sollten. Auch diese Verträge müssen mit dem nach Art. 3 LDC geltenden Grundsatz der günstigsten Auslegung für den Verbraucher vom Anwendungsbereich des LDC zumindest analog erfasst werden.

Eingeschränkt wird der Verbraucherbegriff beim Online-Shopping nicht durch Art. 2 Abs. 2 S. 1 LDC, da die Sachen beim Online-Shopping in der Regel nicht im Sinne des Art. 2 Abs. 2 S. 1 LDC zur Integration in einen Produktions- oder Vertriebsprozess erworben werden. Vielmehr erwirbt der Kunde regelmäßig die Waren, wie beispielsweise CDs, Bücher, etc. zum eigenen Verbrauch oder seiner sozialen Gruppe im Sinne des Art. 1 S. 2 LDC.

Im Ergebnis lässt sich somit die Personengruppe der Verbraucher bei Online-Shopping-Verträgen im Internet sowohl beim Vertrieb von Hard-Goods als auch Soft-Goods von der Definition des argentinischen Verbraucherschutzgesetzes erfassen.

2. Definition des Verbrauchers und Verbrauchereigenschaft nach mexikanischem Recht

Nach Art. 2 I. S. 1 LFPC handelt es sich bei einem Verbraucher um eine natürliche oder juristische Person[201], die als Endabnehmer Sachen, Produkte oder

[198] Dagegen *Correa/Batto/Czar de Zalduendo/Nazar Espeche*, S. 185; *Guibourg/Alende/Campanella*, S. 231.

[199] So richtig *Vázquez Ferreyra/Romera*, zu Art. 1, S. 7.

[200] *Palazzi*, S. 49 m.w.N..

Dienstleistungen erwirbt, realisiert oder verbraucht. Kein Verbraucher ist, wie im argentinischen Recht, nach Art. 2 I. S. 2 LFPC, wer Sachen oder Dienstleistungen zum Zwecke der Produktion, Verarbeitung, Vermarktung oder Leistung an Dritte erwirbt, lagert, gebraucht oder verbraucht. Im Mittelpunkt der Definition steht ebenso wie im argentinischen Recht der Endverbrauch.

Anders als der argentinische Gesetzgeber hat der mexikanische Gesetzgeber die Verbraucherdefinition selbst zwar nicht bereits an den Abschluss eines bestimmten Vertrages gebunden. Problematisch könnte aber auch hier allenfalls sein, ob die beim Online-Shopping vertriebenen Downloads von digitalisierbaren Waren als Erwerb einer Sache im Sinne des Art. 2 I. S. 1 LFPC erfasst werden. Dies ist zu bejahen, da nach Art. 1 VIII. LFPC der Verbraucher ausdrücklich bei allen „Transaktionen" via Internet geschützt werden soll. Durch die Reform des LFPC vom 29. Mai 2000 wurde in Art. 1 VIII. LFPC als wichtiges Grundprinzip in Konsumbeziehungen der effektive Schutz der Verbraucher bei Transaktionen, die mittels elektronischer oder optischen Medien oder irgendeiner anderen Technologie durchgeführt werden, festgeschrieben. Der Begriff „Transaktionen" legt eine weite Auslegung des Begriffs „Erwerb" nahe, der auch den gerade für das Internet typischen Vertrieb von Software durch Downloading erfassen muss.

Für die Personengruppe der Verbraucher ergibt sich damit beim Online-Shopping keine internetspezifische Besonderheit gegenüber der bisherigen Rechtstatsächlichkeit, wenn die Person im Online-Shopping Sachen, Produkte auch im Downloading oder Dienstleistungen zum privaten Endverbrauch erwirbt.

3. Definition des Verbrauchers und Verbrauchereigenschaft nach deutschem Recht

Durch das am 27.06.2000 verkündete Gesetz über „Fernabsatzverträge und andere Fragen des Verbraucherrechts sowie zur Umstellung von Vorschriften auf den Euro"[202] wurde eine einheitliche Definition des Verbrauchers ins deutsche Zivilrecht in § 13 BGB eingeführt. Der deutsche Gesetzgeber hat den Verbraucherbegriff aus Art. 2 Nr. 2 FARL nahezu wortgetreu ins BGB aufgenommen, wobei eine Abweichung im Hinblick auf die Selbstständigkeit der beruflichen Tätigkeit in § 13 BGB besteht. Verbraucher ist nach § 13 BGB jede natürliche Person, die ein Rechtsgeschäft zu einem Zwecke abschließt, der weder ihrer ge-

---

[201] Der Begriff der juristischen Person ist in Art. 25 C.C. definiert und unterscheidet wie in Argentinien und Deutschland nach juristischen Personen des privaten und des öffentlichen Rechts.

[202] BGBl. I 2000, S. 897 ff..

werblichen Tätigkeit noch ihrer selbstständigen beruflichen Tätigkeit zugerechnet werden kann, d.h. das dem privaten Endverbrauch dient.[203] Unproblematisch lässt sich der deutsche Verbraucherbegriff in § 13 BGB auf alle Verträge im Online-Shopping anwenden, da er nach seinem ausdrücklichen Wortlaut auf alle Rechtsgeschäfte Anwendung findet.

Anders als in Art. 2 Nr. 2 der FARL wird der Verbraucherbegriff in § 13 BGB nicht unmittelbar an den Abschluss eines Fernabsatzvertrages geknüpft. Eine solche Verknüpfung mit einem bestimmten Vertrag wird aber letztlich im deutschen Recht über entsprechende Verweise erreicht. Obwohl einzelne Rechtsgeschäfte in der allgemeinen Definition - anders als in Art. 1 LDC - nicht aufgeführt werden, wird dem Verbraucher nämlich nur dann der Schutz des §§ 312c, 312d, 355 BGB gewährt, wenn es sich um einen Fernabsatzvertrag im Sinne des § 312b Abs. 1 BGB handelt, wovon nach § 312b Abs. 3 BGB bestimmte Verträge ausgeschlossen sind. Der Vertragsabschluss muss ausschließlich unter Verwendung von Fernkommunikationstechniken erfolgen. Damit sind nach § 312b Abs. 2 BGB alle Kommunikationsmittel gemeint, die zum Vertragsschluss bei nicht körperlicher Anwesenheit führen, insbesondere werden e-mails sowie Tele- und Mediendienste[204] erfasst. Fernabsatzangebote über das Internet sind nach § 2 Abs. 1 i.V.m. Abs. 2 Nr. 2 Teledienstegesetz (TDG) Teledienste, denn es handelt sich um elektronische, durch Telekommunikation übermittelte Angebote zur Information und Kommunikation, die für eine individuelle Nutzung bestimmt sind.[205] Es werden auf der Webseite Informationen über Waren- und Dienstleistungen im Rahmen einer individuellen Nutzung verbreitet, indem die einzelnen Produkte zur Bestellung präsentiert werden. Die individuelle Nutzung der Daten liegt darin, dass der Nutzer durch sein Verhalten den Datenabruf steuern kann.[206] Homepages (offenbar als Synonym für „Websites") sind in der Begründung der ersten Fassung des TDG bereits ausdrücklich genannt.[207] Gleichfalls lässt sich ein Fernabsatzangebot rechtlich von dem Regelbeispiel in § 2 Abs. 2 Nr. 5 TDG erfassen, hier kommt es demnach zu Überschneidungen der beiden Regelbeispiele.[208] Erfasst wird aber nicht jedweder Vertragsschluss, der durch Fernkommunikation zwischen einem Unternehmer im Sinne des § 14 BGB und einem Verbraucher zustande kommt, sondern nur

---

[203] So auch für den Verbraucherbegriff der FARL *Micklitz*, ZEuP 1999, 875, 878.

[204] Mit den Begriffen Tele- und Mediendienste wird auf § 2 Abs. 1 Teledienstgesetz (TDG) und § 2 Abs. 1 Medienstestaatsvertrag (MDStV) verwiesen.

[205] *Hoenike/Hülsdonk*, MMR 2002, 415, 416.

[206] *Hoenike/Hülsdonk*, MMR 2002, 415, 416.

[207] Vgl. Amtliche Begründung, BT-Drs. 13/7385 v. 9.4.1997 zu § 2 TDG, http://dip.bundestag.de/btd/13/073/1307385.asc.

[208] *Hoenike/Hülsdonk*, MMR 2002, 415, 416 halten das Regelbeispiel des § 2 Abs. 2 Nr. 5 TDG für überflüssig.

solche Verträge über Waren und Dienstleistungen, die im Rahmen eines für den Fernabsatz organisierten Vertriebs- und Dienstleistungssystems des Unternehmers geschlossen werden (§ 312b Abs. 1 BGB). Der Absatz muss somit in einem gezielt und systematisch auf Fernabsatz organisierten System erfolgen.[209] Erfasst werden insbesondere der Bereich der modernen Vertriebsformen, wie u.a. der E-Commerce im Internet,[210] wozu auch das Online-Shopping als Teilbereich gehört.[211] Der Online-Shopping-Vertrag, der regelmäßig nicht zum Ausnahmekatalog des § 312b Abs. 3 BGB gehört, ist demnach als typischer Fernabsatzvertrag zu charakterisieren.

4. Ergebnis und Fazit

Der argentinische, der mexikanische und der deutsche Verbraucherbegriff als auch der Verbraucherbegriff in der Fernabsatzrichtlinie stehen auf der gemeinsamen Grundlage, dass es sich nur dann um einen Verbraucher handelt, wenn ein Geschäft abgeschlossen wird, das zum privaten Endverbrauch bestimmt ist.

Die argentinische Definition ist enger als die deutsche und mexikanische Definition, da bereits der Verbraucherbegriff positiv an den Abschluss bestimmter Rechtsgeschäfte geknüpft ist. Zwar wird im deutschen Recht die Verbraucherdefinition nicht unmittelbar an den Abschluss eines bestimmten Rechtsgeschäfts gebunden, dennoch werden nur dann die speziellen Rechte der §§ 312c und 312d BGB gewährt, wenn ein Fernabsatzvertrag nach § 312b BGB abgeschossen wird.

Entscheidend weichen die argentinische und die mexikanische Definition im Hinblick auf den schützenswerten Personenkreis von der deutschen Begriffsbestimmung ab, da neben natürlichen Personen auch juristische Personen Verbraucherschutz genießen. Im Folgenden wird daher analysiert, inwieweit die argentinische und die mexikanische Verbraucherdefinition im Hinblick auf die unterschiedliche Schnittmenge des zu schützenden Personenkreises für die spezielle Geschäftssituation beim Online-Shopping sachgerechter sein könnten.

II. Beschränkung der deutschen Verbraucherdefinition auf natürliche Personen

Umstritten war und ist nach wie vor in der Literatur, ob juristische Personen bei Rechtsgeschäften, die nicht im offenkundigen Zusammenhang mit ihrer konkre-

---

209 *Lorenz*, JuS 2000, 833, 834; *Reich*, EuZW 1997, 581, 583, jeweils zur FARL.

210 *Lorenz*, JuS 2000, 833, 834 mit weiteren Anwendungsbeispielen zur FARL.

211 *Horn*, MMR 2002, 209, 212. Vgl. zu den Begriffsbestimmungen des E-Business, des E-Commerce und des Online-Shopping bereits 2. Teil I..

ten Geschäftstätigkeit stehen, geschützt werden sollen.[212] Angesichts der Fülle des juristischen Materials wird kursorisch zu zeigen sein, inwieweit auch juristischen Personen – abweichend von der deutschen und der gemeinschaftsrechtlichen Begriffsbestimmung – in der besonderen Situation eines Vertragsabschlusses im Internet möglicherweise Verbraucherschutz, wie in Argentinien und Mexiko, zu gewähren sein könnte.[213]

1. Notwendigkeit einer Ausweitung des Verbraucherbegriffs auf juristische Personen im Online-Shopping?

a) Allgemeine Überlegung: Integrationsspielräume zugunsten juristischer Personen im Rahmen vertragsrelevanter verbraucherschützender Nomen?

Die Diskussion ist nur dann zu führen, wenn die Formulierung des Verbraucherbegriffs in § 13 BGB, der maßgeblich von der europäischen Rechtssetzung beeinflusst ist, auch nicht ausnahmsweise Interpretations- und Schutzspielräume für juristische Personen im Online-Shopping eröffnet. Entscheidend zur Beantwortung der Frage ist eine genauere Betrachtung des Verbraucherbegriffs in Art. 2 Nr. 2 FARL unter Berücksichtigung des Regelungskonzepts und der Rechtsprechung des EuGH zum Verbraucherbegriff in vertragsrelevanten verbraucherschützenden Normen. Die Untersuchung dieses Regelungsansatzes ist wichtig für die Entscheidung, ob der deutsche Verbraucherbegriff neben den zwingenden Mindestvorgaben des Gemeinschaftsrechts hinaus Interpretations- und Schutzspielräume zugunsten juristischer Personen eröffnet.

[212] Stellvertretend für die Literaturmeinung, die einen Einbezug juristischer Personen in den Verbraucherschutz favorisiert, vgl. *Micklitz,* in: MünchKommBGB, § 13, Rn. 14 m.w.N.; *Reich*, ZRP 1974, 187, 194: eingetragener Sportverein; *Szafir*, S. 103. Dagegen etwa *Bonfanti*, S. 83. Vgl. auch die damalige Diskussion zum persönlichen Anwendungsbereich der Klauselrichtlinie und zum AGBG: Stellvertretend für die Meinung, die eine Klauselkontrolle nicht nur bei Privatverbrauchern für angebracht hielt: *Remien*, ZEuP 1994, 34, 41f.; nach *Wolf*, JZ 1974, 465, 469 können auch Kaufleute schutzbedürftig sein.

[213] Dabei wird nicht untersucht, inwieweit die Entscheidung des argentinischen und des mexikanischen Gesetzgebers *allgemein* juristischen Personen Verbraucherschutz zu gewähren oder diese davon auszunehmen, sachgerecht ist. Diese Problematik ist nicht Gegenstand der Untersuchung und würde den Rahmen der Arbeit sprengen. Soweit allgemeine Kriterien für die Beurteilung bedeutsam sind, werden diese im speziellen Kontext dargestellt.

(1) Auslegung des Verbraucherbegriffs der Fernabsatzrichtlinie

Im europäischen Gemeinschaftsrecht existiert kein einheitlicher Verbraucherbegriff.[214] Zwar wird der Verbraucher etwa in Art. 153 EGV erwähnt, eine nähere Begriffsbestimmung findet sich aber im Vertragstext nicht. Soweit diverse verbraucherschützende Richtlinien den Begriff des Verbrauchers definieren, besitzen diese keine Allgemeingültigkeit, sondern bestimmen lediglich den personalen Anwendungsbereich der betreffenden Richtlinie.[215] Rekurriert man aber auf die den vertragsrelevanten verbraucherschützenden Bereich reglementierenden Richtlinien, herrscht – mit leichten Abwandlungen – die Formulierung vor, dass es sich um *natürliche* Personen handeln muss, die bei den von der jeweiligen Richtlinie erfassten Geschäften zu einem Zweck handeln, der nicht ihrer beruflichen oder gewerblichen Tätigkeit zugerechnet werden kann.[216] Eine normative Gemeinsamkeit der Beschreibung der Person des Verbrauchers liegt also darin, dass nur der private Endverbraucher geschützt werden soll. Diesem Konzept folgt die Definition des Verbrauchers in der für den im Online-Shopping einschlägigen Art. 2 Nr. 2 der Fernabsatzrichtlinie, deren sektoraler Regelungsgegenstand Vertragsabschlüsse im Fernabsatz sind.

Bei dieser Definition handelt es sich um den vom Gemeinschaftsrecht im Kerngebiet des Vertragsrechts entwickelten eigenständigen engen Verbraucherbegriff. Systembildend wirkte die Haustürwiderrufsrichtlinie 85/577/EWG. Nach Art. 2, 1. Spiegelstrich schützt die Richtlinie nur den privaten Endverbraucher als *natürliche* Person. Mehrmalig wurde der Verbraucherbegriff in der Rechtsprechung des EuGH dahingehend konkretisierend eng ausgelegt, dass einem Gewerbetreibenden der Schutz der Richtlinie verweigert wurde.[217]

---

214 Vgl. hierzu die Abhandlung von *Faber*, ZEuP 1998, 854-892.

215 *Fischer*; S. 67; *Kapnopoulou*, S. 34.

216 Vgl. Art. 2 der Richtlinie betreffend des Verbraucherschutzes im Falle außerhalb von Geschäftsräumen abgeschlossenen Verträgen (85/577/EWG), ABl. EG 1985, Nr. L 372/31 (nachfolgend: Haustürwiderrufsrichtlinie); Art. 2 b) der Richtlinie über missbräuchliche Klauseln in Verbraucherverträgen (93/13/EWG), ABl. EG 1993, Nr. L 95/29 (nachfolgend: Klauselrichtlinie); Art. 1 Abs. 2 a) der Richtlinie zur Angleichung der Rechts- und Verwaltungsvorschriften der Mitgliedstaaten über den Verbraucherkredit (87/102/EWG), ABl. EG 1987, Nr. L 42/48; Art. 1 Abs. 2 a) der Richtlinie zu bestimmten Aspekten des Verbrauchsgüterkaufs und der Garantien für Verbrauchsgüter (99/44/EG), ABl. EG 1999, Nr. L 171/12; Art. 2 d) der Richtlinie über den Fernabsatz von Finanzdienstleistungen an Verbraucher und zur Änderung der Richtlinie 90/619/EWG des Rates und der Richtlinien 97/7/EG und 98/27/EG (2002/65/EG), ABl. EG 2002, Nr. L 271/16.

217 EuGH, Urt. v. 14.03.1991, Rs. C-361/89 di Pinto, Slg. 1991, I-1189; EuGH, Urt. v. 19.01.1993, Rs. C-89/91 Shearson Lehmann Hutton Inc., Slg. 1993, I-139, abgedruckt in: ZIP 1993, 826ff.; EuGH, Urt. v. 17.03.1998, Rs. C-45/96 Dietzinger, Slg. 1998, I-1199.

Es ist anzunehmen, dass die erwähnte Rechtsprechung des EuGH zum persönlichen Anwendungsbereich der Haustürwiderrufsrichtlinie richtigerweise für die Auslegung der persönlichen Anwendungsbereiche der späteren Richtlinien heranzuziehen ist.[218] Für diese Annahme spricht auch, dass der EuGH unlängst seine Rechtsprechung im Hinblick auf den engen Verbraucherbegriff für die Auslegung von Art. 2 lit. b Klauselrichtlinie bestätigt hat.[219] Der EuGH hat sich hier ausschließlich an dem engen Wortlaut des Verbraucherbegriffs in Art. 2 lit. b Klauselrichtlinie in Abgrenzung zur Begrifflichkeit des Unternehmers in Art. 2 lit. c Klauselrichtlinie zur Auslegung orientiert. Vor diesem Hintergrund bietet Art. 2 Nr. 2 FARL keinen Interpretationsspielraum zur Einbeziehung von juristischen Personen in den Verbraucherbegriff.[220]

(2) Der deutsche Verbraucherbegriff nach § 13 BGB

Die Begründung des deutschen Gesetzgebers lässt nicht erkennen, dass der Verbraucherbegriff in § 13 BGB gleichsam ausgelegt werden soll wie der enge Verbraucherbegriff des Gemeinschaftsrechts.[221] Da die Materialien zur Novellierung des BGB keine Hinweise für eine Verschlechterung der bisherigen Rechtslage bereithalten, könnte man durchaus annehmen, das die bisherige Rechtsprechung zu § 1 Abs. 1 HWiG weiterhin analog Anwendung findet, wonach auch der Idealverein als „Kunde" gelten kann.[222]

Gegen eine den Verbraucherbegriff des § 13 BGB erweiternde Auslegung spricht aber, dass der deutsche Gesetzgeber im Zuge der Umsetzung der Fernabsatzrichtlinie den sich im verbraucherschützenden vertragsrelevanten Gemein-

---

Vgl. zum europäischen Verbraucherbgriff auch *Micklitz*, in: MünchKommBGB, v. §§ 13,14, Rn. 80ff..

218 So auch *Micklitz*, in: MünchKommBGB, v. §§ 13,14, Rn. 81.

219 EuGH, Urt. v. 22.11.2001 – Rs. C-541/99 und C-542/99(Cape Snc/Idealservice Srl (C-541/99) und Idealservice MN RE Sas/OMAI Srl (C-542/99)), EuZW 2002, 32.

220 So ausdrücklich für Kleingewerbetreibende und Existenzgründer *Micklitz*, ZEuP 1999, 875, 876.

221 Der Gesetzgeber hat in der Begründung des Gesetzesentwurfs v. 09.02.2000 lediglich auf die Notwendigkeit, den Begriff des Verbrauchers zu vereinheitlichen, hingewiesen, vgl. BT-Drs. 14/2658, S. 47. Die Aufnahme der Definition in den Allgemeinen Teil des BGB wurde ohne eingehende Thematisierung entscheidend aufgrund der Beschlussempfehlung und des Berichtes des Rechtsausschusses v. 12.04.2000 zu dem Gesetzesentwurf der Bundesregierung – Drs. 14/2658 und 14/2920 - beeinflusst, vgl. BT-Drs. 14/3195, S. 7f., 32. Hiernach haben die Sachverständigen in der Anhörung des Rechtsausschusses ausdrücklich die Vereinheitlichung und Aufnahme des Verbraucherbegriffs in das BGB begrüßt.

222 AG Hamburg, BB 1988, 869.

schaftsrecht herausgebildeten engen Verbraucherbegriff, der sich insbesondere in Art. 2 Nr. 2 FARL wieder findet, in den Allgemeinen Teil des BGB nahezu wortgetreu aufgenommen hat. Lediglich im Hinblick auf die Selbstständigkeit der beruflichen Tätigkeit in § 13 BGB besteht eine Abweichung. In seinem wesentlichen Kern steht das Regelungskonzept des Verbrauchers im deutschen Recht aber mit dem engen Verbraucherbegriff im Einklang. Gegen eine erweiternde Auslegung spricht ferner, dass § 13 BGB der Rechtsvereinheitlichung dienen soll und der Gesetzgeber eine Korrektur des Verbraucherbegriffs vorgenommen hat,[223] soweit er dies für notwendig hielt.[224]

Mit diesen Argumenten wird der Verbraucherbegriff in § 13 BGB in richtlinienkonformer Auslegung konsequenterweise ebenfalls eng auszulegen sein, mit der Folge, dass *juristische* Personen vom Verbraucherschutz ausgeschlossen werden.

(3) Möglichkeit der Ausweitung des Verbraucherbegriffs über die Mindestklausel in Art. 14 Fernabsatzrichtlinie

Auch wenn der deutsche Verbraucherbegriff in § 13 BGB über den engen gemeinschaftsrechtlichen Begriff hinaus keinen Interpretationsspielraum zugunsten juristischer Personen bereit hält, so ist es dem deutschen Gesetzgeber jedoch nicht verwehrt, den Schutz durch eine gesetzliche Regelung auf juristische Personen auszuweiten. Nach Art. 14 S. 1 FARL können die Mitgliedstaaten strengere Bestimmungen erlassen, um ein höheres Schutzniveau für die Verbraucher sicherzustellen. Der Minimalschutzcharakter der europäischen Richtlinien, der durch zahlreiche Mindestklauseln[225] und speziell in Art. 14 FARL zum Ausdruck kommt, belässt dem nationalen Gesetzgeber und den Gerichten einen Interpretationsspielraum, der sich in einer Vertiefung oder Verbreiterung des Verbraucherbegriffs äußern kann.[226]

---

[223] Vgl. etwa § 1 Abs. 1 S. 2 VerbrKrG.

[224] So auch kritisch *Micklitz*, in: MünchKommBGB, § 13, Rn. 13.

[225] Vgl. beispielsweise in Art. 8 RL 85/577/EWG, Art. 15 RL 87/102/EWG; Art. 8 RL 93/13/EWG.

[226] So zutreffend für Art. 14 FARL *Micklitz*, ZEuP 1999, 875, 899; *Reich*, in: Reich/Nordhausen, Nr. 126, S. 107. So bejahend auch für weitere Richtlinien *Micklitz*, in: MünchKommBGB, § 13, Rn. 5; *Pfeiffer*, in: Schulte-Nölke/Schulze, 21, 38f.; *Remien*, ZEuP 1994, 34, 42f. m.w.N.. Für Art. 8 der Haustürwiderrufsrichtlinie ist dies in der Sache „di Pinto“ vom EuGH ausdrücklich entschieden worden, vgl. EuGH, Urt. v. 14.3.1991, Rs. C-361/89 di Pinto, Slg. 1991 I-1189, http://europa.eu.int/smartapi/-cgi/sga_doc?smartapi!celexapi!prod!CELEXnumdoc&lg=DE&numdoc=61989J0361&model=guichett; vgl. Erwägungsgründe (22) und (23): „*(22) Mit dieser Bestimmung soll de-*

(4) Ergebnis

Es ist daher festzuhalten, dass § 13 BGB keinen Interpretationsspielraum zur Einbeziehung von juristischen Personen in den Verbraucherbegriff bereithält. Es ist den Mitgliedstaaten der EU aber im Hinblick auf die Mindestklausel in Art. 14 FARL nicht untersagt, den persönlichen Anwendungsbereich der Fernabsatzrichtlinie auf juristische Personen in der nationalen Gesetzgebung auszuweiten. Inwieweit eine solche Ausweitung speziell im Bereich des Online-Shopping über den engen Verbraucherbegriff im Fernabsatz hinaus tatsächlich sachgerecht sein könnte, wird Gegenstand der folgenden Ausführungen sein.

b) Kritische Beurteilung des engen Verbraucherbegriffs im Kontext der Besonderheiten des elektronischen Geschäftsverkehrs

(1) Festlegung eines Maßstabs zur Bestimmung des Verbraucherbegriffs

Positiv hat sich der argentinische als auch der mexikanische Gesetzgeber für den Schutz juristischer Personen ausgesprochen. Dieser Ansatz beansprucht Geltung für alle Regelungsbereiche des LDC und des LFPC.

Der Ausschluss juristischer Personen aus dem deutschen Verbraucherbegriff beruht wohl auf der Annahme, dass eine juristische Person über hinreichende rechtliche und wirtschaftliche Kenntnisse verfüge, um selbstständig und eigenverantwortlich am Wirtschaftsleben teilzunehmen[227] und über eine stärkere Ausstattung zur Rechtsverfolgung.[228] Ein rollensoziologisches Konzept, das von

---

finiert werden, welche Gestaltungsfreiheit den Mitgliedstaaten auf dem von der Richtlinie erfassten Gebiet, nämlich beim Verbraucherschutz, bleibt. Sie kann daher nicht so ausgelegt werden, dass sie es den Mitgliedstaaten untersagt, Maßnahmen auf einem Gebiet wie dem des Schutzes der Gewerbetreibenden zu ergreifen, für das sie nicht gilt. (23) Deshalb ist auf die zweite Vorabentscheidungsfrage zu antworten, dass die Richtlinie nationalen Rechtsvorschriften über Haustürgeschäfte nicht entgegensteht, die den von ihr vorgesehenen Schutz auf Gewerbetreibende erstrecken, wenn" – in dieser Rechtssache – *„diese Gewerbetreibenden Rechtsgeschäfte zum Zweck des Verkaufs ihres Gewerbebetriebs vornehmen."*. Nach a.A. bedeutet der Schutz anderer marktrollentypischer Personengruppen kein höheres Verbraucherschutzniveau; vgl. *Dilger*, S. 65 zu Art. 14 FARL; *Drexl*, S. 409 am Beispiel des AGBG und Art. 8 der Klauselrichtlinie.

227 So auch *Senff*, S. 241 zu Art. 13 Abs. 1 EuGVÜ.

228 Siehe zum Verbraucherbegriff des AGBG: nach *Hommelhoff/Wiedemann*, ZIP 1993, 562, 565 habe sich der europäische Richtliniegeber von einer typischen Unterlegenheitslage leiten lassen, die regelmäßig zwischen einem professionellen Gewerbetreibenden und ei-

einer Unterscheidung unter dem Blickwinkel eines Gegenüber von einer „unerfahrenen" natürlichen Person und einem „kompetenten" Gewerbetreibenden ausgeht, ist aber zu kritisieren, da bei diesem Ansatz der Verbraucher schlechthin gegenüber einem „strukturell überlegenen" gewerblichen Anbieter schützenswert wäre, selbst wenn hierfür im Hinblick auf Prinzipien der Vertragsgerechtigkeit kein Anlass besteht.[229] Dieser Ansatz stimmt in zahlreichen Fällen nicht mit der Realität überein, da sich die Gewandtheit im Wirtschaftsverkehr in der Regel nur auf bestimmte Kenntnisse und Fähigkeiten bezieht.[230] Der Einbezug juristischer Personen in den Verbraucherschutz beruht auf der Überlegung, dass im modernen Massenverkehr auch juristische Personen als Endverbraucher agieren können und als „schwächere Partei" schützenswert seien.[231] Dem ist zuzustimmen, da juristische Personen in ihrem Schutzbedürfnis dem privaten Endverbraucher nahe kommen können.[232] Dies gilt insbesondere für Idealvereine, Stiftungen oder sonstige rechtsförmige Zusammenschlüsse, die nicht gewerblich oder wirtschaftlich tätig sind.[233] Diese juristischen Personen sind in ihrem Zusammenschluss oft gleichermaßen wie ihre Einzelmitglieder strukturell unterlegen, da ihnen die rechtliche und wirtschaftliche Erfahrung wie einer natürlichen Person fehlen kann.[234] Im Gegenzug kann eine natürliche Person ihrerseits über eine stärkere finanzielle Grundlage zur Rechtsverfolgung verfügen.[235] Es ist kein Grund ersichtlich, warum andere Maßstäbe im elektronischen Geschäftsverkehr gelten sollten. Auch juristischen Personen kann im Hinblick auf die Besonderheiten bei einem Vertragsabschluss im Internet der notwendige Geschäfts- und Erfahrungshorizont fehlen, wenn diese nicht regelmäßig solche Geschäfte tätigen.

---

nem unerfahreneren Verbraucher bestehe; Gewerbetreibende seien *„in ihrem Verhältnis zueinander aber nicht typisch über- oder unterlegen"*; vgl. ZIP 1993, 562, 569.

229 So zutreffend *Pfeiffer*, in: Schulte-Nölke/Schulze, 21, 28f. m.w.N.; dazu auch: *Drexl*, JZ 1998, 1046, 1050f..

230 So zutreffend allgemein zu gewerblichen Käufern *Senff*, S. 241.

231 *Szafir*, S. 103.

232 Vgl. zur rechtspolitischen Kritik etwa *Faber*, ZEuP 1998, 854, 864.

233 Vgl. *Pfeiffer*, in: Schulte-Nölke/Schulze, 21, 39; vgl. auch die Kritik von *Remien*, ZEuP 1994, 34, 42 zur Richtlinie über missbräuchliche Klauseln in Verbraucherverträgen (93/13/EWG).

234 Siehe so auch *Kapnopoulou*, S. 36f. für den Fernabsatz, allerdings mit Abstrichen beim Haustürkauf auf S. 35.

235 So auch *Szafir*, S. 103 zum Ausschluss juristischer Personen aus dem persönlichen Schutzbereich einiger europäischer Richtlinien.

Diesen Umständen tragen sowohl verschiedene internationale Rechtsordnungen[236] als auch einige mitgliedstaatliche Rechtssysteme der Europäischen Union Rechnung; Spanien, Griechenland und Belgien haben sich beispielsweise für den Schutz juristischer Personen entschieden.[237] Dass aber andere Staaten eine Gewährung von Verbraucherschutz verneinen, zeigt die Uneinigkeit bezüglich der Einbeziehung juristischer Personen in den Verbraucherbegriff auf europäischer und internationaler Ebene.[238]

Der Konkretisierungsversuch der Begrifflichkeit des Verbrauchers im argentinischen und mexikanischen Recht ist aber auch zu kritisieren, da damit natürliche und juristische Personen in ihrer Rolle als Endabnehmer schlechthin schützenswert sind. Würde man allein auf einen solchen rechtsdogmatischen Ansatz abstellen, würde außer Betracht bleiben, dass eine juristische Person in der konkreten Geschäftssituation über ausreichende Markterfahrung und daher über eine hinreichende Geschäftskompetenz verfügt und in der konkreten Situation nicht schutzbedürftig sein kann.

---

[236] Insoweit folgen sowohl Argentinien als auch Mexiko dem Trend in Lateinamerika auch juristischen Personen Verbraucherschutz zu gewähren, so beispielsweise in Ecuador in Art. 2 des Verbraucherschutzgesetzes („Ley orgánica de defensa del consumidor"), No. 2000-21, R.O. No. 116 v. 10.7.2000; in Uruguay in Art. 2 des Verbraucherschutzgesetzes (Ley N° 17.250), D.O. v. 17.8.2000; in Venezuela in Art. 2 des Verbraucherschutzgesetzes („Ley de protección al Consumidor y Usario"), G.O. N° 4.898 v. 13.12.1995; in Art. 1 Nr. 1 des chilenischen Verbraucherschutzgesetzes (Ley N° 19.496), D.O. v. 07.03.1997. Auch im Mercosur existieren Bestrebungen einer Rechtsvereinheitlichung im verbraucherschutzrechtlichen Bereich, wobei juristische Personen in den Verbraucherbegriff einbezogen werden sollen, vgl. Art. 3 des Proyecto de Protocolo de Defensa del Consumidor del Mercosur (1997), abgedruckt bei *Szafir*, S. 215ff. Anders ist die Rechtssituation in den USA: im US-amerikanischen Recht findet sich zwar keine allgemeingültige Definition des Verbrauchers, in zahlreichen Regelungen versteht man unter einem Verbraucher aber nur eine natürliche Person; vgl. hierzu *Thot/Behling*, in: Spindler/Börner, S. 784.

[237] Spanien: Art. 1 Nr. 2 des Allgemeinen Gesetzes zum Schutz der Verbraucher und Benutzer (Ley 26/1984 general para la defensa de los consumidores y usarios), B.O.E. Nr. 176 v. 24.7.1984; Griechenland: vgl. zum Verbraucherbegriff in Art. 1 Abs. 4 Gesetz Nr. 2251/1994, dazu *Kapnopoulou*, S. 41f.; Belgien: Art. 1 Nr. 7 Gesetz über die Handelspraktiken sowie die Aufklärung und den Schutz von Verbrauchern v. 14.07.1991 („Loi sur les practiques du commerce); vgl. ferner die Übersicht bei *Reinhart*, FS Trinkner, S. 657, 663f..

[238] Vgl. auch *Rott*, Die Umsetzung der Haustürwiderrufsrichtlinie in den Mitgliedstaaaten, 2000. Der Autor zeichnet nach, wie beschränkt die erzielte Wirkung der Rechtsangleichung gerade innerhalb des persönlichen Anwendungsbereichs der Haustürwiderrufsrichtlinie ist.

Besitzt der Verhandlungspartner diese Geschäftskompetenz in der konkreten Vertragssituation nicht, bedarf er aber eines Schutzes seiner rechtsgeschäftlichen Entscheidungsfreiheit, um die situativen Beeinträchtigungen seiner Entscheidungsfreiheit zu bewältigen.[239] Die Feststellung der Schutzbedürftigkeit einer Vertragspartei muss sich daher richtigerweise entscheidend an spezifischen Gefährdungen in bestimmten Vertragssituationen, die zu einer Beeinträchtigung der Entscheidungsfreiheit führen, orientieren.[240]

(2) Verbraucherbegriff im europäischen Gemeinschaftsrecht

Dieser soeben gefundene Ansatz lässt sich auch auf das Gemeinschaftsrecht stützen, da ein allein rollensoziologisches Konzept dem Verbraucherbegriff des Gemeinschaftsrechts gerade nicht zugrunde liegt.[241] Vielmehr setzt das Vertrags– und Verbraucherrecht regelmäßig zusätzliche situative Elemente voraus, um einen besonderen Schutz einer Person durch Verbraucherschutzbestimmun-

---

[239] Vgl. stellvertretend für die Literaturmeinung, die zur Bestimmung der Verbrauchereigenschaft auf das Konzept eines situativ schutzbedürftigen Verbrauchers abstellt *Drexl*, JZ 1998, 1046, 1050f.; eingehend hierzu *ders.*, S. 206ff., 283ff.; nach *Drexl*, S. 397 kann das spezifische Versagen der Privatautonomie zur Verwendung unterschiedlicher Verbraucherbegriffe je nach geregeltem Problemkreis führen. Nach *Dreher*, JZ 1997, 167, 170 muss der Verbraucherbegriff jeweils abhängig vom Schutzzweck im konkreten Sachzusammenhang neu bestimmt werden.

[240] Ebenfalls für einen situationsbezogenen Ansatz *Hönn*, S. 307f.; *Kemper*, S. 36; *Westermann*, in: Gutachten (Hrsg. Bundesminister der Justiz), 1, 11ff., 80f.. Nach a.A. ist von einer generellen Schutzbedürftigkeit von Endabnehmern ohne Rücksicht auf die jeweilige vertragliche Situation auszugehen, vgl. *von Hippel*, RabelsZ 40 (1976), 513. Andere befürworten ein „Kombinationsmodell" zur Bestimmung der Verbrauchereigenschaft, da das Konzept eines situativ schutzbedürftigen Verbrauchers dann versage, wenn an Kriterien angeknüpft werde, die für den Geschäftsverkehr insgesamt kennzeichnend sind. Prinzipiell begründe daher der rollensoziologische Ansatz in typisierender Form die Schutzbedürftigkeit, sie bedürfe aber einer situationsspezifischen Ergänzung und Korrektur für eine sachgerechte Selektion; vgl. *Micklitz*, in: MünchKommBGB, v. §§ 13, 14, Rn. 66; vgl. zur Kritik an diesem Kombinationsmodell etwa *Pfeiffer*, in: Schulte-Nölke/Schulze, 21, 32.

[241] So zutreffend *Pfeiffer*, in: Schulte-Nölke/Schulze, 21, 29; so auch zur Klauselrichtlinie *Remien*, ZEuP 1994, 34, 52. Nach *Drexl*, S. 288 wird ein situationsbezogenes Verbraucherschutzkonzept auch vom Gemeinschaftsrecht getragen. Dagegen geht *Hommelhoff* von einem rein rollenspezifischen Unterlegenheitsschutz des Gemeinschaftsrechts aus, vgl. *Hommelhoff*, S. 5 m.w.N; *ders.*, AcP 192 (1992), 71, 93. So wohl auch *Bröcker*, S. 50ff..

gen zu gewährleisten.[242] Die situativen Zusatzelemente liegen etwa in der fehlenden Aushandlung der einzelnen Vertragsklausel, in der Überrumpelungs- und Belästigungsgefahr bei Haustürgeschäften, in dem besonderen Informationsbedarf und der Übereilungsgefahr, die mit dem Abschluss von Kreditverträgen verbunden sind oder im Fehlen einer grenzüberschreitenden Aktivität in den Fällen des Art. 5 EVÜ[243] und Art. 15 Abs. 1 EuGVO.[244]

Betrachtet man die einzelnen Normen des Gemeinschaftsrechts, ist festzustellen, dass juristische Personen auch nicht völlig vom Verbraucherschutz ausgenommen werden. Zwar hat sich der in der Fernabsatzrichtlinie enge Verbraucherbegriff im vertragsrelevanten Verbraucherschutz herauskristallisiert, im Hinblick auf die normative Konzeption des Verbraucherbegriffs finden sich aber weiterhin im Gemeinschaftsrecht unterschiedliche Anknüpfungen an die Figur des Verbrauchers, beispielsweise in Art. 5 EVÜ und Art. 15 Abs. 1 EuGVO sowie in zahlreichen Einzelrichtlinien des EG-Verbraucherrechts.[245] Abweichend von dem engen Verbraucherbegriff wird beispielsweise in Art. 2 Nr. 4 der Pauschalreiserichtlinie[246] nicht - wie üblich - auf die *natürliche* Person rekurriert, sondern es werden alle Personen erfasst, die eine Reise buchen wollen, d.h. auch juristische Personen.[247] Anders verhält sich auch die Definition der Timeshare-

---

[242] *Pfeiffer*, in: Schulte-Nölke/Schulze, 21, 29.

[243] Übereinkommen von Rom über das auf vertragliche Schuldverhältnisse anzuwendende Recht von 1980, konsolidierte Fassung, ABl. EG 1998, Nr. C 27/34-53.

[244] Die Verordnung (EG) Nr. 44/2001 v. 22.12.2001 des Rates über die gerichtliche Zuständigkeit und die Anerkennung und die Vollstreckung gerichtlicher Entscheidungen in Zivil- und Handelssachen, ABl. EG 2001, Nr. L 12/1-23 ersetzt in ihrem Anwendungsbereich das Übereinkommen über die gerichtliche Zuständigkeit und die Vollstreckung gerichtlicher Entscheidungen in Zivil- und Handelssachen vom 27.09.1968 (EuGVÜ). Eine ähnliche Regelung fand sich in Art. 13 EuGVÜ.

[245] Art. 5 EVÜ entspricht der Definition des Art. 13 EuGVÜ: Verbraucher ist jeder, der einen Vertrag zu einem Zweck abgeschlossen hat, der nicht der beruflichen oder gewerblichen Tätigkeit dieser Person zugerechnet werden kann. Die Sonderregelung nach Art. 13 EuGVÜ bziehen sich nach Ansicht der Richter des EuGH *„nach ihrem Wortlaut und ihrem Zweck nur auf den nicht berufs- und gewerbebezogen handelnden privaten Endverbraucher"*; vgl. EuGH 19.01.1993 – Rs. C-89/91, Shearson Lehmann Hutton Inc./TVB, DB 1993, 933 (Auszug). Mit teilweise abweichenden Inhalt wird der Begriff des Verbrauchers außerhalb des Verbrauchervertragsrechts gebraucht, beispielsweise im Haftungsrecht oder im Wettbewerbsrecht, vgl. die umfassende Übersicht über die diversen Verbraucherdefinitionen des Europäischen und Internationalen Privatrechts von *Faber*, ZEuP 1998, 854ff..

[246] Richtlinie über Pauschalreisen (90/314/EWG), ABl. EG 1990, Nr. L 158/59.

[247] *Dreher*, JZ 1997, 167, 168; *Drexl*, S. 435; *Micklitz*, in: MünchKommBGB, v. §§ 13, 14, Rn. 83.

richtlinie,[248] da sie von der gebräuchlichen Terminologie abweicht und den Begriff *Erwerber* statt *Verbraucher* verwendet. Die Definition entspricht weit gehend dem engen Verbraucherbegriff jedoch mit der Besonderheit, dass als negatives Tatbestandsmerkmal lediglich die fehlende Berufsausübung, nicht aber die gewerbliche Tätigkeit genannt ist.

Auf Gemeinschaftsrechtsebene wurden zudem einige Versuche unternommen, den Verbraucherbegriff jenseits der natürlichen Personen zu erweitern. Beispielsweise wurde in dem zweiten dreijährigen Aktionsplan der Kommission der Europäischen Gemeinschaften zur Verbraucherpolitik (1993 – 1995)[249] die Definition weiter gefasst. Nach dieser Definition sind Verbraucher natürliche und juristische Personen mit mehr oder weniger großer Kaufkraft, die sich Waren oder Dienstleistungen für einen außerberuflichen Verwendungszweck verschaffen oder sie nutzen.[250] Den vorläufig letzten Versuch hat die Kommission im Entwurf der Verbrauchsgüterkaufrichtlinie unternommen.[251] Ein einheitlicher Verbraucherbegriff, aus dem juristische Personen schlechthin ausgenommen werden, ist im gemeinschaftsrechtlichen Bereich der EU also nicht existent.

Wo die äußerste Grenze des zu schützenden Personenkreises zu ziehen ist, kann vor diesem Hintergrund also nicht auf eine einfache Formel gebracht werden. Richtig ist vielmehr, dass die Bestimmung der Verbrauchereigenschaft wie in zahlreichen Vorschriften des Gemeinschaftsrechts in Abhängigkeit vom Schutz- und Anwendungsbereich des jeweiligen Gesetzes anhand von unterschiedlichen Kriterien erfolgen muss.

(3) Beschränkung im Einklang mit der Ratio Legis der Fernabsatzrichtlinie und der E-Commerce-Richtlinie?

Für die Ausweitung des Verbraucherbegriffs auf juristische Personen könnte mit diesen Überlegungen argumentiert werden, dass die Beschränkung nicht im Einklang steht mit der Ratio Legis der Fernabsatzrichtlinie. Nach Erwägungsgrund (14) der FARL soll dem Verbraucher bei Fernabsatzgeschäften, bei denen er in

---

248 Art. 2, 4. Spiegelstrich der Richtlinie zum Schutz der Erwerber im Hinblick auf bestimmte Aspekte von Verträgen über den Erwerb von Teilnutzungsrechten an Immobilien (94/47/EG), ABl. EG 1994, Nr. L 280/83.

249 Mitteilung der Kommission der Europäischen Gemeinschaften über den zweiten dreijährigen Aktionsplan über die Verbraucherpolitik (1993-1995): „Der Binnenmarkt im Dienst der europäischen Verbraucher", KOM (93)378 endg. v. 28.07.1993; abgedruckt in: BR-Drs. 724/93.

250 KOM (93)378 endg. v. 28.07.1993, Erwägungsgrund (7), vgl. BR-Drs. 724/93.

251 Vorschlag für eine Richtlinie über den Verbrauchsgüterkauf und –garantien, ABl. EG 1996, Nr. C 307/8.

der Praxis vor Abschluss des Vertrages keine Möglichkeit hat, das Erzeugnis zu sehen oder die Eigenschaften der Dienstleistungen im einzelnen zur Kenntnis zu nehmen, ein verstärkter Kundenschutz gewährt werden. Dieses zusätzlichen situativen Schutzes der rechtsgeschäftlichen Entscheidungsfreiheit bedürfen jedoch auch juristische Personen, da sie in gleicher Weise wie natürliche Personen diese vorhergehende Prüfungsmöglichkeit der Ware nicht haben.[252] Vor diesem Hintergrund und den Bestrebungen der EU den Verbraucherschutz zu verbessern, erscheint der allgemeine Ausschluss juristischer Personen ungerechtfertigt und systemfremd, insbesondere weil er den Interessen in juristischen Personen organisierten Verbrauchern keine Rechnung trägt.

Für die Einbeziehung juristischer Personen kann ebenfalls der im Online-Shopping anwendbare § 312e Abs. 1 Nr. 2 BGB i.V.m. § 3 BGB-InfoV als Argument aufgeführt werden, wodurch Art. 10 und Art. 11 der E-Commerce-Richtlinie ins deutsche Recht umgesetzt wurde. Im Falle des Online-Shopping durch Ausfüllen eines Bestellformulars kommt es zu Überschneidungen der Anwendungsbereiche des § 312b BGB und des § 312e BGB. Nach der Definition des § 312e Abs. 1 BGB liegt ein Vertrag im elektronischen Geschäftsverkehr vor, wenn sich ein Unternehmer zum Vertragsschluss über die Lieferung von Waren oder die Erbringung von Dienstleistungen eines Tele- und Mediendienstes bedient. Fernabsatzangebote über das Internet sind nach § 2 Abs. 1 i.V.m. Abs. 2 Nr. 2 TGD als Teledienste zu qualifizieren.[253] Allerdings wird der Anwendungsbereich des § 312e BGB einschränkend nur für die Fälle angenommen, in denen der Kunde seine vertragliche Willenserklärung auf elektronischem Wege in unmittelbarer Interaktion mit dem vom Unternehmer bereit gestellten Programm abgibt,[254] also insbesondere bei Erklärungen, die über das Internet wie z. B. über eine Homepage mit interaktivem Bestellformular abgegeben werden.[255] Der Online-Shopping-Vertrag ist somit nicht nur als Fernabsatzvertrag zu kategorisieren, sondern gleichfalls auch als Vertrag im elektronischen Geschäftsverkehr.[256]

---

[252] Vgl. etwa *Pfeiffer*, in: Schulte-Nölke/Schulze, 21, 39f.; *Remien*, in: Schulte-Nölke/Schulze, 107, 114 bezeichnet die Herausnahme eines Kaufmanns oder Unternehmers aus dem Verbraucherbegriff im Fernabsatz als „*willkürlich*". So auch *Kapnopoulou*, S. 36 für nicht wirtschaftlich tätige juristische Personen.

[253] Vgl. hierzu bereits 3. Teil B. 3..

[254] *Frings*, VuR 2002, 390, 396f.; *Grigoleit*, NJW 2002, 1151f..; *Hoenike/Hülsdonk*, MMR 2002, 415, 416; BT-Drs. 14/6040, S. 171f., http://dip.bundestag.de/btd/14/060/-1406040.pdf.

[255] *Frings*, VuR 2002, 390, 396f..

[256] Ebenso *Horn*, MMR 2002, 209, 212.

Die Art. 9-11 der E-Commerce-Richtlinie sind im Kontext mit den Verbraucherschutzrichtlinien zu sehen und zu interpretieren.[257] Der Gesetzgeber hat die Vertragssituation im Internet gegenüber herkömmlichen Geschäftsabschlüssen als besonders risikoreich eingestuft. Offensichtlich geht der Gemeinschaftsgesetzgeber von einer Störung der rechtsgeschäftlichen Entscheidungsfreiheit bei Geschäftsabschlüssen im Internet aus, wobei er die Störung gerade nicht nur bei Vertragabschlüssen annimmt, an denen ein Verbraucher beteiligt ist. Zum Ausdruck kommt dies durch die gesetzliche Festschreibung besonderer Informationspflichten des Anbieters in Art. 5, 6, 10 und 11 der E-Commerce-Richtlinie und in § 312e Abs. 1 Nr. 2 BGB i.V.m. § 3 BGB-InfoV, unabhängig davon, ob die Vertragspartei ein Verbraucher im Sinne des § 13 BGB oder ein Unternehmer nach § 14 BGB ist, der nach der Definition in § 14 BGB ebenfalls eine juristische Person sein kann. Auch wenn § 312e BGB richtigerweise daher kein Verbraucherschutzgesetz ist,[258] ist aber festzuhalten, dass der Gesetzgeber juristische Personen von dem besonderen Schutz durch Informationspflichten als einem typischen in Art. 153 EGV verankerten Verbraucherschutzinstrumentarium nicht ausnimmt.

Gegen diese Annahme spricht nicht der Umstand, dass diese Informationspflichten von gewerblichen Parteien durch Vereinbarung nach Art. 10 Abs. 1 und Abs. 2 und Art. 11 Abs. 1 der E-Commerce-Richtlinie und § 312e Abs. 2 S. 2 BGB abgedungen werden können. Der Gesetzgeber hat zwar mit dieser Regelung zu erkennen gegeben, dass er die rechtsgeschäftliche Unternehmertätigkeit im Internet insoweit für weniger schutzbedürftig hält, als dass durch eine Parteivereinbarung eine Befreiung von den Informationspflichten erreicht werden kann. Gleichzeitig hat der Gesetzgeber aber im Grundsatz die Entscheidung getroffen, dass ebenso Unternehmern ein erweiterter Schutz als bei herkömmlichen Verträgen zukommen soll.

Die Ausnahme juristischer Personen aus dem Verbraucherbegriff steht mithin nicht im Einklang mit Sinn und Zweck der Fernabsatzrichtlinie und der prinzipiellen Entscheidung des Gesetzgebers auch juristischen Personen einen besonderen Schutz durch Informationspflichten zu gewähren.

2. Ergebnis

Im Ergebnis ist Folgendes festzustellen: Der Ausschluss juristischer Personen aus dem Verbraucherbegriff in § 13 BGB und in Art. 2 Nr. 2 FARL in der Vertragssituation des Internethandels ist mit den obigen Argumenten nicht sachge-

---

[257] So auch *Micklitz*, in: MünchKommBGB, v. §§ 13,14, Rn. 26.

[258] So auch *Frings*, VuR 2002, 390, 396; *Kath/Riechert*, S. 96, Rn. 202; *Micklitz*, VuR 2003, 2, 10.

recht. In der Situation des Online-Shopping ist vielmehr die Einbeziehung juristischer Personen in den Verbraucherbegriff des LDC und des LFPC richtig, da er den situativen Besonderheiten der Vertragssituation gerecht wird. Soweit ein Vertrag via Internet geschlossen wird, erscheint eine Modifizierung der Verbraucherdefinition im deutschen Recht daher angezeigt, um die sachwidrige Schutzbereichsdifferenzierung zu beseitigen.[259]

C. Zusammenfassung

Verbraucher werden von den einschlägigen Bestimmungen der hier behandelten Rechtsordnungen erfasst. Im Hinblick auf die Schnittmenge des zu schützenden Personenkreises sind die Verbraucherbegriffe des LDC und des LFPC aber weiter als der deutsche Begriff, der juristische Personen aus dem schützenswerten Personenkreis ausnimmt. Auch in Ausnahmefällen hält der deutsche Begriff keine Schutz- und Interpretationsspielräume zugunsten juristischer Personen bereit. Der in § 13 BGB vereinheitlichte Verbraucherbegriff ist stark geprägt von der Rechtsentwicklung in der EU, die im vertragrelevanten Verbraucherschutzrecht auf einen engen Verbraucherbegriff unter Ausschluss juristischer Personen rekurriert, so auch in für den hier in Rede stehenden Bereich des Online-Shopping in Art. 2 Nr. 2 FARL. Dieser Umstand ist bei der Auslegung des § 13 BGB, der der Rechtsvereinheitlichung dienen sollte, zu berücksichtigen.

Mit dem hier favorisierten Ansatz zur Bestimmung des Verbraucherbegriffs anhand der konkreten Geschäftssituation ist der prinzipielle Ausschluss juristischer Personen im elektronischen Geschäftsverkehr mit den oben dargelegten Argumenten nicht tragfähig. Verbraucherschutz genießen juristische Personen auch nach dem LDC und im LFPC allerdings unabhängig von der konkreten Geschäftssituation. Die Frage nach einem einheitlichen Verbraucherbegriff war allerdings nicht Gegenstand der Diskussion, weshalb hier auf eine genauere Betrachtung verzichtet werden konnte.

Eine Ausweitung des Schutzes auf juristische Personen kann der deutsche Gesetzgeber durch eine besondere gesetzliche Regelung erreichen. Gedeckt ist dies durch die vorhandene Mindestklausel in Art. 14 FARL.

---

[259] Vor diesem Hintergrund stellt sich natürlich auch die hier nicht näher behandelte Frage, ob die Implikation eines einheitlichen Verbraucherbegriffs in § 13 BGB in den Allgemeinen Teil des BGB sachgerecht ist. Der Gesetzgeber hat die nach seiner Ansicht bestehende Notwendigkeit einer Vereinheitlichung in seiner Begründung nicht näher ausgeführt, vgl. BT-Drs. 14/2658, S. 47. Stellvertretend für die Ansicht, die einen einheitlichen Verbraucherbegriff ablehnt *Westermann*, in: Gutachten (Hrsg. Bundesminister der Justiz), 1, 11f., 80ff..

4. Teil: Vertragsschluss im Online-Shopping

A. Einführung in die Rechtssystematik des argentinischen und mexikanischen Verbrauchervertragsrechts

I. Anwendbare Normen auf Verbraucherverträge in Argentinien

1. Einführung

Bis zum Erlass des Verbraucherschutzgesetzes (LDC) richteten sich die Beziehungen zwischen Verbrauchern und Unternehmen ausschließlich nach dem Código Civil (C.C.) oder dem Código de Comercio (C.Com.).[260] Durch Erlass des LDC im Jahr 1994 wurden aber von der bisherigen Rechtslage abweichende Bestimmungen eingeführt. Beispielsweise wurden speziellere Regelungen für Willenserklärungen im Rahmen von Verbraucherverträgen, wie die in Art. 7 LDC normierte Publikumsofferte und besondere Widerrufsmöglichkeiten von Willenserklärungen in bestimmten Verkaufssituationen - abweichend von den allgemeinen zivilrechtlichen Normen des C.C. - normiert. Soweit aber im LDC keine speziellen Normen existieren, sind auf Verbraucherverträge die allgemeinen Normen zum Vertragsschluss anzuwenden, wobei als allgemeine Normen insbesondere der Código Civil und der Código de Comercio zu nennen sind.[261] Zu begründen ist dies durch einen Rückgriff auf die Integritätsformel des Art. 3 S. 1 LDC, wonach sich die Bestimmungen des LDC in die bestehenden General- und Spezialgesetze einfügen.[262] Der Gesetzgeber hat durch die Integritätsformel zum Ausdruck gebracht, dass er keine umfassende Neukodifizierung des Verbraucherrechts angestrebt hat, sondern vielmehr die Punkte normiert hat, in denen eine Abweichung vom allgemeinen Zivilrecht zum Schutze des Verbrauchers notwendig ist.[263]

2. Eröffnung des Anwendungsbereichs des LDC

Personen, die Verträge im Rahmen des Online-Shopping schließen, werden durch das LDC nur geschützt, wenn die Regelungen des LDC überhaupt auf on-

260 Ley 2.637 v. 05.10.1889, im Internet zu finden unter: http://infoleg.mecon.gov.ar/txt-norma/codcomercio.rtf.

261 Vgl. *Farina*, S. 23, 85.

262 Vgl. ausführlich hierzu: *Gnielinski*, S. 112.

263 *Gnielinski*, S. 122.

line geschlossene Verträge anwendbar sind. Anwendbar ist das Gesetz dann, wenn die persönlichen und sachlichen Voraussetzungen des Gesetzes vorliegen. Dies ist dann zu bejahen, wenn ein Verbraucher einen Vertrag mit einem nach Art. 2 Abs. 1 LDC Verpflichteten abschließt. Bereits oben wurde aufgezeigt, dass sich die Personengruppe der Verbraucher beim Online-Shopping vom Verbraucherbegriff, der in Art. 1 S. 2 LDC an persönliche und sachliche Voraussetzungen geknüpft ist, erfassen lässt.

Es kommt an dieser Stelle also nur noch darauf an, ob es sich bei den Produktanbietern um Verpflichtete nach Art. 2 Abs. 1 S. 2 LDC handelt. Nach Art. 2 Abs. 1 S. 1 LDC sind Anbieter alle natürlichen oder juristischen Personen des privaten oder des öffentlichen Rechts, die gewerbsmäßig – wenn auch nur gelegentlich - Sachen herstellen, importieren, vertreiben, damit handeln oder Dienstleistungen anbieten.[264] Beim Online-Shopping vertreibt typischerweise eine juristische Person gewerbsmäßig Sachen und digitalisierbare Produkte, weshalb es sich regelmäßig um einen Verpflichteten nach Art. 2 Abs. 1 S. 1 LDC handelt. Der Anwendungsbereich des LDC ist im Hinblick auf Verbraucherverträge im Online-Shopping daher regelmäßig eröffnet.

3. Anwendung weiterer Vorschriften

Da das LDC aber nur punktuelle Regelungen zum Vertragsschluss enthält, muss somit weiterhin auf die allgemeinen Regeln zurückgegriffen werden. Dabei stellt sich die Frage, ob für Verbraucherverträge die zivilrechtlichen oder die handelsrechtlichen Bestimmungen heranzuziehen sind.[265] Das argentinische Recht kennt nämlich zwei unterschiedliche Arten von Verträgen: Zum einen Verträge, die sich nach dem Código Civil (C.C.) richten und zum anderen kommerzielle Verträge, auf die ausschließlich die Regelungen des Código de Comercio (C.Com.)

---

[264] Der argentinische Gesetzgeber hat eine weite Definition des Anbieters geschaffen, um zu vermeiden, dass ein möglicherweise für die Interessen des Verbrauchers nachteiliges Verhalten nicht vom Anwendungsbereich des LDC erfasst wird. Die Aufzählung ist exemplarisch und soll zum Ausdruck bringen, dass der gesamte Produktions- und Absatzweg erfasst wird. Der Begriff der juristischen Person ist auch hier, wie schon die Bestimmung der juristischen Person im Rahmen des Art. 1 LDC, weit auszulegen, um einen weitest gehenden Schutz der Verbraucher zu gewährleisten; vgl. zum Ganzen *Vázquez Ferreyra/Romera*, zu Art. 2, S. 12f..

[265] Trotz zahlreicher Bestrebungen einer Rechtsvereinheitlichung des Código Civil und des Código de Comercio wurde bis heute kein einheitliches Gesetzbuch verabschiedet. Vgl. zu diversen Projekten: *Feldstein de Cárdenas*, S. 42ff..

anzuwenden sind.[266] Beispielsweise existieren sowohl im Código Civil (Art. 1323ff. C.C.) als auch im Código de Comercio (Art. 450ff. C.Com.) Regelungen zum Kaufvertrag. Soweit aber der Código de Comercio Regelungslücken aufweist, sind nach dem Wortlaut des Art. 207 C.Com. auch für einen kommerziellen Vertrag die Normen des Código Civil heranzuziehen. Dies muss insbesondere für die allgemeinen Normen über Willenserklärungen, Angebot und Annahme gelten, da hierzu keine Regeln im Código de Comercio enthalten sind.

Allgemein ist der Código de Comercio nach Art. 5 S. 1 C.Com. auf Kaufleute anwendbar, wobei unter einem Kaufmann nach Art. 1 C.Com. jedes Individuum zu verstehen ist, das rechtgeschäftsfähig ist und auf eigene Rechnung professionell Handelsgeschäfte tätigt. Nach Art. 2 S. 1 C.Com. ist jede Person, die Waren professionell kauft oder verkauft, als Kaufmann einzustufen. Insbesondere handelt sich um einen Kaufmann nach Art. 2 S. 2 C.Com, wenn die Person die Waren kauft oder herstellen lässt, um diese im Groß- oder Einzelhandel zu veräußern. Die möglichen Handelsgeschäfte sind in Art. 8 C.Com. aufgezählt, worunter nach Art. 8 Nr. 1 C.Com. beispielsweise der entgeltliche Erwerb von Gegenständen oder einem Recht an einem Gegenstand mit dem Ziel fällt, durch ihre Veräußerung Gewinn zu erzielen, sei es durch die Veräußerung der Sache in unveränderter oder veränderter Gestalt. Im übrigen ist gemäß Art. 5 S. 2. C.Com. jedes Geschäft als Handelsgeschäft zu qualifizieren, es sei denn, es wird der Gegenbeweis erbracht. Handelt es sich bei dem Rechtsgeschäft nur auf der einen Seite der Vertragsparteien um ein Handelsgeschäft, werden - von einigen Ausnahmen abgesehen - alle Vertragsparteien gemäß Art. 7 C.Com. nach dem Código de Comercio behandelt. Somit sind eine Vielzahl von Verträgen solche im Sinne des Código de Comercio, da prinzipiell vom Anwendungsbereich nicht nur Verträge zwischen Kaufleuten, sondern auch Verträge erfasst werden, die zwischen einem Kaufmann und einer Privatperson getätigt werden. Mit diesen allgemeinen Überlegungen könnte man durchaus zu dem Ergebnis gelangen, dass auch Verträge unter Beteiligung eines Verbrauchers und eines Kaufmanns prinzipiell nach dem C.Com. zu behandeln sein könnten.[267]

Eine Heranziehung des C.Com. erscheint aufgrund des Art. 451, 452 Nr. 2 C.Com. aber dennoch nicht vertretbar.[268] Nach Art. 452 Nr. 2 C.Com. handelt es sich bei einem Kauf über einen Vertragsgegenstand, der zum Konsum des Käufers erworben wird, nicht um einen merkantiler Kauf im Sinne des Art. 450

[266] Dies folgt bereits aus der Einleitung des Código de Comercio (Titular Preliminar I.), die besagt, dass in den Fällen, in denen kein Fall des Código de Comercio vorliegt, der sich ausschließlich nach dem Código de Comercio richtet, die Normen des Código Civil anzuwenden sind.

[267] *Alterini*, S. 108f. mit Verweis auf Art. 5, 7, 8 C.Com..

[268] Vgl. zu der ähnlichen Problematik auch im spanischen Recht die Darstellung von *Fischer*, S. 47-53.

C.Com.. Unter einem Kauf nach Art. 450 C.Com. ist ein Vertrag zu verstehen ist, bei dem der Kauf über eine Sache abgeschlossen wird, die vom Käufer weiter verkauft oder vermietet werden soll. In Falle des Online-Shopping fehlt offensichtlich die notwendige Voraussetzung, dass der Kaufvertrag mit der Intention abgeschlossen wird, die Sache weiterzuveräußern.[269] Die im Rahmen des Online-Shopping erworbenen Waren sind ferner typischerweise zum Konsum bestimmt, wenn ein Kaufvertrag zwischen einem Verbraucher und einem Unternehmer geschlossen wird. In der Regel ist daher für die Rechtsanwendung der Art. 450ff. C.Com. lediglich Raum beim Kauf im Rahmen des B2B.[270]

4. Ergebnis

Für das Zustandekommen von Verbraucherverträgen im Online-Shopping sind daher mit dem oben Gesagten zunächst die Normen des LDC heranzuziehen. Im übrigen ist im Sinne der Integrationsklausel des Art. 3 LDC auf die allgemeinen Normen des Código Civil zurückzugreifen.

II. Anwendbare Normen auf Verbraucherverträge in Mexiko

1. Eröffnung des Anwendungsbereichs des LFPC

Auf Online-Shopping-Verträge im B2C ist das Bundesverbraucherschutzgesetz persönlich anwendbar, da neben einem Verbraucher im Sinne des Art. 2 I. LFPC[271] beim Abschluss eines Vertrages im Online-Shopping typischerweise ein Lieferant im Sinne des Art. 2 II. LFPC beteiligt ist. Lieferant ist nämlich nach Art. 2 II. LFPC eine natürliche oder juristische Person, die gewohnheitsmäßig oder periodisch Sachen, Produkte oder Dienstleistungen anbietet, vertreibt, verkauft, vermietet oder den Gebrauch einräumt oder Sachen, Produkte oder Dienstleistungen nutzt. Der Online-Shopping-Unternehmer ist regelmäßig eine juristische Person, die Waren oder Dienstleistungen gewohnheitsmäßig anbietet.

2. Anwendung weiterer Vorschriften

Neben dem LFPC sind der Código Civil oder der Código de Comercio anwendbar, soweit das LFPC keine spezielleren Regelungen aufweist. Wie in der argen-

[269] So zutreffend *Llambias/Alterini*, zu Art. 1323 C.C., S. 355.

[270] So auch im Ergebnis aber ohne eingehende Begründung: *Pardini*, S. 167.

[271] Vgl. hierzu bereits 3. Teil B. I. 2..

tinischen Gesetzessystematik kennt auch das mexikanische Recht zivilrechtliche und handelsrechtliche Bestimmungen, denen der Verbrauchervertrag zugeordnet werden könnte.[272] Liegt ein Handelsgeschäft („acto de comercio") vor, ist der Código Civil nur dann heranzuziehen, wenn im Código de Comercio oder in anderen Spezialgesetzen Regelungslücken bestehen (Art. 1, 2 C.Com.). Eine Aufzählung der einzelnen Handelsgeschäfte findet sich in Art. 75 C.Com.. Ein handelsrechtlicher Kaufvertrag[273] wird typischerweise mit dem Motiv der geschäftlichen Spekulation geschlossen (Art. 75 I, II C.Com., Art. 371 C.Com.).[274] Hierunter wird die Absicht verstanden, durch den Weiterverkauf der Sache Gewinn zu erzielen.[275] Gegen die rechtliche Einordnung eines Online-Shopping-Vertrages als handelsrechtlicher Kaufvertrag nach Art. 371 C.Com. könnte auf den ersten Blick sprechen, dass allein der Anbieter einen Kaufvertrag mit Gewinnerzielungsabsicht abschließt, während der Kunde die Ware regelmäßig verbraucht.[276] Die Problematik, dass es sich bei einem Vertrag unter Beteiligung eines Verbrauchers typischerweise nur für den Anbieter um ein Handelsgeschäft handelt, ist im Código de Comercio nicht explizit geregelt. Eine starke Meinung in der mexikanischen Literatur zieht die Vorschriften des Código de Comercio auch für sogenannte gemischte Handelsgeschäfte („acto mixto") heran, wobei sie sich in ihrer Argumentation auf ein weites Verständnis des Begriffs „acto de comercio" stützt.[277] Dieser Ansicht in der Literatur ist zu zustimmen. Hierfür spricht insbesondere der Wortlaut des Art. 5 LFPC, wo die Ausnahmen vom Anwendungsbereich des LFPC aufgeführt sind. Hier heißt es ausdrücklich, dass alle professionellen Anbieter, die keinen handelsrechtlichen Charakter haben, nicht den Verpflichtungen des LFPC unterliegen. Aus dem Wortlaut wird richtigerweise gefolgert, dass das LFPC Teil des Handelsrechts ist.[278]

---

[272] Vgl. zu der Diskussion über eine Rechtsvereinheitlichung der beiden Gesetzbücher in Mexiko etwa *Arce Gargollo*, S. 11ff..

[273] Nach der Legaldefintion des Kaufvertrages in Art. 2248 C.C. handelt es sich um einen solchen, wenn sich eine der Vertragparteien (Verkäufer) verpflichtet, dass Eigentum an einer Sache oder an einem Recht zu übertragen und die andere Vertragspartei (Käufer) sich verpflichtet, für diese einen bestimmten Preis in Geld zu zahlen.

[274] *Sánchez Medal*, S. 158; *Arce Gargollo*, S. 34f..

[275] *De Pina Vara*, S. 225.

[276] So etwa *Vásquez del Mercado*, S. 194f. mit Fn. 6, wenn der Erwerber die Ware für seinen Konsum erwirbt.

[277] So für Verbraucherverträge *Arce Gargollo*, S. 103f.. Nach a.A. soll ein zweifaches rechtliches Verfahren gelten, so etwa *Mantilla Molina*, S. 80, Nr. 90; *Athié Gutiérrez*, S. 17.

[278] *Arce Gargollo*, S. 102f..

3. Ergebnis

Festzuhalten bleibt, dass auf Verbraucherverträge, die via Internet abgeschlossen werden, dass LFPC sowie der Código de Comercio Anwendung finden. Daneben findet der Código Civil Anwendung, soweit der Código de Comercio Regelungslücken aufweist.

B. Einführung in die allgemeinen Regeln zum Vertragsschluss

I. Argentinien

Nach Art. 1137 C.C kommt ein Vertrag zu Stande, wenn eine Einigung zweier übereinstimmender Willenserklärungen erzielt wird.[279] Die Einigung der Parteien manifestiert sich nach Art. 1144 C.C. durch ein Angebot des Offerenten und einer Annahme des Angebots durch die andere Vertragspartei,[280] wobei Angebot und Annahme empfangsbedürftige einseitige Willenserklärungen sind.[281] Unter einer Willenserklärung wird die Äußerung eines auf Herbeiführung einer Rechtswirkung gerichteten menschlichen Willens verstanden.[282] Wie schon der Begriff deutlich macht, müssen für eine Willenserklärung zwei Elemente vorliegen: der subjektive (innere) Wille des Erklärenden und eine objektive Erklärungshandlung, mit der dieser Wille geäußert wird.

Gemäß Art. 1145 S. 1 C.C. kann die Einigung ausdrücklich oder stillschweigend erfolgen. Ausdrücklich ist die Einigung gemäß Art. 1145 S. 2 C.C., wenn sie mündlich, schriftlich oder durch unverwechselbare Zeichen erfolgt. Eine stillschweigende Einigung kann nach Art. 1145 S. 3 C.C. aus einer Hand-

---

279 Vgl. bereits zur Definition des Vertrages 3. Teil A. I. 1..

280 Wörtlich übersetzt heißt „consentimiento" der Konsens. Hierunter wird nach h. M. die Einigung verstanden; vgl. stellvertretend für viele *Zago*, S. 33. Teilweise wird „consentimiento" nicht als zweiseitiger Akt verstanden, nämlich die Einigung der Parteien, sondern vielmehr habe es einen einseitigen Charakter, wobei jede einzelne Partei durch ihre Willenserklärung die Übereinstimmung mit der anderen Willenserklärung ausdrücke; da im Ergebnis eine Einigung erzielt wird, ist dieser Streit rein akademischer Natur; vgl. zum Streitstand die Darstellung bei *Garrido/Zago*, S. 95f..

281 *Alterini*, S. 268f.; *Mosset Iturraspe*, Contratos, S. 98; 280; *Stiglitz*, Contratos Civiles, S. 190f., 200.

282 Dass die Erklärung mit Rechtsbindungswillen abgegeben werden muss, wird aus Art. 944 und Art. 1137 C.C. hergeleitet; vgl. *Borda*, S. 40; *López de Zavalía*, S. 13; *Mosset Iturraspe*, Contratos, S. 98.

lung oder Tatsache folgen, die diese voraussetzen oder eine solche Annahme erlauben. Stillschweigend erfolgt sie somit durch schlüssiges, konkludentes Verhalten, das auf den Willen der Vertragsparteien schließen lässt.[283] Eine stillschweigende Einigung wird nach Art. 1146, 1 HS. C.C. vermutet, wenn eine Partei die Sache übergibt und die andere Partei die angebotene oder bestellte Sache annimmt.

Das Angebot muss nach Art. 1148 C.C. über einen bestimmten Vertrag mit allen wesentlichen Vertragsbestandteilen an eine oder mehrere bestimmte Personen gerichtet sein. Ausnahmsweise kann sich eine Offerte auch im Verbraucherschutzrecht nach Art. 7 LDC an einen unbestimmten Personenkreis richten. Der Inhalt des angestrebten Vertrages muss so bestimmt sein, dass die Annahme durch ein einfaches „Ja" erfolgen kann.[284] Zu den „essentialia negotii", die ein Antrag enthalten muss, gehören die zu erbringenden Leistungen: Bei einem Kaufvertrag beispielsweise müssen Kaufgegenstand und Kaufpreis bestimmt sein.[285] Zu beachten ist, dass jegliche Veränderung des Angebots seitens des Annehmenden ein neues Angebot gemäß Art. 1152 C.C. darstellt. Eine ausdrückliche Annahmeerklärung kann im Einzelfall mit Blick auf Art. 1146 C.C. entbehrlich sein, wenn diese konkludent abgegeben wird, beispielsweise durch eine Erfüllungshandlung, wie dem Zusenden der gewünschten Waren.[286]

Weiter ist zu erwähnen, dass das argentinische Recht zwischen Erklärungen unter Anwesenden und unter Abwesenden unterscheidet. Die Unterscheidung ist insbesondere wesentlich für die Bindungswirkung der Willenserklärungen und der damit in einem wechselseitigen Verhältnis stehenden Widerrufsmöglichkeit einer Erklärung, der Annahmefrist sowie für den Zeitpunkt des Zustandekommens des Vertrages. Im argentinischen Recht ist ein Vertrag unter Anwesenden und unter Abwesenden nicht legaldefiniert. Dem Código Civil liegt der Stand der Verkehrs- und Nachrichtentechnik zugrunde, der das Telefon und andere moderne Kommunikationstechniken nicht kannte. Entsprechend geht das Gesetz davon aus, dass eine Willenserklärung mündlich oder schriftlich oder durch Übermittlung eines „Agenten" abgeben wird (Art. 1145 S. 1 und 2, 1147, 1151 C.C.). Unter einem „Agenten" ist eine Person zu verstehen, die eine fremde Willenserklärung wie ein Werkzeug lediglich übermittelt,[287] wie beispielsweise ein Bote.[288]

[283] *Ameal*, in: Ameal/Tanzi, 507, 515; *Stiglitz,* Contratos Civiles, S. 134.

[284] *López de Zavalía*, S. 113; *Stiglitz,* Contratos Civiles, S. 189.

[285] *López de Zavalía*, S. 51; so im Ergebnis auch *Stiglitz,* Contratos Civiles, S. 191f. mit Hinweis auf die Ausnahme in Art. 1354 C.C. für Kaufverträge.

[286] *Farina*, S. 135.

[287] *Stiglitz,* Contratos Civiles, S. 203 mit Fn. 240.

[288] *Borda*, S. 48.

Die Unterscheidung ist u. a. wesentlich für die Zeitspanne der Annahmefrist des Angebots. Für die mündliche Kommunikation, als dem typischen Fall eines Vertragsschlusses unter Anwesenden,[289] ist in Art. 1151, 1. HS. C.C. geregelt, dass ein Angebot unverzüglich angenommen werden muss, d.h. ohne zeitliche Verzögerung,[290] sonst erlischt das Angebot.[291] Diese Regel wird analog auf alle ähnlichen Kommunikationsformen angewandt.[292] Für Erklärungen durch einen Boten ist zu unterscheiden. Ist der Bote auch beauftragt, die Annahme entgegenzunehmen und zu überbringen, handelt es sich um eine Erklärung unter Anwesenden,[293] wobei das Angebot gemäß Art. 1151 C.C. als angenommen betrachtet wird, sobald dieser mit einer ausdrücklichen Annahme zurückkehrt. Ist er allerdings lediglich beauftragt, das Angebot zu überbringen, handelt es sich um eine Erklärung unter Abwesenden.[294] Wie die Annahmefrist für Erklärungen im Briefverkehr zu bemessen ist, ist anders als für mündliche Erklärungen nicht festgelegt. Die Frist ist in diesem Fall anhand der Kriterien von Treu und Glauben (Art. 1198 C.C.) und der Verkehrssitte zu ermitteln (Art. 17 C.C. und Art. 219 C.Com.).[295] Nach der h. M. muss die Annahme in einem angemessenen und zumutbaren Zeitraum erklärt werden, wobei die Angemessenheit sich nach den Umständen im Einzelfall und nach dem eingesetzten Kommunikationsmedium bestimmt.[296] Wird die Annahme nicht innerhalb dieser Fristen erklärt, wird das Angebot wirkungslos.[297]

Zudem ist die Unterscheidung zwischen Erklärungen unter Anwesenden und Abwesenden wichtig für die Feststellung des Zeitpunkts des Vertragsschlusses und die Bindungswirkung einer Willenserklärung, die mit der Unwiderruflichkeit der Erklärung eintritt. Für die Feststellung des Zeitpunktes des Vertragsschlusses unter Anwesenden existiert keine explizite Regelung. Dies rechtfertigt sich nach allgemeiner Ansicht daher, dass bei Erklärungen unter Anwesenden in der Regel zwischen Angebot und Annahme kein bedeutsamer Zeitraum verbleibt, da die Erklärungen unter Anwesenden gleichzeitig oder in unmittelbarerer Nachfolge abgegeben werden und dem Empfänger zugehen, in

---

289 *Stiglitz,* Contratos Civiles, S. 202.

290 Vgl. *Stiglitz,* Contratos Civiles, S. 202 mit Fn. 238.

291 *Alterini,* S. 273f..

292 *López de Zavalía*, S. 115f.. Gemäß Art. 214 C.Com. wird für den Vertragsschluss bei Handelsgeschäften, die telegrafisch geschlossen werden, ausdrücklich festgeschrieben, dass die Vorschriften über den Briefverkehr anzuwenden sind.

293 *Aparicio*, S. 276f..

294 *Aparicio*, S. 276f..

295 *Alterini*, S. 273.

296 *Alterini*, S. 273f.; *López de Zavalía*, S. 116.

297 *Alterini*, S. 273f.; *Stiglitz,* Contratos Civiles, S. 197.

diesem Moment wird der Vertrag automatisch geschlossen.[298] Es ergeben sich hier keine Schwierigkeiten den Zeitpunkt des Vertragsschlusses festzustellen.

Anders ist dies bei Verträgen unter Abwesenden, da hier typischerweise ein Zeitraum zwischen Angebot und Annahme liegt. Bei Verträgen unter Abwesenden kommt der Vertrag gemäß Art. 1154 C.C. mit der Abgabe des Akzepts an den Antragenden im Sinne der Übermittlungstheorie wirksam zustande.[299] Abgegeben ist die Willenserklärung, wenn diese den Machtbereich des Offerenten verlassen hat.[300] Dies ist anzunehmen, wenn der Erklärende alles ihm Mögliche getan hat, damit die andere Vertragspartei von dem Angebot Kenntnis erlangen kann.[301] Es kommt somit nicht auf den Zugang der Annahmeerklärung beim Offerenten an.[302] Bei Erklärungen unter Abwesenden kommt der Erklärende dieser Verpflichtung beispielsweise mit Absenden eines Briefes nach, d. h. Einwerfen des Briefes in einen Briefkasten oder mit Abgabe eines Telegramms bei der Post.[303]

Entscheidend ist die Übermittlungstheorie auch im Hinblick auf die Bindungswirkung[304] von Angebot und Annahme und der in einem wechselseitigen Verhältnis stehenden Widerrufsmöglichkeit. Durch einen rechtzeitigen Widerruf des Angebots oder der Annahme im Sinne des Art. 1150 und des Art. 1155 C.C. kann der Widerrufende die Bindungswirkung der Willenserklärungen verhin-

---

298 *Aparicio*, S. 275f.. Dies folgt aus Art. 1151 C.C.

299 *Alterini*, S. 290. Zugunsten der Kenntnisnahmetheorie werden hiervon zwei Ausnahmen gemacht: 1) Der Annehmende kann nach Art. 1155 C.C. seine Erklärung bis zur tatsächlichen Kenntnisnahme der Annahmerklärung durch den Anbietenden widerrufen und 2) das Angebot erlischt, wenn der Offerent vor der tatsächlichen Kenntnisnahme stirbt oder seine Geschäftsfähigkeit verliert (Art. 1149 C.C.).

300 *Pardini*, S. 165, 168.

301 *Pardini*, S. 165, 168.

302 *Garrido/Zago*, S. 136; *López de Zavalía*, S. 112.

303 *Aparicio*, S. 283.

304 Die Terminologie ist in der argentinischen Literatur uneinheitlich. Es werden die Begriffe „valor jurídico", vgl. *López de Zavalía*, S. 113, bzw. „obligatoriedad", vgl. *Stiglitz*, Contratos Civiles, S. 194 benutzt. Von der Bindungswirkung ist die Vollendung einer Willenserklärung zu unterscheiden, die zeitlich nicht notwendigerweise zusammen fallen müssen. Die Vollendung wird als „perfeccionamiento" bezeichnet; vgl. *Pardini*, S. 165; *López de Zavalía*,, S. 112. Eine explizite Regelung zur Vollendung von Willenserklärungen existiert im argentinischen Código Civil nicht. Allerdings wird der in Art. 1154 C.C. für den Zeitpunkt des Vertragsschlusses bei Verträgen unter Abwesenden normierte Grundsatz der Absendung (Absendungstheorie) auf die Vollendung von Willenserklärungen analog angewandt; vgl. *Pardini*, S. 165, 168. Ein Angebot ist demnach mit der Absendung, d.h. der Entäußerung in Richtung des Empfängers vollendet; so für Erklärungen unter Abwesenden: *López de Zavalía*, S. 112.

dern, wobei aber die Widerrufsmöglichkeit zeitlich begrenzt ist. Das Angebot entfaltet erst mit der Annahme des Angebots Bindungswirkung, da der Offerent nach Art. 1150, 1. HS. C.C. seinen Antrag so lange widerrufen kann, wie dieser noch nicht angenommen wurde („mientras no hayan sido aceptadas").[305] In Anlehnung an die in Art. 1154 C.C. normierte Übermittlungstheorie wird der Wortlaut des Art. 1150 C.C. dahingehend ausgelegt, dass das Angebot als angenommen betrachtet wird, wenn die Annahme ihrerseits abgesandt wurde.[306] Ein Widerruf ist somit nur bis zum Absenden der Annahmeerklärung möglich, mit Absenden der Annahme entfaltet das Angebot Bindungswirkung.[307] Die nach der Annahmeerklärung versandte Widerrufserklärung ist untauglich.[308] Allerdings kann der Empfänger des Angebots nur durch eine fristgemäße Annahmeerklärung das Zustandekommen des Vertrages herbeiführen. Wird die Annahme nicht innerhalb der Annahmefrist erklärt, erlischt das Angebot, ohne dass es eines Widerrufs bedarf.

Die Widerrufsmöglichkeit des Angebots kann in der Regel nur bei Erklärungen unter Abwesenden Bedeutung erlangen, da hier zwischen den Erklärungen ein gewisser Zeitraum liegt. Bei unmittelbaren Gesprächskontakten ist der Widerruf gewöhnlicherweise nicht möglich.[309] Die Annahme bei Erklärungen unter Anwesenden, speziell bei mündlichen Angeboten nach Art. 1151, 1. HS. C.C., muss nämlich unverzüglich, d.h. ohne zeitliche Verzögerung,[310] erklärt werden, damit das Angebot als angenommen behandelt wird.[311] Daher verbleibt in der Regel zwischen Angebot und Annahme kein bedeutsamer Zeitraum, um einen Widerruf des Angebots zu erklären. Ausnahmsweise entfaltet ein Angebot bereits mit seiner Abgabe in zwei Konstellationen Bindungswirkung: Ein Widerruf ist nach Art. 1150 C.C. dann nicht möglich, wenn der Antragende seine Widerrufsmöglichkeit ausgeschlossen hat oder wenn er sein Angebot zeitlich befristet hat.[312]

---

305 *Borda*, S. 44; *Garrido/Zago*, S. 108; *López de Zavalía*, S. 114; *Stiglitz*, Contratos Civiles, S. 194.

306 *Ameal*, in: Ameal/Tanzi, 507, 528 ; *López de Zavalía*, S. 114. Der Autor gibt zur Erläuterung folgendes Beispiel: Wenn der Annehmende am 1. Juni seine Annahme niederschreibt und diese am 3. Juni versendet, kann vom Anbietenden bis zum 2. Juni rechtswirksam ein Widerruf erklärt werden.

307 *Alterini*, S. 272, 276.

308 *Stiglitz*, Contratos Civiles, S. 194.

309 *Lorenzetti*, S. 187.

310 *Stiglitz*, Contratos Civiles., S. 202 mit Fn. 238.

311 *Stiglitz*, Contratos Civiles, S. 202.

312 Zu beachten ist, dass der erste Fall in der Literatur restriktiv ausgelegt wird; vgl. *Alterini*, S. 273; *Stiglitz*, Contratos Civiles, S. 195.

Entsprechend stellt sich das Problem der Bindungswirkung der Annahme auch nur in den Fällen eines Vertragsschlusses unter Abwesenden, da bei Erklärungen unter Anwesenden kein wesentlicher Zeitraum verbleibt, um die Annahmeerklärung zu widerrufen.[313] Im Gegensatz dazu kann der Annehmende bei Erklärungen unter Abwesenden nach Art. 1155 C.C. seine Willenserklärung widerrufen, bevor der Offerent von dieser Kenntnis erlangt hat. Für den Widerruf einer Annahmeerklärung gilt somit die Kenntnisnahmetheorie als Einschränkung der Übermittlungstheorie nach Art. 1154 C.C.. Ausreichend für den Widerruf ist das Versenden der Widerrufserklärung vor der Kenntnisnahme der Annahmeerklärung.[314]

Im Hinblick auf die Kriterien, die eine Differenzierung zwischen Anwesenheit und Abwesenheit erlauben, werden im Wesentlichen mit Blick auf Art. 1151 und 1147 C.C. drei Meinungen vertreten. Eine Mindermeinung stellt zur Abgrenzung auf die räumliche Distanz zwischen den Kontrahierenden ab.[315] Abweichend von dieser Definition rücken andere Autoren die zwischen Angebot und Annahme vergangene Zeitspanne als entscheidendes Kriterium zur Charakterisierung des Vertrages in den Vordergrund.[316] Charakteristisch für einen Vertragsschluss unter Anwesenden ist nach h. M., dass die Willenserklärungen unverzüglich nacheinander abgegeben werden,[317] die Parteien also in einem unmittelbaren zeitgleichen Verständigungskontakt stehen,[318] der eine gewisse Kontinuität der Verhandlungen ohne Unterbrechungen zwischen Angebot und Annahme zulässt.[319] Nach der überwiegenden Ansicht kommt ein Vertragsschluss unter Abwesenden zustande, wenn sich die Vertragsparteien an verschiedenen Orten befinden und zwischen den beiden Erklärungen eine gewisse Zeitspanne liegt,[320] wobei allerdings nicht auf die physische Distanz zwischen den Parteien, sondern auf die juristische Distanz abzustellen ist,[321] d.h., die Parteien befinden sich in verschiedenen Ländern mit unterschiedlichen Rechtsordnungen.[322]

Speziell für telefonische Erklärungen stellt die überwiegende Meinung in der argentinischen Literatur für die Charakterisierung der telefonischen Erklärung neben der Art der Kommunikation (Zeitelement) auf den Ort des Vertrags-

---

313 *Stiglitz,* Contratos Civiles, S. 201.

314 *Stiglitz,* Contratos Civiles, S. 201.

315 Siehe zum Streitstand die Darstellung bei *López de Zavalía,* S. 127.

316 *Alterini,* S. 289; *Stiglitz,* Contratos Civiles, S. 202.

317 *Custodio/Mariño,* S. 1; *Garrido/Zago,* S. 124.

318 *Parellada,* S. 2.

319 *Aparicio,* S. 276; *Stiglitz,* Contratos Civiles, S. 202f..

320 *López de Zavalía,* S. 127; *Paolloro/Veltani,* 155, 156.

321 *López de Zavalía,* S. 127ff.; CNCiv., sala C, diciembre 3-992, "Arlan S.C.A. o Revestimientos La Europea S.A.", LL 1993-D-417.

322 *López de Zavalía,* S. 127ff..

schlusses ab, der Vertrag kann daher eine „Doppelnatur" besitzen.[323] Diese Differenzierung folge aus der gesetzlichen Unterscheidung in diversen Artikeln des Código Civil, in denen zur Qualifizierung sowohl auf den Moment des Vertragsschlusses (Art. 1151 C.C.) als auch auf den Ort abgestellt wird, beispielhaft sind hier Probleme des Internationalen Privatrechts und Formvorschriften zu nennen (Art. 1214, 1181 C.C.).[324] Da zwischen den Parteien bei einem telefonisch abgeschlossenen Vertrag eine unmittelbare Gesprächssituation im Sinne des Art. 1151 C.C. besteht, sind die Erklärungen hinsichtlich des Zeitelements als Erklärungen unter Anwesenden zu qualifizieren.[325] Ordnet man einen telefonisch geschlossenen Vertrag zusätzlich dem Element „Ort" zu, um diesen als Vertrag unter Abwesenden oder Anwesenden zu qualifizieren, ist der Vertrag unter Abwesenden geschlossen, wenn sich die Vertragsparteien bei Vertragsabschluss in verschiedenen Ländern (verschiedene Rechtsordnungen) aufhalten.[326]

Ein Vertrag kommt demnach zu Stande, wenn sich zwei oder mehrere Personen auf die Herbeiführung eines bestimmten Erfolges einigen. Diese Einigung setzt voraus, dass die Vertragsparteien übereinstimmende Willenserklärungen – Angebot und Annahme - austauschen, wobei die Unterscheidung zwischen Erklärungen unter Anwesenden und Abwesenden wichtig ist für die Bestimmung der Annahmefrist, den Zeitpunkt des Vertragsschlusses und der Bindungswirkung der Erklärungen.

II. Mexiko

Für einen wirksamen Vertragsschluss[327] bedarf es in Mexiko nach Art. 1794 I. und II. C.C. eines bloßen Konsenses und eines Gegenstandes, der Vertragsinhalt sein kann. Ein Vertrag kommt durch einen *bloßen* Konsens zu Stande, es sei denn, es besteht ein gesetzliches Schriftformerfordernis (Art. 1796 S. 1 C.C.). Regelmäßig bedarf es für den Konsens mindestens zweier übereinstimmender Willenserklärungen,[328] wobei sich der Vertragsschluss in der Regel in der Form eines zeitlich vorangegangenen Antrags und seiner Annahme vollzieht (Art. 1803 ff. C.C.). Durch die Reform vom 29. Mai 2000 hat der mexikanische Gesetzgeber in Art. 89 S. 1 C.Com., geändert durch die Reform vom 29.08.2003 in Art. 89 Abs. 3 S. 1 C.Com., ausdrücklich klargestellt, dass bei der Vornahme

---

[323] *López de Zavalía*, S. 130; *Mosset Iturraspe*, Contratos, S. 108; *Zago*, S. 96f..

[324] *Garrido/Zago*, S. 131; *López de Zavalía*, S. 130; *Sarra*, S. 361.

[325] *Garrido/Zago*, S. 131; *López de Zavalía*, S. 130.

[326] *Borda*, S. 48; *Garrido/Zago*, S. 131; *López de Zavalía*, S. 130; *Mosset Iturraspe*, Contratos, S. 108; *Paolloro/Veltani*, 155, 156.

[327] Vgl. bereits zum Vertragsbegriff im mexikanischen Recht 3. Teil A. I. 1..

[328] Vgl. *Domínguez Martínez*, Parte General, S. 526; *Zamora y Valencia*, S. 28f..

von Handelsgeschäften („acto de comercio“) elektronische, optische oder Medien irgendeiner anderen Technologie benutzt werden können.

Wie nach argentinischem Recht kann gemäß Art. 1803 C.C. die Einigung ausdrücklich oder stillschweigend erfolgen. Nach dem geänderten Wortlaut des Art. 1803 I. C.C. wird eine Einigung ausdrücklich erklärt, wenn der Wille mündlich, schriftlich, durch elektronische, optische Medien oder durch irgendeine andere Technologie oder durch unverwechselbare Zeichen erklärt wird. Anders als im argentinischen Código Civil hat der mexikanische Gesetzgeber durch die Reform vom 29. Mai 2000 den Código Civil an den aktuellen Stand der Technik angepasst und durch die offene Formulierung „irgendeine andere Technologie“ Raum für neue Techniken gelassen, durch die eine Willenserklärung zukünftig abgegeben werden könnte.[329] Gleichzeitig wurde in Art. 1811 C.C. klargestellt, dass es keiner vorherigen Vereinbarung der Parteien bedarf, damit ein Angebot und eine Annahme, die durch elektronische oder optische Medien oder irgendeine andere Technologie erfolgen, Rechtswirkung entfalten. Eine stillschweigende Einigung kann nach Art. 1803 II. C.C. aus einer Handlung oder Tatsache folgen, die diese voraussetzen oder eine solche Annahme erlauben, außer in den Fällen, in denen durch Gesetz oder Vereinbarung eine ausdrückliche Erklärung des Willens vorgeschrieben ist.

Die Unterscheidung zwischen Erklärungen unter Anwesenden und Abwesenden ist auch im mexikanischen Zivilrecht wesentlich für die Annahmefrist und die zeitliche Bindungswirkung des Angebots. Gleichfalls wie in Argentinien muss auch in Mexiko ein Angebot, das gegenüber einer anwesenden Person erklärt wird, unverzüglich (unmittelbar) angenommen werden, wenn keine Annahmefrist bestimmt ist (Art. 1805 S. 1 C.C.). Im gegenteiligen Fall ist der Urheber des Angebots nicht mehr an seine Erklärung gebunden (Art. 1805 S. 1 C.C.). Durch die Reform vom 29. Mai 2000 wurde dieselbe Regel für Angebote, die telefonisch oder mittels irgendeines anderen elektronischen oder optischen Mediums oder durch irgendeine andere Technologie erfolgen, die eine unverzügliche (unmittelbare) Äußerung des Angebots und der Annahme erlauben, festgeschrieben (Art. 1805 S. 2 C.C.). Eine solche explizite Regelung fehlt im argentinischen Recht.[330] Hat der Offerent allerdings eine Annahmefrist bestimmt, ist er nach Art. 1804 C.C. bis zum Ablauf der Frist an sein Angebot gebunden, wobei dies sowohl für Erklärungen unter Anwesenden als auch unter Abwesenden gilt.[331] Wird aber ein Angebot ohne Bestimmung einer Annahmefrist gegenüber einer abwesenden Person erklärt, ist der Autor nach Art. 1806 C.C. an seine Erklärung drei Tage zusätzlich der Zeit für die Hin- und Rückbe-

---

329 Auch in Peru wurde durch Ley N° 27.291 v. 23.06.2000 in Art. 141 S. 2 C.C. ausdrücklich die Abgabe einer Willenserklärung per elektronischer Medien anerkannt.

330 Vgl. hierzu 4. Teil B. I..

331 *Márquez*, Alfa-Redi N° 36, 7/2001, 1.

förderung gebunden. Nach Art. 1808 S. 1 C.C. wird das Angebot als nicht abgegeben betrachtet, wenn der Autor dieses widerruft und der Empfänger den Widerruf vor dem Angebot erhält. Gleiches gilt für die Annahmeerklärung nach Art. 1808 S. 2 C.C.

Durch die Reform vom 29.05.2000 wurden zudem die unterschiedlichen Zeitmomente für das Zustandekommen von Verträgen unter Abwesenden nach dem Código Civil und dem Código de Comercio harmonisiert. Sowohl nach Art. 1807 C.C. als auch nach Art. 80 C.Com. ist nun auf den Zugang der Annahmeerklärung bei dem Anbieter abzustellen. Auf welchen Zeitpunkt für den Zugang abzustellen ist, wurde durch die weitere Reform vom 29.08.2003, durch die u. a. auch besondere Vorschriften zur elektronischen Signatur in den Código de Comercio (Art. 89-114 C.Com.) und einen Definitionskatalog (Art. 89 Abs. 3 C.Com.) aufgenommen wurden, spezifiziert. Für den Zugang ist nach Art. 91 Abs. 1 C.Com. zunächst danach zu unterscheiden, ob der Empfänger ein Informationssystem für den Zugang bestimmt hat oder nicht. Hat er ein Empfangssystem bestimmt, ist die Erklärung in dem Moment zugegangen, in dem sie in das Empfangssystem eintritt (Art. 91 Abs. 1 I. C.Com.). Unter Eintritt ist der Moment zu verstehen, ab welchem die Möglichkeit der Verarbeitung der Nachricht in dem Informationssystem besteht.[332] Wird die Erklärung aber an ein anderes als das vom Empfänger bestimmte System geschickt, wird die Erklärung nach Art. 91 Abs. 1 II. C.Com. in dem Moment als zugegangen betrachtet, in dem der Empfänger die Erklärung bekommt. Ferner wurde durch die Reform vom 29.08.2003 Art. 91 Abs. 1 III. C.Com. eingefügt, wonach in dem Fall, dass der Empfänger kein Informationssystem bestimmt hat, der Zugang in dem Moment erfolgt, in dem die Datennachricht in ein Informationssystem des Empfängers eintritt.

In Art. 89 Abs. 3 C.Com. wird festgelegt, dass man unter einem Informationssystem jegliches System versteht, dass benützt wird, um Datennachrichten zu generieren, zu verschicken, zu erhalten, zu archivieren oder auf irgendeine andere Art zu verarbeiten. Unter einer Datennachricht ist nach Art. 89 Abs. 3 C.Com. die Information zu verstehen, die durch elektronische, optische oder irgendeine andere Technologie erstellt, verschickt, erhalten oder gespeichert wird. Ferner wurde die Absendung der Datennachricht durch die Reform vom 29.08.2003 in Art. 91 bis C.Com. definiert als dem Moment, in dem die Datennachricht in ein Informationssystem eintritt, dass nicht unter der Kontrolle des Erklärenden oder eines Vermittlers steht. Unter einem Vermittler nach Art. 89 Abs. 3 C.Com. versteht man jede Person, die für Rechnung einer anderen Person eine bestimmte Datennachricht verschickt, erhält oder archiviert oder irgendeine andere Dienstleistung im Hinblick auf die Nachricht anbietet. Unter der Kontrol-

---

332 *Reyes Krafft*, Alfa-Redi N° 123, 12/2003, 1, 51.

le einer anderen Person steht das Informationssystem dann, wenn der Erklärende keine Möglichkeit mehr hat, auf die Nachricht einzuwirken.[333]

Die erlassenen Normen entsprechen nahezu wortgenau Art. 15 Abs. 1 und Abs. 2 des Modellgesetzes der UNCITRAL zum elektronischen Geschäftsverkehr. Gleiches gilt für die Definition der Datennachricht, ohne hier allerdings einzelne Beispiele aufzuzählen (Art. 2 a) des Modellgesetzes), des Vermittlers (Art. 2 e) des Modellgesetzes) und des Informationssystems (Art. 2 f) des Modellgesetzes).

Für Verbraucherverträge im Sinne des Art. 51 LFPC ist ferner die Besonderheit des spezielleren Art. 56 S. 1 LFPC zu beachten. Nach dieser Vorschrift kommt ein Vertrag im Sinne des Art. 51 LFPC erst 5 Tage nach Erhalt der Sache oder der Unterschrift des Vertrages, je nachdem welcher Umstand als letzter eintritt, zu Stande. In diesem Zeitraum kann der Verbraucher seine Willenserklärung ohne jegliche Haftung widerrufen (Art. 56 S. 2 LFPC). Art. 51 LFPC regelt sogenannte „indirekte Verkäufe" und insbesondere auch den Haustürkauf. Nach dem Wortlaut des Art. 51 LFPC sind hierunter solche Käufe zu verstehen, die außerhalb des Geschäftslokals getätigt werden, wobei auch Dienstleistungen erfasst werden. Mit „indirekten Käufen" sind solche gemeint, die eine direkte Kommunikation zwischen dem Verbraucher und dem Lieferanten ausschließen, wie etwa bei Einsatz des Fernsehens, des Telefons, der Post oder jeder weiteren Kommunikation, die keinen direkten Kontakt zulässt (Art. 53 LFPC).[334] Kennzeichnend für „indirekte Verträge" ist also, dass diese ohne gleichzeitige körperliche Anwesenheit der Vertragsparteien geschlossen werden.[335]

III. Rechtsvergleichende Überlegungen und Auflistung der Besonderheiten des argentinischen und mexikanischen Vertragsrechts

Die Einführung in das argentinische und mexikanische Vertragrecht zeigt, dass neben Übereinstimmungen in beiden Rechtssystemen auch durchaus Unterschiede im Hinblick auf die Bindungswirkung von Willenserklärungen und den Zeitpunkt des Zustandekommens von Verträgen bestehen.

In einer rechtsvergleichenden Betrachtung mit den deutschen Regeln zum Zustandekommen von Verträgen weichen die argentinischen und mexikanischen Normen in folgenden Punkten ab:

---

333 *Reyes Krafft*, Alfa-Redi N° 123, 12/2003, 1, 52.

334 *Ovalle Favela*, Ley Federal, S. 102.

335 *Ovalle Favela*, Derechos, S. 46.

1. Im Gegensatz zur argentinischen Regelung ist der Antragende im deutschen Recht gemäß § 145 BGB an seinen Antrag früher gebunden. Die Bindungswirkung beginnt mit Wirksamwerden des Antrags. Das Gesetz behandelt in § 130 Abs. 1 BGB nur den Fall des Wirksamwerdens einer Willenserklärung unter Abwesenden. Anders als nach aktueller argentinischer Rechtslage wird eine Willenserklärung nach § 130 Abs. 1 S. 1 BGB, die einem anderen gegenüber abzugeben ist, erst dann wirksam, wenn der Erklärende sie abgibt *und* sie dem Empfänger zugeht. Sie wird aber nach § 130 Abs. 1 S. 2 BGB nicht wirksam, wenn vor dem Zugang der Erklärung oder gleichzeitig ein Widerruf zugeht. Nach deutschem Recht ist der Erklärende somit früher an seine Erklärung gebunden als im argentinischen Recht. Die Bindungswirkung endet mit dem Erlöschen des Antrags gemäß §§ 146f. BGB.

Nicht gesetzlich geregelt ist, was unter Abgabe und Zugang zu verstehen ist. Allgemein wird unter der Abgabe einer Willenserklärung die willentliche und wissentliche Äußerung des rechtsgeschäftlichen Willens des Erklärenden in einer Weise verstanden, die an der Endgültigkeit seines Willens keinen Zweifel lässt.[336] Handelt es sich um eine empfangsbedürftige Erklärung, so muss sie mit dem Willen des Erklärenden in den Verkehr in Richtung des Empfängers gebracht worden sein.[337] Bezüglich des Zugangs einer Willenserklärung wird allgemein zwischen Erklärungen unter Abwesenden und Anwesenden unterschieden. Ein Antrag unter Abwesenden geht nach der ganz h. M. entsprechend der Empfangstheorie und dem Grundgedanken des § 130 Abs. 1 S. 1 BGB zu, wenn die Willenserklärung so in den Herrschaftsbereich des Empfängers gelangt ist, dass dieser unter normalen Umständen die Möglichkeit hat, von dem Inhalt der Erklärung Kenntnis zu nehmen.[338] Der Herrschaftsbereich des Empfängers ist dabei keine eindeutig abgrenzbare Sphäre. Anerkanntermaßen zählen insbesondere die typischen oder im Einzelfall bekannt gegebenen Empfangsvorrichtungen des Empfängers[339] sowie zum Empfang geeignete und ermächtigte Mittelspersonen zu seinem Machtbereich.[340]

Für das Wirksamwerden von Erklärungen unter Anwesenden wird zwischen verkörperten (beispielsweise ein Antrag in Gegenwart des Adressaten, der aber schriftlich niedergelegt ist) und nicht verkörperten Erklärungen (beispielsweise mündliche oder konkludente Erklärungen) unterschieden: Bei einer ver-

---

336 *Heinrichs*, in: Palandt, § 130 BGB, Rn. 4.

337 *Heinrichs*, in: Palandt, § 130 BGB, Rn. 4.

338 So die ganz h. M.: BGHZ 67, 271, 275; *John*, AcP 184 (1984), 385, 386 m.w.N..

339 *Heinrichs*, in: Palandt, § 130 BGB, Rn. 5; *Einsele*, in: MünchKommBGB, § 130, Rn. 17, jeweils mit m.w.N..

340 Siehe zum Empfangsboten *Heinrichs*, in: Palandt, § 130 BGB, Rn. 9; *Einsele*, in MünchKommBGB, § 130, Rn. 25, jeweils mit m.w.N.. Siehe zur Mittelsperson auch *John*, AcP 184 (1984), 385, 386 m.w.N..

körperten Erklärung ist nach überwiegender Ansicht in Rechtsprechung und Literatur analog § 130 Abs. 1 BGB auf den Zugang für das Wirksamwerden abzustellen, ohne das es auf die tatsächliche Kenntnisnahme ankommt.[341] Bei einer nicht verkörperten Erklärung wird diese nach der herrschenden Vernehmungstheorie wirksam, wenn der Empfänger diese wahrnimmt.[342]

Aus diesen Überlegungen folgt als Konsequenz ein anderer Zeitpunkt des Vertragsschlusses nach deutschem Recht. Nach deutschem Recht kommt der Vertrag mit Wirksamwerden der Annahmeerklärung, d. h. in der Regel mit Zugang der Annahmeerklärung beim Offerenten zustande,[343] während in Argentinien auf die Abgabe der Erklärung abzustellen ist.

Obwohl in Mexiko im Grundsatz der Vertrag ebenso wie im BGB mit Zugang der Annahmeerklärung beim Offerenten zu Stande kommt, besteht anders als im deutschen und argentinischen Recht, die Ausnahme, dass der Vertrag zwischen einem Verbraucher und einem Lieferanten bei Haustürkäufen und Käufen, die keinen persönlichen Kontakt zulassen, erst 5 Tage nach Erhalt der Ware wirksam zustande kommt.

2. Anders als im argentinischen Recht nach Art. 7 LDC besteht im deutschen Recht keine gesetzlich verankerte Publikumsofferte. Ob es sich bei einer Erklärung um eine „invitatio ad offerendum" oder ein Angebot „ad incertas personas" handelt, ist vielmehr eine Einzelfallentscheidung.

Diese Unterschiede werden an den entsprechenden Stellen der Ausarbeitung aufgegriffen und im Hinblick auf einen sachgerechten Verbraucherschutz im Online-Shopping diskutiert werden.

C. Elektronische Willenserklärung

I. Argentinien

Wenn ein Internetnutzer eine Webseite besucht und dort eine Ware erwerben möchte, bestellt er diese durch Betätigen der „Maus", indem er regelmäßig ein Bestellformular ausfüllt und dieses durch Anklicken eines entsprechenden Feldes freigibt oder durch Versenden einer e-mail. Diese so simpel erscheinenden Vorgänge verursachen zahlreiche juristische Probleme im Zusammenhang mit

---

[341] BGH NJW 1998, 3344; *Heinrichs*, in: Palandt, § 130 BGB, Rn. 13 i.V.m. 5.

[342] *Heinrichs*, in: Palandt, § 130 BGB, Rn. 14.

[343] *Heinrichs*, in: Palandt, Einf. v. § 145 BGB, Rn. 4.

Vertragsschlüssen. An dieser Stelle soll die Frage erörtert werden, ob sich über das Internet geschlossene Verträge im Online-Shopping vom argentinischen Zivilrecht sachgerecht erfassen lassen, d.h. ob in dem Betätigen der Maustaste oder dem Versenden einer e-mail nach argentinischem Recht eine Willenserklärung zu sehen ist.

1. Willenserklärung per Mausklick, e-mail oder Internet-Telefonie

Sofern die beiderseitigen Willenserklärungen durch den Einsatz zweier Computer via Internet elektronisch übermittelt werden, spricht man von sogenannten elektronischen Willenserklärungen, die nach der wohl h. M. den Regeln über Willenserklärungen folgen.[344]

Bei Erklärungen per Mausklick oder e-mail liegt die menschliche Willensbildung, als erforderliches Kriterium jeder rechtsgeschäftlichen Erklärung, unzweifelhaft vor, da diese dadurch gekennzeichnet sind, dass der Erklärende seine Erklärung unter Einsatz elektronischer Datenverarbeitung selbst formuliert und anschließend elektronisch übermittelt, die Erklärung lässt somit auf den menschlichen Willen schließen.[345] Unproblematisch ist die Einordnung auch dann, wenn die Parteien ihre Erklärungen in einem Telefongespräch via Internet abgeben. In diesem Fall wird das Internet gerade wie ein Telefon eingesetzt, wobei allgemein anerkannt ist, dass Erklärungen per Telefon Willenserklärungen im Sinne des Código Civil sind.[346]

Der Einsatz eines Computers wirft zwar das Problem der fehlenden Zurechenbarkeit der Erklärung auf. Da die hinter der Maschine agierende natürliche Person aber deren Einsatz durch Betätigen der Maustaste oder Absenden einer e-mail festlegt und die Hard- oder Software nur als technisches Medium zur Abgabe der Erklärung eingesetzt wird, wird die Erklärung der Person zugerechnet, die die Maschine unmittelbar betätigt oder in dessen Interessenbereich diese eingesetzt wird.[347] Diese Überlegungen stehen im Einklang mit dem allgemeinen Grundsatz, dass die Person zur Erklärung ihres Willens im Rahmen ihrer freien Willensentscheidung auch frei wählen kann, welches juristisch taugliche Medium sie zur Entäußerung benutzt.[348] Allein die Tatsache, dass die Erklärungen nicht über traditionelle Kommunikationsmedien, sondern per Computer ab-

---

[344] *Custodio/Mariño*, S. 3; *Galdós*, Alfa-Redi N° 102, 3/2002, 1, 7; *Lorenzetti*, S. 175ff..

[345] So im Ergebnis trotz uneinheitlicher Terminologie *Lorenzetti*, S. 165, 176f., 182.

[346] Vgl. zur allgemeinen Anerkennung, dass Erklärungen per Telefon Willenserklärungen im Sinne des Código Civil sind: *Garrido/Zago*, S. 130f..

[347] *Lorenzetti*, S. 176f.; *Stiglitz*, Contratos Civiles., S. 205f..

[348] *Stiglitz*, Contratos Civiles, S. 132.

gegeben werden, beeinträchtigt die Qualifikation als Willenserklärung und deren Rechtswirkungen nicht.[349]

2. Willenserklärung per automatisierter Erklärung

Es stellt sich aber die Frage, ob eine automatisierte Erklärung durch einen Computer eine rechtlich verbindliche Willenserklärung ist. Diese Problematik ist gerade beim Online-Shopping wichtig, da Informationen, die über interaktive Webseiten mit Bestellsystemen eingehen, in der Regel durch Software inhaltlich ausgewertet und weiterverarbeitet werden. Das Ergebnis dieses Prozesses wird sofort online oder per e-mail wieder an den Adressaten übermittelt. Der Betreiber der Webseite, der die automatisierte Erklärung veranlasst hat, erlangt zumindest zunächst von der konkreten Kommunikation keine Kenntnis. Beispielsweise prüfen Computer bei Bestellungen in virtuellen Buchhandlungen selbsttätig die Eingabe bestimmter Kundendaten auf Vollständigkeit und Richtigkeit sowie die Verfügbarkeit eines bestimmten Titels im Warenbestand. Erst nach diesem Vorgang versendet die Datenverarbeitungsanlage eine Bestätigung der erfolgten Bestellung unter Angabe einer Bestellnummer per e-mail an den Kunden. Der Informationsaustausch kann aber auch auf beiden Seiten vollautomatisch durch den Einsatz von Computerprogrammen ohne direkte Beteiligung der Geschäftspartner gesteuert werden.[350] Derartige Computererklärungen sind also dadurch gekennzeichnet, dass im Zeitpunkt der Herstellung und Abgabe der Erklärung überhaupt kein menschliches Handeln vorliegt, was gemeinhin die Voraussetzung einer menschlichen Willensbildung und - betätigung ist.[351] Die von Rechtssubjekten abgegebenen Willenserklärungen setzen die Erklärung eines menschlichen Willens voraus, was bei dem Einsatz von Computern also bezweifelt werden könnte.

Eine eigene Willenserklärung des Computers liegt in Ermangelung dessen Fähigkeit zur eigenen Willensbildung nicht vor. Die Anlage fällt keine eigene Entscheidung als Voraussetzung jeder Willensbildung. Selbst wenn der Computer vor Abgabe der Erklärung eine umfangreiche Prüfung durchführt, nimmt das Gerät aufgrund der festen Programmierung keine eigene Willensbildung vor.[352] Die Maschine ist nämlich darauf beschränkt, das durch die Programmierung vorgegebene Identifizieren, Bestandsprüfen, etc. von Daten vorzunehmen, ein Abweichen von den einzelnen Vorgängen ist nicht möglich. Jeder Schritt der

---

349 *Custodio/Mariño*, S. 3.

350 Vgl. hierzu die Beispiele zum Einsatz automatischer Bestellsysteme im Unternehmensbereich, *Alterini*, S. 298; *Lorenzetti*, S. 180f. mit Fn. 408.

351 Vgl. zum Begriff der Computererklärung etwa *Mehrings*, MMR 1998, 30, 31.

352 *Andino Dorato*, in: Ameal/Tanzi, 533, 537.

Maschine ist vorher von einem Menschen durchdacht und eingegeben worden. Nicht nur die Inbetriebnahme des Computers, sondern der gesamte intellektuelle Entscheidungsvorgang beruht auf menschlichem Handeln.[353] Die zwischen Computern ausgetauschten Erklärungen sind vielmehr als Willenserklärungen der Person anzusehen, die das Gerät installiert und programmiert hat, da sich der menschliche Wille durch die Installation des Gerätes oder der Programmierung manifestiert und nicht in dem konkreten Akt der einzelnen automatischen Übertragung.[354]

Zugerechnet wird die Erklärung dem Anlagenbetreiber, da er durch die Nutzung der Hard- und Software den Anschein erweckt, dass die Erklärung in seinen Interessenbereich fällt und dass er für die Aktionen der eingesetzten Maschine haften wird.[355] Die wohl h. M. nimmt diese Qualifizierung vor, ohne eine rechtsdogmatische Begründung zu geben. Teilweise wird für die Zurechnung der Erklärung lediglich darauf verwiesen, dass der Computer nur eine Werkzeugfunktion erfülle.[356] Die Zurechnung dieser Computererklärung begründet sich aus dem berechtigten Vertrauen des Erklärungsempfängers, dass eine mittels eines Computers hergestellte Erklärung eine Bindung des Betreibers bewirken soll und muss. Vergleichbar ist die Situation insoweit mit der des Boten,[357] da dieser wie der Computer keine eigene Willensbildung vornimmt.[358] Eine Botenstellung zeichnet sich vielmehr dadurch aus, dass eine fremde vollständige Willenserklärung nur übermittelt wird, ohne dass dem Boten ein Entscheidungsspielraum für Geschäftsverhandlungen verbleibt.[359] Der Bote ist wie ein Brief oder ein Telegramm lediglich ein Werkzeug zur Übermittlung.[360]

Die Situation unterscheidet sich aber dann, wenn der Einsatz des Computers nicht nur in der sofortigen Reaktion auf eine Erklärung oder Abgabe einer solchen ohne Prüfung liegt, sondern auch in der Überprüfung. Computer führen oftmals umfangreiche Prüfungen durch, bevor sie eine Erklärung abgeben, was gerade für einen Boten nicht typisch ist und somit einer Zurechnung der Compu-

---

353 *Andino Dorato*, in: Ameal/Tanzi, 533, 537.

354 *Lorenzetti*, S. 180; *Stiglitz*, Contratos Civiles, S. 205f.. Auch *Alterini* geht allerdings ohne eingehende Begründung von einer Willenserklärung des Betreibers aus; vgl. *Alterini*, S. 298f..

355 *Lorenzetti*, S. 178, 180.

356 *Lorenzetti*, S. 176.

357 Der Bote wird im Código Civil nicht legaldefiniert, vielmehr findet er lediglich Erwähnung in den beiden Normen zu Erklärungen unter Abwesenden nach Art. 1147 C.C. und Art. 1151 C.C..

358 Dies entspricht im Ergebnis den von *Lorenzetti* S. 176 herangezogenen Grundsätzen, ohne dass er diese Analogie explizit nennt.

359 *Stiglitz*, Contratos Civiles, S. 311.

360 *Mosset Iturraspe*, Contratos, S. 109; *Stiglitz*, Contratos Civiles, S. 311f..

tererklärung wie bei einer Botenstellung durchaus entgegengehalten werden könnte. Da die Überprüfung aber anhand eines fest installierten Programms vorgenommen wird, wird letztendlich der Computer trotz Überprüfung wie ein Bote nur im tatsächlichen Bereich tätig. Es besteht kein Entscheidungsspielraum für Geschäftsverhandlungen. Beide übertragen im Ergebnis die Willenserklärung des Anlagenbetreibers und dienen als Kommunikationsmedium, weshalb eine Zurechnung in Analogie der für Boten entwickelten Grundsätzen zu favorisieren ist.

Im Ergebnis ist somit festzuhalten: Computererklärungen sind Willenserklärungen des Anlagenbetreibers, wenn der Betrieb des sie generierenden Computersystems auf dessen Willen beruht und dieser sich die vom Computer erzeugten Erklärungen als eigene Willenserklärung zurechnen lassen will und muss, wenn er diese - entsprechend der von ihm durchgeführten oder veranlassten Software-Programmierung - in den Rechtsverkehr gelangen lässt.

3. Ergebnis

Die einzelnen Konstellationen der Abgabe von Erklärungen durch den Einsatz von Computern via Internet lassen sich von den allgemeinen Regeln über Willenserklärungen im argentinischen Recht erfassen. Eine ausdrückliche gesetzliche Feststellung hierzu hat der argentinische Gesetzgeber aber bis dato nicht getroffen.

II. Mexiko

Der mexikanische Gesetzgeber hat durch die Reform des Código Civil vom 29.5.2000 explizit in Art. 1803 I. C.C. zum Ausdruck gebracht, dass Willenserklärung durch elektronische Medien abgegeben werden können. Somit ist nun eindeutig klargestellt, dass alle Willenserklärungen, die via Internet, also mithin elektronisch übermittelt werden, als solche den Regeln über Willenserklärungen folgen.[361]

---

[361] So ausdrücklich die Begründung des Reformdekrets vom 29.5.2000; im Internet zu finden unter: http://www.cddhcu.gob.mx/camdip/comlvii/comcomer/incomele.htm: „*2) La que dictamina también considera acertado reformar el artículo 1803 del Código Civil, para incorporar la posibilidad de que las partes puedan manifestar su voluntad u ofertar algún bien o servicio mediante el uso de medios electrónicos.*" So auch *Iasoni*, S. 78 für die ähnliche Regelung im peruanischen Art. 141 C.C.. Peruanischer Código Civil im Internet zu finden unter: http://www.congreso.gob.pe/out_of_domain.asp?URL=http%3A//-www.leyes.congreso.gob.pe/.

Das dies auch für Computererklärungen gelten muss, kann aus dem Wortlaut des durch die Reform vom 29.5.2000 und durch die Reform vom 29.08.2003 nochmals geänderten Art. 90 C.Com. gefolgert werden. Nach Art. 90 III. C.Com. wird vermutet, dass eine Datennachricht von dem Aussteller stammt, wenn diese durch ein Informationssystem verschickt wurde, das durch den Erklärenden oder in seinem Namen programmiert wurde, damit es automatisch operiert. Hiermit hat der mexikanische Gesetzgeber anerkannt, dass auch eine automatisierte Erklärung demjenigen als eigene Willenserklärung zugerechnet wird, der das Informatiksystem programmiert hat oder für das es in seinem Namen programmiert wurde.[362]

III. Rechtsvergleichende Überlegungen und Fazit

Die einzelnen Konstellationen der Abgabe von Erklärungen durch den Einsatz von Computern via Internet lassen sich von den allgemeinen Regeln über Willenserklärungen im argentinischen Recht und im mexikanischen Recht erfassen.

Anders als im mexikanischen Recht hat der argentinische Gesetzgeber dies aber nicht ausdrücklich im Gesetzeswortlaut klargestellt. Wird eine vom Absender selbst erstellte Willenserklärung lediglich auf elektronischem Wege durch e-mail, Mausklick oder Internettelefonie übermittelt, ergeben sich aber auch nach dem argentinischen Código Civil keine Unterschiede zu sonstigen technischen Übertragungsmitteln, wie etwa dem Telefon. Die gewählte Form der Übermittlung ist nicht entscheidend. Insbesondere die Problematik der Qualifizierung und Zurechnung von Computererklärungen in teilweise und vollautomatisierten Prozessen als Willenserklärungen lässt sich von den allgemeinen Prinzipien für Willenserklärungen sachgerecht lösen. Automatisiert abgegebene Erklärungen sind letztlich das Ergebnis der menschlichen Willensbildung des Anlagenbetreibers aufgrund seines Entschlusses ein Computerprogramm zum Abschluss von Rechtsgeschäften unter festgelegten Bedingungen einzusetzen. Er hat dabei einen generellen Willen, ohne dass für jede einzelne Transaktion dieser konkret vorliegen muss. Durch den Einsatz der Datenverarbeitungsanlage bringt er auch nach außen zum Ausdruck, dass er sich die Erklärung zurechnen lassen will. Rechtsdogmatisch lässt sich dieses Ergebnis mit einer Analogie der Grundsätze, die für eine Botenstellung heranzuziehen sind, begründen. Im Gegensatz zum argentinischen Gesetzgeber hat der mexikanische Gesetzgeber durch entsprechende gesetzliche Formulierungen, die Möglichkeit eine Willenserklärung via Internet abzugeben, gesetzlich anerkannt.

Das argentinische Recht und das mexikanische Recht unterscheiden sich hier nicht vom deutschen Recht, vielmehr wird letztendlich im deutschen BGB

---

[362] So im Ergebnis auch *Reyes Krafft*, Alfa-Redi N° 123, 12/2003, 1, 49.

ein ähnlicher Ansatz zur Qualifizierung elektronischer Erklärungen als Willenserklärungen gewählt. Anerkennung hat dies in der Formulierung „oder einer sonstigen technischen Einrichtung" in § 147 Abs. 1 Satz 2 BGB gefunden. Mit der h. M. wird folgendes Ergebnis erzielt: Willenserklärungen per Mausklick, e-mail und Internettelefonie werden unstreitig als Erklärungen eines menschlichen Willens anerkannt.[363] Der Tatbestand der Willenserklärung wird durch die Kommunikationsform nicht berührt.[364] Automatisierte Erklärungen werden von der h. M. mit unterschiedlichen Begründungen ebenfalls als Willenserklärungen des Anlagenbetreibers qualifiziert.[365] Letztendlich führt der Computer nur das eingegebene Programm aus, so dass die Datenverarbeitungsanlage keine eigene Willensbildung vornimmt.[366] Die Willensbildung wird vielmehr durch die Programmierung festgelegt und geht somit auf den menschlichen Willen des Betreibers zurück.[367] Zugerechnet wird die Erklärung dem Anlagenbetreiber ebenfalls aus dem Grund, dass er durch die Ausführungshandlungen des von ihm installierten und eingesetzten Systems nach außen hin zum Ausdruck bringt, dass er sich die Erklärungen zurechnen lassen will.[368] Auch aus der maßgeblichen Sicht des Empfängers schafft der Erklärende ein berechtigtes Vertrauen darauf, dass er sich an der von der EDV-Anlage erstellten und übermittelten Erklärung festhalten lassen möchte.[369] Rechtsdogmatisch wird die Zurechnung einer automatisierten Erklärung als Willenserklärung des Anlagenbetreibers mit unterschiedlichen Ansätzen, etwa mit einer Parallele zum Warenautomaten oder zur Blanketterklärung, vorgenommen.[370]

---

363 *Fringuelli/Wallhäuser*, CR 1999, 93; *Heun*, CR 1994, 595; *Holzbach/Süßenberger*, in: Moritz/Dreier, S. 350f., Rn. 68-70.

364 Vgl. BGH Urteil v. 07.11.2001, JurPC Web-Dok. 255/2001, Abs. 14 ausdrücklich für die elektronische Übermittlung einer Datei im Internet.

365 *Brauner*, S. 39ff.; *Heun*, CR 1994, 595, 596; *Holzbach/Süßenberger*, in: Moritz/Dreier, S. 357, Rn. 86 m.w.N.; *Melullis*, MDR 1994, 109, 1111. Nach a. A. sei im vollautomatisierten Dialogverfahren via BTX keine verbindliche Vertragsvereinbarung möglich; vgl. *Clemens*, NJW 1985, 1998, 2002.

366 *Glatt*, S. 32f..

367 *Mehrings*, MMR 1998, 30, 31 (Genereller Wille) m.w.N.; *Brauner*, S. 40f. (konkreter Geschäftswille).

368 *Glatt*, S. 33; *Köhler/Arndt*, S. 28, Rn. 88; *Krüger/Bütter*, WM 2001, 221, 223f..

369 *Heun*, CR 1994, 595, 596; *Krüger/Bütter*, WM 2001, 221, 224; *Taupitz/Kritter*, JUS 1999, 839, 840.

370 Siehe hierzu *Brauner*, S. 45ff. m.w.N.; *Holzbach/Süßenberger*, in: Moritz/Dreier, S. 357f., Rn. 86-89 m.w.N.; *Möschel*, AcP 186 (1986), 187, 195f.. Auch der deutsche Gesetzgeber hat dies anerkannt: der ehemals geltende § 8 MHG etwa nahm Bezug auf Erklärungen, die „mit Hilfe automatischer Einrichtungen gefertigt" wurden.

Der Einsatz des Internet zur Entäußerung einer Erklärung steht somit in den untersuchten Rechtsordnungen im Einklang mit den grundlegenden Prinzipien, die für Willenserklärungen gelten. Anders als in Argentinien hat der mexikanische und der deutsche Gesetzgeber dies durch die Aufnahme entsprechender gesetzlicher Formulierungen auch anerkannt. Um Auslegungsschwierigkeiten zu vermeiden, sollte sich hierzu auch der argentinische Gesetzgeber entscheiden.

D. Rechtliche Einordnung eines Vertrages über das Internet als Vertrag unter Anwesenden oder Abwesenden

I. Problemstellung

Ein Vertragsschluss unter Einsatz des Internet besitzt die folgenden Charakteristika:

- die Personen befinden sich an verschiedenen Orten,
- die Abgabe der Willenserklärungen erfolgt aufgrund der Schnelligkeit des Mediums meist sehr zügig.

Diese typischen Elemente der über das Internet abgegebenen Willenserklärungen führten zu einer breiten Diskussion über die rechtliche Qualifikation des Vertrages als Vertrag unter Abwesenden oder unter Anwesenden.

II. Argentinien

1. Bestimmung der Abgrenzungskriterien

Ob es sich um einen Vertrag unter Anwesenden oder Abwesenden handelt, bestimmt sich im argentinischen Recht nach der zwischen den Parteien gewählten Kommunikationsform, wobei gesetzlich die mündliche Kommunikation, die Kommunikation durch Übermittlung eines Boten und der Briefwechsel geregelt sind.[371] Im argentinischen Recht fehlt eine Regelung, die Verträge, die telefonisch oder durch andere moderne Kommunikationssysteme, wie beispielsweise das Internet abgeschlossen werden, rechtlich einordnet.[372] Die Problematik der rechtlichen Qualifikation von über das Internet getätigten Geschäftsabschlüssen als solche unter Anwesenden oder Abwesenden wird in der argentinischen Literatur kontrovers diskutiert. Hinsichtlich der Einordnung der Erklärungen kann

[371] Vgl. bereits die allgemeinen Ausführungen im 4. Teil B. I..

[372] Vgl. hierzu bereits die allgemeinen Ausführungen im 4. Teil B. I..

auf verschiedene Kriterien abgestellt werden. Zu nennen sind die räumliche und die „juristische Distanz" zwischen den Parteien, die Vergleichbarkeit mit einem Dialog oder eine Kombination der einzelnen Kriterien. Zunächst ist daher zu analysieren, auf welches entscheidende Qualifizierungskriterium abzustellen ist.

Angesichts der unterschiedlichen Kommunikationsformen, die im Internet zur Verfügung stehen, kann für eine Einordnung einer Willenserklärung als solche unter Anwesenden oder Abwesenden nicht sinnvoll auf das Kriterium der räumlichen Distanz zwischen den Vertragsparteien abgestellt werden.[373] Eine pauschale Einordnung nach der räumlichen Distanz lässt keine rechtliche Qualifikation im Einzelfall zu.[374] Gerade das Kriterium der räumlichen Distanz zeigt, wie schon bei telefonischen Verträgen, seine Schwäche. Bei jeder Internet-Kommunikation sind die Parteien stets räumlich voneinander getrennt. Dies kann aber auch bei einem Vertragsabschluss unter Anwesenden, beispielsweise per Telefon, als auch bei einem Vertrag unter Abwesenden durch den Einsatz der herkömmlichen Post der Fall sein.

Soweit eine pauschale Anwendung der Regeln für Erklärungen unter Abwesenden rechtsdogmatisch mit einer Analogie zu Art. 1147, 2. Alt. C.C begründet wird, da an Stelle der herkömmlichen Post ein Computer eingesetzt würde,[375] ist dem entgegenzuhalten, dass sich die Kommunikation via Internet einem Postverkehr allein schon aufgrund der verschiedenen Materialien unterscheidet. Ferner kann es bei einem postalischen Verkehr Tage oder Wochen dauern, bis der Brief an seinem Bestimmungsort ankommt.[376]

Andere Autoren wenden die von der überwiegenden Meinung entwickelten Grundsätze für telefonische Verträge analog mit folgendem Ergebnis an: Soweit der Computer als Übertragungsmedium für gleichzeitige Erklärungen genutzt werde (Zeitelement) und ein unmittelbarer Gesprächskontakt bestehe, handele es sich um Erklärungen unter Anwesenden, bei Auslandsberührung hinsichtlich des Ortes (Art. 1214 C.C.) aber auch um einen Vertrag unter Abwesenden.[377] Eine Unterscheidung anhand einer „juristischen Distanz" der Vertragsparteien kann aber allenfalls im Rahmen der Frage des anwendbaren Rechts eine Rolle spielen. Art. 1214 C.C. regelt im Grundsatz kollisionsrechtliche Fragen bei internationalen Verträgen unter Abwesenden.

Mit der allgemeinen Grundentscheidung des Gesetzgebers in Art. 1151, 1. HS C.C. muss daher entscheidendes Abgrenzungskriterium die Art des zwischen

---

373 A. A. *Kleidermacher/de Aguinis*, LL 1987-C-892, 898.

374 *Lorenzetti*, S. 195f..

375 *Kleidermacher/de Aguinis*, LL 1987-C-892, 898.

376 *Muiño Matienzo*, S. 3.

377 *Feldstein de Cárdenas*, S. 40f.; *Sarra*, S. 361.

den Parteien bestehenden Gesprächskontakts sein.[378] Die Differenzierung danach, ob ein zeitgleicher oder zeitversetzter Verständigungskontakt besteht, lässt eine Unterscheidung zwischen den einzelnen Kommunikationsformen im Internet zu.[379]

2. e-mail-Verkehr

Für die Beantwortung der Frage, ob bei einem e-mail-Verkehr ein Vertrag unter Abwesenden oder Anwesenden geschlossen wird, ist entscheidend, ob die Kommunikation per e-mail mit einem postalischen Kommunikationsaustausch vergleichbar ist und somit analog Art. 1147, 2. Alt. C.C. von einem Vertrag unter Abwesenden auszugehen ist[380] oder ob durch einen e-mail-Verkehr ein Austausch zwischen den Parteien zu Stande kommt, der eher mit einem Dialog vergleichbar ist und daher Erklärungen unter Anwesenden abgegeben werden.

Die Unterschiede zwischen einem Brief und einer e-mail sind aber evident. Nach der Definition der e-mail im Anhang der Resolution 1083/95[381] handelt es sich um eine Dienstleistung, die die elektronische Übertragung von Daten - unabhängig von ihrem Format – zu einem Computer ermöglicht. Der Computer speichert die Daten in einem Empfängerbriefkasten bis zu dem Moment, in dem der Nutzer diese aufruft. Für den elektronischen Transport der e-mail wird die Nachricht zerlegt und in Datenpaketen versandt, wobei diese auf verschiedenen Wegen über mehrere meist unbekannte Internetserviceprovider ihren Bestimmungsort erreichen.[382] Die Übermittlung der Daten erfolgt somit in flüchtiger Form, ohne dass eine unmittelbare Wahrnehmung durch den Empfänger möglich ist. Die in den Daten enthaltene Erklärung wird durch Aufrufen der e-mail durch den Empfänger sichtbar. Durch Abspeichern oder Ausdrucken der Nachricht ist ein wiederholter Zugriff möglich. Der herkömmliche Brief ist aber im Gegensatz zur e-mail von seinem Verfassen bis zum Erhalt in Papierform gegenständlich und wird in der Regel nur von einem bekannten Postdienst transportiert.[383] Zudem dauert der Versand oft Tage oder Wochen, während eine

---

[378] So im Ergebnis auch *Lorenzetti*, S. 196; *Stiglitz*, Contratos Civiles, S. 206.

[379] So auch im Ergebnis ohne eingehende Begründung *Pardini*, S. 172.

[380] *Rossi*, S. 3 vergleicht die e-mail-Kommunikation mit der elektronischen Post.

[381] Vgl. B.O. v. 15.05.1995, S. 12.

[382] *Pardini*, S. 54. So auch im Bericht v. 07.08.2001 der Kommission, die das Gesetzesprojekt zum Rechtsschutz der e-mail (Resolution 333/2001) verfasst hat, S. 2, im Internet zu finden unter: www.aadat.org.ar.

[383] Vgl. Bericht v. 07.08.2001 der Kommission, die das Gesetzesprojekt zum Rechtsschutz der e-mail (Resolution 333/2001) verfasst hat, S. 2.

e-mail abhängig von der Leistung der Datenverarbeitungsanlage in Sekunden oder Minuten lange Strecken überwindet.

Diese Situation könnte für die Meinung angeführt werden, die sowohl bei interaktiven Geschäftsabschlüssen via Internet als auch solchen, die per e-mail geschlossen werden, einen unmittelbaren Gesprächskontakt bejaht, weshalb es sich stets um Erklärungen unter Anwesenden handele.[384] Beim telefonischen Kontakt, beim Telefax oder anderen elektronischen Kommunikationseinrichtungen würden die Vertragsschließenden unmittelbar die Geräte betätigen.[385] Die Art der getätigten Kommunikation bei einer e-mail-Übertragung unterscheidet sich aber wesentlich von einem persönlichen - auch telefonischem - Gespräch zwischen den Parteien. Bei einer e-mail-Kommunikation kann ein dem Telefongespräch ähnlicher Dialog aufgrund der technischen Gegebenheiten der e-mail-Übertragung, die regelmäßig eine Speicherung und den Abruf der Daten erfordert, nämlich nicht stattfinden.[386] Daran ändert sich auch dann nichts, wenn die Parteien dauernd online mit einem Internetserviceprovider verbunden sind und eingehende Nachrichten sofort auf den Rechner des Empfängers übertragen werden. Als weiteres Argument ist anzuführen, dass die e-mails nicht automatisch gelöscht werden, vielmehr muss die Partei diese extra anklicken und dann löschen. Die Nachrichten erhalten daher nicht denselben Grad an Flüchtigkeit wie telefonische Äußerungen. Zudem ist bei einer e-mail-Kommunikation – auch wenn die Parteien online sind - erst nach Öffnen und Lesen des Posteingangs ein zeitverzögertes Reagieren möglich ist. Bei noch so schneller Antwort kann nie ein unmittelbarer zeitgleicher Verständigungskontakt entstehen,[387] wie dies auch im Briefverkehr nie der Fall sein kann. Die beiden Kommunikationsformen sind daher durchaus vergleichbar. Im Ergebnis sind Willenserklärungen per e-mail somit als Erklärungen unter Abwesenden analog Art. 1147, 2. Alt. C.C. zu qualifizieren.

3. Interaktive Kommunikation

Als interaktive Internetkommunikationen sind insbesondere Telefongespräche via Internet und der Internetchat zu nennen. Bei einem Telefongespräch via Internet entsteht zwischen den Parteien eine unmittelbare verbale Kommunikation,[388] obwohl es aufgrund der internettypischen Übertragungsweise und je nach Auslastung der Datennetze und der Schnelligkeit der eingesetzten Computer zu einer Zeitverzögerung der Tonübertragung kommen kann. Mit der h. M., die Te-

---

[384] *Alterini*, S. 289; *ders.*, LL 1980-D-1108, 1109.

[385] *Alterini*, LL 1980-D-1108, 1109.

[386] *Lorenzetti*, S. 196; *Pardini*, S. 172.

[387] *Andino Dorato*, in: Ameal/Tanzi, 533, 538.

lefongespräche – zumindest hinsichtlich des Zeitelements – als Erklärungen unter Anwesenden einordnet, ist eine Erklärung, bei der das Internet letztendlich wie ein Telefon genutzt wird, ebenfalls als Erklärung unter Anwesenden zu qualifizieren, da ein Gespräch zwischen den Parteien zu Stande kommt, bei dem eine unverzügliche Annahme im Sinne des Art. 1151, 1. Alt. C.C. möglich ist.

Auch bei einer Kommunikation im Internetchat kommt zwischen den Beteiligten eine Art Dialog zustande. Bei einem Internetchat sind die Vertragsparteien nämlich online und können in sehr kurzen Zeitabständen unmittelbar reagieren.[389] Allein die Tatsache, dass sich der Chat von einem mündlichen Angebot dadurch grundlegend unterscheidet, dass reine Textbotschaften versandt werden und kurz nach dem Eintippen und Absenden auf dem Bildschirm aller Teilnehmer sichtbar werden, spricht nicht gegen eine Analogie, da prinzipiell von Art. 1151, 1. Alt. C.C. auch schriftliche Angebote erfasst werden.[390]

Vielmehr kommt es also darauf an, ob eine unmittelbare Kommunikation stattfindet. Dies könnte bezweifelt werden, da sich die Parteien im Chat nicht ins Wort fallen können, wie dies für ein mündliches Gespräch typisch ist. Anders als beim e-mail-Versand nutzt der User aber kein Postfach zum Erhalt der Nachrichten, sondern befindet sich normalerweise „online" im Internet. Die Nachrichten werden auch nicht wie eine e-mail so abgespeichert, dass der Nutzer jederzeit – auch Tage später - auf die Texte zurückgreifen kann. Es ist aber eine Zwischenspeicherung notwendig, weshalb eine unmittelbare Kommunikation verneint werden könnte.[391] Die Speicherung der Daten kann zwar unterschiedlich lange dauern, üblicherweise erscheinen die Miteilungen aber in einem Fenster, in das neue Mitteilungen nachrücken und den bisherigen Text zeilenweise verschieben, bis er aus dem Fenster verschwindet. Bei einem stark genutzten Kanal kann die einzelne Textzeile innerhalb von Sekunden gelöscht sein. Es wird daher meist ein Grad von Flüchtigkeit erreicht, der einer mündlichen Äußerung sehr nahe kommt. Zudem ist anders als bei einer e-mail ein direktes - wenn auch schriftliches - Nachfragen und Umentscheiden möglich, wie dies in einem Dialog ebenfalls der Fall ist. Aus diesen Gründen ist der Internetchat analog Art. 1151, 1. Alt. C.C. als Erklärung unter Anwesenden zu qualifizieren.

---

[388] *Lorenzetti*, S. 196f.; *Stiglitz*, Contratos Civiles, S. 206 (Speicherung der Daten).

[389] So auch *Andino Dorato*, in: Ameal/Tanzi, 533, 538. Nach a. A. könne niemals zwischen den Vertragsparteien ein dem mündlichen Gespräch ähnlicher zeitgleicher Gesprächskontakt bestehen; vgl. *Beltramone/Zabale*, S. 88.

[390] *Aparicio*, S. 277; so auch im Ergebnis *Andino Dorato*, in: Ameal/Tanzi, 533, 538.

[391] *Stiglitz*, Contratos Civiles, S. 206 (allgemein zur Speicherung).

4. Automatisierter Dialogverkehr

Mit den im Rahmen der Qualifizierung von automatisierten Willenserklärungen angestellten Überlegungen, dass die Grundsätze über Boten analog anzuwenden sind, müssten diese Erklärungen konsequenterweise als solche unter Abwesenden einzuordnen sein, da von Boten übermittelte Erklärungen solche unter Abwesenden gemäss Art. 1147, 1. Alt. C.C. sind.[392] Fraglich ist allerdings, inwieweit diese Überlegung im Einklang mit der getätigten Kommunikation steht. Eine Kommunikation unter Anwesenden setzt nach wohl h. M. einen unmittelbaren Gesprächskontakt der Vertragsparteien voraus, während dieser bei Erklärungen unter Abwesenden gerade nicht besteht. Während bei der Internettelefonie oder dem Internetchat beide Parteien „online“ miteinander kommunizieren, ist bei einem automatisierten Austausch allenfalls die bestellende Partei unmittelbar an der Kommunikation beteiligt, während das automatisierte Bestellsystem ohne Beteiligung des Betreibers nach einer oft umfangreichen Prüfung die Beantwortung veranlasst. Je nach Art des Internetdienstes kann die Beantwortung auf unterschiedliche Weise erfolgen. Speziell Informationen, die über interaktive Webseiten durch Eingabe von Benutzerdaten und – befehlen in eine Formularseite oder Bestellformular, werden regelmäßig von einem Programm verarbeitet. Das Resultat der Datenverarbeitung ist eine Erklärung, die sofort online in Form einer neuen Webseite oder per e-mail an den Benutzer geschickt wird. Wird der Informationsaustausch auf beiden Seiten vollautomatisch durch Computerprogramme gesteuert, liegt überhaupt keine Beteiligung der Erklärenden vor.

Werden die Erklärenden unmittelbar „online“ ausgetauscht, entstehe eine Situation, die wie ein echter Dialog erscheine.[393] Da zwischen Computern eine direkte, unmittelbare Verbindung besteht, erfolgt die Abgabe, Übermittlung und Verarbeitung zwar nahezu zeitgleich, die Übertragungs- und Verarbeitungsgeschwindigkeit allein dürften aber nicht ausreichen, um einen unmittelbaren Verständigungskontakt zwischen den Vertragsparteien anzunehmen.[394] Für die Qualifizierung eines telefonischen Kontakts als Erklärungen unter Anwesenden wurden die Grundsätze des Art. 1151 C.C. herangezogen. Nach Art. 1151 C.C. muss ein mündliches Angebot unverzüglich angenommen werden. Ein mündlicher unmittelbarer Austausch setzt aber den direkten Kontakt der Personen voraus. Es fehlt aber gerade der persönliche Kontakt zumindest einer der Partei-

---

[392] Zu dieser Problematik ließen sich trotz eingehender Recherche kaum argentinische Literaturmeinungen finden, so dass zur Lösung bereits in diesem Abschnitt auch auf deutsche Literaturmeinung verwiesen wird.

[393] *Lorenzetti*, S. 181f. zum „electronic data exchange“ (EDI).

[394] So auch *Glatt*, S. 39; *Hoeren/Oberscheidt*, VuR 1999, 371, 372.

en,[395] wodurch sich die automatisierte Verbindung sowohl von einem persönlichen Gespräch am selben Ort, einem Telefongespräch, der Internettelefonie als auch von einem Internetchat unterscheidet. Eine Interaktion durch Nachfragen oder Umentscheiden ist ausgeschlossen, wie sie für ein Gespräch unter Anwesenden charakteristisch ist, die Antworten des Rechners sind anhand einer festgelegten Programmierung vorgegeben, weshalb die Abgabe der Erklärungen ebenfalls nicht mit einem Dialog vergleichbar ist.[396] Aufgrund dieser wesentlichen Unterschiede zu einem unmittelbaren verbalen Verständigungskontakt werden Erklärungen in einem teilweisen oder vollautomatischen Computerverkehr unter Abwesenden abgegeben. Da sich der Unternehmer im Online-Shopping typischerweise vorprogrammierter Vertragserklärung bedient, werden hier regelmäßig Erklärungen unter Abwesenden abgegeben.

5. Ergebnis

Das gefundene Ergebnis entspricht der wohl h. M. in der argentinischen Literatur, die Erklärungen im Internet richtigerweise in zwei Kategorien einteilt: 1) Bei einem interaktiven Austausch via Internet wird ein Vertrag unter Anwesenden geschlossen und 2) beim Einsatz sonstiger Kommunikationsformen via Internet, wie dem e-mail-Verkehr wird die Transaktion zwischen Abwesenden stattfinden.[397]

III. Mexiko

Für die Unterscheidung zwischen Erklärungen unter Anwesenden und Abwesenden ist auch im mexikanischen Zivilrecht darauf abzustellen, ob ein unmittelbarer Gesprächskontakt zwischen den Vertragsparteien besteht oder nicht.[398] Dies folgt aus dem ausdrücklichen Wortlaut des Art. 1805 C.C.. Nach Art. 1805 C.C. muss ein Angebot, das gegenüber einer anwesenden Person erklärt wird, unverzüglich (unmittelbar) angenommen werden, wenn keine Annahmefrist bestimmt ist (Art. 1805 S. 1 C.C.). Im gegenteiligen Fall ist der Urheber des Angebots nicht mehr an seine Erklärung gebunden (Art. 1805 S. 1 C.C.). Durch die Reform vom 29. Mai 2000 wurde dieselbe Regel für Angebote, die telefonisch oder mittels irgendeines anderen elektronischen oder optischen Mediums oder durch irgendeine andere Technologie erfolgen, die eine unverzügliche (unmit-

---

395 *Heun*, CR 1994, 595, 597.

396 *Heun*, CR 1994, 595, 597; *Hoeren/Oberscheidt*, VuR 1999, 371, 372; *Rehbinder/Schmaus*, UFITA 2000, 313, 327 (fehlende Rückfragemöglichkeit) m.w.N..

397 *Custodio/Mariño*, S. 2; *Lorenzetti*, S. 191; *Pardini*, S. 172; 195ff..

398 *Dominguez Martinez*, Teoria del Contrato, S. 27f.; *Márquez*, Alfa-Redi N° 36, 7/2001, 1.

telbare) Erklärung des Angebots und der Annahme erlauben, festgeschrieben (Art. 1805 S. 2 C.C.).[399] Ob nach der Reform allerdings tatsächlich alle Erklärungen via Internet, ohne nach den einzelnen Kommunikationsformen wie der Abgabe einer Erklärung im Chat, per e-mail oder durch ein interaktives Bestellformular zu unterscheiden, als Erklärungen unter Anwesenden anzusehen sind,[400] ist mehr als zweifelhaft. Eine derart pauschale Einordnung ist vielmehr mit den oben bereits für das argentinische Recht dargelegten Argumenten abzulehnen,[401] da sie eben nicht sachgerecht danach unterscheidet, ob ein unmittelbarer Gesprächskontakt besteht. Die in der argentinischen Literatur gefundenen Ergebnisse lassen sich auch auf die mexikanische Regelung übertragen, da es ebenso nach dem Gesetzeswortlaut ausdrücklich für die Unterscheidung darauf ankommt, ob ein unmittelbarer Gesprächskontakt besteht. Diese pauschale Einordnung würde beispielsweise dazu führen, dass beim Versenden eines Faxes via Modem eine Erklärung unter Anwesenden und beim Versenden über ein herkömmliches Faxgerät eine Erklärung unter Abwesenden vorliegen würde, da diese Situation mit dem Versand eines Briefes, der unter Abwesenden verschickt werde, gleichzusetzen sei.[402] Diese Unterscheidung ist aber nicht sachgerecht, da sie dieselbe Grundstruktur aufweist. In beiden Fällen wird letztlich unter regelmäßiger Nutzung des Telefonnetzes die Nachricht verschickt. Es kann keinen Unterschied machen, ob das Fax in Papierform direkt ankommt oder durch späteres Ausdrucken eine solche erlangt.[403] Diese Situation ist zudem durchaus vergleichbar mit einer e-mail, weshalb nicht einzusehen ist, warum hier von einer Erklärung unter Anwesenden auszugehen sein soll.

Es ist auch nicht anzunehmen, dass der Gesetzgeber eine derart pauschale Einordnung aller Erklärungen via Internet bezweckt haben könnte. Zwar lässt sich dies anhand der Motive für das Reformgesetz nicht unmittelbar ermitteln, da er hierzu keine explizite Aussage getroffen hat,[404] einziger Anhaltspunkt dafür, dass dies wohl nicht Sinn und Zeck der geschaffenen Regelung sein soll, kann aber darin gesehen werden, dass er das Reformgesetz maßgeblich auf drei Gesetzesinitiativen stützt. In der Begründung zur Gesetzesinitiative vom

---

[399] In den Zivilgesetzbüchern der einzelnen mexikanischen Provinzen gelten unterschiedlichste Regeln, die hier aber nicht Gegenstand der Ausarbeitung sein sollen. Einen kurzen Überblick gibt Márquez, Alfa-Redi N° 98, 11/2001, 1-7 und *Batiz*, Alfa-Redi N° 124, 1/2004, 1, 6f..

[400] So aber *Arce Gargallo*, S. 45, 47 auch explizit für den e-mail-Verkehr S. 68f..; *Márquez*, REDI N° 43, 2/2002, 1, 4. Auch *Domínguez Martínez*, Teoría del Contrato, S. 27f. setzt die Internetkommunikation mit der telefonischen Kommunikation gleich.

[401] Vgl. 4. Teil D. II..

[402] Vgl. zu dieser rechtlichen Qualifikation des Faxversands *Arce Gargollo*, S. 69.

[403] Nach *Arce Gargollo*, S. 69 komme es maßgeblich auf den Erhalt des Dokumentes an.

[404] Vgl. Gesetzesbegründung, S. 8f.. Siehe bereits Fn. 362.

30.04.1999 und der Gesetzesinitiative vom 15.12.1999 wird ausdrücklich erwähnt, dass Erklärungen via Internet auch solche unter Abwesenden sein können, ohne allerdings eindeutig darzulegen, um welche es sich hier handeln soll.[405] Unter Berücksichtigung der gesetzlichen Grundentscheidung auf einen unmittelbaren Gesprächskontakt zwischen den Parteien zur Differenzierung abzustellen, sind mit den obigen Argumenten vielmehr im e-mail-Verkehr und durch automatisierte Systeme abgegebene Willenserklärungen solche unter Abwesenden, ein unmittelbarer Gesprächskontakt besteht hier nicht.[406]

IV. Ergebnis und rechtsvergleichende Überlegungen

Auch das BGB geht in § 147 Abs. 1 und 2 BGB davon aus, dass Erklärungen unter Anwesenden oder Abwesenden abgegeben werden können. Die fernmündliche Kommunikation ist nach § 147 Abs. 1 Satz 2 BGB gleich einer unter Anwesenden zu behandeln. Das gleiche gilt nach einer Ergänzung des § 147 Abs. 1 S. 2 BGB durch das Gesetz zur Anpassung der Formvorschriften des Privatrechts und anderer Vorschriften an den modernen Geschäftsverkehr vom 13.7.2001,[407] das am 01.08.2001 in Kraft getreten ist, auch für Willenserklärungen, die mittels sonstiger technischer Einrichtungen abgegeben werden. Die jüngere deutsche Literatur differenziert eine Willenserklärung als solche unter Anwesenden oder Abwesenden zunehmend losgelöst von einem rein räumlichen Verständnis. Anwesenheit wird hiernach generell als das Bestehen eines direkten Übermittlungskontakts zwischen dem Erklärenden und dem Empfänger verstanden. Dabei spielt es keine Rolle, „ob der Kontakt sozusagen körperlich – direkt oder durch ein technisches Medium vermittelt ist (...), sofern nur dem Ausgangsfall der gleichzeitigen körperlichen Anwesenheit vergleichbare (Kommunikations-) Bedingungen geschaffen werden.“.[408]

Die hier vorgenommene Qualifizierung von Erklärungen als solche unter Anwesenden oder Abwesenden im argentinischen Recht entspricht im Ergebnis der Einordnung der einzelnen Kommunikationsformen via Internet im Sinne des § 147 BGB. Bei einer interaktiven Kommunikation im Internet, wie der Internettelefonie und dem Internetchat, ist der Vertragsschluss nach argentinischem Recht als ein solcher unter Anwesenden rechtlich einzuordnen, da zwischen den Parteien ein unmittelbarer Verständigungskontakt, wie bei einem mündlichen Dialog oder ähnlich einem solchen im Sinne des Art. 1151, 1. HS. C.C. analog besteht. Dieses Ergebnis entspricht der h. M. im deutschen Recht, denn durch

---

[405] Vgl. Gesetzesbegründung, S. 2f.. Siehe bereits Fn. 362.

[406] A.A. *Arce Gargollo*, S. 68f..

[407] BGBl. I 2001, S. 1542ff..

[408] *Heun*, CR 1994, 595, 597 m.w.N.; siehe hierzu auch *John*, AcP 184 (1984), 385, 393.

die Einfügung der Wörter „oder einer sonstigen technischen Einrichtung" in § 147 Abs. 1 Satz 2 BGB soll zum Ausdruck gebracht werden, dass neben einem Telefon weitere Übertragungstechniken – wie das Internet – erfasst werden, mit deren Hilfe Anträge „von Person zu Person" möglich sind.[409] Interaktive Kommunikationsformen, bei denen ein dem Dialog ähnlicher Austausch möglich ist, wie bei dem Internetchat, wurden bereits vor der Neufassung von einer starken Literaturmeinung nach § 147 Abs. 1 Satz 2 BGB als Erklärungen unter Anwesenden qualifiziert.[410] Diese sollen nach der Begründung des „Gesetzes zur Anpassung der Formvorschriften des Privatrechts und anderer Vorschriften an den modernen Geschäftsverkehr" von dem neu formulierten § 147 Abs. 1 Satz 2 BGB ebenfalls erfasst werden.[411]

Ein Geschäftsabschluss im e-mail-Verkehr ist im Ergebnis mit der wohl h. M. in Argentinien analog Art. 1147, 2. Alt. C.C. als Vertragsschluss unter Abwesenden zu charakterisieren, da beim e-mail-Verkehr, wie auch bei einer postalischen Kommunikation, kein unmittelbarer Verständigungskontakt zu Stande kommt. Dies entspricht ebenfalls der h. M. in der deutschen Literatur. Mit der Neufassung des § 147 Abs. 1 BGB ist nämlich nicht bezweckt, jede technische Einrichtung dem Telefonverkehr gleichzustellen, vielmehr sollen nur solche erfasst werden, die eine vergleichbare unmittelbare Gesprächssituation von Person zu Person ermöglichen, für den e-mail-Verkehr soll weiterhin § 147 Abs. 2 BGB gelten.[412] Mit der bisher überwiegenden h. M.[413] stellt eine e-mail auch nach der Neufassung des § 147 Abs. 1 Satz 2 BGB eine Willenserklärung unter Abwesenden im Sinne des § 147 Abs. 2 BGB dar.[414]

Wie die Diskussion in der argentinischen Literatur hinsichtlich teilweiser oder vollständig automatisierter Kommunikationssysteme geführt werden wird, ist bis auf wenige Stimmen weitestgehend offen. Nach der hier vertretenen Lösung sprechen bei automatisierten Computererklärungen aber gravierende Un-

---

[409] Entwurf eines Gesetzes zur Anpassung der Formvorschriften des Privatrechts und anderer Vorschriften an den modernen Geschäftsverkehr, BT-Drs. 14/4987, S. 21.

[410] Vgl. *Heun*, CR 1994, 595, 598; *Gimmy*, in: *Kröger/Gimmy*, S. 68; *Rehbinder/Schmaus*, UFITA 2000, 313, 324f. mw.N.; a. A. für den Internetchat *Glatt*, S. 38; *Fringuelli/Wallhäuser*, CR 1999, 93, 98 (wg. systembedingter Speicherung); *Moritz*, CR 2000, 61, 62.

[411] In dem Entwurf des Gesetzes zur Anpassung der Formvorschriften des Privatrechts und anderer Vorschriften an den modernen Geschäftsverkehr, BT-Drs. 14/4987, S. 21 werden als Beispiele für die Anwendung des § 147 I S. 2 BGB die Videokonferenz und der Internetchat genannt.

[412] Entwurf eines Gesetzes zur Anpassung der Formvorschriften des Privatrechts und anderer Vorschriften an den modernen Geschäftsverkehr, BT-Drs. 14/4987, S. 21.

[413] *Fringuelli/Wallhäuser*, CR 1999, 93, 97; *Godefroid*, DStR 2001, 400, 403.

[414] So auch *Glatt*, S. 36 m.w.N..

terschiede zu einem mündlichen Dialog gegen eine Analogie zu Art. 1151, 1. HS. C.C.: Erstens weil der persönliche Kontakt zumindest einer Vertragspartei fehlt und zweitens weil eine für ein Gespräch typische Interaktion aufgrund der festen Programmierung nicht möglich ist. Im Ergebnis sprechen die besseren Argumente für eine Qualifizierung der Erklärung unter Abwesenden. Das gefundene Ergebnis entspricht der überzeugenderen Ansicht im deutschen Recht, wonach die Abgabe von Computererklärungen in einem automatisierten Dialogverkehr unter Abwesenden erfolgt, da keine dem Telefongespräch vergleichbare Gesprächssituation besteht.[415]

Die erörterte Problematik lässt sich somit zwar in analoger Rechtsanwendung der vorhandenen argentinischen zivilrechtlichen Normen erfassen, dennoch wäre aber eine explizite gesetzliche Reglementierung im argentinischen Recht sinnvoll, um eine gewisse Rechtsunsicherheit durch unterschiedliche Auslegung zu vermeiden, zumal eine höchstrichterliche Rechtssprechung zu den einzelnen Fragestellungen bis dato nicht existiert. Zur Regelung dieser Problematik bietet die deutsche Regelung eine sachgerechte Lösung, wie festgestellt wurde. Die im argentinischen Recht bestehende Lücke, wie telefonisch oder per Internet getätigte Geschäfte zu behandeln sind, kann durch eine Norm wie § 147 BGB geschlossen werden.

Wünschenswert ist im Ergebnis, dass die gesamte Problematik, ob es sich um Erklärungen unter Abwesenden oder Anwesenden handelt, an der entscheidenden Stelle im Código Civil aufgenommen wird und für den e-mail-Verkehr an den entsprechenden Stelle zum Vertragsschluss.

Es wird daher folgende Lösung vorgeschlagen:

1) Telefonische Erklärungen einheitlich als solche unter Anwesenden als Satz 2 des Art. 1151 C.C. zu normieren[416] und

2) im Anschluss in diesem Satz 2 die Formulierung „oder einer sonstigen technischen Einrichtung“ im Wortlaut des Art. 1151 C.C. aufzunehmen.

Durch die Aufnahme der telefonischen Kommunikation in Art. 1151 C.C. würde eine einheitliche Regelung für telefonische Geschäftsabschlüsse erreicht. Die Formulierung unter 2) würde das Internet erfassen. Zudem würde sich aus der Stellung der Formulierung hinter der telefonischen Kommunikation ergeben,

---

[415] *Glatt*, S. 39f. m.w.N.; *Rehbinder/Schmaus*, UFITA 2000, 313, 317 (keine Rückfragemöglichkeit).

[416] Diese Lösung einer einheitlichen Regelung für telefonische Erklärungen als solche unter Anwesenden entspricht dem Projekt von *Bibiloni*, der eine explizite Aufnahme in Art. 1151 C.C. durch Einfügen eines zweiten Satzes („*Lo mismo se decidirá en caso de oferta hecha de persona a persona por medio de teléfono.*“) favorisiert hat; gefunden bei *Zago*, S. 96.

dass die Erklärungen ähnlich wie bei einem telefonischen Kontakt, nämlich in Dialogform abgegeben werden müssen, um als solche unter Anwesenden eingeordnet werden zu können. Die Formulierung ist somit flexibel genug, eine Abgrenzung nach den einzelnen Kommunikationsformen via Internet im Sinne der wohl h. M. zuzulassen und neue Kommunikationsformen in der Zukunft zu erfassen.

Anders ist die Rechtssituation im mexikanischen Recht zu bewerten, da der mexikanische Gesetzgeber im Gegensatz zum argentinischen Gesetzgeber bereits eine Regelung zur Einordnung von Erklärungen, die über das Internet abgegeben werden, in Art. 1805 C.C. geschaffen hat. Art. 1805 C.C. bietet eine Auslegungshilfe, die mit § 147 BGB durchaus vergleichbar ist, da zur Unterscheidung einer Erklärung unter Abwesenden oder Anwesenden im Kern der Norm auf einen unmittelbaren Gesprächskontakt zwischen den Vertragsparteien abzustellen ist. Entgegen einer Anzahl von mexikanischen Literaturmeinungen kommt man aber zu demselben rechtlichen Ergebnis wie in Deutschland und Mexiko. Einer Änderung der Regelung bedarf es mithin nicht; die Auslegung wird den Gerichten überlassen bleiben.

E. Zeitpunkt des Vertragsschlusses

I. Problemstellung

Bei dem Abschluss eines Online-Shopping-Vertrages über ein interaktives Bestellformular oder per e-mail handelt es sich nach argentinischem, mexikanischem und deutschem Recht mit der hier vertretenen Meinung stets um Erklärungen unter Abwesenden. Im argentinischen Recht ist aber für den Zeitpunkt des Vertragsschlusses nach der Übermittlungstheorie auf die Abgabe der Willenserklärung durch den Annehmenden nach Art. 1154 C.C. abzustellen, während es in Mexiko und Deutschland nach der Empfangs- oder Zugangstheorie maßgeblich auf den Zugang der Annahmeerklärung beim Offerenten ankommt.

Die zur Entstehungszeit des BGB geführte Diskussion über den Zeitpunkt des Vertragsschlusses,[417] hat bei online abgeschlossenen Verträgen neuen Antrieb bekommen, obwohl es sich hier nicht um eins der typischen Verbraucherschutzinstrumente handelt. Maßgeblicher Grund des erneuten Entfachens der Diskussion ist die Tatsache, dass Verträge im elektronischen Geschäftsverkehr häufiger als im herkömmlichen Handel grenzüberschreitenden Charakter haben. Weltweit weichen die Regelungen in den jeweiligen Rechtsordnungen zum

[417] Vgl. hierzu *Mugdan* I, 156, S. 438.

Zeitpunkt des Vertragsschlusses von einander ab, wie dies auch bei den hier gewählten Beispielen Argentinien, Mexiko und Deutschland der Fall ist.

Anders als nach aktueller argentinischer Rechtslage wird eine Willenserklärung – außer in den Fällen nicht empfangsbedürftiger Willenserklärungen – erst dann wirksam, wenn der Erklärende sie abgibt *und* sie dem Empfänger zugeht. Nicht empfangsbedürftige Willenserklärungen sind im elektronischen Geschäftsverkehr aber nur selten anzutreffen.[418]

Gegenstand der Diskussion um einen sachgerechten Zeitpunkt ist gerade im Hinblick auf Verbraucherverträge die Frage, ob aufgrund der Besonderheiten des Kommunikationsmediums Internet nicht dem Verbraucher, sondern vielmehr dem Anbieter das Übermittlungsrisiko aufgebürdet werden sollte. Sinn des Theorienstreits ist nämlich das Risiko eines Verlustes, einer Verspätung oder Verstümmelung der Willenserklärung während des Transportes vom Erklärenden zum Empfänger angemessen und sachgerecht nach Risikobereichen auf die Vertragsparteien zu verteilen. Sollte ein Vertragsabschluss über das Internet mit besonderen Risiken verbunden sein, wäre es möglicherweise gerechtfertigt, das Übermittlungsrisiko für die Erklärung dem Online-Shopping-Anbieter aufzubürden.

Es wird im Folgenden zu klären sein, ob die Übermittlungstheorie für die Festlegung des Zeitpunkts des Vertragsschlusses bei Verbraucherverträgen, die im Online-Shopping typischerweise im teilweise automatisierten Dialogverkehr ausgetauscht werden und somit regelmäßig als solche unter Abwesenden nach argentinischem und deutschem Recht einzuordnen sind,[419] zu sachgerechteren Ergebnissen führt als die Empfangstheorie. Notwendig ist daher zunächst die Erörterung, wann nach argentinischem und deutschem Recht bei Nutzung von Bestellformularen oder im e-mail-Verkehr der Vertrag zu Stande kommt. Nachfolgend wird analysiert, ob die Übermittlungstheorie für Verbraucherverträge ins deutsche Recht und ins europäische Gemeinschaftsrecht eingeführt werden sollte.

---

[418] Vgl. *Ultsch*, NJW 1997, 3007.

[419] Vgl. die Ausführungen im 4. Teil D. I. 3. und III..

II. Zeitpunkt des Vertragsschlusses nach der Übermittlungstheorie in Argentinien

1. Zeitpunkt des Vertragsschlusses nach argentinischem Recht

a) Webseite des Anbieters als Angebot

Regelmäßig sind Warenpräsentation von Online-Shopping-Unternehmen auf Webseiten - anders als im deutschen Recht - bereits als Angebote nach Art. 7 LDC zu werten.[420] Für den Zeitpunkt des Vertragsschlusses kommt es somit auf die Abgabe der Annahmeerklärung seitens des Verbrauchers an, die dieser typischerweise durch den Versand einer e-mail oder durch Ausfüllen eines Bestellformulars auf der Webseite des Anbieters abgibt. Entscheidend für die Abgabe der Annahmeerklärung im Sinne der Entäußerungstheorie ist, wann die unter Einsatz des Internet erklärte Willenserklärung den Machtbereich des Annehmenden verlässt. In diesem Moment kommt im Sinne des Art. 1154 C.C. der Vertrag unter Abwesenden wirksam zu Stande. Hierzu werden verschiedene Lösungsansätze vertreten.

Soweit vertreten wird, dass bei der e-mail-Kommunikation die Willenserklärung mit dem Abschicken im Sinne der Entäußerungstheorie abgegeben wird,[421] ist die Frage, wann eine e-mail im rechtstechnischen Sinne als verschickt anzusehen ist, damit nicht beantwortet. In der argentinischen Literatur wird nur vereinzelt erläutert, wann eine e-mail genau verschickt sein soll, d.h., wann sie den Machtbereich des Absenders verlassen hat und dieser demnach alles ihm Mögliche getan hat, damit die andere Vertragspartei von dem Angebot Kenntnis erlangen kann.

Die Autorin *Sarra* nimmt an, dass sich ein Angebot in dem Zeitpunkt *„realisiert"* oder *„verwirklicht und angenommen"* ist („realizada ...y aceptada"), in dem der *„Vertrag"* (el contrato) in ein Informationssystem außerhalb der Kontrolle des Versenders der Nachricht oder einer Person, die auf seine Rechnung handelt, gelangt.[422] Unklar ist die Formulierung der Autorin, da sie anstatt von „Vertrag" korrekterweise von der „Annahme" sprechen müsste. „Angenommen" im Sinne des Art. 1150, 1. HS. C.C. ist der Antrag („mientras no hayan sido aceptadas") in Anlehnung an das in Art. 1154 C.C. normierte Prinzip der Versendung nämlich dann, wenn die Annahme ihrerseits abgesandt wurde. Die Autorin folgt hier Art. 15 Abs. 1 des Modellgesetzes der UN-

---

420 Vgl. die späteren Ausführungen im 6. Teil A..

421 *Beltramone/Zabale*, S. 88; *Pardini*, S. 165.

422 *Sarra*, S. 365.

CITRAL zum elektronischen Geschäftsverkehr.[423] Demnach würde das Angebot als angenommen im Sinne des Art. 1150 C.C. betrachtet werden, wenn die Annahme in ein Informationssystem eintritt, das sich nicht im Kontrollbereich des Annehmenden befindet. Der Zugang der Erklärung wird von *Sarra* seinerseits bejaht, wenn die Nachricht in das Informationssystem des Empfängers eintritt.[424]

Auf den ersten Blick erscheint die Annahme der Autorin richtig, wenn man eine e-mail mit einem Brief vergleichen würde. Bei einem Brief kommt der Erklärende seiner Verpflichtung nämlich beispielsweise durch Einwerfen des Briefes in einen Briefkasten oder der Abgabe des Briefes bei der Post nach.[425] In diesem Fall verlässt die Willensäußerung typischerweise den Machtbereich des Erklärenden in dem Moment, in dem sie automatisch in einen fremden Machtbereich gelangt. Auf den zweiten Blick bleiben aber verschiedene Fragen offen: Was ist unter einem fremden Informationssystem zu verstehen? Hier kommt sowohl der virtuelle Briefkasten bei einem Internetserviceprovider als auch der Computer der anderen Vertragspartei in Frage. Und wer ist die Person, die eine Nachricht auf Rechnung des Verfassers versendet? Ist hiermit der Internetserviceprovider gemeint? Ist das davon unterschiedliche Informationssystem das des Internetserviceproviders des Empfängers oder möglicherweise die Datenverarbeitungsanlage des Empfängers selbst?

In der Begründung zu Art. 15 des Modellgesetzes der UNCITRAL wird ausdrücklich daraufhin gewiesen, dass es sich bei dem fremden Informationssystem um ein System eines Vermittlers, also eines Dritten, oder um das System des Empfängers handeln kann.[426] Es stellt sich aber vor diesem Hintergrund die Frage, ob es im Einklang mit den oben dargestellten allgemeinen Grundsätzen steht, wenn der Fall denkbar ist, dass die Erklärung gleichzeitig als abgegeben und zugegangen gilt. Dies wäre dann etwa anzunehmen, wenn das fremde Informationssystem gleichzeitig die Anlage des Empfängers darstellt. Zu kritisieren ist diese Ansicht *Sarras*, da auch bei über das Internet abgegebenen Willenserklärungen eine Differenzierung in die einzelnen zeitlichen Schritte der Entäußerung zumindest im Hinblick auf Erklärungen unter Abwesenden, wie beispielsweise bei einer e-mail Kommunikation, möglich ist. Auch wenn die einzelnen Schritte ungleich schneller ablaufen als bei den herkömmlichen Kommunikationsformen zur Abgabe von Erklärungen unter Abwesenden, kann etwa die e-mail-Kommunikation in verschiedene zeitliche Abschnitte untergliedert werden: Texteingabe, Erteilung des Sendebefehls und gleichzeitiges Versenden des

---

[423] Modellgesetz der UNCITRAL zum elektronischen Geschäftsverkehr (Resolution 51/162 vom 16.12.1996) in der Fassung aus dem Jahr 1998.

[424] Dies soll dann gelten, wenn zwischen den Parteien kein spezielles Informationssystem für den Erhalt vereinbart wurde, vgl. *Sarra*, S. 365.

[425] *Aparicio*, S. 283.

[426] Vgl. Begründung zu Art. 15 des Modellgesetzes der UNCITRAL, S. 39.

Textes aus dem Arbeitsspeicher des Computers über das Internet an den Empfänger, Eingehen der Nachricht in dem vom Provider bereitgestellten Postfach oder in dem Computer des Empfängers selbst. Selbst wenn die einzelnen Zeitspannen nur Sekunden betragen, ist eine Differenzierung im elektronischen Geschäftsverkehr möglich.

Versendung ist mit der h. M. in der deutschen Literatur, die gleichfalls wie in der argentinischen Literatur auf das Verlassen der Erklärung auf den Machtbereich des Erklärenden abstellt, in der endgültigen willentlichen Erteilung des Sendebefehls und der Versendung des eingegebenen Textes aus dem Arbeitsspeicher des Computers über das Internet an dem Empfänger zu bejahen.[427] Im Falle des e-mail-Versandes wird der Sendebefehl in der Regel mittels Computertastatur oder durch Anklicken eines Buttons durch die Maus abgegeben. Allerdings muss nach der Eingabe des Sendebefehls die Datenübertragung soweit erfolgt sein, dass der Absender keinen Einfluss mehr auf diese nehmen kann.[428] Der Zeitpunkt des Vertragsschlusses ist auch mit diesen Erwägungen nicht am Eintritt der Willenserklärung in ein fremdes Informationssystem festzumachen, sondern ist dann gegeben, wenn der Erklärende keinen Einfluss mehr auf die Datenübertragung durch Abschicken des Sendebefehls hat. Seine Kontrollposition verliert er in diesem Moment, auch wenn die e-mail sozusagen noch auf der „Datenautobahn" ist und ein fremdes EDV-System noch nicht erreicht hat. Hiermit hat die Willenserklärung den Machtbereich des Offerenten verlassen, da er alles ihm Mögliche getan hat, damit die andere Vertragspartei von der Erklärung Kenntnis erlangen kann. Dies wird von der argentinischen Autorin *Sarra* verkannt. Anders als beim Absenden eines Briefes, bei dem der Offerent dieser Verpflichtung beispielsweise durch Einwerfen des Briefes in einen Briefkasten oder Abgabe bei der Post,[429] nachkommt und sich der Brief somit automatisch in einem fremden Machtbereich befindet, ist dies bei dem e-mail-Versand nicht der Fall. Es kann dabei auch nicht darauf ankommen, dass die Übertragung in ein fremdes Datensystem, in der Regel das Postfach des Empfängers auf seinem Computer oder bei seinem Accessprovider, Sekunden oder Bruchteile von Sekunden dauert. Entscheidend ist vielmehr der Verlust seiner Kontrollposition, der bei dem e-mail-Verkehr aufgrund der besonderen Gegebenheiten des Internet zu einem anderen Zeitpunkt erfolgt, als bei einem postalischen Verkehr. Bei einer e-mail als Erklärung unter Abwesenden kommt somit der Vertrag in dem Moment zustande, in dem der Antrag per e-mail durch

---

[427] *Herget/Reimer*, DStR 1996, 1291 m.w.N.; *Holzbach/Süßenberger*, in: Moritz/Dreier, S. 376f., Rn. 144; *Ultsch*, NJW 1997, 3007. Wie ein solch endgültiger Sendebefehl aussieht, richtet sich jeweils nach der Funktionsweise der verschiedenen Internetdienste.

[428] *Glatt*, S. 61.

[429] *Aparicio*, S. 283.

einen endgültigen Sendebefehl verschickt wird und der eingegebene Text aus dem Arbeitsspeicher des Computers versandt wird.

Die von *Sarra* in Anlehnung an Art. 15 des Modellgesetzes der UNCITRAL favorisierte Qualifikation würde ferner auch der im argentinischen Recht vorgenommenen Risikoverteilung bei Erklärungen unter Abwesenden widersprechen. In dem Fall, dass das fremde Informationssystem gleichzeitig die Datenanlage des Empfängers ist, würde dem Erklärenden das Risiko einer Veränderung oder eines Verlustes der Erklärung aufgebürdet. Im argentinischen Recht trägt der Erklärende bei Erklärungen unter Abwesenden dieses Risiko aber mit der Abgabe gerade nicht mehr. Die Risiken des Transportweges fallen vielmehr in den Risikobereich des Empfängers. Zudem würde dem Erklärenden das Risiko aufgebürdet, dass die Anlage des Empfängers nicht ordnungsgemäß funktioniert.

Wird die Annahme durch Ausfüllen eines interaktiven Bestellformulars erklärt, kommt der Vertrag im Sinne der Entäußerungstheorie mit Verschicken der verlangten Information durch den Verbraucher zu Stande.[430] Mit den soeben aufgestellten Grundsätzen ist das Verschicken der Annahme ebenfalls in der Erteilung des endgültigen Sendebefehls zu sehen, beispielsweise in dem Anklicken eines interaktiven Links.

Eine Bestätigung des Anbieters, wie sie in zahlreichen Fällen automatisch von dem EDV-System des Unternehmers verschickt wird, hat somit konsequenterweise keinen Einfluss mehr auf das Zustandekommen des Vertrages.

b) Webseite als „invitatio ad offerendum"

Ergänzend sei daraufhin gewiesen, dass auch die Konstellation denkbar ist, dass eine Webseite nicht als Angebot, sondern vielmehr als „invitatio ad offerendum" zu qualifizieren ist. Da dies insbesondere außerhalb des Verbraucherschutzrechts der Fall ist, soll nur kurz daraufhin gewiesen werden, dass es für den Zeitpunkt des Vertragsschlusses entscheidend auf die Abgabe der Annahme durch den Unternehmer ankommt. Diese wird gerade im Bereich des Online-Shopping regelmäßig durch eine Computerklärung abgegeben. Fraglich ist daher, ob die Abgabe einer Computererklärung nach anderen Kriterien zu beurteilen ist, als die Abgabe einer e-mail oder das Ausfüllen eines interaktiven Bestellformulars, da der Anbieter in der Regel nach dem Abschluss aller Vorbereitungshandlungen an dem Zustandekommen der konkreten Erklärung nicht mehr beteiligt ist.

Die Abgabe ist nicht bereits in den Vorbereitungshandlungen zu sehen, da der Anbieter mit der Programmierung und Inbetriebnahme der Datenverarbei-

---

430 *Beltramone/Zabale*, S. 88f..

tungsanlage seinen Willen noch nicht in Richtung des Empfängers endgültig geäußert hat.[431] Die anschließende Erstellung der Computererklärung ist ebenfalls nicht als Abgabe zu qualifizieren, entscheidend ist vielmehr der Zeitpunkt, in dem der Computer die Erklärung endgültig freigibt, so dass diese den Systembereich des Computers verlässt und über das Internet auf den Weg zum Empfänger gebracht wird.[432]

Eine im Rahmen einer Webseite abgegebene Computererklärung wird im rechtstechnischen Sinn beim Downloaden abgegeben, d. h. wenn die Webseite tatsächlich von dem Web-Server zu dem Computer des Benutzers übertragen wird.[433]

c) Absendung nach Art. 23 der Gesetzesinitiative zum E-Commerce

Die hier vertretene Ansicht wird in allen diskutierten Fällen in Art. 23 der Gesetzesinitiative zum E-Commerce der Behörde des Ministerkabinetts Rechnung getragen. Danach gilt eine digitale Kommunikation als verschickt, wenn diese ein System verlässt, das unter der Kontrolle des Erklärenden steht oder der Person, die die Kommunikation im Namen des Erklärenden verschickt. Es wird daher empfohlen, dass diese Regelung in das argentinische Zivilrecht explizit aufgenommen wird, damit es nicht zu Auslegungsschwierigkeiten kommt.

2. Einführung der Übermittlungstheorie ins deutsche Recht?

a) Zeitpunkt des Vertragsschlusses

Mit der in Deutschland geltenden Empfangstheorie kommt der Vertrag im Online-Shopping, bei dem regelmäßig Erklärungen unter Abwesenden abgegeben werden, anders als im argentinischen Recht mithin wie folgt zu Stande:

Willenserklärungen unter Abwesenden gehen zu, wenn sie so in den Machtbereich des Empfängers gelangt sind, dass unter normalen Umständen damit zu rechnen ist, dass der Empfänger von deren Inhalt Kenntnis nehmen kann.[434] Die tatsächliche Kenntnisnahme ist nicht erforderlich. Eine Erklärung ist insbesondere dann in die Sphäre des Adressaten eingetreten, wenn sie eine Vorrichtung erreicht, die typischerweise für den Empfang von rechtsgeschäftli-

---

[431] *Holzbach/Süßenberger*, in: Moritz/Dreier, S. 377, Rn. 146.
[432] *Glatt*, S. 61 m.w.N.; *Holzbach/Süßenberger*, in: Moritz/Dreier, S. 377, Rn. 147.
[433] *Holzbach/Süßenberger*, in: Moritz/Dreier, S. 377f., Rn. 147.
[434] So die h. M. BGHZ 67, 271, 275; *Heinrichs*, in: Palandt, § 130 BGB, Rn. 5.

chen Willenserklärungen vorgesehen ist.[435] Eine solche Empfangsvorrichtung stellt der elektronische Briefkasten dar, wenn der Empfänger im Geschäfts- und Rechtsverkehr mit seiner e-mail-Adresse auftritt und er somit seine Mailbox, wie seinen Hausbriefkasten, zum Empfang von Erklärungen gewidmet hat.[436] Dies gilt gleichfalls für den elektronischen Briefkasten auf dem Server eines Providers, da dieser von dem Empfänger ebenfalls zum Empfang der an ihn adressierten e-mails bestimmt ist und daher seinem Empfangsbereich zuzurechnen ist.[437]

Hinsichtlich des Zugangs einer e-mail wird in der Literatur danach differenziert, ob die e-mail unter Zwischenschaltung eines Providers mit Abrufspeicherung oder direkt an den Rechner des Empfängers übermittelt wird oder, dieser die Nachricht für den Empfänger in dessen Mailbox bereithält.[438] Im ersten Fall sei der Empfangsbereich erreicht, wenn die e-mail abrufbereit für den Erklärenden in dessen Mailbox auf dem Server des Providers gespeichert sei.[439] Im zweiten Fall wird vertreten, dass der Empfangsbereich in dem Zeitpunkt erreicht sei, in dem die e-mail den Übertragungsweg verlassen hat und die Schnittstelle zum internen Datennetz des Empfängers passiere.[440] Nach dieser Ansicht würde es auf eine anschließende fehlgeschlagene Speicherung bei der direkten Übermittlung nicht mehr ankommen, da der Empfangsbereich, in dem die Speicherung nur stattfinden kann, dem Herrschaftsbereich des Empfängers zuzuordnen sei.[441] Diese Ansicht verkennt aber, dass es für die Annahme des Zugangs konstitutiv der abstrakten Möglichkeit der Kenntnisnahme bedarf.[442] Die abstrakte Möglichkeit der Kenntnisnahme hat der Empfänger aber nur dann, wenn die Willenserklärung auf dem Empfängercomputer oder auf einem zwischengeschalteten Server tatsächlich für den Empfänger wahrnehmbar gespeichert ist.[443] Maßgeblich wird zur Begründung auf die Verteilung des Speicherrisikos abgestellt, denn es ist unbillig, dem Empfänger dieses Risiko aufzubürden, wenn er

---

435 *Heinrichs*, in: Palandt, § 130 BGB, Rn. 5.

436 *Bierekoven*, S. 29 m.w.N.; *Taupitz/Kritter*, JuS 1999, 839, 841; *Ultsch*, NJW 1997, 3007.

437 Vgl. *Heun*, CR 1994, 595, 598. Ähnlich auch *Holzbach/Süßenberger*, in: Moritz/Dreier, S. 385, Rn. 166f..

438 *Bierekoven*, S. 30f.; *Heun*, CR 1994, 593, 598; *Mehrings*, MMR 1998, 30, 33; *Taupitz/Kritter*, JuS 1999, 839, 841.

439 *Bierekoven*, S. 30f.; *Heun*, CR 1994, 593, 598; *Hoeren/Oberscheidt*, VuR 1999, 371, 372; *Mehrings*, MMR 1998, 30, 33.

440 *Bierekoven*, S. 30f.; *Heun*, CR 1994, 593, 598; *Mehrings*, MMR 1998, 30, 33.

441 *Burgard*, AcP 195 (1995), 74, 104 m.w.N..

442 *Holzbach/Süßenberger*, in: Moritz/Dreier, S. 381f., Rn. 158.

443 *Holzbach/Süßenberger*, in: Moritz/Dreier, S. 381, Rn. 157.

jedoch mangels Speicherung noch nicht einmal die abstrakte Möglichkeit hatte, vor dem Verlust Kenntnis von der Erklärung zu nehmen.[444]

Neben dem Eingang der Erklärung in den Herrschaftsbereich des Empfängers kommt es für den wirksamen Zugang der Erklärung weiter darauf an, wann der Empfänger nach der Verkehrsanschauung die Möglichkeit der Kenntnisnahme hat und nach der Verkehrsanschauung zu erwarten ist. Für den Zugang einer Erklärung via e-mail ist maßgeblich, wann mit dem Abruf einer e-mail gerechnet werden kann, wobei zwischen Erklärungen im geschäftlichen und privaten Bereich zu unterscheiden ist.[445] Im geschäftlichen Bereich ist dies jeder Zeitpunkt innerhalb der üblichen Geschäftszeiten.[446] Wird die e-mail dagegen erst außerhalb der Geschäftszeiten in dem Empfangsbereich gespeichert, so ist mit dem Zugang erst am Morgen des nächsten Geschäftstags zu rechnen.[447] Findet der Abruf durch den Empfänger aber früher statt, ist von diesem Zeitpunkt für den Zugang auszugehen.[448] Bei Erklärungen im privaten Bereich ist davon auszugehen, wenn der Empfänger seinen e-mail-Account auch zum Empfang von rechtsgeschäftlichen Erklärungen bestimmt hat, dass der Zugang einer e-mail am nächsten Tag bewirkt ist.[449]

Typischer ist aber im Online-Shopping, dass ein Formular ausgefüllt und versandt wird. Wird auf Empfängerseite ein in eine Formularseite eingegebener Text durch einen Computer automatisiert empfangen und ausgewertet, ist der Zugang in dem Moment anzunehmen, in dem die Erklärung so in den Empfangsbereich gelangt ist, dass der Computeranlage die Auswertung und Verarbeitung möglich ist, aufgrund der fehlenden persönlichen Beteiligung des Empfängers kann nicht sachgerecht auf die abstrakte Kenntnisnahmemöglichkeit abgestellt werden.[450] Eine Auswertung und Verarbeitung ist dann möglich, wenn zumindest die abstrakte Möglichkeit einer Erfassung durch die Computeranlage besteht, also sobald sich die E-Mail im Speicherbereich des Servers befindet.[451] Eine zeitliche Begrenzung auf die üblichen Geschäftszeiten lässt sich hier nicht

[444] *Holzbach/Süßenberger*, in: Moritz/Dreier, S. 382, Rn. 158 m.w.N..

[445] *Fringuelli/Wallhäuser*, CR 1999, 93, 98f.; *Mehrings*, MMR 1998, 30, 33.

[446] *Bierekoven*, S. 33f.; *Heun*, CR 1994, 595, 598; *Hoeren*, Internetrecht, S. 248; *Holzbach/Süßenberger*, in: Moritz/Dreier, S. 386, Rn. 169; *Mehrings*, MMR 1998, 30, 33.

[447] *Ernst*, BB 1997, 1057; *Ultsch*, NJW 1997, 3007, 3008.

[448] *Holzbach/Süßenberger*, in: Moritz/Dreier, S. 386, Rn. 169.

[449] *Fringuelli/Wallhäuser*, CR 1999, 93, 99; *Hoeren*, Internetrecht, S. 248; *Holzbach/Süßenberger*, in: Moritz/Dreier, S. 416, Rn. 262.

[450] *Holzbach/Süßenberger*, in: Moritz/Dreier, S. 389, Rn. 176 (e-mail), S. 391, Rn. 182 (Willenserklärung auf einer Formularseite) jeweils m.w.N..

[451] *Holzbach/Süßenberger*, in: Moritz/Dreier, S. 389, Rn. 177. Nach *Hoeren*, Internetrecht, S. 248 soll ausreichen, dass die Erkärung die Schnittstelle des Online-Unternehmens passiert hat. So auch *Heun*, CR 1994, 595, 598.

mehr aufrechterhalten.[452] Mit der Automatisierung der Kenntnisnahme verzichtet der Empfänger gerade auf die Einhaltung üblicher Geschäftszeiten.[453]

Übermittelt der Anbieter dem Empfänger seine Erklärung in Form einer computergenerierten Webseite, die zuvor auf dem Web-Server gespeichert wurde sowie möglicherweise individuell angepasst wurde, ist der Zugang in dem Moment anzunehmen, in dem die Computererklärung in dem Arbeitsspeicher des Empfängercomputers tatsächlich gespeichert wird und die Kenntnisnahme damit möglich geworden ist.[454] Da der Empfänger bei dieser Art der Kommunikation regelmäßig online ist und seinen Computer direkt bedient, ist nach der Verkehrsanschauung seine Kenntnisnahme unmittelbar nach der Speicherung der Webseite auf seinem Computer zu erwarten.[455]

b) Risikoverteilung

Die Frage, ob die Übermittlungstheorie ins deutsche Recht eingeführt werden soll, muss für die hier behandelten Verbraucherverträge im Online-Shopping zunächst vor dem Hintergrund einer angemessenen Risikoverteilung zwischen den potentiellen Vertragspartnern untersucht werden. Sinn des Theorienstreits ist nämlich das Risiko eines Verlustes, einer Verspätung oder Verstümmelung der Willenserklärung während des Transportes vom Erklärenden zum Empfänger angemessen und sachgerecht nach Risikobereichen auf die Vertragsparteien zu verteilen.[456] Dabei ist also insbesondere zu untersuchen, welche rechtsdogmatischer Ansatz dem Verbraucher einen angemessenen Schutz bietet.

Allgemein ist Folgendes zur Risikoverteilung zu sagen: Nach der Empfangstheorie und der Grundentscheidung der §§ 130, 120 BGB im deutschen Recht hat der Erklärende das Risiko einer Falschübermittlung, des Verlusts, der Verspätung oder Verstümmelung der Willenserklärung (Übermittlungsfehler) nur während des Transports bis zum Erreichen des Empfangsbereichs des Empfängers zu tragen. Der Adressat trägt nur die Gefahr, von der Erklärung trotz der Ankunft nichts zu erfahren. Bei Anwendung der Übermittlungstheorie wird hingegen dem Adressaten das Transportrisiko aufgebürdet.[457]

Diese Entscheidung des deutschen Gesetzgebers für die Empfangstheorie ist aufgrund einer richtigen Verteilung der Risiken zwischen Vertragspartnern im Prinzip sachgerecht. Prinzipiell soll der in erster Linie verantwortliche Ab-

---

452 *Heun*, CR 1994, 595, 598.

453 *Heun*, CR 1994, 595, 598; *Holzbach/Süßenberger*, in: Moritz/Dreier, S. 389, Rn. 177.

454 *Holzbach/Süßenberger*, in: Moritz/Dreier, S. 392, Rn. 184.

455 *Holzbach/Süßenberger*, in: Moritz/Dreier, S. 392, Rn. 185.

456 *Burgard*, AcP 195 (1995), 74, 94; *Medicus*, AT, S. 109f., Rn. 268ff..

457 *Medicus*, AT, S. 110, Rn. 270.

sender, der sich eines bestimmten Mediums zum Vertragsschluss bedient, nicht bloß die Risiken seiner Sphäre, sondern auch die Risiken des Transports tragen.[458] Dagegen trägt der Adressat nur die aus seinem Bereich stammenden Gefahren. Gegen die Entäußerungstheorie ist einzuwenden, dass den Adressaten das Transportrisiko der Falschübermittlung der Erklärung trifft.[459]

Nach der h. M. sind diese Grundsätze auf elektronische Willenserklärungen via Internet mit dem Ergebnis übertragbar, dass der Erklärende das Risiko der Falschübermittlung seiner elektronischen Willenserklärung tragen muss.[460] Er kann diese aber nach § 120 BGB anfechten,[461] da die Telekommunikationsdienste, über deren Netze die Daten übertragen werden, als „Einrichtung" im Sinne dieser Vorschrift anzusehen sind.[462] Im Falle der Anfechtung muss der Erklärende aber den Vertrauensschaden des Anbieters nach § 122 BGB tragen.[463]

Anders ist dies im argentinischen Recht. Hier trägt der Erklärende regelmäßig nicht das Risiko von Übermittlungsfehlern, wobei dies für alle Verträge gilt, unabhängig davon, ob ein Verbraucher am Vertragsschluss beteiligt ist. In dem typischen Fall, dass nach argentinischem Recht das Angebot in Form einer Publikumsofferte nach Art. 7 LDC vom Anbieter ausgeht und der Verbraucher eine Annahmeerklärung abgibt, kommt ihm durch Anwendung der Entäußerungstheorie ein größerer Schutz zu, da ihn nach der Abgabe der Annahmeerklärung *nicht* das Verlustrisiko seiner Erklärung trifft.[464] Vielmehr trifft dieses den Unternehmer. Eine Änderung des Rechtsprinzips würde in Argentinien letztlich eine Schwächung de Rechtsposition des Verbrauchers bedeuten. Mit dem Ziel

---

458 *Baetge*, in: Kaminski/Henßler/Kolaschnik/Papathoma-Baetge, S. 109, Rn. 26; *Burgard*, AcP 95 (1995), 74, 94; *Medicus*, AT, S. 110, Rn. 273.

459 *Medicus*, AT, S. 109f., Rn. 269.

460 Vgl. *Baetge*, in: Kaminski/Henßler/Kolaschnik/Papathoma-Baetge, S. 109, Rn. 26 und S. 113, Rn. 32; *Holzbach/Süßenberger*, in: Moritz/Dreier, S. 381, Rn. 156 (Einwegkommunikation).

461 Vgl. zu Übermittlungsfehlern *Baetge*, in: Kaminski/Henßler/Kolaschnik/Papathoma-Baetge, S. 109, Rn. 26 und S. 113, Rn. 32; *Köhler/Arndt*, S. 32, Rn. 101; *Hoeren*, Internetrecht, S. 247 (§ 120 BGB analog) jeweils m.w.N..

462 Der Begriff der Einrichtung ist an die Stelle des ehemals in der Vorschrift verwendeten Begriffs der „Anstalt" getreten; siehe Art. 1 Nr. 1 des Gesetzes zur Anpassung der Formvorschriften an den modernen Rechtsverkehr vom 13.7.2001, BGBl. I 2001, S. 1542. In der Sache hat sich dadurch aber nichts geändert, da die Anstaltseigenschaft der Telekommunikationsdienste schon früher bejaht wurde; siehe *Heun*, CR 1994, 595, 596.

463 *Köhler/Arndt*, S. 32, Rn. 101.

464 *Carrion*, S. 8 führt als positiven Aspekt ferner für den argentinischen Verbraucher an, dass dieser Rechtssicherheit darüber habe, dass nach Art. 1205ff. C.C. das Recht seines Wohnsitzes anwendbar sei.

eines möglichst weit gehenden Verbraucherschutzes spricht somit auf den ersten Blick ein gutes Argument für die Übermittlungstheorie im argentinischen Recht.

Dieses Argument lässt sich aber nicht ohne weiteres auf die aktuelle deutsche Rechtslage übertragen. Hier erklärt nach h. M. regelmäßig der Verbraucher das Angebot.[465] Wenn der Unternehmer seinerseits die Annahme erklärt, würde der Verbraucher bei Anwendung der Übermittlungstheorie das Risiko für Übermittlungsfehler der Annahmeerklärung seitens des Unternehmers tragen müssen.

Auf den zweiten Blick ist zudem einzuwenden, dass auch der Verbraucher ein gewisses Risiko zu tragen hat. Auch wenn zur Entstehungszeit des BGB die „Neuen Medien“ mit ihrer schnellen Übertragsrate keine Berücksichtigung finden konnten, ist die Entscheidung für die Risikoverteilung bei Anwendung der Zugangstheorie ebenso bei Geschäftsabschlüssen im Internet richtig. Der Grundsatz, dass derjenige, der sich eines bestimmten Mediums zum Vertragsabschluss bedient, die Risiken der Übermittlung zu tragen hat, muss auch hier gelten.[466] Der Verbraucher kann durchaus die Produkte auf „herkömmliche Weise“ erwerben, er ist regelmäßig nicht auf die Nutzung des Internet angewiesen.

Die Risikoverteilung im Sinne der Empfangstheorie führt zu einem sachgerechten Ergebnis, da hierdurch auch bei Verbraucherverträgen eine angemessene Risikoverteilung erreicht wird. Soweit hierin eine Einschränkung des Verbraucherschutzes im Hinblick auf die Risikoverteilung in Argentinien zu sehen ist, ist dies aus dem Gesichtspunkt der Rechtssicherheit hinnehmbar. Soweit man dem Verbraucher einen erhöhten Schutz gewähren möchte, kann dies auch durch andere gesetzliche Kompensationsinstrumente bewirkt werden.

c) Unterschiedliche Zeitmomente für Bindungswirkung und Vertragsschluss

Im argentinischen Recht besteht zudem die Besonderheit, dass zwar mit der Abgabe der Annahmeerklärung der Vertrag unter Abwesenden zu Stande kommt, die Bindungswirkung der Annahmeerklärung tritt aber nach Art 1155 C.C. erst mit Kenntnis des Anbietenden von der Erklärung ein, da der Widerruf bis zur Kenntnisnahme der Annahmeerklärung durch den Antragenden möglich ist.

Der argentinische Gesetzgeber hat offensichtlich die bereits bei Entstehung des BGB geübte Kritik an der Übermittlungstheorie, dass bei einer derart frühen Festlegung des Vertragszeitpunkts die Annahmeerklärung dem Widerruf entzogen werde,[467] durch die Regelung des Art. 1155 C.C. zu kompensieren versucht und eine Konzession zu Gunsten der Vernehmenstheorie gemacht.

---

465 Vgl. hierzu später im 6. Teil B. I. 1. b).

466 So auch *Baetge*, in: Kaminski/Henßler/Kolaschnik/Papathoma-Baetge, S. 109, Rn. 26.

467 Vgl. *von Kübel*, S. 69.

Dieser rechtsdogmatische Ansatz, der für den Zeitpunkt des Vertragsschlusses und den Zeitpunkt der Bindungswirkung der Annahmeerklärung auf zwei unterschiedliche Zeitmomente abstellt, ist im Wesentlichen aus zwei Gründen zu kritisieren:

Bereits bei der Entstehung des BGB wurde die Vernehmenstheorie für wenig sachgerecht gehalten, da ein Moment für die Bindungswirkung der Annahmeerklärung ausschlaggebend ist, welcher gar nicht zur Handlung des Annehmenden gehört, sondern vielmehr die geistige Tätigkeit des Offerenten ist.[468] Dieses Argument lässt sich auf den e-mail-Versand übertragen. Der Empfänger kann durch Nichtlesen der e-mail seine Unkenntnis behalten,[469] die zeitliche Begrenzung der Widerrufsmöglichkeit und der Eintritt der endgültigen Gebundenheit des Annehmenden ist somit letztlich allein ausschlaggebend vom subjektiven Verhalten des Anbietenden.

Die Situation könnte aber gerade im Online-Shopping anders zu bewerten sein, da hier regelmäßig auf der Seite des Anbieters keine Person mehr unmittelbar am Vertragsschluss beteiligt ist. Dies gilt sowohl für den Versand einer e-mail oder durch Ausfüllen eines Bestellformulars. In beiden Fällen wird im Online-Shopping die Erklärung regelmäßig von einem Computer empfangen, der diese automatisch auswertet und verarbeitet. Bei diesem Grad der Automatisierung hat der Empfänger regelmäßig nicht einmal mehr die abstrakte Möglichkeit der Kenntnisnahme vom Erklärungsinhalt. In dieser Situation, die bei der Entstehung des Código Civil nicht berücksichtigt werden konnte, kann nicht auf die Kenntnisnahme als Voraussetzung für den Ausschluss des Widerrufs abgestellt werden; bei automatisierten Prozessen versagt mithin das Abstellen auf die Kenntnis nach Art. 1155 C.C.. Selbst wenn man die Kenntnis des Offerenten mit dem Beginn der Verarbeitung annehmen würde, könnte dieser Beginn durch Systemstörungen, die eindeutig in die Sphäre des Offerenten fallen, vereitelt werden. Eine solche Festlegung wäre unbillig, da der Erklärende auf die Verarbeitung keinen Einfluss haben kann. Auch aus diesem Grund sollte der Gesetzeswortlaut der Art. 1154, 1155 C.C. geändert werden. Sachgerecht ist ebenfalls beim Einsatz von automatisierten Systemen ein einheitlicher Zeitpunkt im Sinne der Zugangstheorie, wobei der Zugang zu bejahen ist, wenn sich die e-mail so in dem Empfangsbereich befindet, dass der Computeranlage eine Auswertung und Verarbeitung möglich ist.[470]

Bei der Frage des Zugangs handelt es sich um einen objektivierbaren Zeitpunkt, der nicht von dem Willen einer Vertragspartei abhängig ist und der ferner allgemein dem Beweis zugänglich ist.[471] Mit Rücksicht auf praktische

[468] Vgl. *von Kübel*, S. 67.

[469] *Muiño Matienzo*, S. 4.

[470] *Holzbach/Süßenberger*, in: Moritz/Dreier, S. 389, Rn. 176.

[471] So allgemein zur Problematik des Beweises *Aparicio*, S. 281 und *Szafir*, S. 91.

Beweisschwierigkeiten durch ein Abstellen auf die Kenntnis des Offerenten würde eine Quelle für Unsicherheit eröffnet. Es würde dem Erklärenden ein unmöglicher Beweis aufgebürdet, wann etwa eine e-mail von dem Empfänger zur Kenntnis genommen wurde, als dem Zeitpunkt bis wann ein Widerruf möglich ist. Der Versender einer e-mail kann nämlich nicht genau feststellen, wann die e-mail gelesen wurde. Automatische Lesebestätigungen helfen hier nicht weiter, da ihr Versand von dem Empfänger unterdrückt werden kann. Besondere Schwierigkeiten stellen sich zudem im automatisierten Verkehr, da hier gar nicht mit der Kenntnisnahme zu rechnen ist. Selbst wenn man die Kenntnis des Offerenten mit dem Beginn der Verarbeitung annehmen würde, wäre der Zeitpunkt schwerlich feststellbar. Einzuräumen ist aber, dass auch der Zugang der Erklärung bei dem Anbieter für den Erklärenden nicht einfach zu beweisen sein wird, da hierzu die Daten in seinem Programm nicht ausreichen.[472]

Vorzugswürdig ist im Ergebnis die Empfangstheorie somit auch bei Vertragsschlüssen im Online-Shopping aus dem Gesichtspunkt, dass auf *einen* einheitlichen objektivierbaren Zeitpunkt für die Wirksamkeit der Erklärung und ihre Unwiderruflichkeit abgestellt wird und somit zu praktikablen Ergebnissen im Geschäftsverkehr führt.[473]

3. Harmonisierung der einzelstaatlichen Rechtsvorschriften

a) Entwicklung der Regelungen der E-Commerce-Richtlinie

Auch die EU hat es zunächst für besonders wichtig angesehen, die unterschiedlichen Zeitpunkte des Vertragsschlusses in den Mitgliedstaaten bei Vertragsschlüssen im E-Commerce zu harmonisieren. Der Kommission ging es mit ihrem Vorschlag für eine E-Commerce-Richtlinie nämlich auch darum, die über das Netz abgegebenen Erklärungen rechtlich in das System des Vertragsschlusses einzuordnen und gleichzeitig den genauen Zeitpunkt eines Vertragsschlusses im Internet rechtlich verbindlich festzulegen, wenn der Anbieter ein Angebot abgibt.[474] Die zunächst durch die E-Commerce-Richtlinie angestrebte Rechtsänderung entsprach im Hinblick auf den Zeitpunkt des Vertragsschlusses dem deutschen Rechtsgrundsatz, dass ein Vertrag mit Wirksamwerden der Annah-

---

[472] So auch *Hoeren/Oberscheidt*, VuR 1999, 371, 374.

[473] So auch *Szafir*, S. 92.

[474] Hierzu insbesondere Erwägungsgrund (13) des ursprünglichen Vorschlags, KOM (98) 586, endg., ABl. EG 1999, Nr. C 30/4, 6: *„Es muss zudem geklärt werden, zu welchem Zeitpunkt ein elektronischer Vertrag als abgeschlossen gilt."* Diese Formulierung ist im Erwägungsgrund (34) der später verabschiedeten Richtlinie nicht mehr enthalten.

meerklärung, d.h. in der Regel mit Zugang der Annahmeerklärung beim Offerenten zu Stande kommt.

Das zunächst gesetzte Ziel durch Art. 11 Nr. 1 a) der E-Commerce-Richtlinie unter der Überschrift „Zeitpunkt des Vertragsabschlusses" eine grundlegende Neuregelung für das Zustandekommen von Verträgen im Bereich des elektronischen Geschäftsverkehrs einzuführen, wurde letztlich nicht umgesetzt. Diese Überlegung folgt aus der Entwicklung des Richtlinientextes bis zu ihrem Erlass. Im Laufe ihrer Entstehung wurde der Wortlaut und somit auch der Regelungsgehalt des Art. 11 der Richtlinie elementaren Änderungen unterworfen. Nach Art. 11 Nr. 1 a) des ursprünglichen Vorschlags sollte der Vertrag geschlossen sein, wenn der Nutzer „vom Diensteanbieter auf elektronischem Wege die Bestätigung des Empfangs der Annahme erhalten und er den Eingang der Empfangsbestätigung bestätigt hat". Das Vertragsschlussmodell des ursprünglichen Richtlinienvorschlags unterlag wegen der gravierenden Unterschiede von den bisherigen Rechtslagen starker Kritik.[475] Mit Art. 11 Nr. 1 des geänderten Vorschlags der Kommission vom 17.08.1999 sollte die Bestimmung des Zeitpunkts für das Zustandekommen elektronischer Verträge präzisiert und vereinfacht werden.[476] Der Vertrag sollte nunmehr durch Erhalt der Empfangsbestätigung des Anbieters zu Stande kommen.[477]

Die aktuelle Fassung des Art. 11 der E-Commerce-Richtlinie enthält keine Vorgaben mehr für das Zustandekommen von Verträgen.[478] Ausdruck dessen ist die Umbenennung des Art. 11 der Richtlinie, der jetzt unter der neutralen Überschrift „Abgabe einer Bestellung" steht.[479] Die Begriffe Angebot und Annahme werden nicht mehr verwendet. In diesem Sinne ist davon auszugehen, dass insbesondere durch die Zugangsfiktion des Art. 11 zweiter Spiegelstrich der Richtlinie keine generelle Regelung für den Zugang von elektronischen Willenserklä-

---

475 Vgl. *Brisch*, CR 1999, 235, 241; *Ernst*, VuR 1999, 397, 404; *Reich*, in: Schulte-Nölke/Schulze, 76, 91, jeweils m.w.N..

476 Geänderter Vorschlag für eine Richtlinie des Europäischen Parlamentes und des Rates über bestimmte rechtliche Aspekte des elektronischen Geschäftsverkehrs im Binnenmarkt vom 17.08.1999, KOM (1999) 427 endg. (nachfolgend: geänderter Vorschlag), im Internet nebst Änderungsbegründung zu finden unter: http://europa.eu.int/eur-lex/lex/-LexUriServ/site/de/com/1999/com1999_0427de01.pdf, S. 7. Eine Gegenüberstellung des ursprünglichen und des geänderten Richtlinienvorschags ist abgedruckt in ABl. EG 2000, Nr. C 248 E/69-96.

477 Vgl. zu dem geändereten Vorschlag *Moritz*, CR 2000, 61, 69.

478 *Glatt*, S. 83; *Reich*, in: Reich/Nordhausen, Nr. 171, S. 138; *Tettenborn*, K&R 2000, 59, 62; für eine andere rechtliche Bewertung wohl *Lehmann*, EuZW 2000, 517, 519.

479 Ursprünglich wurde Art. 11 mit „Zeitpunkt des Vertragsabschlusses" überschrieben.

rungen eingeführt werden sollte und somit keine Auswirkungen auf den Zeitpunkt des Vertragsschlusses in den Mitgliedstaaten entstehen.[480]

Teilweise wird eine Rechtsangleichung auch nicht als erstrebenswert betrachtet. So heißt es in der Begründung des Rates zum gemeinsamen Standpunkt: „Nach Ansicht des Rates ist eine Angleichung der einzelstaatlichen Rechtsvorschriften in Bezug auf den Zeitpunkt des Vertragsschlusses nicht sinnvoll."[481]

b) Empfangstheorie als weltweit vorherrschendes Rechtsprinzip

Da eine Rechtsangleichung durch die jetzige Fassung der E-Commerce-Richtlinie nicht erreicht wurde, bleibt es nach wie vor den einzelnen Mitgliedstaaten überlassen, den Zeitpunkt des Vertragsschlusses festzulegen; mit dem Ergebnis, dass in den einzelnen Ländern unterschiedliche Regelungen gelten. Vorherrschendes Prinzip ist in den einzelnen EU-Mitgliedstaaten, die Zugangstheorie.[482]

Der spanische Gesetzgeber hat in Umsetzung der E-Commerce-Richtlinie durch das Gesetz Nr. 34/2002 Änderungen im Hinblick auf den Zeitpunkt des Vertragsschlusses in den Código Civil und den Código de Comercio eingeführt.

---

480 Im Hinblick auf § 130 BGB muss die Richtinie vielmehr einschränkend ausgelegt werden; vgl. *Glatt*, S. 86f.; *Rehbinder/Schmaus*, UFITA, 313, 328.

481 Vgl. Gemeinsamer Standpunkt (EG) Nr. 22/2000 v. 28.02.2000, v. Rat festgelegt am 28. Februar 2000 im Hinblick auf den Erlaß der Richtlinie (EG) Nr. .../2000 des Europäischen Parlaments und des Rates vom ... über bestimmte rechtliche Aspekte der Dienste der Informationsgesellschaft, insbesondere des elektronischen Geschäftsverkehrs, im Binnenmarkt („Richtlinie über den elektronischen Geschäftsverkehr"), ABl. EG 2000 Nr. C 128/32, S. 49.

482 U. a. in Italien: Art. 1326 i.V.m. 1335 Codice Civile, siehe hierzu *Mostardini/Neirotti/Travostino*, in: Spindler/Börner, S. 345ff., 348, 350; in Belgien: vgl. *Michaux/Van Camp*, in: Spindler/Börner, S. 29; so auch für Großbritannien: *Wood/Drayson/Dye*, u.a. in: Spindler/Börner, S. 268f.; Norwegen: *Saltnes/Tokstad*, in: Spindler/Börner, S. 437, 441. Hingegen gilt in den USA für per Post oder Telegramm abgegebene Willenserklärungen die Mailbox-Rule, wonach die Annahmeerklärung mit der Absendung (Einwurf in den Briefkasten) – also wie im argentinischen Recht – wirksam wird; vgl. *Bierekoven*, S. 189; *Thot/Behling*, in: Spindler/Börner, S. 767. Darüber, ob die Mailbox-Rule auf den e-mail-Versand Anwendung findet, besteht allerdings in der Literatur Streit, vgl. hierzu *Bierekoven*, S. 190f.; siehe auch zur Rechtslage in den USA *Thot/Behling*, in: Spindler/Börner, S. 767f.. Vgl. insbesondere zu den Änderungen durch den Uniform Computer Transactions Act (UCITA) und der Ablehnung der Mailbox-Rule *Bierekoven*, S. 199ff., 208f.; *Thot/Behling*, in: Spindler/Börner, S. 768f., 775.

In Art. 1262 C.C und Art. 54 C.Com. wurde eine einheitliche Regelung für den Zeitpunkt des Vertragsschlusses sowohl für Verträge, die sich nach dem C.C. als auch für solche, die sich nach dem C.Com. richten, geschaffen.[483] In beide Normen, die vor der Reform unterschiedliche Zeitpunkte für den Vertragsschluss aufstellten,[484] wurden eine allgemeine Regelung für alle Distanzverträge und eine spezielle Regelung für Verträge, die unter Einsatz von automatischen Vorrichtungen geschlossen werden, aufgenommen. Befinden sich die Personen beim Vertragabschluss an verschiedenen Orten kommt der Vertrag nach Art. 1262 Abs. 2 S. 1 C.C./Art. 54 Abs. 1 C.Com. mit Kenntnis des Anbietenden von der Annahme zu Stande. Ausdrücklich hat der Gesetzgeber in die neue Formulierung des Art. 1262 Abs. 2 S. 1 C.C./Art. 54 Abs. 1 C.Com aufgenommen, dass von der Kenntnis des Antragenden auszugehen ist, wenn dieser die Annahme nicht ignorieren kann ohne dass ihm der gute Glaube fehlt; er wird dann so gestellt, als ob er die Erklärung hätte kennen müssen.[485] Regelmäßig kommt der Vertrag daher in dem Moment zu Stande, in dem die Erklärung in den Herrschaftsbereich des Empfängers gelangt, also mit Zugang der Erklärung.[486] Diese Regel gilt etwa für einen Vertragsschluss im herkömmlichen Postverkehr.[487] Wird der Vertrag aber unter Einsatz von automatischen Vorrichtungen geschlossen, kommt die Einigung nach Art. 1262 Abs. 3 C.C./Art. 54 Abs. 2 C.Com. mit der Erklärung der Annahme („desde que se manifiesta la aceptación") wirksam zustande. Diese Gesetzesformulierung ist so auszulegen, dass die Annahme regelmäßig mit der Abgabe erklärt ist.[488] Hier hat der Gesetzgeber eine Ausnahme

483 Art. 1262 C.C./Art. 54 C.Com.: „*El consentimiento se manifiesta por el concurso de la oferta y de la aceptación sobre la cosa y la causa que han de constituir el contrato.*
Hallándose en lugares distintos el que hizo la oferta y el que la aceptó, hay consentimiento desde que el oferente conoce la aceptación o desde que, habiéndosela remitido el aceptante, no pueda ignorarla sin faltar a la buena fe. El contrato, en tal caso, se presume celebrado en el lugar en que se hizo la oferta.
En los contratos celebrados mediante dispositivos automáticos hay consentimiento desde que se manifiesta la aceptación."

484 Trotz unterschiedlicher Theorien nahm die wohl h. M. den Vertragsschluss bei einer e-mail-Kommunikation an, wenn die empfangene Partei in der Lage war, von der Annahme Kenntnis zu erlangen; vgl. *Echegoyen/Girbau*, in: Spindler/Börner, S. 523 m.w.N..

485 *Valero*, Alfa-Redi N° 113, 2/2003, 1, 6.

486 So die allgemeine Meinung, vgl. etwa *Aparicio Vaquero*, REDI N° 51, 10/2002, 1, 5; *Maldonado*, Alfa-Redi N° 109, 10/2002, 1, 5; *Plaza Penadés*, Alfa-Redi N° 107, 8/2002, 1, 16.

487 *Barceló*, CRi 2002, 112, 115.

488 *Barceló*, CRi 2002, 112, 115; *Plaza Penadés*, Alfa-Redi N° 107, 8/2002, 1, 16f.; *Valero*, Alfa-Redi N° 113, 2/2003, 1, 8. So auch zu Art. 30 des „Anteproyecto de Ley de Servicios

von der Zugangstheorie zu Gunsten der Übermittlungstheorie geschaffen.[489] Die Nutzung von interaktiven Webseiten via Internet zum Vertragsschluss ist als automatische Vorrichtung anzusehen.[490] Der spanische Gesetzgeber trifft mithin also eine Unterscheidung zwischen Verträgen, die etwa bei dem Versand der Post unter Abwesenden erfolgen und solchen, die unter Einsatz von automatischen Vorkehrungen zu Stande kommen und legt unterschiedliche Zeitpunkte fest.

Die hier favorisierte Empfangstheorie ist, obwohl auch die Tendenz – wie in Spanien - zu erkennen ist, im Zuge der Modernisierung und Adaption der Zivilgesetzbücher an den elektronischen Geschäftsverkehr die Übermittlungstheorie in Art. 1262 Abs. 3 C.C./Art. 54 Abs. 2 C.Com. einzuführen, das weltweit weiterhin vorherrschende Rechtsprinzip zur Festlegung des Zeitpunkts des Vertragsschlusses. Beispielsweise ist in Art. 23 des Übereinkommens der Vereinten Nationen über Verträge über den internationalen Warenkauf vom 11.4.1980[491] festgelegt, dass ein Vertrag in dem Zeitpunkt geschlossen ist, in dem die Annahme eines Angebots nach dem Übereinkommen wirksam wird. Wirksam wird die Annahme nach Art. 18 Abs. 2 S. 1 des Übereinkommens, sobald die Äußerung der Zustimmung dem Anbietenden zugeht. Nach Art. 24 „geht“ (...) eine Annahmeerklärung oder sonstige Willenserklärung dem Empfänger „zu", wenn sie ihm mündlich gemacht wird oder wenn sie auf anderem Weg ihm persönlich, an seiner Niederlassung oder Postanschrift oder, wenn diese fehlen, an seinem gewöhnlichen Aufenthaltsort zugestellt wird. Diesem Übereinkommen sind mittlerweile zahlreiche Staaten beigetreten, u. a. auch Argentinien und Mexiko.[492]

Der mexikanische Gesetzgeber hat durch die Reform vom 29. Mai 2000 auch den Zeitpunkt des Vertragsschlusses nach dem Código Civil (Art. 1087 C.C.) und dem Código de Comercio (Art. 80 C.Com.) im Sinne der Empfangstheorie vereinheitlicht. Für den Zugang der Erklärung wurde in Mexiko die

---

de la Sociedad de la Información y de Comercio Electrónico“ v. 30.04.2001 *Echegoyen/Girbau*, in: Spindler/Börner, S. 524.

489 *Aparicio Vaquero*, REDI N° 51, 10/2002, 1, 5; *Valero*, Alfa-Redi N° 113, 2/2003, 1, 8.

490 Vgl. *Barceló*, CRi 2002, 112, 115; *Valero*, Alfa-Redi N° 113, 2/2003, 1, 8 für Webseiten, Telefon, Fax und e-mail. So auch für interaktive Webseiten aber verneinend für den e-mail-Versand *Aparicio Vaquero*, REDI N° 51, 10/2002, 1, 5. Nach *Maldonado*, Alfa-Redi N° 109, 10/2002, 1, 5f. sollen nur solche Webseiten erfasst werden, von denen die Leistung direkt bezogen werden kann.

491 BGBl. II 1989, S. 588ff. (nachfolgend: CISG). Diese Regelungen gelten aber nicht für Verbraucherverträge.

492 Vgl. die Übersicht der beigetretenen Staaten unter: http://www.cisg.law.pace.edu/cisg/-countries/cntries.html oder unter: http://untreaty.un.org/ENGLISH/bible/englishinternetbible/partI/chapterX/treaty17.asp.

komplizierte Regelung des Art. 15 des Modellgesetzes der UNCITRAL aus dem Jahr 1996 nahezu wortgenau übernommen. Ferner gilt die Empfangstheorie beispielsweise in vielen lateinamerikanischen Staaten.[493]

Auch in Argentinien wird seit vielen Jahren gefordert, für alle Rechtsgeschäfte, als auch speziell für den Abschluss von Verträgen im Internet,[494] die Empfangstheorie einzuführen. In zahlreichen Gesetzesentwürfen zur Änderung und Modernisierung des argentinischen Zivilrechts wurde der bis heute erfolglose Versuch unternommen, diese grundlegenden Prinzipien für alle Verträge zu ändern. Als letztes Beispiel ist hier Art. 915 S. 2, Art. 917 des Gesetzesentwurfs zur Rechtsvereinheitlichung des Código Civil und des Código de Comercio vom 18.12.1998 zu nennen. Insbesondere für die hier in Rede stehenden elektronischen Verträge wird die Theorie als unzweckmäßig bezeichnet und vorgeschlagen, die Regelung im Sinne des Art. 915 des Gesetzesentwurfs zur Rechtsvereinheitlichung vom 18.12.1998 zu ersetzen.[495]

c) Diskussion unter Berücksichtigung der Globalität des Internet

Der Begründung des Rates zum Gemeinsamen Standpunkt, wonach eine Angleichung der einzelstaatlichen Rechtsvorschriften in Bezug auf den Zeitpunkt des Vertragsschlusses nicht sinnvoll sei,[496] kann nicht gefolgt werden. Stellt man auf das Wesen des E-Commerce ab, das durch die Globalität des Internet seinen wichtigsten Wesenszug erhält und durch Grenzüberschreitung, Internationalisierung der Märkte und somit auf Welthandel angelegt ist, besteht für den Verbraucher aufgrund divergierender Regelungen im Hinblick auf den Zeitpunkt des Vertragsschlusses in den verschiedenen nationalen Rechtsordnungen weiterhin eine erhöhte Rechtsunsicherheit, wann der Vertrag zu Stande kommt. Gerade bei den für den E-Commerce typischen internationalen Rechtsbeziehungen besteht daher für Verbraucher aber auch für Unternehmen weiterhin erhebliche Rechtsunsicherheit aufgrund unterschiedlicher Zeitpunkte des Vertragsschlusses in den

---

493 Etwa in Peru (Art. 1373 i.V.m. Art. 1374 C.C.); in Uruguay (Art. 1275 C.C.).

494 *Carrion*, S. 7, *Lorenzetti*, S. 197.

495 *Carrion*, S. 7; *Lorenzetti*, S. 197.

496 Vgl. Gemeinsamer Standpunkt (EG) Nr. 22/2000 v. 28.02.2000, v. Rat festgelegt am 28. Februar 2000 im Hinblick auf den Erlaß der Richtlinie (EG) Nr. .../2000 des Europäischen Parlaments und des Rates vom ... über bestimmte rechtliche Aspekte der Dienste der Informationsgesellschaft, insbesondere des elektronischen Geschäftsverkehrs, im Binnenmarkt („Richtlinie über den elektronischen Geschäftsverkehr"), ABl. EG 2000, Nr. C 128/32, 49. Explizit heißt es in der Begründung des Rates zum gemeinsamen Standpunkt: *„Nach Ansicht des Rates ist eine Angleichung der einzelstaatlichen Rechtsvorschriften in Bezug auf den Zeitpunkt des Vertragsschlusses nicht sinnvoll."*

einzelnen Rechtsordnungen. Die Folge ist eine Beschädigung des Verbrauchervertrauens als einem wesentlichen Faktor für das weitere Wachstum des E-Commerce. Auch eine Differenzierung nach Rechtsgeschäften mit Beteiligung eines Verbrauchers oder zwischen Unternehmern ohne Beteiligung eines Verbrauchers führt letztlich zu einer nicht unerheblichen Rechtsunsicherheit.[497] So hat sich der mexikanische Gesetzgeber, aber auch etwa der spanische Gesetzgeber durch die jüngst erfolgten Reformen der Código Civiles und der Código der Comercio richtigerweise für die Vereinheitlichung der Zeitpunkte im Sinne der Zugangstheorie entschieden, wobei in Spanien eine Ausnahmeregelung für den elektronischen Geschäftsverkehr erlassen wurde.

Letztendlich liegt in der Harmonisierung ein größerer Verbraucherschutz mit Blick auf grenzüberschreitende Geschäftsabschlüsse. Dabei sollte aus den genannten Erwägungen die Empfangstheorie - ebenso wie in Argentinien - auf EU-Ebene gewählt werden, auch vor dem Hintergrund, dass diese in den einzelnen Rechtsordnungen größeren Eingang gefunden hat. Auf die weltweit wohl vorherrschende Existenz der Empfangstheorie *und* die Tendenz der Einführung der Empfangstheorie wird auch ausdrücklich in Erwägungsgrund Nr. 168 des Entwurfs zur Rechtsvereinheitlichung des Código Civil und des Código de Comercio als Grund für die angestrebte argentinische Gesetzesänderung abgestellt.[498] Ebenso wird nach Art. 2:205 Abs. 1 der sogenannten „Lando-Principles" für ein einheitliches europäisches Vertragsrecht ein Vertrag mit Zugang der Annahmeerklärung beim Offerenten zu Stande kommen.[499]

4. Formulierungsvorschlag

Im deutschen Recht besteht bereits die hier favorisierte Zugangstheorie für den Zeitpunkt des Vertragsschlusses bei Erklärungen unter Abwesenden. Anders als in Mexiko existiert aber in Deutschland keine spezielle Regelung, die festlegt, wann die Abgabe und der Zugang einer Erklärung via Internet anzunehmen ist.

---

[497] So hat die französische Rechtsprechung jeweils anhand der Umstände des Einzelfalls den Zeitpunkt eines Vertragesschlusses bestimmt; vgl. hierzu *Aparicio*, S. 282; *Renard/Barberis*, in: Spindler/Börner, S. 84f. mit Rechtsprechungs- und Literaturnachweisen.

[498] Siehe Begründung Nr. 168 zur Rechtsvereinheitlichung; vgl. Fn. 136.

[499] Vgl. Art. 2:205 Principles of European Contract Law (Grundregeln des Europäischen Vertragsrechts, nachfolgend: EP): „*(1) If an acceptance has been dispatched by the offeree the contract is concluded when the acceptance reaches the offeror.*", englische Fassung im Internet zu finden unter: http://frontpage.cbs.dk/law/commission_on_european_-contract_law/PECL%20engelsk/engelsk_partI_og_II.htm; deutsche Übersetzung in: *Schulze/Zimmermann*, Basistexte zum Europäischen Privatrecht, 2000.

Diese Problematik ist vielmehr über die allgemeinen Normen zu lösen. Zwar lässt sich im deutschen Recht die Abgabe und der Zugang etwa einer e-mail auch rechtlich erfassen, mangels einer genauen gesetzlichen Festlegung bestehen hier aber durchaus divergierende Ansichten zu ihrer Auslegung. Hier sollte Rechtssicherheit durch eine gesetzliche Regelung geschaffen werden.

Der mexikanische Gesetzgeber hat die komplizierte Regelung des Art. 15 des Modellgesetzes der UNCITRAL zum elektronischen Geschäftsverkehr nahezu wortgenau übernommen. Dabei entspricht die Annahme der *Absendung* einer Erklärung in Art. 91 bis C.Com. nahezu dem Wortlaut des Art. 15 Abs. 1 Modellgesetz der UNCITRAL zum elektronischen Geschäftsverkehr und ebenso einer starken Literaturmeinung in Argentinien, wonach die Versendung anzunehmen sei, wenn diese in ein Informationssystem eintritt, dass sich nicht unter der Kontrolle des Erklärenden befindet. Diese Formulierung wurde aber bereits oben kritisiert und es wurde vorgeschlagen, den Zeitpunkt der Versendung im Sinne des Art. 23 des argentinischen Gesetzesprojekts zum elektronischen Geschäftsverkehr in Argentinien festzulegen. Danach gilt eine digitale Kommunikation als verschickt, wenn diese ein System verlässt, das unter der Kontrolle des Erklärenden steht oder der Person, die die Kommunikation im Namen des Erklärenden verschickt. Diese Formulierung entspricht auch der hier vertretenen Meinung im deutschen Recht, weshalb die Formulierung ebenso für eine gesetzliche Festlegung im BGB dienen kann.

Die Formulierung zum *Zugang* im mexikanischen Recht, die Art. 15 Abs. 2 des Modellgesetzes der UNCITRAL zum elektronischen Geschäftsverkehr entspricht und sich auch nahezu wortgleich in Art. 24 des argentinischen Gesetzesprojektes zum elektronischen Geschäftsverkehr wiederfindet, wird richtigerweise als zu kompliziert und komplex angesehen.[500] Ferner kommt durch die Formulierung, worin maßgeblich auf den Eintritt der Erklärung in ein anderes Informationssystem abgestellt wird, nicht zum Ausdruck, dass der Empfänger für den Zugang zumindest die Möglichkeit der Kenntnisnahme im deutschen Recht haben muss. Mit der hier vertretenen Meinung hat er diese abstrakte Möglichkeit aber regelmäßig erst mit der Speicherung der Erklärung oder bei automatisierten Prozessen, wenn die Möglichkeit der Weiterverarbeitung besteht, also ebenfalls mit der Speicherung der Erklärung.

Durch eine einfachere Formulierung, die berücksichtigen muss, dass die Erklärung zugegangen ist, wenn sie in dem Empfangsbereich des Empfängers

---

[500] So auch die Kritik zu der ähnlichen Formulierung des Art. 11 *„Preliminary Draft convention on (international) contracts concluded or evidenced by data messages"*, vgl. *UNCITRAL*, UN, Report of the working group on Electronic Commerce on its thirty-ninth session, 11.-15.03.2002, A7CN.9/509, Nr. 94., S. 18. Art. 15 des Modellgesetzes der UNCITRAL zum elektronischen Geschäftsverkehr diente maßgeblich als Vorlage, vgl. A7CN.9/509, Nr. 97, S. 19.

eingetreten und abrufbar oder bei automatisierten Datenverarbeitungsprozessen zur Weiterverarbeitung gespeichert wurde, würde die Rechtsproblematik ausreichend und sachgerecht erfasst. So wird etwa auch von der Working Group IV (Electronic Commerce) der United Nations Commission on International Law alternativ folgender Wortlaut in Art. 11, Variante B. 2. „Preliminary Draft convention on (international) contracts concluded or evidenced by data messages" vorgeschlagen:

> *„Unless otherwise agreed by the parties, the data messages is deemed to be received at the time when the message is capable of being retrieved and processed by the addressee."*[501]

Es wird daher empfohlen, diesen Formulierungsvorschlag zum Zugang der Erklärung explizit in das deutsche Zivilrecht aufzunehmen, damit es nicht zu Auslegungsschwierigkeiten kommt. Gleichfalls sind entsprechende Änderungen in Argentinien und Mexiko wünschenswert.

III. Adaption der Besonderheiten des mexikanischen Rechts?

In Mexiko besteht die Besonderheit, dass der Gesetzgeber über eine fünftätige Widerrufsmöglichkeit in Art. 56 Satz 2 LFPC hinaus als weiteres Schutzinstrument zu Gunsten der Verbraucher nach Art. 56 Satz 1 LFPC ausdrücklich geregelt hat, dass der Vertrag erst mit Ablauf dieser Frist wirksam zu Stande kommt. Nach Art. 56 Satz 1 LFPC beginnt die Widerrufsfrist fünf Tage nach Eingang der Ware beim Verbraucher oder mit Unterzeichnung des Vertrages zu laufen, je nachdem welches Ereignis als Letztes eintritt. Regelmäßig wird die Widerrufsfrist im elektronischen Geschäftsverkehr mit Eingang der Ware beim Empfänger zu laufen beginnen.

Mit Einführen eines einheitlichen Widerrufsrechts für Verbraucherverträge in § 355 BGB wird von der h. M. in Deutschland die ähnliche Konstruktion der „schwebenden Unwirksamkeit", wonach der Vertrag erst mit Ablauf der Widerrufsfrist wirksam werden sollte,[502] nicht mehr vertreten und das Wider-

---

[501] Siehe *UNCITRAL*, UN, Legal aspects of electronic commerce - Electronic contracting: provisions for a draft convention, A/CN.9/WG.IV/WP.100, S. 12f..

[502] Vgl. so die frühere h. M. in Rspr. und Schrifttum beispielsweise im Hinblick auf das Widerrufsrecht in § 1 HWiG oder § 7 VerbrKrG BGHZ 113, 222, 225; 119, 283, 298; 129, 371, 382; *Bülow*, NJW 1991, 129, 131; *Karollus*, JuS 1993, 651, 654; *Boemke*, AcP 197 (1997), 161, 175; *Putzo*, in: Palandt (2000), § 7 VerbrKrG, Rn. 3, *ders.*, in: Palandt (2000), § 1 HWiG, Rn. 4; *Wolf*, in: Soergel, § 145, Rn. 28, jeweils m.w.N..

rufsrecht vielmehr dogmatisch als rechtsvernichtende Einwendung charakterisiert.[503] Die in der deutschen Literatur seit vielen Jahren diskutierte Thematik soll hier nicht erneut in ihrer Gänze aufgeführt werden.[504] Es ist aber so viel zu sagen: Eine Adaption der mexikanischen Regelung ins deutsche Recht würde einen „Rückschritt“ bedeuten. Die Konstruktion der „schwebenden Unwirksamkeit“ ist gegenüber einem Widerrufsrecht in Form einer rechtsvernichtenden Einwendung bei Geschäften im elektronischen Geschäftsverkehr nicht zu favorisieren. Die mexikanische Regelungsform wird den Interessen des elektronischen Geschäftsverkehrs nicht gerecht. Regelmäßig beginnt auch im deutschen Recht nach §§ 355 Abs. 3 Satz 2, 312d Abs. 2 Satz 1 BGB die Widerrufsfrist mit Eingang der Ware beim Verbraucher zu laufen. Den Verbraucherschutz rechtfertigendes Kriterium ist in der Situation eines via Internet getätigten Geschäftsabschlusses die Tatsache, dem Verbraucher eine verlängerte Überlegungsfrist einzuräumen, um die Qualität der Ware nach Erhalt zu überprüfen, da er vor Vertragsschluss keine Möglichkeit dazu hat.[505] Durch die Überlegungsfrist soll gewährleistet werden, dass der Vertragsgegenstand selbst, der Gegenstand der Willensbildung hätte sein sollen, zumindest im Nachhinein noch Gegenstand der Entscheidungsfindung wird. Um die Möglichkeit zur nachträglichen Prüfung jedoch zu erlangen oder fordern zu können, bedarf es eines fälligen Erfüllungsanspruchs des Verbrauchers gegen den Lieferer. Dem Verbraucher muss daher ein Anspruch auf Lieferung und Überprüfung der Sache zustehen.[506] Bei der Konstruktion der „schwebenden Unwirksamkeit“ käme man aber zu dem widersprüchlichen Ergebnis, dass das deutsche Gesetz die Leistung zu einem Zeitpunkt anordnen würde, zu dem der zu Grunde liegende Vertrag noch schwebend unwirksam wäre.[507] Bejaht der Gesetzgeber aber eine Leistungspflicht vor Fristablauf, kommt als praktikable Gestaltung nur die Lösung einer sofortigen Ver-

---

[503] *Horn*, MMR 2002, 209, 212; *Lorenz*, JuS 2000, 833, 835f.. Nach *Riechart*, in: Kath/Riechert, S. 99, Rn. 207 handele es sich um eine „schwebende Wirksamkeit“, wobei eine noch nicht endgültig wirksame Willenserklärung abgegeben werde. Zur Qualifikation des Widerrufsrecht nach Art. 6 Abs. 1 Fernabsatzrichtlinie als Vertragslösungsrecht *Micklitz*, ZEuP 1999, 875, 884f.; a.A. zu Art. 6 Fernabsatzrichtlinie *Wolf*, in: Soergel, § 145, Rn. 28. Ein erster Referentenentwurf folgte noch diesem hergebrachten Modell; vgl. hierzu die zutreffende Kritik von *Bülow*, ZIP 1999, 1293-1296.

[504] Vgl. zu dieser Thematik die instruktive Arbeit von *Certa*, Widerruf und schwebende Unwirksamkeit nach den Verbraucherschutzgesetzen, 2000.

[505] So ausdrücklich Erwägungsgrund (14) der Fernabsatzrichtlinie; *Bülow*, ZIP 1999, 1293, 1294.

[506] *Artz*, VuR 1999, 393, 395; *Bülow*, ZIP 1999, 1293, 1294f..

[507] So für die Regelungen der Fernabsatzrichtlinie *Drexl*, S. 478.

tragswirksamkeit in Betracht.[508] Eine erneute Aufnahme einer dem Art. 56 LFPC ähnlichen Regelung in das deutsche Recht ist daher abzulehnen.

F. Zusammenfassung und Fazit

Im Ergebnis sprechen die besseren Argumente für die Beibehaltung der Empfangstheorie im deutschen Recht bei Vertragsschlüssen auch im Online-Shopping. Dementsprechend sollte diese Theorie ins argentinische Recht eingeführt werden, wie dies auch bereits in dem Entwurf zur Rechtsvereinheitlichung des Código Civil und des Código de Comercio in Art. 915 und 917 C.C. vorgesehen. Gleiches gilt für ein Europäisches Vertragsgesetzbuch.

Soweit der Verbraucher beim Online-Shopping nach argentinischer Rechtslage Konzessionen im Hinblick auf die Risikoverteilung machen muss, ist dies insbesondere aus vier Gründen hinnehmbar:

1. Die Risiken sind nach der Empfangstheorie im deutschen Recht sachgerecht verteilt. Nichts anderes gilt auch im elektronischen Geschäftsverkehr, auch hier kann und muss der Verbraucher gewisse Risiken tragen. Eine Überwälzung der Risiken der Übermittlung einer Willenserklärung auf die andere Vertragspartei ist nicht zu favorisieren, da auch hier der Grundsatz, dass derjenige, der sich eines bestimmten Mediums zum Vertragsabschluss bedient, die Risiken der Übermittlung zu tragen hat. Der Verbraucher kann durchaus die Produkte auch auf „herkömmliche Weise" erwerben, er ist regelmäßig nicht auf die Nutzung des Internet angewiesen.

2. Weiter wird ihm ein elementarer Ausgleich durch eine erhöhte Rechtssicherheit gewährt, wenn der Zeitpunkt des Vertragsschlusses und die Bindungswirkung der Willenserklärung auf einen objektivierbaren Zeitpunkt zusammengeführt werden und somit Beweisschwierigkeiten eingegrenzt werden.

3. Es wird eine erhöhte Rechtsicherheit bei grenzüberschreitenden Geschäftsabschlüssen geschaffen, da in zahlreichen Rechtsordnungen die Empfangstheorie vorherrschend ist. Diese wird also auch der Globalität des Internet gerecht, da dieses Medium auf grenzüberschreitende Vertragsabschlüsse angelegt ist.

4. Nicht zuletzt wird das Vertrauen der Konsumenten in den elektronischen Handel gestärkt und der E-Commerce im Bereich des B2C durch eine Vereinfachung des Verkehrs gefördert und erleichtert.

---

[508] *Certa*, S. 186.

Bezüglich eines Formulierungsvorschlags für die Abgabe der Erklärung kann Art. 23 der argentinischen Gesetzesinitiative zum elektronischen Geschäftsverkehr dienen, für den Zugang der Erklärung Art. 11 Variante B. 2. der „Preliminary Draft convention on (international) contracts concluded or evidenced by data messages".

Eine erneute Aufnahme einer dem Art. 56 LFPC ähnlichen Regelung der „schwebenden Unwirksamkeit" in das deutsche Recht ist mit den obigen Argumenten abzulehnen.

5. Teil: Vorvertragliche Informationspflichten

A. Informationsmodell als Verbraucherschutzmittel

Eine den Verbraucherschutz rechtfertigende Imparität der Vertragsparteien kann sich ergeben, wenn eine Störung der Grundlagen rationaler Abwägung vorliegt, insbesondere wenn dem Verbraucher für seinen Entscheidungsprozess angemessene Informationen nicht zugänglich sind.[509] Wie bereits erwähnt, gehört zu den typischen Kompensationsinstrumenten derartiger Ungleichgewichtslagen in allen drei Rechtsordnungen die Verbraucherinformation. Der wohlinformierte Verbraucher soll aufgrund seiner Kenntnisse und Befähigungen in die Lage versetzt werden, seine Privatautonomie im eigenen Interesse vernünftig und überlegt beim Abschluss des Vertrages, aber auch seiner inhaltlichen Ausgestaltung auszuüben.[510] Damit der Verbraucher eine überlegte und vernünftige Entscheidung treffen kann, sind insbesondere *vorvertragliche* Informationspflichten von besonderer Bedeutung. Die nationalen Gesetzgeber sind einheitlich der Auffassung, dass gerade im elektronischen Geschäftsverkehr eine besondere Ungleichgewichtslage bestehe, die besondere Informationspflichten rechtfertige.[511]

Nachfolgend wird in einem ersten Schritt zu zeigen sein, wie diese Informationspflichten in den einzelnen Rechtsordnungen für Geschäfte im Online-Shopping konkret ausgestaltet sind. In einem zweiten Schritt soll untersucht werden, ob dem Unternehmer tatsächlich besondere Informationspflichten auferlegt werden müssen, um die rechtsgeschäftliche Entscheidungsfreiheit des Verbrauchers zu schützen. Im Anschluss ist zu überprüfen, welche konkrete gesetzliche quantitative und qualitative Ausgestaltung der Mindestangaben für die Situation des Online-Shopping am sachgerechtesten erscheint.

---

[509] Siehe *Hönn*, S. 257.

[510] *Hommelhoff*, S. 44; *ders.*, AcP 192 (1992), 71, 93f..

[511] So etwa auch in Venezuela: Art. 33, 36, 39 Proyecto de Ley de Protección al Consumidor y al Usario aprobado, im Internet zu finden unter: www.indecu.gov.ve/proyecto-Aprobado.htm oder in Ecuador in Art. 48-50 Ley de Comercio Electrónico, Firmas y Mensajes de Datos, Ley No. 2002-67, R.O. Sup. 557 de 17 de Abril del 2002.

B. Gegenüberstellung der Informationspflichten in Argentinien, Mexiko und Deutschland

I. Argentinien

1. Informationspflichten vor Vertragsschluss im aktuellen Verbraucherrecht

a) Allgemeine Informationspflicht

Nach der allgemeinen Informationsverpflichtung in Art. 4 LDC muss jeder Unternehmer dem Verbraucher oder Benutzer auf eine sichere und sachliche Weise wahre, detaillierte, wirksame und ausreichende Informationen über die elementaren Eigenschaften der Sache verschaffen. Zwar sagt der Wortlaut der Norm nichts über den Zeitpunkt der Informationsverpflichtung des Anbieters aus, da der Verbraucher aber nur eine bewusste Entscheidung über den Vertragsschluss fällen kann, wenn er diese Informationen vor dem Vertragsschluss erhält, muss der Anbieter seiner Verpflichtung bereits im vorvertraglichen Stadium nachkommen.[512]

Im Hinblick auf die gestalterischen Vorgaben in Art. 4 LDC kommt es zu Überscheidungen der Begriffe. Objektivität und Richtigkeit der Angaben stehen in einem unmittelbaren Zusammenhang.[513] Die Information ist nicht wahr, wenn sie irreführend ist oder keine Aussage über elementare Angaben trifft oder bei dem Verbraucher falsche Erwartungen weckt, die von dem Anbieter nicht erfüllt werden können, insbesondere wenn bei dem Verbraucher ein Irrtum über wichtige Umstände im Hinblick auf das Unternehmen, das Produkt oder die angebotene Dienstleistung hervorgerufen wird.[514]

Die gestalterischen Vorgaben „ausreichend" und „detailliert" sind ebenfalls in einem Kontext zu betrachten.[515] „Ausreichend" ist die Information, wenn dem Verbraucher alle essentiellen Charakteristika der Sache zur Verfügung stehen, die notwendig sind, damit er die Möglichkeit hat, eine rationale Entschei-

---

512 *Vázquez Ferreyra/Romera*, zu Art. 4, S. 25. Vgl. auch *De los Ángeles Calogero*, S. 33f., 35f. zu Exp. N° 064-003294/96 de la Secretaría de Industria, Comercio y Minería, Disp. DNCI N° 165/97; im Ergebnis auch *Stiglitz/Stiglitz*, S. 160, aber ohne eingehende Begründung. So im Ergebnis auch CNFedCont.-Adm., Sala II, 29/6/00: „Movistar S.A. c. Secretaría de Comercio e Inversiones", abgedruckt in: *Stiglitz*, Derecho del Consumidor, 77, 79.

513 *Aparicio*, S. 375.

514 *Stiglitz/Stiglitz*, S. 162f.; ähnlich auch *Aparicio*, S. 374f..

515 *Aparicio*, S. 375.

dung zu fällen.[516] Wenn sich der Verbraucher über alle Eigenschaften der Ware oder Dienstleistung ein Bild machen kann, sind die Angaben „detailliert" im Sinne des Art. 4 LDC.[517] Auf diese Weise wird ihm sein nach Art. 42 der argentinischen Verfassung gewährtes Wahlrecht (derecho de eligir) gewährleistet.[518]

Der Verbraucher muss allerdings nicht nur über die Eigenschaften der angebotenen Sache oder Dienstleistung, wie in Art. 4 LDC ausdrücklich gefordert, wahrheitsgemäß und detailliert informiert werden, sondern auch über die Identität des Anbieters. Nur dann kann der Verbraucher eine rationale Entscheidung zwischen den ihm zur Auswahl stehenden Produkten treffen.[519] Die Wirksamkeit der Informationen bezieht sich auf die Überzeugungskraft der Angaben im Zusammenhang mit der bereits dargelegten Verpflichtung wahre Angaben zu machen.[520]

Teilweise wird zur Bestimmung der nach Art. 4 LDC notwendigen Angaben auch auf die Regelung zur Schriftform in Art. 10 LDC rekurriert,[521] da diese ebenfalls den Zweck hat, den Verbraucher zu informieren.[522] Nach Art. 10 LDC muss jeder Verkäufer dem Verbraucher beim Kauf einer beweglichen Sache ein sogenanntes „Verkaufsdokument" (documento de venta) mit den in der Norm aufgezählten Angaben ausstellen.[523] Diese Vorschrift findet allerdings nach allgemeiner Meinung nicht nur Anwendung auf den Kauf beweglicher Sachen, sondern auch auf alle weiteren typischen und atypischen Verträge. Dies folge insbesondere aus Art. 10 b) der Regelungsverordnung 1789/94, dessen Wortlaut sich auf Sachen und Dienstleistungen bezieht.[524] Nach Art. 10 LDC müssen folgende Angaben in dem Dokument enthalten sein:

a) die Beschreibung der Spezifika der Sache,
b) der Name und der Sitz des Lieferers,
d) die Einzelheiten der Garantie, die in dem LDC vorgeschrieben ist,[525]

---

[516] *Stiglitz/Stiglitz*, S. 164.

[517] *Aparicio*, S. 375.

[518] *Stiglitz/Stiglitz*, S. 163.

[519] *Stiglitz/Stiglitz*, S. 163.

[520] *Stiglitz/Stiglitz*, S. 164.

[521] *Stiglitz/Stiglitz*, S. 163f..

[522] *Alterini*, S. 249.

[523] Vgl. zu den Ausnahmemöglichkeiten von der gesetzlichen Schriftform Art. 10 Abs. 3 LDC i.V.m. Art. 10 der Umsetzungsverordnung 1789/94. Weitere Ausnahmen folgen aus dem Grundsatz des Guten Glaubens, dazu *Vázquez Ferreyra/Romera*, zu Art. 10, S. 47.

[524] Stellvertretend für viele *Farina*, zu Art. 10, S. 151f..

[525] In Art. 10 c) LDC war vorgesehen, dass auch der Name und der Sitz des Unternehmers, Großhändlers oder Importeurs angegeben werden müsse. Diese Vorschrift ist aber aufgrund des Vetos (Decreto 2089/1993, B.O. v. 15.10.1993) nicht in Kraft getreten.

e) die Lieferfristen und – bedingungen sowie
f) der Preis und die Zahlungsbedingungen.

Wann eine Information ausreichend und detailliert ist und den Anforderungen des Art. 4 genügt, hängt letztlich aber von dem einzelnen Produkt oder der einzelnen Leistung ab[526] und ist daher jeweils im Einzelfall durch die Rechtsprechung zu klären. Die argentinische Regelung in Art. 4 LDC bedarf einer Konkretisierung. Bereits in Art. 4 LDC sollte aufgenommen werden, über welche Einzelheiten der Verbraucher im vorvertraglichen Bereich informiert werden muss und ob unterschiedliche Informationspflichten in unterschiedlichen Vertragssituationen gelten sollen, insbesondere im Hinblick auf den Vertragsabschluss im elektronischen Geschäftsverkehr.

b) Spezielle Informationspflichten

Teilweise hat der argentinische Gesetzgeber die Notwendigkeit der expliziten Normierung von besonderen Informationspflichten in bestimmten Geschäftssituationen wohl auch bereits erkannt. So wurden etwa durch das Gesetz Nr. 24.787[527] in Art. 8 Abs. 2 LDC besondere Informationspflichten des Anbieters eingefügt, die dieser erfüllen muss, wenn er sein Waren- oder Dienstleistungsangebot durch telefonischen Verkauf, Kataloge oder durch Briefe anbietet, die durch irgendein Kommunikationsmedium veröffentlicht wurden. In diesen Fällen muss er seinen Namen, seine Anschrift und seine Steuernummer (CUIT = Clave única de identificación tributaria) angeben. Zwar wird in Art. 8 Abs. 2 LDC das Internet nicht explizit aufgeführt, die Norm muss aber zumindest analog auf den elektronischen Geschäftsverkehr Anwendung finden. Die Situation im Online-Shopping ist durchaus mit dem Versandhandel vergleichbar, wenn der Anbieter seine Webseite ähnlich einem Katalog nutzt. Außerdem muss aufgrund des nach Art. 3 LDC geltenden Günstigkeitsprinzips dem Verbraucher der Schutz durch diese besonderen Informationspflichten auch im elektronischen Geschäftsverkehr zu gewähren sein.

Des weiteren muss der Anbieter die Informationspflichten nach Art. 33f. LDC beachten, da es sich bei einem Online-Shopping-Vertrag um einen Vertragsschluss im Sinne des Art. 33 Abs. 1 LDC handelt.[528] Es ist dem Anbieter nach Art. 33 Abs. 2 LDC untersagt, seine Postleitzahl als Sitz anzugeben. Ferner muss der Anbieter den Verbraucher nach Art. 34 Abs. 2 LDC über ein ihm im

526 *Vázquez Ferreyra/Romera*, zu Art. 4, S. 25.

527 B.O. v. 02.04.1997, im Internet zu finden unter: http://infoleg.mecon.gov.ar/txtnorma/-42463.htm.

528 Vgl. hierzu bereits 3. Teil A. III. 2. mit Fn. 184.

Online-Shopping zustehendes Widerrufsrecht schriftlich in jedem Dokument, das er dem Käufer zum Zwecke des Verkaufs präsentiert, informieren, wobei die Information in einer klaren und offenkundigen Form eingefügt werden muss. Der Wortlaut der Norm schweigt auch hier über den genauen Zeitpunkt der Verpflichtung. Es wird aber vertreten, dass der Anbieter während der Vertragverhandlungen oder in der Werbung, mithin also bereits vorvertraglich, über das Widerrufsrecht informieren muss.[529]

Letztlich muss nach Art. 7 LDC ein Angebot, das an einen unbestimmten Personenkreis gerichtet ist, das Datum des Beginns, des Erlöschens sowie weitere Modalitäten des Angebots enthalten. Spezifiziert werden die Informationspflichten des Art. 7 LDC in Art. 7 der Regelungsverordnung 1789/94. Nach Art. 7 a) Abs. 1 Satz 2 1789/94 hat der Anbieter bei Angeboten außerhalb eines Ladenlokals immer den genauen Zeitpunkt der Wirksamkeit der Offerte anzugeben. Letztlich muss er nach Art. 7 a) Abs. 2 1789/94 die Zahl der angebotenen Waren angeben, wenn er sein Angebot auf eine bestimmte Anzahl begrenzt.

c) Fazit

Festzuhalten ist, dass den Anbieter auch in der Geschäftssituation des Online-Shopping diverse vorvertragliche Informationspflichten treffen. Die einzelnen Regelungen sind aber in mehreren Punkten zu kritisieren:

(1) Die Normen sind in ihrem Wortlaut im Hinblick auf den genauen Zeitpunkt der Informationsverpflichtungen ungenau formuliert. Es wäre wünschenswert, dass der argentinische Gesetzgeber hier im Zuge einer Gesetzesmodifizierung Rechtsklarheit über den genauen Zeitpunkt der Informationsverpflichtung schaffen würde.

(2) Ferner sind die einzuhaltenden Informationspflichten in dem LDC derart verstreut, dass hier eine einheitliche, klare, einfache und übersichtliche Regelung der dem Anbieter im elektronischen Geschäftsverkehr obliegenden Informationspflichten eine Vereinfachung für den Handel bringen würde. Empfohlen wird eine Aufnahme aller wesentlichen Informationspflichten in einem Katalog.

---

[529] *Vázquez Ferreyra/Romera*, zu Art. 34, S. 95.

2. Informationspflichten nach dem Gesetzesprojekt zum elektronischen Geschäftsverkehr

In der Gesetzesinitiative „Anteproyecto de Ley de Formato Digital de los Actos Jurídicos. Comercio Electrónico" der Behörde des Ministerkabinetts[530] ist eine Ausweitung der Informationspflichten für alle Angebote im elektronischen Geschäftsverkehr in den Informationskatalogen der Art. 30 und Art. 31 der Initiative und durch besondere Informationspflichten zum Schutze der Verbraucher in Art. 42 der Initiative vorgesehen.

Art. 30 der Gesetzesinitiative regelt nicht ausschließlich Informationspflichten bei Verbrauchergeschäften, sondern allgemeine Pflichten im elektronischen Geschäftsverkehr. Nach Art. 30 der Initiative muss ein Angebot von Waren, Dienstleistungen oder über Informationen, das durch digitale Medien abgegeben wird, als solches identifiziert sein und mindestens die folgenden Daten des Erklärenden enthalten:

a) den vollständigen Namen, wenn es sich um eine natürliche Person handelt, oder die Firmenbezeichnung, wenn es sich um eine juristische Person handelt;
b) die Nummern und Daten der Registereintragungen, der Vollstreckungsbehörden und der Regulierungsbehörden, die das Gesetz verlangt;
c) den Sitz der Niederlassung, wohin gültig zugestellt werden kann und
d) die möglichen alternativen Medien zur Kontaktaufnahme.

Ferner sind in Art. 31 der Initiative folgende weitere Informationspflichten vorgesehen:

a) die allgemeinen Geschäftsbedingungen des Vertrages und die präzise Beschreibung des Vertragsschlussverfahrens, seiner Speicherung und Abrufbarkeit, in dem Fall, dass dies notwendig ist;

b) die technischen Mittel zur Identifikation und Korrektur von Eingabefehlern vor der Bestellung;

c) die Verhaltenskodizes, denen sich der Erklärende unterwirft;

d) das Verfahren, damit der Besteller einen Beleg für das Geschäft oder eine Rechnung erhält.

---

530 Vgl. hierzu bereits Fn. 137. Der gesamte Text der Gesetzesinitiative ist im Internet zu finden unter: http://www.geocities.com/SiliconValley/Circuit/4888/anteproy.htm.

Daneben werden dem Unternehmer zusätzliche vorvertragliche Informationspflichten speziell beim Abschluss von Verbrauchergeschäften in Art. 42 der Gesetzesinitiative aufgegeben. Der Verbraucher oder Nutzer muss vor der Abgabe seiner Willenserklärung über folgende detaillierte Informationen verfügen können:

a) das Recht die Transaktion durch andere Medien vorzunehmen und die Bedingungen um eine Papierkopie der Unterlagen zu erhalten, wenn er diese verlangt;
b) das Widerrufsrecht, sowie über dessen Voraussetzungen, über das Widerrufsverfahren und über eventuelle Kosten und Konsequenzen eines Widerrufs;
c) die Bedeutung der abzugebenden Willenserklärung;
d) die Verpflichtung des Anbietenden, die in angemessener Weise notwendige Information, damit der Verbraucher Kontakt aufnehmen kann, aktualisiert zu halten;
e) die technischen Anforderungen, um die Unterlagen abrufen und speichern zu können;
f) die Verpflichtung des Lieferanten, vorher Informationen zu vermitteln über jegliche Veränderung der notwendigen technischen Voraussetzungen, um die Information abrufen und speichern zu können;
g) das Recht des Verbrauchers, seine Willenserklärung ohne Kosten wegen Veränderungen in den technischen Standards der Informationsverarbeitung zu widerrufen.

Neben diesen besonderen Informationspflichten sollen nach Art. 40 der Initiative die Vorschriften des argentinischen Verbraucherschutzgesetzes weiterhin anwendbar sein. Auch wenn es durch diesen Verweis zu Überschneidungen der einzelnen Pflichten kommen wird, ist die Regelung aufgrund ihrer übersichtlicheren Auflistung in einem Pflichtenkatalog gegenüber der derzeitigen argentinischen Rechtssituation vorzugswürdig.

II. Mexiko

1. Besondere Informationspflichten nach der Reform

Anders als in Argentinien hat sich der mexikanische Gesetzgeber bereits zu einer Aufnahme besonderer Informationspflichten in das LFPC zum Schutze der Verbraucher im elektronischen Geschäftsverkehr entschieden. Durch die Gesetzesreform im Jahr 2000 wurden in Art. 76 bis LFPC dem Lieferanten besondere

Informationspflichten bei Transaktionen im elektronischen Geschäftsverkehr auferlegt, die klar und ausreichend sein müssen (Art. 76 bis Satz 2 VII. LFPC).

Vor dem Vertragsschluss muss dieser dem Verbraucher folgende Informationen zur Verfügung stellen:

- nach Art. 76 bis S. 2 II. LFPC Informationen über die generellen Charakteristika der technischen Elemente, die er benutzen muss, um Sicherheit und Vertraulichkeit der Informationen, die der Verbraucher gegenüber dem Anbieter abgibt, zu garantieren;
- nach Art. 76 bis S. 2 III. LFPC seinen physischen Sitz, seine Telefonnummern und die weiteren Mittel, durch die der Verbraucher seine Reklamationen vorbringen kann oder Erklärungen verlangen kann.

Weiter muss der Anbieter den Verbraucher nach Art. 76 bis V. LFPC über die Modalitäten, die Bedingungen, Kosten, über zusätzliche Belastungen und die Bezahlungsform für die angebotenen Sachen und Dienstleistungen informieren. Anders als in Art. 76 bis II. LFPC und Art. 76 bis III. LFPC hat der mexikanische Gesetzgeber aber nicht ausdrücklich in den Wortlaut der Norm aufgenommen, dass diese Informationen *vor* Vertragsabschluss erteilt werden müssen. Nach der Eingangsformulierung des Art. 76 bis S. 2 LFPC obliegen diese Pflichten dem Lieferanten während des Vertragsabschlusses (*„en la celebración").* Aus der Entwicklung der Norm folgt aber, dass der Verbraucher die Informationen vor Vertragsschluss erhalten muss. Dafür spricht insbesondere, dass dem Gesetz drei Gesetzesinitiativen zugrunde liegen, die sich ihrerseits maßgeblich auf die „Leitlinien für den Verbraucherschutz im Zusammenhang mit dem elektronischen Geschäftsverkehr" vom 09.12.1999 der OECD stützen. Diese Informationen müssen nach Teil II, Ziffer III. C. der Leitlinien von dem Unternehmer dem Verbraucher *vor* dem Vertragsschluss erteilt werden. Nur durch das vorvertragliche Zurverfügungstellen der Informationen wird der Verbraucher auch in die Lage versetzt, eine verständige Entscheidung über die Durchführung einer Transaktion treffen zu können.

2. Weitere Informationspflichten

Neben den durch die Reform aus dem Jahr 2000 in das LFPC aufgenommenen Aufklärungspflichten obliegen dem Anbieter zudem die Informationspflichten nach Art. 53 IV. LFPC. Nach Art. 53 IV. LFPC muss der Anbieter vor dem Vertragsschluss über den Preis, den voraussichtlichen Liefertermin, Versicherungs- und Frachtkosten und über die Marke der Ware oder Dienstleistung, soweit eine solche besteht, informieren. Wird der Kaufpreis auf automatischen Wege, etwa durch Kreditkartenzahlung beglichen, muss der Anbieter nach Art. 54 LFPC auch hierüber informieren. Insoweit kommt es zu Überschneidungen der einzelnen Normen, da der Anbieter bereits nach Art. 76 bis V. LFPC eine genaue Aufschlüsselung der Kostenstruktur und über die Bezahlungsform geben muss. Ferner muss der Anbieter den Kunden über das ihm nach Art. 56 S. 1 LPPF zustehende Widerrufsrecht aufklären.[531] Ferner muss der Anbieter bei Angeboten mit Zugaben oder Sonderangeboten im Sinne des Art. 46 LFPC nach Art. 48 I. LFPC die Bedingungen, den Geltungszeitraum und die Anzahl der angebotenen Waren oder Dienstleistungen aufführen.

Darüberhinaus muss der Unternehmer nach dem Verweis in Art. 76 bis Satz 2 IV. LFPC die allgemeinen Informationspflichten in Kapitel III des LFPC beachten.[532] Neben den in Art. 76 bis LFPC normierten gestalterischen Vorgaben sind daher des weiteren die Vorgaben nach Art. 32 LFPC seitens des Anbieters zu erfüllen. Die Angaben müssen wahr, überprüfbar, und frei von Texten, Dialogen, Tönen, Bildern und anderen Beschreibungen sein, die aufgrund ihrer Ungenauigkeit zu einem Irrtum oder einer Verwirrung des Verbrauchers führen oder führen können. Angaben sind „wahr“ im Sinne der Norm, wenn die seitens des Anbieters gemachten Angaben mit den realen Eigenschaften der angebotenen Ware oder Dienstleistung übereinstimmen.[533] Diese Angaben müssen ferner einer Überprüfung oder einer Bestätigung zugänglich sein.[534] Problemtisch erscheint vor allem die Erfüllung der dritten gestalterischen Vorgabe, da im Internet regelmäßig Bilder, Musik, etc. eingespielt werden, die durchaus zu einer Verwirrung des Verbrauchers führen können. Dem Anbieter sei daher empfohlen, die Anzeige der Pflichtinformationen frei von derartigen Einspielungen zu gestalten.

3. Fazit

Die mexikanische Informationspflichtenregelung ist gegenüber der aktuellen argentinischen Regelung zwar übersichtlicher und genauer in den zu gebenden Informationen. Eine Zusammenfassung der einzuhaltenden Informationspflichten in einem Katalog wäre aber auch hier wünschenswert, da sie trotz der bereits erfolgten Reform weiterhin recht unsystematisch im LFPC verteilt sind.

---

531 *Márquez*, REDI N° 43, 2/2002, 1, 5.

532 *Arce Gargollo*, S. 115f..

533 *Ovalle Favela*, Ley Federal, S. 78.

534 *Ovalle Favela*, Ley Federal, S. 78.

III. Deutschland

1. Informationspflichten nach § 312c BGB

Beim Abschluss eines Vertrages im Online-Shopping muss der Unternehmer in Deutschland sowohl den Informationspflichten für Fernabsatzverträge nach § 312c Abs. 1 Nr. 1 BGB i.V.m. § 1 Abs. 1 der BGB-InfoV[535] als auch für Verträge im elektronischen Geschäftsverkehr nach § 312e BGB i.V.m. § 3 BGB-InfoV nachkommen.[536]

Nach § 312c Abs. 1 Nr. 1 BGB i.V.m. § 1 Abs. 1 BGB- InfoV muss der Unternehmer den Verbraucher vor Vertragsschluss über folgende Einzelheiten informieren:

1. die Identität des Unternehmers,
2. die ladungsfähige Anschrift des Unternehmers,[537]
3. wesentliche Merkmale der Ware oder Dienstleistung sowie darüber, wie der Vertrag zustande kommt,
4. Mindestlaufzeit des Vertrages bei dauerhaften oder wiederkehrenden Leistungen,
5. einen Vorbehalt, eine in Preis und Qualität gleichwertige Leistung (Ware oder Dienstleistung) zu erbringen, und einen Vorbehalt, die versprochene Leistung im Fall ihrer Nichtverfügbarkeit nicht zu erbringen,
6. den Preis der Ware oder Dienstleitung einschließlich aller Steuern und sonstigen Preisbestandteile,[538]
7. gegebenenfalls zusätzlich anfallende Liefer- und Versandkosten,
8. Einzelheiten hinsichtlich der Zahlung und der Lieferung oder Erfüllung,
9. das Bestehen eines Widerrufs- oder Rückgaberechts,
10. Kosten, die dem Verbraucher durch die Nutzung der Fernkommunikationsmittel entstehen, sofern sie über die üblichen Grundtarife, mit denen der Verbraucher rechnen muss, hinausgehen und
11. die Gültigkeitsdauer befristeter Angebote, insbesondere hinsichtlich des Preises.

---

[535] BGBl. I 2001, S. 3177-3179.

[536] Vgl. bereits die Ausführungen zur Überschneidung der Anwendungsbereiche 3. Teil B. II. 1. b), (3).

[537] Ladungsfähige Anschrift erforderlich seit dem 01.09.2002, siehe Neufassung des § 1 Abs. 1 Nr. 2 BGB-InfoV, BGBl. I 2002, S. 3002-3007.

[538] Vgl. hierzu bereits die Richtlinie 88/314/EWG des Rates v. 07.06.1988 über den Schutz der Verbraucher bei der Angabe von Preisen von anderen Erzeugnissen als Lebensmitteln, ABl. EG 1988, Nr. L 142.

Außerdem muss der Verbraucher nach § 312c Abs. 1 Satz 1 Nr. 2 BGB über den geschäftlichen Zweck des Vertrages informiert werden. Diese Informationen müssen von dem Unternehmer „rechtzeitig“ und „in einer dem eingesetzten Fernkommunikationsmittel entsprechenden Weise klar und verständlich“ erteilt werden. Wann die Weitergabe der Informationen diese gestalterischen Vorgaben nach § 312c Abs. 1 BGB genügt, definiert das Gesetz nicht. „Rechtzeitig“ ist die Informationsangabe dann, wenn der Verbraucher noch die Möglichkeit hat, die wesentlichen Vertragsaspekte in seine Entscheidung über den Vertragsabschluss miteinzubeziehen. Dies ist ihm regelmäßig noch möglich, wenn ihm die Mindestangaben auf einer Webseite angezeigt werden oder durch Anklicken eines entsprechenden Links erlangt werden können, bevor das entsprechende Bestellformular automatisch erscheint.[539]

Der Ansicht des OLG Frankfurt, wonach aber für eine klare und verständliche, dem Internet entsprechende Information im Sinne des § 312c Abs. 1 BGB die bloße Möglichkeit, die Information mit Hilfe eines entsprechenden Links zu ermitteln, nicht ausreiche,[540] ist zu widersprechen. Die notwendige Anpassung an die Besonderheiten der jeweils eingesetzten Technik bedeutet, dass die Zugänglichkeit der Pflichtangaben durch ein Medium zu erfolgen hat, das der jeweils eingesetzten Technik entspricht und im Rahmen dessen üblich ist.[541] Entgegen der Ansicht des OLG Frankfurt handelt es sich bei einem Link um eine typische dem Medium gerechte Kommunikationsmöglichkeit, da die Benutzung von Links zum Abruf von Informationen der Funktionsweise des Mediums „Internet“ entspricht.[542] Auch der Ansicht dass die Internetseite des Unternehmers so aufgebaut sein müsse, dass der Verbraucher nur dann zur Bestellseite komme, wenn er vorher die Seiten mit dem Informationsangebot passiert habe,[543] oder der Verbraucher die Bereitstellung der Informationen durch einen Mausklick bestätigen müsse,[544] ist nicht tragfähig. Weder die Vorschriften über Fernabsatzverträge noch die Informationspflichtenverordnung lassen einen Anhaltspunkt erkennen, der diese Auffassungen stützt.[545] Die Rechtslage ist durchaus mit der bei der Einbeziehung von AGB nach § 305 Abs. 2 BGB zu vergleichen, wonach ein ausdrücklicher Hinweis auf die Bereitstellung der AGB aus-

---

539 So richtig *Dilger*, S. 76; *Hoenike/Hülsdonk*, MMR 2002, 415, 417.

540 OLG Frankfurt, Beschluss v. 17.04.2001, CR 2001, 782f..

541 *Hoenike/Hülsdonk*, MMR 2002, 415, 417.

542 *Hoenike/Hülsdonk*, MMR 2002, 415, 417.

543 So *Meents*, S. 188f. für eine Zwangsführung.

544 *Arnold*, CR 1997, 526, 530.

545 Nach der Gesetzesbegründung soll diese Auslegung den Gerichten überlassen werden; Begr. RegE, BT-Drs. 14/2658, S. 38, im Internet zu finden unter: http://dip.bundestag.-de/btd/14/026/1402658.pdf.

reicht, wenn diese dadurch in zumutbarer Weise zur Kenntnis genommen werden können.[546] Vor dem Gesichtspunkt eines effektiven Verbraucherschutzes genügt es also, wenn die Website einen deutlichen Hinweis auf die Informationen enthält und der Verbraucher sie ohne weiteres abrufen kann.[547] Damit die Informationen dem Prinzip der Klarheit und Verständlichkeit genügen, muss der Unternehmer diese ferner derart gestalten, dass der rechtsunkundige Durchschnittsbürger in der Lage ist, die Angaben ohne Einholung von Rechtsrat zu verstehen.[548]

2. Informationspflichten nach § 312e BGB

Ergänzend muss der Unternehmer vor Abschluss des Vertrages neben den Pflichten nach § 312c BGB den Pflichtkatalog in § 312e Nr. 2 BGB in Verbindung mit § 3 BGB-InfoV beachten,[549] wobei sich diese Pflichtangaben nicht ausschließlich auf Verbrauchergeschäfte beziehen, sondern allgemeine Informationspflichten im elektronischen Geschäftsverkehr darstellen. Der Unternehmer muss demnach zusätzlich rechtzeitig klar und verständlich folgende Informationen geben:

1. die einzelnen technischen Schritte, die zu einem Vertragsschluss führen,
2. die Speicherung des Vertragstextes seitens des Unternehmers nach dem Vertragsabschluss und ob er dem Kunden zugänglich ist,
3. zur Verfügung gestellte technische Mittel, mit welchen der Kunde Eingabefehler erkennen und berichtigen kann,
4. die für den Vertragsschluss zur Verfügung stehenden Sprachen,
5. sämtliche einschlägigen Verhaltenskodizes, denen sich der Unternehmer unterwirft, sowie die Möglichkeit eines elektronischen Zugangs zu diesen Regelwerken.

---

[546] So etwa *Vehslage* zu OLG Frankfurt, Beschluss v. 17.04.2001, CR 2001, 783 (noch zu Art. 2 Abs. 2 FernAbsG) m.w.N.; *Fuchs*, ZIP 2000, 1273, 1277.

[547] Zutreffend *Horn*, MMR 2002, 209, 212 aber im Hinblick auf die Ansicht des OLG Frankfurt mit der Empfehlung einer „Zwangsführung"; so auch *Mankowski*, CR 2001, 767, 771f.; siehe ebenfalls *Vehslage* zu OLG Frankfurt, Beschluss v. 17.04.2001, CR 2001, 783 (noch zu Art. 2 Abs. 2 FernAbsG).

[548] *Hoenike/Hülsdonk*, MMR 2002, 415, 417; so auch *Dilger*, S. 77 unter Heranziehung des für AGB geltenden Transparenzgebots; vgl. zu AGB etwa BGH NJW 1999, 2279, 2280; BGHZ 116, 1, 4.

[549] Vgl. Erwägungsgrund (11) der E-Commerce-Richtlinie 2000/31/EG.

3. Informationspflichten nach § 6 TDG

Ferner muss der Diensteanbieter für geschäftsmäßige Teledienste die Informationspflichten nach § 6 Nr. 1 - 6 Teledienstegesetz (TDG) einhalten, wobei es durchaus zu Überschneidungen mit den Mindestangaben nach § 312c Abs. 1 Nr. 1 BGB i.V.m. § 1 Abs. 1 BGB-InfoV kommt. Zu Überscheidungen kommt es etwa im Hinblick auf die Verpflichtung zur Angabe von Name und Anschrift in einer ladungsfähigen Art und Weise nach § 6 Nr. 1 TDG und § 312c Abs. 1 Nr. 1 BGB i. V. m. § 1 Abs. 1 Nr. 2 BGB- InfoV. Die Informationspflichten für Fernabsatzangebote und nach § 6 TDG sind nebeneinander anwendbar und ergänzen sich gegenseitig dergestalt, dass bei Deckungsgleichheit den Pflichtinformationen durch einmalige Erfüllung Genüge getan ist.[550] Bereits in der Begründung zu dem Vorschlag der Europäischen Kommission für eine E-Commerce-Richtlinie wurde klargestellt, dass die Information nach Art. 5 E-Commerce-Richtlinie, die in § 6 TDG umgesetzt wurden, zu den Informationspflichten, die aufgrund der Fernabsatzrichtlinie bestehen, hinzutreten.[551]

Weiter muss der Anbieter nach § 6 Nr. 2 bis 6 TDG mindestens folgende Informationen leicht erkennbar, unmittelbar erreichbar und ständig verfügbar halten:

2. Angaben, die eine schnelle elektronische Kontaktaufnahme und unmittelbare Kommunikation mit ihm ermöglichen, einschließlich der Adresse und der elektronischen Post;
3. soweit die Tätigkeit einer Zulassung bedarf, Angaben zur zuständigen Aufsichtsbehörde;
4. das Handelsregister, Vereinsregister, Partnerschaftsregister oder Genossenschaftsregister, in das er eingetragen ist, und die entsprechende Registernummer;
5. soweit der Teledienst in Ausübung eines Berufs im Sinne von Artikel 1 Buchstabe d der Richtlinie 89/48/EWG des Rates vom 21.12.1988 über eine allgemeine Regelung zur Anerkennung der Hochschuldiplome, die eine mindestens 3-jährige Berufsausbildung abschließen oder im Sinne des Artikel 1 Buchstabe f der Richtlinie 92/51/EWG des Rates vom 18.06.1992 über eine zweite allgemeine Regelung zur Anerkennung beruflicher Befähigungsnachweise in Ergänzung zur Richtlinie 89/48/EWG, die zuletzt durch die Richtlinie 97/38/EG der Kommission vom 20.06.1997 geändert worden ist, angeboten und erbracht wird, Angaben über

[550] So etwa *Hoenike/Hülsdonk*, MMR 2002, 415, 418.

[551] Vgl. KOM (1998) 576 endg. v. 18.11.1998, S. 25.

a) die Kammer, welcher die Diensteanbieter angehören,
b) die gesetzliche Berufsbezeichnung und den Staat, in dem die Berufsbezeichnung verliehen worden ist,
c) die Bezeichnung der berufsrechtlichen Regelungen und dazu, wie diese zugänglich sind,

6. die Umsatzsteueridentifikationsnummer, wenn der Diensteanbieter umsatzsteuerpflichtig ist.

Anders als in § 312c Abs. 1 BGB benutzt der Gesetzgeber als gestalterische Vorgabe in § 6 TDG nicht den Begriff „klar und verständlich", sondern vielmehr „leicht erkennbar". „Leicht erkennbar" i.S.d. § 6 TDG sind die Informationen, wenn sie effektiv optisch wahrnehmbar sind, wobei eine tatsächliche Kenntnisnahme nicht zu fordern sein wird.[552] Die Informationen sind „unmittelbar erreichbar", d.h. dass der Informationszugriff ohne wesentliche Zwischenschritte erfolgen kann, wenn die Informationen unmittelbar auf der Homepage aufgeführt sind oder über einen Link auf einer gesonderten Seite aufgerufen werden können. Bei der Nutzung eines Links handelt es sich um einen unwesentlichen Zwischenschritt, da der Nutzer die Webseite nur durch einen Mausklick erreichen kann.[553] Funktionell muss der Link auch hier einer Hinweisklausel auf AGB gleichwertig sein, um dem Kriterium der „leichten Erkennbarkeit" zu genügen.[554] Richtigerweise können die gestalterischen Kriterien keinen strengeren Anforderungen unterliegen, als es der Verbraucherschutz bei der Gestaltung von Fernabsatzgeschäften gebietet, da der Nutzer im Sinne des § 3 Satz 1 Nr. 2 TDG nicht schutzbedürftiger ist als der Verbraucher.[555] Der Link muss daher derart angeordnet und gestaltet sein, dass ein Durchschnittsnutzer ihn auch bei flüchtiger Betrachtung weder übersehen noch missverstehen kann, sondern klar ersieht, welche Art von Informationen sich hinter dem Link verbirgt.[556]

4. Fazit

Der deutsche Gesetzgeber hat bis dato den umfangreichsten Informationspflichtenkatalog im Vergleich mit Argentinien und Mexiko erlassen. Trotz der positiv zu bewertenden Gestaltung der Pflichten in Katalogen, sind auch hier nach wie vor, die Pflichten in verschiedenen Normen und Gesetzen verstreut. Eine größere Übersichtlichkeit wäre auch hier zur Vereinfachung wünschenswert.

---

552 *Hoenike/Hülsdonk*, MMR 2002, 415, 416.

553 *Hoenike/Hülsdonk*, MMR 2002, 415, 417.

554 *Hoenike/Hülsdonk*, MMR 2002, 415, 417.

555 *Hoenike/Hülsdonk*, MMR 2002, 415, 416.

556 *Hoenike/Hülsdonk*, MMR 2002, 415, 417; *Mankowski*, CR 2001, 767, 771.

IV. Zusammenfassung

Das Einführen von besonderen Informationspflichten im elektronischen Geschäftsverkehr und derartige legislative Bestrebungen in den hier in Rede stehenden Rechtsordnungen zeigt, dass die nationalen Gesetzgeber sich einig darüber sind, dass gerade in der Situation eines Vertragsabschlusses im elektronischen Geschäftsverkehr die Parität der Vertragsparteien in einem besonderen Maße gefährdet sein soll. Es besteht Einigkeit, dass der Unternehmer Informationen über seine eigene Identität oder seinen Sitz sowie über die Spezifika der angebotenen Ware und ihren Preis geben muss.

Trotz dieser prinzipiellen Gemeinsamkeiten sind die einzelnen vorvertraglichen Informationspflichten im Detail in Argentinien, Mexiko und Deutschland aber unterschiedlich ausgestaltet. Insbesondere der argentinische Gesetzgeber konnte sich heute noch nicht dazu entscheiden, besondere Informationspflichten für Geschäftsabschlüsse im elektronischen Geschäftsverkehr zu normieren. Die in der Gesetzesinitiative vorgeschlagenen Informationspflichten ähneln in ihrer Ausformung stark dem europäischen Gemeinschaftsmodell der E-Commerce-Richtlinie und der Fernabsatzrichtlinie und deren Umsetzung ins deutsche Zivilrecht. Was natürlich nicht verwundert, da insbesondere die europäischen Richtlinien als Grundlage der Initiative dienten. Der deutsche Gesetzgeber und die Initiatoren der argentinischen Gesetzesinitiative zum elektronischen Geschäftsverkehr halten weiter gehende zusätzliche vorvertragliche Informationspflichten als der mexikanische Gesetzgeber für notwendig, wobei sie sich in der Gestaltung der einzelnen Informationen durchaus unterscheiden. Insbesondere finden sich in Argentinien folgende dem deutschen Recht fremde Pflichtinformationen:

- der Anbieter muss nach Art. 42 a) der Initiative über das Recht die Transaktion durch andere Medien vorzunehmen, und wenn er eine Papierkopie der Unterlagen verlangt, über die Bedingungen um diese zu erlangen, informieren;
- der Anbieter muss nach 42 b) der Initiative nicht nur über das Widerrufsrecht, sondern auch über dessen Modalitäten und Konsequenzen bereits vorvertraglich informieren;
- er muss nach Art. 42 c) über die Bedeutung der abzugebenden Willenserklärung informieren;
- nach Art. 42 d) obliegt ihm die Verpflichtung, die in angemessener Weise notwendige Information, damit der Verbraucher Kontakt aufnehmen kann, aktualisiert zu halten;
- nach Art. 42 f) muss der Lieferant vorher Informationen über jegliche Veränderung der notwendigen technischen Voraussetzungen vermitteln, um die Information abrufen und speichern zu können;

- nach Art. 42 g) muss er ebenfalls über das Recht des Verbrauchers seine Willenserklärung ohne Kosten wegen Veränderungen in den technischen Standards der Informationsverarbeitung zu widerrufen, informieren.

C. Eignungs- und Effizienzprüfung der einzelnen Informationsmodelle

Es stellt sich vor dem Hintergrund der aufgezeigten Unterschiede in den drei Rechtsordnungen

(1) die Frage, ob der Verbraucher tatsächlich besondere vorvertragliche Informationen im elektronischen Geschäftsverkehr braucht, um seine rechtsgeschäftliche Entscheidungsfreiheit ausüben zu können und

(2) bejahendenfalls welche konkreten Informationen der Verbraucher benötigt, um in die Lage versetzt zu werden, eine rationale Kaufentscheidung treffen zu können.

Von dem Europäischen Wirtschafts- und Sozialausschuss wurde bereits im Vorfeld des Erlasses der E-Commerce-Richtlinie gefordert, noch weitere Informationspflichten zu normieren, wie etwa die voraussichtliche Lieferdauer der Leistung oder Angaben über eine Versicherung, ohne jedoch die Verbraucher und die Anbieter durch ein Übermaß an Informationen zu belasten. Darüber hinaus wurde von derselben Stelle vorgeschlagen, spezifische Warnungen über die Sicherheit der Produkte oder etwaige Risiken zu geben.[557] Andere bezeichneten die in dem Vorschlag für eine Richtlinie zum elektronischen Geschäftsverkehr angegebenen Pflichtinformationen zwar als wünschenswert, um ein Rechtsgeschäft effizient abwickeln zu können, die Geeignetheit und Erforderlichkeit, mithin also die Verhältnismäßigkeit der Fülle der Pflichtangaben wurde aber in Zweifel gezogen.[558]

Die gegenwärtige deutsche Rechtssituation wird in der deutschen Literatur aber vor allem mit den Argumenten kritisiert, dass sie möglicherweise auf-

---

[557] Vgl. für alles Vorstehende die Stellungnahme des Wirtschafts- und Sozialausschusses zu dem „Vorschlag für eine Richtlinie des Europäischen Parlaments und des Rates über bestimmte rechtliche Aspekte des elektronischen Geschäftsverkehrs im Binnenmarkt", ABl. EG 1999, Nr. C 169/36, 40.

[558] Stellungnahme des Verbands Deutscher Zeitschriftenverleger (VDZ) zum Vorschlag der Europäischen Kommission für eine Richtlinie über bestimmte rechtliche Aspekte des elektronischen Geschäftsverkehrs im Binnenmarkt, März 1999, S. 10f. (nachfolgend: Stellungnahme des VDZ)

grund der Vielzahl der Informationen zu einer Informationsüberlastung des Verbrauchers führe[559] und der Unternehmer kaum noch seinen Informationspflichten mit vertretbarem Aufwand und hinreichender Rechtssicherheit nachkommen könne.[560] Die Fülle der Informationspflichten würde die Gefahr in sich bergen, den Internethandel zu verkomplizieren und wäre für den Wunsch nach einer Verbesserung der Akzeptanz elektronischer Verträge kontraproduktiv.[561]

Im Rahmen einer Eignungs- und Effizienzprüfung unter Berücksichtigung empirischer Nachweise werden die aufgeworfenen Fragen mit Blick auf die geübte Kritik zu beantworten sein und untersucht, welches der drei analysierten Informationsmodelle in seiner konkreten Ausgestaltung am sachgerechtesten erscheint, um einen effektiven Verbraucherschutz im Internet zu gewährleisten.

I. Eignungsprüfung unter Berücksichtigung praktischer Untersuchungen

1. Informationsdefizite in der konkreten Verkaufssituation im Hinblick auf die „essentialia negotii"

a) Sinn und Zweck der Regelungen

Die Verbraucherschutzinstrumentarien im Fernabsatz, welchem neben dem klassischen Versandhandel sämtliche mittels moderner Kommunikationstechnik erfolgenden Absatzmethoden zuzuordnen sind, finden ihre innere Rechtfertigung in erster Linie darin, dass es dem Verbraucher mangels persönlichem Kontakt mit dem Unternehmer erschwert ist, den Vertragspartner zu beurteilen und er die Ware oder Dienstleistung vor der Abgabe einer Willenserklärung nicht auf ihre Eigenschaften und Qualität hin überprüfen kann.[562] Nach dem 11. Erwägungsgrund der Fernabsatzrichtlinie darf die Situation im Fernabsatz nicht zu einer Verringerung der dem Verbraucher vermittelten Informationen führen. Erreicht werden soll der Schutz des Verbrauchers daher zunächst durch die Sicherstellung von Transparenz durch rechtzeitige Information des Verbrauchers.

---

559 *Grigoleit*, NJW 2002, 1151, 1155, 1157f.; *Hoenike/Hülsdonk*, MMR 2002, 415, 417 sprechen von einem „Informational overkill". *Hoeren*, MMR 1999, 192, 197 geht davon aus, dass der Nutzer aufgrund der Informationsfülle *„zwangsläufig weniger zur Kenntnis nimmt, als er dies bei kurzen Angaben zur Person des Providers tun würde"*; siehe auch *Wildemann*, S. 106. Positiver *Mankowski*, CR 2001, 767, 771.

560 *Grigoleit*, NJW 2002, 1151, 1155.

561 So *Wildemann*, S. 106.

562 *Artz*, VuR 1999, 393, 394; *Frings*, VuR 2002, 390, 396; *Grigoleit*, NJW 2002, 1151.

Ausgangspunkt der spezialgesetzlichen Informationspflichten sind im deutschen Recht die Regeln über den Vertragsschluss.[563] Wesentliche Voraussetzung der wirtschaftlichen Selbstbestimmung im Zeitpunkt des Vertragsschlusses ist, dass der Annehmende in diesem Zeitpunkt vom Inhalt des Antrages Kenntnis hat. Die Regeln über das Wirksamwerden von Willenserklärungen sollen dies garantieren. Der empfangsbedürftige Antrag auf Abschluss eines Vertrages muss inhaltlich so bestimmt oder bestimmbar sein, dass er durch ein einfaches „Ja" angenommen werden kann.[564] Inhaltliche Bestimmtheit und Empfangsbedürftigkeit dienen der Information des Empfängers. Die Informationspflichten der Fernabsatzrichtlinie sollen vorrangig die inhaltliche Bestimmtheit eines Antrages fördern.[565] Im Grundsatz entspricht dies der Rechtssituation im argentinischen und mexikanischen Recht. Auch hier muss der Inhalt eines Antrags derart bestimmt sein, dass er durch ein einfaches „Ja" angenommen werden kann. In der Literatur und Rechtsprechung wird als Grundlage und innere Rechtfertigung besonderer Informationspflichten ferner regelmäßig auf den allgemeinen Grundsatz des „Guten Glaubens" rekurriert.[566]

Im Mittelpunkt der Untersuchung muss mit diesen Überlegungen daher stehen, ob dem Verbraucher die „essentialia negotii" des Vertrages bekannt sind, da es sich bei diesen Elementen um die Frage der Bestimmtheit des Antrags und um die Grundlagen einer vernünftigen Entscheidung handelt. Dem Verbraucher dürfen nicht weniger Informationen zur Verfügung stehen als bei herkömmlichen Geschäften.[567] Die Informationspflichten im deutschen Recht – gleichfalls wie in Argentinien und Mexiko - beziehen sich daher vor allem, aber nicht nur auf die „essentialia negotii".[568]

Letztlich wird der Verbraucher aber auch durch die fehlende Beratung sowie der Schwierigkeiten der Einschätzung der Seriosität des Anbieters in eine seine Schutzbedürftigkeit auslösende besondere Vertragssituation versetzt.[569] Die Gesetzgeber in Mexiko, Argentinien und Deutschland bedienen sich daher im Grundsatz richtigerweise darüber hinausgehend verschiedener verbraucherschützender Sonderregelungen und Regelungen des Lauterbarkeitsrechts zum Schutze der Verbraucher.[570]

---

563 So auch *Drexl*, S. 459.

564 *Heinrichs*, in: Palandt, § 145 BGB, Rn. 1.

565 Zu allem Vorstehenden *Drexl*, S. 460.

566 *Szafir*, in: Ameal/Tanzi, 961, 963; *Molina Quiroga*, in: Ameal/Tanzi, 849. Der Grundsatz von Treu und Glauben wurde etwa durch die Reform des Código Civil im Jahr 1968 (Ley 17.711) in Art. 1198 arg. C.C. explizit aufgenommen.

567 So *Dilger*, S. 74 zum Zweck der Fernabsatzrichtlinie.

568 *Fuchs*, ZIP 2000, 1273, 1276.

569 *Artz*, VuR 1999, 393, 394; *Borges*, ZIP 1999, 130.

570 Vgl. dazu im deutschen Recht *Willingmann*, VuR 1998, 395, 398.

Die Angemessenheit der Pflichtinformationen im Sinne eines sachgerechten Verbraucherschutzes muss sich also daran orientieren, dass besondere Gefahren, die beim Zustandekommen des Vertrages via Internet für den Verbraucher über die Nichtangabe der wesentlichen Vertragsbestandteile bestehen können, ausgeglichen werden sollen. Letztlich wird aber auch zu berücksichtigen sein, dass der Online-Handel gestärkt werden soll. Auf diese unterschiedlichen Zielsetzungen werden die einzelnen Angaben in den drei Rechtsordnungen zu überprüfen sein.

b) Identität des Anbieters

(1) Anschrift

In der konkreten Vertragssituation im elektronischen Geschäftsverkehr besteht die Gefährdung des Verbrauchers zunächst darin, dass er mangels persönlichem Kontakt mit dem Unternehmer dessen Identität nicht notwendigerweise kennt.[571] Die Domain vermag über die Identität des Vertragspartners und dessen Sitz zwar in den Fällen, in denen eine Landeskennung benutzt wird, einen Anhaltspunkt geben. Sie reicht aber nicht aus, um den geografischen Sitz des Anbieters exakt zu bestimmen und versagt gänzlich, wenn nur „.com“ angegeben wird.[572] Auch muss der Name der Domain nicht notwendigerweise mit dem Firmennamen übereinstimmen oder die Webseite wechselt während des Transaktionsvorgangs. Gibt der Unternehmer also seine Anschrift nicht freiwillig an, weiß der Verbraucher in zahlreichen Fällen nicht, mit wem er kontrahiert, noch wohin er sich bei Fragen und Problemen wenden soll. Steht ihm keine e-mail-Adresse oder Telefonnummer zur Verfügung, kann er sich auch nicht mit einem Mitarbeiter des Online-Shopping-Anbieters etwa bei Fragen zum Warenpreis oder dessen Zusammensetzung erkundigen.

Belegt werden diese Informationsdefizite des Verbrauchers in der Verkaufssituation im elektronischen Geschäftsverkehr etwa durch die Studie Consumers@Shopping der Consumers International aus dem Jahr 1999.[573] In der Zeit von November 1998 bis Februar 1999 wurden von den 11 Teilnehmerländern 151 Bestellungen auf Websites in 17 verschiedenen Ländern getätigt. Die Ergebnisse der Studie zeigten, dass im Durchschnitt 28% der Webseiten keine geografische Adresse des Unternehmers aufwiesen, 26% keine Telefon-

---

[571] *Willingmann*, VuR 1998, 395, 398.

[572] *Horna*, Alfa-Redi N°. 118, 7/2003, 1, 10 mit der Frage nach der Kosten-Effektivitätsanalyse eines Büros.

[573] Consumers International, Consumers@Shopping - An international comparative study of electronic commerce, 9/1999 (nachfolgend: Consumers@Shopping).

nummer und 17% keine e-mail-Adresse.[574] Die weitere Studie „Should I buy?“[575] der Consumers International aus dem Jahr 2001, an der 15 Verbraucherorganisationen aus 14 Ländern teilnahmen, kam bei 412 Bestellungen zu einem verbesserten Ergebnis: Noch 12% der aufgesuchten Webseiten wiesen keine geografische Adresse auf, nur 3% führten keine e-mail-Adresse und nur 4,5% keine Telefonnummer auf.[576]

Diesen Defiziten tragen die Informationspflichten im deutschen, im mexikanischen und argentinischen Recht im Grundsatz Rechnung. Die Kenntnis der Identität des Anbieters ist Voraussetzung für eine Geltendmachung von Rechten gegenüber dem Anbieter,[577] weshalb es gerechtfertigt ist, den Anbieter zu verpflichten, seine Anschrift anzugeben. Nach Art. 76 bis S. 2 III. LFPC ist der Anbieter in Mexiko zur Angabe seiner Anschrift und ebenso in Argentinien nach Art. 4 LDC verpflichtet, wobei ausdrücklich nach Art. 33 Abs. 2 LDC die Angabe eines Postfachs nicht ausreicht. In Deutschland folgt die Angabe einer ladungsfähigen Anschrift[578] aus dem Zweck der Anbieterkennzeichnung, die dem Kunden die Möglichkeit zur Rechtsverfolgung geben soll.[579] Eine Klageschrift kann aber nur zugestellt werden, wenn eine ladungsfähige Anschrift i. S. d. §§ 253 Abs. 1, 130 Nr. 1 ZPO vorliegt.

Der deutsche Gesetzgeber ist in § 312c Abs. 1 Nr. 1 i.V.m. § 1 Abs. 1 Nr. 1 und 2 BGB- InfoV von Artikel 4 Abs. 1 a) der Fernabsatzrichtlinie abgewichen, wonach der Lieferer nur dann vor Vertragsschluss seine Anschrift bekannt geben muss, wenn eine Vorauszahlung notwendig ist.[580] Diese Umsetzung wird von der Mindestklausel in Art. 14 der Fernabsatzrichtlinie gedeckt, da durch die deutsche Norm ein höheres Verbraucherschutzniveau sichergestellt wird. Der Verbraucher kann hierdurch den Sitz des Anbieters und damit eventuell verbundene Schwierigkeiten, Ansprüche gegen den Anbieter nach Vertragsschluss durchzusetzen, in seine Entscheidung miteinbeziehen.[581] Durch die aktuelle deutsche Regelung wird ferner der Internethandel durch einen Gewinn an Seriosität des Mediums Internet als entscheidende Voraussetzung für die Akzeptanz

---

574 Vgl. Consumers@Shopping mit einer Auflistung der Ergebnisse der einzelnen Länder in Table 5.1, S. 24.

575 Consumers International's Office for Developed and Transition Economies (ODTE), Should I Buy?- Shopping online 2001: An international comparative study of electronic commerce, 9/2001 (nachfolgend: Should I buy?).

576 Should I buy?, S. 24.

577 *Hoeren/Oberscheidt*, VuR 1999, 371, 383.

578 Ladungsfähige Anschrift erforderlich seit dem 01.09.2002, siehe Neufassung des § 1 Abs. 1 Nr. 2 BGB-InfoV, BGBl. I 2002, 3002-3007.

579 So auch *Pernice*, S. 10.

580 *Reich*, EuZW 1997, 581, 584 bedauert diese Regelung.

581 *Meents*, S. 194.

des Verbrauchers zur Nutzung dieses Mediums zum Vertragsabschluss gefördert.[582]

(2) Telefonnummer und e-mail

Nach mexikanischem Recht muss der Unternehmer neben seiner Anschrift seine Telefonnummer angeben. In Deutschland ist der Anbieter zu dieser Angabe nicht verpflichtet.[583] Allerdings hat der mexikanische Gesetzgeber anders als der deutsche Gesetzgeber und abweichend von Teil II., III. A., a) der OECD-Leitlinien darauf verzichtet, explizit die Angabe einer e-mail-Adresse gesetzlich zu fordern. Es wird vielmehr allgemein normiert, dass der Unternehmer die weiteren Mittel zur Kontaktaufnahme angeben muss. Soweit die gesetzliche Verpflichtung der Angabe einer e-mail-Adresse bereits in dem Vorschlag für die E-Commerce-Richtlinie mit dem Argument kritisiert wurde, dass der Unternehmer möglicherweise keine e-mail-Adresse habe und daher in Art. 5 Abs. 1 (g) des Entwurfs der E-Commerce-Richtlinie das Wort „gegebenenfalls" hätte eingefügt werden sollen,[584] ist dem nicht zu zustimmen. Mit demselben Argument könnte auch auf die verbindliche Angabe einer Telefonnummer, wie in Teil II., III. A., a) der OECD-Leitlinien gefordert, verzichtet werden. Bei einer e-mail-Adresse handelt es sich aber um die typische Kommunikation über das Internet. Ferner sollte die e-mail-Adresse unter Verbraucherschutzgesichtspunkten angegeben werden, da sie die preisgünstigste Kommunikationsform für den User ist, mit dem Unternehmer Kontakt aufzunehmen, insbesondere dann, wenn der Anbieter seinen Sitz im Ausland hat. Der mexikanische Gesetzgeber sollte sich daher entscheiden, die Angabe der e-mail in den Katalog der Mindestangaben aufzunehmen, der deutsche Gesetzgeber für die explizite Aufnahme der Telefonnummer.

Die argentinische Rechtssituation wird in diesen Punkten der Geschäftssituation im Internet insoweit nicht gerecht, als dass keine Verpflichtung zur Angabe einer Telefonnummer und einer e-mail besteht. Auch in Art. 30 d) der Gesetzesinitiative ist nur die Rede von den „alternativen Medien" zur Kontaktaufnahme. Wenn der argentinische Gesetzgeber aber die Position der Verbraucher im E-Commerce stärken will, dann wird er um die Aufnahme dieser Pflichtinformationen nicht umhin kommen.

---

582 *Meents*, S. 194.

583 *Lütcke*, § 312c BGB, Rn. 13; a. A. *Putzo*, in: Palandt, § 1 BGB-InfoV, Rn. 2, der dies aus § 242 BGB herleiten will.

584 Stellungnahme des VDZ, S. 10.

c) Produktbezogene Informationen

Ferner soll durch die Information ein Informationsdefizit ausgeglichen werden, das sich im elektronischen Geschäftsverkehr im Unterschied zum persönlichen Verkaufsgespräch daraus ergibt, dass der Verbraucher keine Möglichkeit hat, das Produkt einer intensiven Betrachtung zu unterziehen und ein persönliches Gespräch mit dem Verkäufer über die Eigenschaften der Ware zu führen. Der Verbraucher kann die gewünschte Ware weder unmittelbar ansehen noch überprüfen, wie das in einem Ladenlokal möglich wäre. Auch durch das Fehlen insbesondere der taktilen Reize beim Kauf von Produkten im Internet werden detaillierte Produktbeschreibungen und Informationen deutlich wichtiger als beim Kauf im Geschäft. Die Spezifika eines Bestellvorgangs im Internet führen dazu, dass der Verbraucher in zahlreichen Fällen nicht die wesentlichen Informationen über den Geschäftsabschluss erhält, wie dies in einem Ladenlokal möglich wäre. Die beschriebenen Nachteile sollen insbesondere durch vorvertragliche Informationen in allen drei Rechtsordnungen ausgeglichen werden. Produktangaben liegen ebenfalls im Interesse des Anbieters, da gerade nicht ausreichend informative Produktbeschreibungen zu den Gründen für den Abbruch eines Bestellvorgangs zu zählen sind.[585] Welche Angaben über die Ware zu machen sind, wird aber in keiner der drei Rechtsordnungen definiert, lediglich in Mexiko hat der Gesetzgeber etwa die Angabe einer Marke explizit gesetzlich festgeschrieben. Hält man sich aber die Tatsache vor Augen, dass die Produkt- und Dienstleistungsbeschreibung die Kaufentscheidung des Verbrauchers begründet[586] und er nur hierdurch seine Entscheidungsfreiheit sachgerecht ausüben kann, erfüllen alle Regelungen eine deskriptive Funktion.[587] Die exakte Produktbeschreibung wird aber jeweils von der bestellten Ware oder Dienstleistung abhängig sein, wie die argentinische Literatur auch für Art. 4 LDC annimmt. Eine genauere Spezifikation in einer besonderen Regelung erscheint vor diesem Hintergrund entbehrlich.

d) Preis- und Kostenstruktur

Letztlich birgt die Verkaufssituation im Internet die Gefahr in sich, dass der Verbraucher in einer Vielzahl der Fälle nicht ausreichend über den Preis und die genaue Kostenstruktur der angebotenen Produkte aufgeklärt wird. Nach der Studie Consumers@Shopping wurden im Durchschnitt auf 76% der Websites den Verbrauchern klare Preisangaben und klare Kostenauflistungen gegeben. Ob-

---

585 Internetshopping Report 2001, S. 31.

586 *Micklitz*, ZEuP 1999, 875, 882; *ders.*, in: Micklitz/Tonner, § 312c BGB, Rn. 74.

587 So auch *Micklitz*, in: Micklitz/Tonner, § 312c, Rn. 75.

wohl in den meisten Ländern die Prozentzahl höher lag, wurde der Durchschnittswert aufgrund der schwachen Ergebnisse in Spanien mit 33% und Griechenland mit 50% negativ beeinflusst.[588] Das größte Defizit wiesen die untersuchten Websites im Hinblick auf die Angabe der Lieferkosten aus, die nicht immer in den Gesamtpreis eingerechnet waren, wobei die Angaben klarer waren, wenn eine Ware auf einer heimischen Website geordert wurde.[589] Gerade die Lieferkosten, die regelmäßig gewichtsabhängig sind, können einen großen Teil des Gesamtpreises ausmachen und höher ausfallen, wenn es sich um eine Bestellung in einem fremden Land handelt. Da der Verbraucher diese Kosten nicht einschätzen kann, sollte er vorvertraglich von dem Unternehmer darüber informiert werden,[590] wie dies in Mexiko in Art. 53 IV. LFPC und in Deutschland in § 312c Abs. 1 Nr. 1 BGB i. V. m. § 1 Nr. 7 BGB-InfoV gesetzlich vorgesehen ist.

In Argentinien findet sich keine ausdrückliche Regelung zu diesem Komplex. Aufgrund des in Art. 42 der argentinischen Verfassung verankerten Wahlrechts wird Art. 4 LDC aber derart auszulegen sein, dass der Anbieter die Preis- und Kostenstruktur auch offen legen muss, da der Verbraucher nur auf diese Weise sein Wahlrecht zwischen einzelnen Produktalternativen sachgerecht ausüben kann. Der Gesetzgeber sollte sich aber für eine explizite Aufnahme in den Gesetzeswortlaut entscheiden. Nur durch die Offenlegung der Preis- und Kostenstruktur kann dem Verbraucher ein Preisvergleich im Internet ermöglicht werden. Diese Angabe liegt gleichfalls im Interesse der Anbieter, da etwa die Nichtangabe von Versandkosten zu einem Abbruch des Kaufvorgangs durch den Verbraucher führen kann.[591] Dass diese Angabe auch förderlich für den Internethandel sein wird, zeigt eine Befragung von Usern, da 95% der befragten Personen angaben, dass eine genaue Angabe aller Kosten für sie sehr wichtig sei.[592]

e) Ergebnis und Fragestellung für den weiteren Gang der Untersuchung

Die konkrete Vertragssituation rechtfertigt es, mit Sinn und Zweck der Regelung zunächst dem Anbieter besondere Informationspflichten über die „essentialia negotii“ des Vertrages gesetzlich aufzuerlegen. Vordringlich sollen die im Fernabsatz geltenden vorvertraglichen Informationspflichten den Vertragsgegenstand spezifizieren und den Vertragspartner des Verbrauchers identifizieren, um letzt-

588 Vgl. Consumers@Shopping mit einer Auflistung der Ergebnisse der einzelnen Länder in Table 5.2, S. 25.

589 Vgl. Consumers International, Consumers@Shopping, S. 25.

590 So auch Consumers@Shopping, S. 25f..

591 Internetshopping Report 2001, S. 31.

592 *Consumer WebWatch*, A matter of Trust: What Users want from Web Sites, 1/2002, S. 11.

lich ein möglichst hohes Maß an Transparenz des Vertragsinhalts herzustellen.[593] Die exemplarisch dargestellten Studien zeigen, dass im Interesse des Verbraucherschutzes die Informationspflichten, die die „essentialia negotii" des Vertrages betreffen, zu begrüßen sind. Das derzeit weiterhin im elektronischen Geschäftsverkehr bestehende mangelnde Vertrauen der Verbraucher in die Seriosität der Online-Anbieter und ihrer Angebote kann durch verlässliche Informationen gewonnen werden. Denn nur wer etwa Kenntnis über seinen potenziellen Vertragspartner hat, kann sich über dessen Seriosität erkundigen. Ebenso wichtig für den Verbraucher ist es zu wissen, wie er seinen Internet-Vertragspartner erreichen kann. Name und Postanschrift sind Voraussetzung für die Geltendmachung von Reklamationen oder zur Rechtsverfolgung im Streitfall. Der Gesetzgeber hat daher richtigerweise die Pflicht zur Anbieterkennzeichnung in § 6 TDG und in § 312c BGB i.V.m. § 1 Nr. 1 und 2 BGB-InfoV, in Art. 76 bis S. 2 III. LFPC und in Argentinien in Art. 4 LDC, wobei dies hier durch Auslegung zu ermitteln war, aus diesen Gründen gesetzlich festgeschrieben. Eine explizite Aufnahme der Angabeverpflichtung einer Telefonnummer und e-mail in alle nationalen Regelungen ist mit den genannten Argumenten ebenfalls wünschenswert.

Unter Berücksichtigung der konkreten Situation des Vertragsabschlusses über das Internet muss der Unternehmer ferner richtigerweise über den Preis der Ware inklusive aller Folgekosten und über die Spezifika der Ware oder Dienstleistung Angaben machen. Während diese Mindestangaben bereits im mexikanischen und deutschen Recht normiert sind, bestehen hier im argentinischen Verbraucherschutzrecht noch Lücken. Die Umsetzung des Gesetzesprojektes, das hierzu Mindestangaben enthält, wäre daher wünschenswert, um dem Verbraucherschutz im elektronischen Geschäftsverkehr zu verbessern.

Es fragt sich jedoch, ob alle in den verschiedenen Rechtsordnungen vorgesehenen Pflichtangaben zur Erreichung des angestrebten Ziels, dem Ausgleich der Gefährdung des Verbrauchers in der konkreten Vertragssituation, wirklich geeignet und erforderlich, demnach verhältnismäßig sind. Es existieren über die soeben genannten Pflichtangaben hinaus gehende unterschiedlichste verbraucherschützende Normen und Regelungen des Lauterbarkeitsrechts, die von dem Anbietern zu beachten sind.[594] In allen drei Rechtsordnungen muss der Anbieter etwa über ein Widerrufsrecht informieren oder etwa in Mexiko und Deutschland über Abruf- und Speichermöglichkeiten der Vertragsdokumentation. Durch die Pflichtinformationen im elektronischen Geschäftsverkehr nach § 312e Nr. 2 BGB i.V.m. § 3 BGB-InfoV soll der Vorgang des Vertragsabschlusses transparent und nachvollziehbar gestaltet werden.[595] Im Folgenden werden ausgewählte

---

593 *Grigoleit*, NJW 2002, 1151, 1156.

594 Vgl. dazu auch in Deutschland *Willingmann*, VuR 1998, 395, 398.

595 *Riechert*, in: Kath/Riechert, S. 97, Rn. 205.

besondere Informationspflichten auf ihre verbraucherschützende Wirkung untersucht. Schließlich wird diskutiert werden, ob und mit welchen Argumenten auf bestimmte Informationspflichten, die anders als im deutschen Recht im argentinischen und mexikanischen Recht nicht normiert sind, in Deutschland verzichtet werden könnte, ohne die Verbraucherposition zu schwächen.

2. Überprüfung weiterer einzelner Informationspflichten

a) Notwendigkeit vollständiger Information?

Wie festgestellt wurde, besteht im Ergebnis die Notwendigkeit, dem Verbraucher im elektronischen Geschäftsverkehr eine Vielzahl von Informationen an die Hand zu geben, damit er für seine Entscheidungsbildung die notwendige Grundlage erhält. Es fragt sich zunächst, ob der Verbraucher vollständige Informationen über alle Einzelheiten und Belange des gesamten Geschäftsvorgangs erhalten muss. Ziel kann aber nicht sein, den Unternehmer zu verpflichten, sämtliche ihm zur Verfügung stehenden Informationen an seinen zukünftigen Vertragspartner weiterzugeben.[596] Durch eine vollständige Aufklärungspflicht würde das Prinzip der individuellen Selbstverantwortung für die privatautonome Lebensgestaltung aufgegeben werden. Sichergestellt werden muss ein angemessener Interessenausgleich, durch den ein übermäßiges Informationsgefälle zwischen den Vertragsschließenden verhindert wird. Dies wird dadurch gewährleistet, dass der Verbraucher durch den Anbieter richtige und vollständige Informationen über die wesentlichen Punkte der Transaktion erhält. Eine vollständige, umfängliche Information ist aber nicht zu fordern.[597] Inwieweit es gerechtfertigt sein kann, dass der Anbieter über die „essentialia negotii“ hinaus gehende Angaben machen muss, wird im Folgenden zu zeigen sein. Diese Frage muss sich, wie bereits ausgeführt, daran orientieren, dass einerseits besondere Gefahren, die beim Zustandekommen des Vertrages via Internet für den Verbraucher bestehen und andererseits der Online-Handel – insbesondere im Binnenmarkt - gestärkt werden soll, orientieren.

b) Bedienungsbezogene Pflichten

Einige der Informationspflichten haben gemein, dass sie sich auf den technischen Ablauf des Vertragsschlusses beziehen, um dem Kunden die Handhabung

[596] Nach *Grunert*, S. 14 kann nicht der perfekt informierte Konsument Ziel der Verbraucherpolitik sein.

[597] So auch *Kemper*, S. 187.

des elektronischen Programms zu erleichtern, damit er seine elektronisch vermittelte Willenserklärung störungsfrei abgeben kann.

(1) Erläuterung des Vertragsschlussmechanismus

Durch die E-Commerce-Richtlinie soll die Unsicherheit des Verbrauchers durch Vorgaben an die Transparenz der Bestellvorgänge begegnet werden.[598] Ein Novum ist die Regelung in § 312c Abs. 1 Nr. 1 BGB i.V.m. § 1 Nr. 3 BGB-InfoV und in § 312e Abs. 1 Nr. 2 BGB i.V.m. § 3 BGB-InfoV, wonach der Unternehmer dem Nutzer das Vertragsschlussverfahren erklären muss. Erforderlich sind Angaben über die technischen und rechtlichen Schritte, um zu einem Vertragsschluss zu gelangen. Insbesondere muss der Anbieter auch Angaben darüber machen, durch welche Erklärung der Kunde eine Bindung eingeht.[599] Nach der in Umsetzung der E-Commerce-Richtlinie in das deutsche Recht eingeführten Regelung ist der Unternehmer praktisch neben der Erklärung der technischen Schritte dafür verantwortlich, der anderen Partei zu erläutern, wie es zu einem Vertragsschluss und somit zu wechselseitigen Bindungen kommt.

Der mexikanische Gesetzgeber hat in Anlehnung an die OECD-Leitlinien zum Verbraucherschutz darauf verzichtet, den Unternehmer zu verpflichten den Verbraucher über das Vertragsschlussverfahren aufzuklären. Auch im gegenwärtigen argentinischen Verbraucherrecht existiert eine solche Aufklärungspflicht seitens des Anbieters nicht, es bestehen aber Bestrebungen in Art. 31 a) der Gesetzesinitiative zum elektronischen Geschäftsverkehr in Anlehnung an die E-Commerce-Richtlinie diese Aufklärungspflicht einzuführen.

Hält man sich die technische Komponente vor Augen, nämlich die Tatsache, dass viele Nutzer sich sicherlich mit der Technik des Internet nicht gut auskennen, erscheint es auf den ersten Blick durchaus sinnvoll, dem Nutzer den Vertragsschlussmechanismus zu erläutern. Auf diese Weise kann dem Nutzer sicherlich eine gewisse Unsicherheit bei der Nutzung des Mediums Internet zum Vertragsschluss genommen werden, da er über unangenehme technische Überraschungen aufgeklärt wird. Für einen reibungslosen Handel liegt ein eindeuti-

---

598 Erwägungsgründe (10) und (65) mit Verweis auf eine Entschließung des Rates über die Verbraucherdimension der Informationsgesellschaft v. 19.01.1999, ABl. EG 1999, Nr. C 23, S. 1ff.; dort Erwägungsgründe (3ff.); im Internet zu finden unter: http://europa.eu.int-/eur-lex/pri/de/oj/dat/1999/c_023/c_02319990128de00010003.pdf.

599 *Micklitz*, in: Micklitz/Tonner, § 312e BGB, Rn. 83; *Putzo*, in: Palandt, § 3 BGB-InfoV, Rn. 2. Nach *Wildemann*, S. 104 müsse nur über die technischen aber nicht über die rechtlichen Aspekte aufgeklärt werden; ähnlich auch *Lütcke*, § 312c BGB, Rn. 18.

ger Bestellablauf auch im Interesse des Unternehmers.[600] Ein zu komplizierter oder unverständlich erklärter Mechanismus kann sogar zum Abbruch der Transaktion durch den Verbraucher führen.[601] Die Angabe erscheint mithin also auch zur Förderung des E-Commerce geeignet, da eine Vielzahl von Personen bei der Nutzung eines neuen Mediums regelmäßig Vorbehalte haben werden, diese überhaupt zu nutzen.

Einer solchen gesetzlich verankerten Verpflichtung ist aber entgegenzuhalten, dass es nicht die Aufgabe eines Anbieters sein kann, nach der Neuentwicklung eines Mediums, dass daraufhin im Handel benutzt werden kann, dem Verbraucher die technischen Schritte zu erklären, zumal davon auszugehen ist, dass die Vorbehalte bei häufiger Nutzung und einer wachsenden Routine schwinden werden.[602]

Tragfähiger ist das Argument, dass der Verbraucher durch diese Informationsverpflichtung vor unangenehmen rechtlichen Überraschungen geschützt wird und damit eine gewisse Rechtssicherheit geschaffen wird. Die Pflicht vorvertraglich über die einzelnen Schritte zu informieren, die zum Vertragsschluss führen, soll verhindern, dass der Kunde durch technische Fehler ohne Erklärungsbewusstsein eine verbindliche Bestellung vornimmt.[603] Einschränkend muss allerdings festgehalten werden, dass durchaus gegen die Informationsverpflichtung eingewandt werden kann, dass in den einzelnen europäischen Mitgliedstaaten weiterhin verschiedene Normen, beispielsweise zum Zeitpunkt des Vertragsschlusses, bestehen.

(2) Fehlerkorrektur und Irrtumsanfechtung

Anders als nach § 312e Abs. 1 Nr. 2 BGB i.V.m. § 3 Nr. 3 BGB-InfoV und Art. 31 b) des argentinischen Gesetzesprojekts zum elektronischen Geschäftsverkehr muss im mexikanischen Recht der Anbieter den Verbraucher nicht über die technischen Mittel zur Identifikation und Korrektur von Eingabefehlern vor der

---

600 In der Studie Consumers@Shopping, S. 28 aus dem Jahre 1999 wurde festgestellt, dass bereits in 92% der Bestellungen dem Verbraucher erklärt wurde, dass er sich in der letzten Stufe des Bestellvorgangs befindet.

601 Internetshopping Report 2001, S. 31.

602 Nach *Maennel*, MMR 1999, 187, 191 sollen „*grundlegende Informationen über den tatsächlichen Vorgang (...) zumindest so lange nötig sein, bis der Umgang mit den elektronischen Medien selbstverständlich geworden ist.*"

603 *Grigoleit*, NJW 2002, 1151, 1157.

Bestellung informieren.[604] Nach den der Reform des mexikanischen Verbraucherschutzgesetzes maßgeblich zu Grunde liegenden OECD-Leitlinien zum Verbraucherschutz muss der Verbraucher aber vor Abgabe der Bestellung in der Lage sein, etwaige Fehler zu erkennen und zu korrigieren. Eine Informationsverpflichtung des Anbieters über diese technischen Möglichkeiten wird aber auch in den OECD-Leitlinien nicht ausdrücklich formuliert. Gleichfalls wie in Mexiko besteht im aktuellen argentinischen Verbraucherschutzrecht eine solche Verpflichtung ebenfalls nicht.

Diese Informationspflichten sind im elektronischen Geschäftsverkehr dann sachgerecht, wenn es gerechtfertigt ist, dem Anbieter die Verpflichtung aufzuerlegen, technische Mittel zur Korrektur von Eingabefehlern einzurichten. Einer solchen Verpflichtung könnte entgegengehalten werden, dass nach der Grundentscheidung des deutschen Rechts der Erklärende bei Eingabefehlern seine Erklärung nach § 119 BGB anfechten kann. Er muss dann aber den Vertrauensschaden nach § 122 BGB tragen, da Eingabefehler im Risikobereich des Users liegen.[605] § 312e Abs. 1 Nr. 2 BGB i.V.m. § 3 Nr. 3 BGB-InfoV weicht hier von dieser deutschen Rechtslage zugunsten des Nutzers ab.[606]

Teilweise wird die Risikoentscheidung des § 122 BGB zu Lasten des Verbrauchers im elektronischen Geschäftsverkehr als verfehlt angesehen.[607] Nach anderer Ansicht ergebe sich die Schutzbedürftigkeit des Verbrauchers über die fehlende Möglichkeit hinaus im Internet Ware und Vertragspartner zu überprüfen, auch aus der Schnelligkeit und Flüchtigkeit der Aussagen und Inhalte, die per Fernkommunikation vermittelt werden.[608] Aufgrund der Schnelligkeit und Flüchtigkeit des Kontrahierungsmittels Internet entstehe die besondere Gefahr, dass ein Irrtum leichter möglich sei als bei anderen Formen des Fernabsatzes, die auf körperlichem Träger oder vorangegangenen Verhandlungen aufbauen.[609] Dem Nutzer müsse deshalb eine erleichterte Irrtumsanfechtungsmöglichkeit gegeben werden, insbesondere wenn er sich über den Inhalt seiner Erklärung irre. Eingabefehler seien sozusagen Teil des Risikos des elektronischen Geschäftsverkehrs und können nicht, wie in der Regel des BGB mit dem Ersatz

---

604 Ausreichend ist im deutschen Recht, dass dem Kunden vor der endgültigen Versendung seiner Bestellung eine Zusammenfassung seiner Angaben angezeigt wird, die er gegebenenfalls korrigieren kann; vgl. *Grigoleit*, NJW 2002, 1151, 1157.

605 *Wildemann*, S. 117.

606 So auch *Wildemann*, S. 117.

607 *Reich*, in: Reich/Nordhausen, Nr. 173, S. 139f.; *ders.*, in Schulte-Nölke/Schulze, 79, 93.

608 *Frings*, VuR 2002, 390, 396; *Fuchs*, ZIP 2000, 1273; *Köhler*, NJW 1998, 185, 186; *Meents*, S. 179.

609 *Reich*, in: Reich/Nordhausen, Nr. 173, S. 139f.; *ders.*, in Schulte-Nölke/Schulze, 79, 93.

des Vertrauensschadens auf den irrenden Nutzer überwälzt werden, wobei dies auch für Fehler nach der Bestellung gelten soll.[610]

Eine derart weit gehende Überwälzung des Risikos auf den Anbieter ist aber nicht sachgerecht. Dem ist entgegenzuhalten, dass § 122 BGB nach Wortlaut und Entstehungsgeschichte eine Ausprägung des Veranlassungsprinzips ist und jetzt mehr und mehr auf die Möglichkeit der Beeinflussung des Irrtums abgestellt wird,[611] woraus eine Abgrenzung nach Sphären folgt. Mit dieser Risikoverteilung hat das Risiko von Eingabefehlern der Anbieter aufgrund der Spezifika des Mediums zu tragen, wenn technische Möglichkeiten zur Korrektur fehlen. Hat der Unternehmer hingegen eine solche Einrichtung geschaffen, liegt es hingegen in der Verantwortung des Verbrauchers seinen Irrtum zu erkennen und zu korrigieren.[612] Diese erleichterte Irrtumsanfechtungsmöglichkeit kann der Verbraucher aber nur dann effizient nutzen, wenn er über die technische Möglichkeit aufgeklärt wird.

c) Liefertermine und Lieferorte

Von dem Europäischen Wirtschafts- und Sozialausschuss wurde bereits im Vorfeld des endgültigen Erlasses der E-Commerce-Richtlinie gefordert, noch weitere Informationspflichten zu normieren, wie etwa die voraussichtliche Lieferdauer der Leistung und die Angabe der möglichen Lieferregionen.[613]

(1) Liefertermin

Die Angabe der voraussichtlichen Lieferdauer wird von der Verpflichtung in § 312c BGB i.V.m. § 1 Abs. 1 Nr. 8 BGB-InfoV erfasst, wonach der Unternehmer Angaben über die Einzelheiten der Lieferung machen muss. Zwar findet sich keine Definition, was unter den Einzelheiten der Lieferung zu verstehen ist, es wird aber richtigerweise angenommen, dass Angaben über „wann und wie" der Lieferung erforderlich seien.[614] Eine Angabe über die voraussichtliche Lieferdauer der Waren obliegt dem Unternehmer in Mexiko explizit nach Art. 53 IV. LFPC. Eine gleichwertige Verpflichtung existiert im argentinischen Recht nicht.

---

[610] *Reich*, in: Reich/Nordhausen, Nr. 173, S. 139f..

[611] *Kramer*, in: MünchKommBGB, § 22, Rn. 3 m.w.N..

[612] So auch *Nordhausen*, in: Reich/Nordhausen, Nr. 20, S. 11f..

[613] Stellungnahme des Wirtschafts- und Sozialausschusses zu dem „Vorschlag für eine Richtlinie des Europäischen Parlaments und des Rates über bestimmte rechtliche Aspekte des elektronischen Geschäftsverkehrs im Binnenmarkt", ABl. EG 1999, Nr. C 169/36, 40.

[614] *Micklitz*, in: Micklitz/Tonner, § 312c, Rn. 91; *Putzo*, in: Palandt, § 1 BGB-InfoV, Rn. 6.

Gegen eine solche gesetzliche Pflichtangabe, den Liefertermin anzugeben, könnte eingewandt werden, dass der Online-Shopping-Anbieter regelmäßig einen externen Anbieter mit der Versendung der Ware beauftragt und daher keinen Einfluss auf die Lieferzeiten hat. Gegen dieses Argument spricht aber, dass der Unternehmer im deutschen Recht über zusätzliche Lieferkosten informieren muss, die regelmäßig von dem Versandunternehmen berechnet werden. Muss sich der Online-Unternehmer hier über die Preise informieren, so ist es ihm auch ein Leichtes sich über die voraussichtlichen Lieferzeiten zu informieren. Von einem großen Teil der virtuellen Unternehmen werden die voraussichtlichen Lieferzeiten auch unabhängig von einer gesetzlichen Verpflichtung bereits angegeben.[615]

Die Angabe erscheint aus folgendem Grund sachgerecht: Während der Verbraucher im eigenen Land regelmäßig die Postlaufzeiten kennen wird, hat er bei ausländischen Bestellungen keine Vorstellung über die tatsächliche Lieferdauer. Gerade bei internationalen Bestellungen variieren die Lieferzeiten zwischen Tagen und Wochen. Der Verbraucher hat aber ein Interesse daran zu erfahren, wann die Ware voraussichtlich ankommen wird. Daher sollte dem Unternehmer gesetzlich aufgegeben werden, den voraussichtlichen Termin anzugeben. In diesem Fall weiß der Verbraucher, dass die Ware verspätet ist und wird schneller nachfragen können. Auch ein eventueller Verlust der Ware wird zeitnah aufgedeckt werden können.[616]

(2) Lieferort

Ferner ist weder in Argentinien noch in Mexiko eine Verpflichtung normiert, den Verbraucher darüber aufzuklären, aus welchen Ländern der Online-Shop Bestellungen annimmt und wohin er Waren liefert. Es ist aber wenig sachgerecht, wenn der Verbraucher einen virtuellen Warenkorb füllt und alle Angaben macht, die für eine Bestellung notwendig sind und dann erst bei der Eingabe seiner Anschrift darüber aufgeklärt wird, dass die Ware nicht in sein Heimatland geliefert wird. Im schlechtesten Fall tätigt er die vermeintliche Bestellung und wundert sich, dass die Ware nie eintrifft. Kommerzielle Webseiten sollten daher darüber Aufschluss geben, in welche Länder konkret geliefert wird.[617] Fehlt eine

---

615 „Should I buy?“, S. 20f.. So etwa von www.librarius.com.ar oder http://www.astrea.-com.ar/libreriavirtual.

616 „Should I buy?“, S. 20f..

617 Stellungnahme des Wirtschafts- und Sozialausschusses zu dem „Vorschlag für eine Richtlinie des Europäischen Parlaments und des Rates über bestimmte rechtliche Aspekte des elektronischen Geschäftsverkehrs im Binnenmarkt“, ABl. EG 1999, Nr. C 169/36, 40. So auch „Should I buy?“, S. 20.

solche Angabe muss der Verbraucher unnötig Zeit aufwenden, die ihn zudem wenigstens die Internetverbindungsgebühren kostet. Diesem Umstand haben indes richtigerweise die OECD-Richtlinien in Teil II, II. C. e) Rechnung getragen. Nach dieser Leitlinie muss der Unternehmer über beim Kauf zu beachtende Vorbehalte, Beschränkungen oder Auflagen, (...), geografische oder zeitliche Beschränkungen informieren. Auch die deutsche Regelung wird dahingehend ausgelegt, dass der Anbieter Angaben über den Lieferort machen muss.[618]

Praktisch können diese beiden Informationen einfach verbunden werden und durch Anklicken der entsprechenden Wörter, wie etwa „Lieferorte und Lieferzeiten", und durch das dann erfolgende Aufrufen einer entsprechenden Seite auch technisch umgesetzt werden.[619] Ein solcher Link soll nach Ansicht des OLG Frankfurt zwar keine klare und verständliche dem Internet entsprechende Information im Sinne des § 312c Abs. 1 BGB darstellen,[620] entgegen der Ansicht des OLG Frankfurt handelt es sich aber bei einem Link um eine typische dem Medium gerechte klare und verständliche Kommunikationsmöglichkeit. Vor dem Gesichtspunkt eines effektiven Verbraucherschutzes genügt es, wenn die Website einen deutlichen Hinweis auf die Informationen enthält und der Verbraucher sie ohne weiteres abrufen kann.[621]

d) Vertragslösungsrechte

(1) Widerrufsrecht bei Fernabsatzverträgen

Sowohl in Argentinien als auch in Mexiko und Deutschland steht dem Verbraucher bei einem Vertragsabschluss im Online-Shopping ein Widerrufsrecht zu, über das der Verbraucher vorvertraglich informiert werden muss. Über die Einzelheiten und Modalitäten des Widerrufsrechts muss allerdings nicht unbedingt im vorvertraglichem Stadium informiert werden. Das mexikanische Recht trifft hierüber überhaupt keine Aussage. Nach aktueller argentinischer (Art. 34 Abs. 2 LDC) Rechtslage muss der Anbieter den Verbraucher lediglich über das Bestehen des befristeten Widerrufsrechts informieren. Inhaltlich verlangt ebenso § 312c Abs. 1 Satz 1 Nr. 1 BGB i.V.m. § 1 Abs. 1 Nr. 9 BGB-InfoV keine detail-

---

618 *Lütcke*, § 312c BGB, Rn. 41; *Micklitz*, in: Micklitz/Tonner, § 312c, Rn. 91.

619 Siehe etwa das Verfahren bei http://www.astrea.com.ar/libreriavirtual.

620 OLG Frankfurt, Beschluss v. 17.04.2001, CR 2001, 782 mit Anmerkung *Vehslage* (noch zu § 2 Abs. 2 FernAbsG).

621 Zutreffend *Horn*, MMR 2002, 209, 212 aber im Hinblick auf die Ansicht des OLG Frankfurt mit der Empfehlung einer „Zwangsführung"; so auch *Mankowski*, CR 2001, 767, 771f.; siehe ebenfalls *Vehslage* zu OLG Frankfurt, Beschluss v. 17.04.2001, CR 2001, 783 (noch zu Art. 2 Abs. 2 FernAbsG).

lierte und umfassende Belehrung über die Einzelheiten des Widerrufs. Eine Belehrung, die den Anforderungen in § 355 Abs. 2 BGB genügt, ist noch nicht erforderlich.[622] Dies folgt aus dem Gegensatz zum wesentlich strengeren Wortlaut des § 312c Abs. 2 BGB i.V.m. § 1 Abs. 3 Nr. 1 BGB-InfoV, wonach der Anbieter nach Vertragsschluss bis zur Vertragserfüllung den Verbraucher über die Bedingungen, Einzelheiten der Ausübung und Rechtsfolgen des Widerrufs- oder Rückgaberechts sowie über den Ausschluss des Widerrufs- oder Rückgaberechts informieren muss. Der Anbieter kann diese Informationen also abzustufen. Erst nach Vertragsschluss muss der Lieferer dem Verbraucher die Bedingungen und die Einzelheiten der Ausübung des Widerrufsrechts bereit stellen. Notwendig ist im vorvertraglichen Bereich lediglich der Hinweis auf eine 2-wöchige Widerrufsfrist.[623]

Es ist aber eine Tendenz zu erkennen, den Pflichtenkatalog auszuweiten. Anders als in § 312c Abs. 2 BGB i.V.m. § 1 Abs. 3 BGB-InfoV soll der Anbieter nach Art. 42 b) der argentinischen Gesetzesinitiative bereits im vorvertraglichem Stadium nicht nur über das Bestehen eines Widerrufsrechts informiert werden, sondern auch über dessen Voraussetzungen, über das Widerrufsverfahren und über eventuelle Kosten und Konsequenzen eines Widerrufs. Von dem Konzept der Fernabsatzrichtlinie, die ins deutsche Recht in § 312c BGB umgesetzt wurde, ist der europäische Gesetzgeber aber in Art. 3 der Richtlinie über den Fernabsatz von Finanzdienstleistungen an Verbraucher (2002/65/EG) vom 23.09.2002[624] abgewichen. Der Anbieter muss nach dieser Vorschrift bereits vor Abschluss des Fernabsatzvertrages den Verbraucher über die Widerrufsfrist und die Widerrufsmodalitäten informieren.

Warum der europäische Gesetzgeber keinen kohärenten Rechtsrahmen im Hinblick auf diese Informationspflichten geschaffen hat, ist nicht verständlich. Die Verpflichtung den Verbraucher bereits im vorvertraglichem Bereich über alle Einzelheiten und die Rechtsfolgen eines Widerrufs zu informieren, erscheint nicht notwendig, da der Verbraucher die Angaben nicht benötigt, um eine bewusste und überlegte Entscheidung zu treffen. Regelmäßig werden dem Verbraucher detaillierte Angaben über das Widerrufsrecht gleichgültig sein.[625] Vielmehr ist es notwendig - aber auch ausreichend - ihn über die ihm gewährte Verlängerung seiner Überlegungsfrist in Form eines Widerrufsrechts zu informieren.

---

[622] *Putzo*, in: Palandt, § 1 BGB-InfoV, Rn. 8. Nach *Micklitz*, in: Micklitz/Tonner, § 312c, Rn. 93 müsse der Unternehmer vorvertraglich über die Möglichkeit und Dauer des Widerrufsrechts belehren.

[623] *Mankowski*, CR 2001, 767, 769; *Micklitz*, in: Micklitz/Tonner, § 312c, Rn. 93.

[624] ABl. EG 2002, Nr. L 271/16-24.

[625] Einschränkend nur für die Formalitäten des Widerrufsrechts *Lütcke*, § 312c BGB, Rn. 44.

(2) Besonderes Widerrufsrecht aufgrund der Veränderung der technischen Standards

In Art. 42 g) der argentinischen Gesetzesinitiative wird dem Verbraucher ein dem mexikanischen und dem deutschen Recht fremdes weiteres Widerrufsrecht eingeräumt, dass dergestalt weder in Mexiko noch in Deutschland existiert. Der Anbieter muss vorvertraglich über das Recht des Verbrauchers informieren, seine Willenserklärung aufgrund von Veränderungen in den technischen Standards der Informationsverarbeitung kostenfrei zu widerrufen. Offen bleibt aber, welche Änderungen hier angesprochen werden. Die textliche Fassung der Norm eröffnet einen sehr großen Auslegungsspielraum und im Ergebnis einen zu weit gehenden Eingriff in die Privatautonomie. Wie sich dieser Eingriff rechtfertigen lässt, d. h. worin das konkret zu kompensierende Schutzbedürfnis liegen soll, ergibt sich nicht aus der Begründung der Gesetzesinitiative. Möglicherweise könnte dies in der Gefahr bestehen, dass der Anbieter bei veränderten Standards in unrechtmäßiger Art und Weise mit den persönlichen Daten des Kunden verfahren könnte. Hierbei handelt es sich aber vielmehr um eine datenschutzrechtliche Rechtsproblematik, die nicht auf die Vertragsebene verlagert werden sollte. Ein derartiges zusätzliches Widerrufsrecht ist somit abzulehnen, da es einen zu weit gehenden Eingriff in die Privatautonomie darstellt und dem Grundsatz „pacta sunt servanda" widerspricht.

e) Weitere Informationspflichten

(1) Information über alternative Medien zur Vornahme der Transaktion

In dem argentinischen Gesetzesprojekt besteht in Art. 42 a) ferner die Besonderheit, dass der Anbieter den Verbraucher über sein Recht, die Transaktion auch auf anderem Wege durchzuführen, informieren muss. Ob hierin eine Verpflichtung des Anbieters zu sehen ist, andere Vertriebswege einzurichten, ergibt sich nicht aus der Begründung der Gesetzesinitiative. Auch eine Definition, welche Vertriebskanäle gemeint sein könnten, fehlt in der Gesetzesinitiative. Hierunter könnten etwa der herkömmliche Versandhandel, die telefonische Bestellung oder Geschäftslokale gefasst werden.

Ebenso entbehrt die Begründung der Gesetzesinitiative einer expliziten Rechtfertigung für diese Norm. In Argentinien lässt sich diese Regelung allenfalls mit dem Gedanken, dass jede Person ein Recht auf Zugang zum Konsum hat,[626] rechtfertigen. Dieses Recht leitet sich aus dem in Art. 42 Abs. 1 der ar-

---

[626] Vgl. zu diesem Grundrecht der Verbraucher, *Stiglitz*, in: Stiglitz, 53, 61.

gentinischen Verfassung anerkannten Wahlrecht des Verbrauchers ab. Das Wahlrecht basiert auf dem Prinzip gerechter Preise, einer Produkt- und Dienstleistungsvielfalt und auf einer Politik, die allen Sektoren der Bevölkerung Zugang zum Konsum verschaffen soll. Gleichzeitig setzt sie adäquate Normen zur Regelung eines funktionsfähigen Wettbewerbs voraus.[627]

Vor dem Hintergrund, dass in Argentinien ein sehr großer Teil der Bevölkerung keinen Zugang zum Internet hat und mithin am Online-Shopping nicht teilnehmen kann, vermag die Regelung auf den ersten Blick durchaus im Einklang stehen mit der beschriebenen konstitutiv anerkannten Wahlfreiheit des Verbrauchers. Auf den zweiten Blick ist dieser Regelung aber entgegenzuhalten, dass der Verbraucher, der nicht am Online-Shopping teilnehmen kann, die Produkte durchaus auf herkömmlichen Verkaufswege erwerben kann. Regelmäßig handelt es sich um Produkte, die in einem Supermarkt oder einem anderen Einzelhandelsgeschäft erworben werden können. Letztlich wird er nicht wesentlich in seiner Wahlfreiheit eingeschränkt.

Ferner ist zu berücksichtigen, dass Verbraucherschutz und freier Wettbewerb in einem wechselseitigen Verhältnis zu sehen sind. Es handelt sich gerade um die freie unternehmerische Entscheidung, Produkte auf einem bestimmten Vertriebsweg anzubieten. Im Internethandel wird der Anbieter regelmäßig die Waren nicht auf herkömmlichen Wege anbieten wollen, da er typischerweise keinen Verkaufsraum besitzt. Meist möchte der Online-Anbieter nur den Vertriebskanal Internet nutzen, beim Downloading ist dies auch nicht anders denkbar. Es wäre daher dem Internethandel aufgrund seiner Spezifika abträglich, dem Anbieter eine Verpflichtung aufzugeben, seine Produkte auf anderem Wege anzubieten und hierüber zu informieren.

Sollte dennoch ein anderer Vertriebsweg bestehen, wie etwa bei großen Einzelhandelsketten, bedarf es keiner gesetzlichen Angabeverpflichtung. Der Unternehmer wird regelmäßig ein Eigeninteresse haben, über die weitere Kaufmöglichkeit zu informieren. Eine Norm im Sinne des Art. 42 a) der Gesetzesinitiative ist nicht im argentinischen Recht erforderlich. Mit den aufgeführten Argumenten kann von der Einführung einer derartigen Regelung ins mexikanische und ins deutsche Recht ebenso abgesehen werden.

(2) Handelsregisternummer

Im mexikanischen als auch im aktuellen argentinischen Verbraucherschutzrecht ist keine Angabe einer Handelsregisternummer, wie im deutschen Recht und in dem argentinischen Gesetzesprojekt vorgesehen. Das Erfordernis der Angabe der Handelsregisternummer wurde aufgrund der Schaffung erhöhter Transpa-

---

[627] *Stiglitz*, in: Stiglitz, 53, 61.

renz für den Verbraucher vom Bundesrat ausdrücklich begrüßt.[628] Für die Angabeverpflichtung lässt sich anführen, dass diese dem Verbraucher möglicherweise den Eindruck der Seriosität des Unternehmens vermittelt. Gleichzeitig ermöglicht die Handelsregisternummer, Erkundigungen über das Unternehmen einzuholen. Obwohl durch diese Angabe aber letztlich tatsächlich der Handel im Internet gefördert wird, bleibt offen. Vor dem Hintergrund, dass Art. 9 der E-Commerce-Richtlinie die Gleichstellung von „offline" und „online" geschlossenen Verträgen vorschreibt, sollte die Regelung abgelehnt werden.

(3) Umsatzsteuernummer

In den besonderen Informationspflichtenkatalog, den der mexikanische Gesetzgeber normiert hat, ist keine Verpflichtung zur Angabe der Umsatzsteuernummer enthalten. Im Gegensatz hierzu ist der Anbieter sowohl im argentinischen als auch im deutschen Recht verpflichtet, seine Umsatzsteuernummer anzugeben. Die Nützlichkeit der Verpflichtung im deutschen Recht ist bei Verbrauchergeschäften zu bezweifeln, da den Anbieter schließlich selbst die Umsatzsteuerverpflichtung trifft.[629] Im Richtlinienentwurf findet sich insoweit auch kein Hinweis auf den Zweck dieser Verpflichtung. In der Begründung IV (7) ist lediglich von Informations- und Transparenzpflichten die Rede, die für den Verbraucher unentbehrlich sind, um eine begründete Entscheidung zu treffen.[630] Die Angabe der Umsatzsteuernummer wird auf den Entscheidungsprozess des Verbrauchers aber keinen Einfluss haben können.[631] Für die Offenlegung dieser Verpflichtung sprechen also keine Verbraucherschutzgesichtspunkte.[632] Ferner wird hiermit keine Erleichterung des Abschlusses von Online-Verträgen als zu erreichendes Ziel der E-Commerce-Richtlinie zu erwarten

---

[628] Stellungnahme des Bundesrates, Beschluss v. 19.03.1999, BR-Drs. 29/99, Nr. 12 zu Art. 5 des ursprünglichen Richtlinienentwurfs, KOM (98) 586 endg., S. 5.

[629] So auch *Ernst*, VuR 1999, 397, 401; kritisch auch *Waldenberger*, EuZW, 296, 299. Auch für *Hoeren* ist „nicht einsichtig, warum der User die VAT-Nummer kennen sollte"; vgl. *Hoeren*, MMR 1999, 192, 196.

[630] Begründung IV (7) zum ursprünglichen Richtlinienentwurf, KOM (98) 586 endg., S. 19; Begründung im Internet zu finden unter: http://europa.eu.int/comm/internal_market/en-/ecommerce/com586de.pdf.

[631] So auch *Ernst*, VuR 1999, 397, 401, es sei denn, man werte das Vorhandensein einer Umsatzsteuernummer als Verlässlichkeitskriterium.

[632] So auch die Stellungnahme des Bundesrates, Beschluss v. 19.03.1999, BR-Drs. 29/99, Nr. 12 zu Art. 5 des ursprünglichen Richtlinienentwurfs, KOM (98) 586 endg., S. 5.

sein,[633] weshalb auf diese Pflichtinformation im deutschen Recht verzichtet werden kann.[634]

(4) Abrufbarkeit und Speicherung des Vertragstextes

Anders als in § 312e Abs. 1 Nr. 2 BGB i.V.m. § 3 Nr. 3 BGB-InfoV enthält die mexikanische Regelung keine Verpflichtung des Anbieters über die Speicherung des Vertragstextes und über die Zugangsmöglichkeiten für den Verbraucher zu informieren. Zwar enthält auch das argentinische Gesetzesprojekt in Art. 31 a) eine Bestimmung, diese ist aber missverständlich, da über die Speicherung und Abrufbarkeit des Vertrages in dem Fall zu informieren sein soll, in dem dies notwendig ist. Wann diese Notwendigkeit anzunehmen ist, wird aber nicht definiert.

Die Sonderregelung bei Online-Verträgen wird als Benachteiligung des elektronischen Handels gegenüber dem „klassischen" Versandhandel angesehen, für den eine solche Verpflichtung nicht besteht; sie sei daher dem elektronischen Handel abträglich.[635] Diese Pflicht ist aber aufgrund der Eigenheiten des Mediums Internet durch den Unternehmer verhältnismäßig leicht zu erfüllen,[636] weshalb hierin keine unverhältnismäßige Benachteiligung gegenüber anderen Vertriebswegen zu sehen ist.

Im Hinblick auf den Kern des Verbraucherschutzes, dem Verbraucher einen Vertragsschluss in Selbstbestimmung zu garantieren, ist nicht unmittelbar ersichtlich, warum diese Information für den Entschluss des Verbrauchers notwendig sein sollte. Die vorvertragliche Informationspflicht wird auch als eher zufällig angesehen.[637] Der Sinn und Zweck der Regelung ist aber offensichtlich darauf gerichtet, dem Kunden die nachvertragliche Rechtsverfolgung zu ermöglichen.[638] Die Regelung ist daher zu befürworten und ein Eingang in das argentinische und mexikanische Recht ist zur Stärkung des Verbraucherschutzes wünschenswert.

---

633 *Waldenberger*, EuZW, 296, 299.

634 Vgl. Stellungsnahme des Verbands Deutscher Zeitschriftenverleger (VDZ) zum Vorschlag der Europäischen Kommission für eine Richtlinie über bestimmte rechtliche Aspekte des elektronischen Geschäftsverkehrs im Binnenmarkt, März 1999, S. 10f..

635 *Waldenberger*, EuZW 1999, 296, 300 (zu Art. 10 E-Commerce-Richtlinie). Auch kritisch *Ernst*, VuR 1999, 397, 404.

636 So auch *Grigoleit*, WM 2001, 597, 603.

637 *Grigoleit*, WM 2001, 597, 603; *Micklitz*, in: Micklitz/Tonner, § 312e BGB, Rn. 88 geht von einem datenschutzrechtlichen Hintergrund aus.

638 *Grigoleit*, WM 2001, 597, 602.

(5) Verhaltenskodizes

In § 312e Abs. 1 Nr. 2 BGB i.V.m. § 3 Nr. 5 BGB-InfoV und nach in Art. 31 c) der argentinischen Gesetzesinitiative obliegt dem Anbieter die Angabe der Verhaltenskodizes, denen er sich unterworfen hat. Anders als in diesen Regelungen wurde im mexikanischen Recht eine solche Informationsverpflichtung nicht normiert.

Unter Verhaltenskodizes sind alle Prinzipien, Leitlinien und konkreten Maßnahmen zur legalen Nutzung des Internet zu verstehen, die von Verbänden oder Organisationen aufgestellt wurden und denen sich der Unternehmer freiwillig unterwerfen kann.[639] Sie sind Teil der nach Art. 16 E-Commerce-Richtlinie beabsichtigten und zu fördernder Selbstregulierung des Mediums Internet durch Industrie und Nutzer, auf die nach Art. 16 Nr. 1 b) E-Commerce-Richtlinie und Erwägungsgrund (49) E-Commerce-Richtlinie von hoheitlicher Seite zwar unterstützend, aber nicht durch gesetzlich Festlegung eingewirkt werden kann.[640]

Manche empfinden die Regelung als „nicht schlecht", kritisieren aber die fehlende Angabe, ob alle Amtssprachen vertreten sein müssen, da Verhaltenskodizes regelmäßig in einer Weise verfasst seien, die ein non-native-Speaker nicht verstehe.[641] Es ist aber mehr als zweifelhaft, ob der Durchschnittsuser, der regelmäßig ein juristischer Laie sein wird, die Verhaltenskodizes auch in der Landessprache überhaupt verstehen wird. Ferner ist diese Sonderregelung in § 312e Abs. 1 Nr. 2 BGB i.V.m. § 3 Nr. 5 BGB-InfoV bei Online-Verträgen richtigerweise mit dem Argument zu kritisieren, dass eine solche Verpflichtung im herkömmlichen Handel nicht besteht,[642] der Anbieter wird gegenüber dem herkömmlichen Handel benachteiligt.

Die Regierungsbegründung entbehrt einer Angabe über den Zweck der Anbieterverpflichtung. Ein sinnvoller Zweck der Regelung könnte darin liegen, die Durchsetzbarkeit von für den Verbraucher in den Regelwerken enthaltenen positiven Regelungen sicherzustellen, sofern man annimmt, dass die Regelungen allein durch die Unterwerfung auch zwischen dem Verbraucher und dem Unternehmer Geltung beanspruchen.[643] Die Regierungsbegründung geht allerdings lediglich davon aus, dass sich der Unternehmer solchen Verhaltenskodizes unterwirft, um eine besondere Unternehmens- und Produktqualität zu dokumentie-

---

639 *Hoenike/Hülsdonk*, MMR 2002, 418.

640 So *Hoenike/Hülsdonk*, MMR 2002, 415, 418.

641 *Ernst*, VuR 1999, 397, 404.

642 *Waldenberger*, EuZW 1999, 296, 300 (zu Art. 10 E-Commerce-Richtlinie).

643 So auch *Grigoleit*, NJW 2002, 1151, 1158; vgl. dazu auch *ders.*, WM 2001, 597, 604.

ren, wobei die Unterwerfung unabhängig vom jeweiligen Vertragsschluss erfolgt und zumeist dem Unternehmer zu Werbezwecken dient.[644]

Möglicherweise wird aber der Verbraucher etwa die Angabe von Gütesiegeln[645] mit einer größeren Seriosität des Anbieters verbinden, obwohl die Wirkung derartiger Instrumente aufgrund ihrer Vielfalt und auch unterschiedlichen Ausgestaltung auf EU-Ebene durchaus zweifelhaft ist.[646] Ferner wird der Anbieter, der sich solchen Verhaltenskodizes unterworfen hat, bereits regelmäßig ein Eigeninteresse daran haben, hierüber seinen Kunden Mitteilung zu machen. Die gesetzliche Anordnung einer solchen Rechtspflicht hat daher keinen sinnvollen Regelungsgehalt.

Letztlich spricht gegen die Pflichtangabe, dass Berufsregeln häufigen Änderungen unterliegen, weshalb eine umfassende und aktuelle Belehrung kaum möglich erscheint.[647] Auf die Verpflichtung zur Angabe von Verhaltenskodizes kann daher im Ergebnis verzichtet werden.

(6) Sprachen

Zwar verhält sich Art. 4 LDC nicht über die von dem Anbieter für die Informationen zu wählende Sprache. Die Literatur geht aber davon aus, dass die Informationen in Spanisch dem Verbraucher zur Verfügung gestellt werden müssen.[648] Dies entspricht der Regelung des Art. 10 LDC zur Schriftform. Nach Art. 10 Abs. 2 S. 2 LDC muss das „Verkaufsdokument" nämlich in der Landessprache ausgestellt werden, d. h. auf Spanisch.[649] Dementsprechend muss der argentinische Anbieter sein Angebot auf Webseiten auf Spanisch unterbreiten. Nach der Sprachenregelung in Art. 34 LFPC, muss ebenso in Mexiko der Anbieter die Angaben auf Spanisch unterbreiten, wobei es den Anbietern aber freisteht, die Angaben in weiteren Sprachen aufzuführen.

Diese Regelungen werden dem Verbraucherschutz im Internet und dem Handel im elektronischen Geschäftsverkehr aber möglicherweise aufgrund der

644 BT-Drs. 14/6040, S. 171; *Putzo*, in: Palandt, § 3 BGB-InfoV, Rn. 6.

645 Etwa das Gütesiegel „Geprüfter Online-Shop" des Euro-Handelsinstituts, weitere Informationen sind erhältlich unter: www.shopinfo.net, oder das Gütesiegel „Trusted-Shops" der Gerling-Versicherungsgruppe, siehe: www.trusted-shops.de oder das Gütesiegel des TÜV „Certified E-Shop", siehe: www.tuv-secure-it.de.

646 Verbraucherpolitische Strategie 2002-2006, Internetversion S. 16. Vgl. auch *Micklitz*, in: Micklitz/Tonner, § 312e BGB, Rn. 95.

647 So auch kritisch *Hoeren*, MMR 1999, 192, 196f.. Denkbar sind nach *Hoeren „allenfalls Hyperlinks auf die Informationsangebote der jeweiligen Berufsverbände."*

648 *Vázquez Ferreyra/Romera*, zu Art. 4, S. 25.

649 *Vázquez Ferreyra/Romera*, zu Art. 10, S. 47.

Globalität des Mediums nicht gerecht, da jegliches Angebot weltweit abrufbar ist und der Unternehmer eventuell die Waren auch in andere Nationen liefert. Ein Verbraucher wird zumeist nicht wissen, in welchem Land sich die Niederlassung befindet, wenn er eine Internetseite aufruft. Die Sprache des Niederlassungsortes wird er in zahlreichen Fällen nicht verstehen. Die argentinische und mexikanische Regelung ist offensichtlich auf ein regional beschränktes Angebot zugeschnitten.

In Deutschland muss der Unternehmer nach § 312e Abs. 1 Satz 1 Nr. 2 BGB i.V.m. § 3 Nr. 4 BGB-InfoV den Verbraucher vor Abgabe der Bestellung über die für den Vertragsschluss verfügbaren Sprachen informieren. Der Unternehmer ist aber nicht dazu verpflichtet, sein Angebot in mehreren Sprachen zur Verfügung zu stellen.[650] Würde man aber auf das Herkunftslandprinzip in Art. 3 der E-Commerce-Richtlinie verweisen, wäre wohl allein die Sprache am Ort der Niederlassung zu berücksichtigen. Eine solche Auslegung erscheint im Kontext des Erwägungsgrundes (8) der Fernabsatzrichtlinie aber nicht notwendigerweise richtig, da hiernach die Sprachenregelung der Entscheidung der einzelnen Mitgliedstaaten überlassen ist. Ein deutscher Unternehmer muss daher nicht notwendigerweise die deutsche Sprache für sein Angebot wählen.[651]

Allein die Festlegung der Landessprache wird dem Internet als grenzüberschreitendes Medium, wenn die Ware über die Landesgrenze hinaus angeboten wird, nicht gerecht und erscheint dem Handel im Internet mithin nicht förderlich. Einem sachgerechten Verbraucherschutz entspricht es auch nicht, wenn der Kunde etwa die AGB des Anbieters nicht verstehen kann.[652] Teilweise wird daher eine Pflicht gefordert, nach der der Unternehmer verpflichtet sein soll, Informationen in der Sprache der Staaten zum Abruf zu halten, in denen der Dienst regelmäßig erbracht wird oder abrufbar ist.[653] Andere sehen eine solche Verpflichtung als wenig sinnvoll an, da ein Unternehmer, der seine Dienste auch in anderen Nationen anbietet, regelmäßig ein Interesse daran habe, sein Angebot auch in der Landessprache zu präsentieren oder hierüber zu informieren.[654]

Ein Ausgleich der widerstreitenden Interessen, nämlich den Verbraucher ausreichend zu schützen ohne den Anbieter übermäßig zu belasten, ist dadurch zu erreichen, dass er neben der Landessprache der Niederlassung seiner Unternehmung sein Angebot auf Englisch als „lingua franca" des Internet ins Netz stellt, wenn er sein Angebot über die Landesgrenzen hinweg anbietet.[655] Will er

---

[650] *Grigoleit*, NJW 2002, 1151, 1158 m.w.N..

[651] So auch *Micklitz*, in: Micklitz/Tonner, § 312e BGB, Rn. 92.

[652] *Hoeren*, MMR 1999, 192, 1997.

[653] *Ernst*, VuR 1999, 397401; *Hoeren*, MMR 1999, 192, 197.

[654] *Grigoleit*, NJW 2002, 1151, 1158.

[655] So *Meents*, S. 191f.; *von Lackum*, JurPC Web-Dok. 130/1999, Abs. 45 schlägt Englisch und Französisch und die Landessprache vor.

keine grenzüberschreitenden Verträge abschließen, sei ihm ein Hinweis hierauf empfohlen.[656] Eine solche Regelung würde den Interessen des Verbraucherschutzes und der Förderung des Handels im E-Commerce gerecht. In diesem Sinne wäre eine Überarbeitung der Regelungen in Argentinien, Mexiko und Deutschland zu begrüßen.

II. Effizienzprüfung anhand empirischer Befunde

Nach der hier vertretenen Ansicht gibt es zahlreiche Informationspflichten, die wünschenswert sind, und andere, die aus den gesetzlichen Fassungen herausgenommen werden könnten. Die Frage nach einem sachgerechten Informationsmodell im elektronischen Geschäftsverkehr muss aber noch unter dem Gesichtspunkt der Informationsüberlastung beantwortet werden. Vielfach werden die ausgeprägten Informationspflichten in der deutschen Literatur mit dem Argument kritisiert, dass sie aufgrund ihres Umfangs die Grenzen der Aufnahme- und Verarbeitungsmöglichkeiten des Verbrauchers übersteigen und diesen daher überfordern würden.[657] Der folgende Abschnitt befasst sich daher mit der Frage nach einer Informationsüberlastung des Individuums und nach deren Auswirkungen auf die Kaufentscheidung. Dabei wird insbesondere der quantitative Aspekt der Informationsverpflichtung nach argentinischem, mexikanischem und deutschem Recht berücksichtigt. Für die Untersuchung werden theoretische Grundlagen der Konsumentenverhaltensforschung dargestellt, ohne hier den Anspruch der Vollständigkeit zu erheben.[658] Eine umfassende Analyse aller theoretischen Ansätze würde den Rahmen der vorliegenden Arbeit sprengen. Zur Feststellung einer Informationsüberlastung des Individuums wird daher auf ausgewählte wissenschaftliche Ansätze und Konzepte rekurriert, um einen Anstoß für eine weitere Untersuchung in diese Richtung zu geben.

1. Problematik des interdisziplinären Ansatzes

Die Beurteilung juristischer Fragestellungen anhand von Forschungsergebnissen aus anderen Fachdisziplinen ist durchaus umstritten. Ein Heranziehen fachfremder Ergebnisse sei zur Lösung von juristischen Fragestellungen nicht geeignet. Vielmehr könne ein unreflektiertes Verweisen auf die Ergebnisse anderer Fach-

---

[656] Ähnlich auch *Meents*, S. 191; *Fuchs*, ZIP 2000, 1273, 1277.

[657] So etwa *Grigoleit*, NJW 2002, 1151, 1157.

[658] Eine gute Übersicht über die Forschung zum Konsumentenverhalten gibt *Trommsdorff*, Konsumentenverhalten, 5. Auflage, 2003.

richtungen zu Fehlschlüssen führen. Von der Psychologie und Soziologie wird daher kein wesentlicher Nutzen für die Rechtswissenschaft erwartet.[659]

Zwar ist ein interdisziplinäres Vorgehen kein Selbstwert an sich, von den Forschungsergebnissen anderer Disziplinen kann aber durchaus - bei einer Übertragbarkeit und Vergleichbarkeit der Sachverhalte - eine fundierte Hilfestellung erwartet werden. Durch die Betrachtung gleicher oder ähnlicher Sachverhalte aus verschiedenen Richtungen kann man zu neuen Erkenntnissen für juristische Fragestellungen gelangen. Die Berücksichtigung der Konsumentenverhaltensforschung zur Festlegung eines sachgerechten Informationsmodells zum Schutze der Verbraucher erscheint besonders wichtig. Will der Gesetzgeber nicht Gesetze an erkannten Problemen vorbei normieren, muss er die Bedürfnisse und Verhaltensweisen der zu schützenden Person kennen, um eine angemessene und inhaltlich ausgewogene Regelung finden zu können. Hier liegt eine besondere Schwierigkeit für den Gesetzgeber, da von Verbraucherseite divergierende Anforderungen an die Verbraucherinformation bestehen. Ein großer Teil der Verbraucher wünscht und nutzt nur grundlegende Informationen, während andere Konsumentengruppen aus unterschiedlichsten Gründen sehr detaillierte Informationsansprüche haben.[660] Aufgrund begrenzter Informationskapazitäten kann die Informationsfülle außerdem nur eingeschränkt verarbeitet werden. Zur verbrauchergerechten Gestaltung von Informationen im elektronischen Geschäftsverkehr sollten daher verstärkt empirische Befunde aus kommunikations- und verhaltenswissenschaftlichen Disziplinen Eingang in die Diskussion finden.[661]

2. Feststellung einer Informationsüberlastung anhand von Ergebnissen aus verhaltens- und kommunikationswissenschaftlichen Disziplinen

a) Einführung

Ob es aufgrund der Fülle der Informationen bei Verbraucherverträgen im elektronischen Geschäftsverkehr tatsächlich zu einer Informationsüberlastung kommt, kann letztlich nur anhand empirischer Befunde im Sinne einer Effizienzprüfung überprüft werden. Die quantitative und qualitative Ausgestaltung der Verbraucherinformation sollte sich an einem empirisch ermittelten Informationsbedarf der Verbraucher orientieren.

---

[659] Dazu siehe *Biervert/Fischer-Winkelmann/Rock*, S. 173; *Heinbuch*, S. 66.

[660] So auch *Günther*, VuR 2003, 25, 30.

[661] Für die Berücksichtigung von Befunden fachfremder Disziplinen etwa *Förschler*, S. 88; *Grunert*, S. 7; *Günther*, VuR 2003, 25, 30; *Kind*, S. 443f. m.w.N.; *Ossola/Vallespinos*, S. 22; *Weingarten*, S. 35.

Zur Untersuchung des Konsumentenverhaltens werden unterschiedlichste Ansätze verfolgt, die sich zwar in der Methodik unterscheiden, aber letztlich nicht in ihrer Zielsetzung, das menschliche Informationsverhalten zu analysieren.[662] Im Wesentlichen sind psychologisch und soziologisch orientierte Ansätze zu unterscheiden. Psychologische Ansätze betreffen vor allem Emotionen, Motivation, Einstellung, Wahrnehmung, Involvement, Risikoempfinden und Werte. Soziologische Ansätze betreffen vor allem Kultur, Gruppenstruktur und Meinungsbilder.[663] Die partialanalytischen Ansätze beziehen sich jeweils auf bestimmte Abschnitte und Bereiche des Konsumentenverhaltens und untersuchen unterschiedliche Verhaltensdeterminanten,[664] wobei sich die einzelnen Modelle ergänzen und überschneiden.[665] Im Folgenden wird im Kern der Untersuchung auf psychologische Partialmodelle rekurriert, da eine Untersuchung zusätzlicher soziologischer Ansätze den Rahmen dieses Teilbereichs sprengen würde.

Zur Bestimmung der Informationsverarbeitung im Rahmen der hier untersuchten Partialmodelle spielen neben kognitiven Determinanten aktivierende psychische Prozesse eine wichtige Rolle. Kennzeichen der kognitiven Prozesse ist, dass sie Informationen bereitstellen, auf die im Rahmen der aktivierenden Prozesse zurückgegriffen wird.[666] Kognitive psychische Prozesse werden dadurch geprägt, dass Informationen tatsächlich aufgenommen, verarbeitet und gespeichert werden und das Handeln des Individuums auf diese Weise zielbezogen im Sinne einer Entscheidungsfindung gesteuert wird.[667] Hierzu gehören die Wahrnehmung und das Denken.[668] Die Wahrnehmung umfasst die Aufnahme und Selektion von Informationen sowie deren Organisation und Interpretation.[669] Das Denken ist der psychische Prozess bei der Beurteilung von Objekten, d.h. der Verarbeitung von Wahrnehmungen zu Präferenzen.[670] Unter aktivierend versteht man diejenigen Prozesse, die den Organismus in einen Erregungszustand versetzen, damit das Individuum Reize und Informationen überhaupt erst verarbeiten kann.[671] Zu den aktivierenden Prozessen zählen Emotion, Motivation und

---

662 Vgl. zu den unterschiedlichen Ansätzen und Methoden etwa *Trommsdorff*, Kosumentenverhalten, 2003.

663 *Pepels*, S. 141f..

664 Eine gute Auflistung der die Kaufentscheidung beeinflussenden Determinanten findet sich bei *Bebié*, S. 196a.

665 *Hagemann*, S. 55f..

666 *Böcker*, S. 54.

667 *Böcker*, S. 54, 57.

668 *Berndt*, Marketing, S. 44, 47; *Böcker*, S. 54; *Pepels*, S. 170.

669 *Berndt*, Marketing, S. 68; *Böcker*, S. 54; *Pepels*, S. 170.

670 *Böcker*, S. 57.

671 *Pepels*, S. 155; *Trommsdorff*, S. 48f..

Einstellungen.[672] Das Involvement, das wahrgenommene Risiko werden auch als individuelle Determinanten angesehen,[673] die ebenfalls eine aktivierende Funktion besitzen.[674]

Da für die vorliegende Analyse der Effektivität der vorhandenen Informationsmodelle nicht die verschiedenen Methoden der Untersuchungen, sondern ihre Ergebnisse von Bedeutung sind, wird im Folgenden lediglich auf Ergebnisse ausgewählter Studien Bezug genommen.

b) Grenzen der menschlichen Informationsverarbeitungskapazität – „Information-Overload"

(1) Objektive Informationsüberlastung

(a) Quantitative Untersuchungen aus der Konsumentenverhaltensforschung

Besondere Bedeutung kommt der Informationsverarbeitungskapazität des Individuums zu, die vorwiegend einen kognitiv psychischen Prozess darstellt. Die „Pionierarbeit" *Millers*[675] als eine informationspsychologische Untersuchung steht am Ausgangspunkt einer Entwicklungsreihe von Analysen zum Informationsverhalten der Konsumenten, die zunehmend dichter und umfangreicher wurden. Immer wieder wird auf diese Untersuchungsergebnisse in der Literatur rekurriert und sie sind auch heute nach wie vor aktuell.

Wesentliches Element bei der Untersuchung des Informationsverarbeitungsvorgangs ist die Frage, wie groß das maximale menschliche Differenzierungsvermögen bei verschiedenartigen Informationen ist, d.h. wie viele sich in einzelnen Merkmalen unterscheidende Informationen der Mensch in der konkreten Situation erfassen kann, ohne dass es zu Verwechselungen kommt. *Millers* Experimente und seine Zusammenstellung von Untersuchungsergebnissen anderer Wissenschaftler zu eindimensionalen Experimenten zeigte, dass die Belastungsgrenze der Informationsverarbeitungskapazität des Kurzzeitgedächtnisses

---

672 *Berndt*, Marketing, S. 44; *Pepels*, S. 155.

673 *Berndt*, Marketing, S. 48; *Pepels*, S. 163. Teilweise wird das wahrgenommene Risiko auch als Determinante des Involvement angesehen, vgl. *Jeck-Schlottmann*, S. 71; *Trommsdorff*, S. 59 auch mit Nachweisen zu einer mehrdimensionalen Involvementdefinition.

674 Siehe hierzu *Trommsdorff*, S. 59; vgl. auch *Pepels*, S. 164. Auf die Untersuchung von Motiven, Emotionen, Einstellungen und sozialen Faktoren wird im weiteren Gang der Arbeit verzichtet werden.

675 Siehe *Miller*, 81-97.

unabhängig von der involvierten Modalität im Durchschnitt etwa bei sieben alternativen Informationen lag.[676] Untersuchungen anderer Wissenschaftler bestätigten, dass im Kurzzeitgedächtnis nur eine begrenzte Zahl an Informationen gespeichert werden können.[677]

Bei darauffolgenden Versuchen mit zweidimensionalen Reizen erhöhte sich die Informationskapazität der Individuen über sieben, wobei die Kapazität allerdings nicht doppelt so hoch lag.[678] Offensichtlich wird durch die Mehrdimensionalität eines Reizes ein höherer kognitiver Aufwand des Informationsverarbeitungssystems verursacht.[679] Weitere mehrdimensionale Untersuchungen zeigten, dass die Genauigkeit des menschlichen Urteils im Bezug auf die einzelnen Elemente aber nachließ. Bei zunehmender Informationskonkurrenz und einer erfolgenden Informationsüberlastung werden nur noch wenige grobe Informationen herangezogen.[680] Eine Überzahl von Informationen hat also einen negativen Effekt. Hier spricht man von einer Informationsüberlastung.[681] Diese kann definiert werden als der Punkt, ab dem die Informationsmenge, die dem Empfänger zur Aufnahme und Verarbeitung angeboten wird, die Belastungsgrenze seines Informationsaufnahme- und –verarbeitungssystems überschreitet.[682] Dies kann soweit gehen, dass bei der kontinuierlichen Erhöhung der Informationsmenge über den kritischen Wert hinaus, nicht nur keine zusätzlichen Informationen mehr aufgenommen werden, sondern die insgesamt aufgenommene Informationsmenge sinkt.[683] Durch diese Begrenzung der menschlichen Verarbeitungskapazität sollte eine komplexe Informationsverarbeitung sequenziell gestaltet sein und vereinfacht werden.[684]

(b) Auswirkungen der Ergebnisse auf die untersuchten Informationsmodelle

Auf den Verbraucher strömen im Verlauf des Online-Shoppings erhebliche Informationsmengen ein, wovon die Pflichtinformationen nur einen Teil bilden.

---

676 *Miller*, 81-97. Vgl. zu den Untersuchungen Millers etwa Berndt, Konsumentenentscheidung, S. 92.

677 Vgl. hierzu die Darstellung der Untersuchungsergebnisse anderer Wissenschaftler von *Berndt*, Konsumentenentscheidung, S. 89ff., wobei die Zahl „7“ auch durch weitere Studien der Informationspsychologie belegt wurde.

678 *Miller*, 81, 83, 87f..

679 *Berndt*, Konsumentenentscheidung, S. 93 zu Untersuchungen von Miller und Pollack.

680 *Trommsdorff*, S. 240.

681 *Berndt*, Konsumentenentscheidung, S. 24, 89f.; *Hagemann*, S. 86..

682 *Berndt*, Konsumentenentscheidung, S. 89; *Hagemann*, S. 87.

683 *Lamouroux*, S. 196f..

684 Siehe hierzu *Trommsdorff*, S. 264.

Unter Berücksichtigung der von der Konsumentenverhaltensforschung gefundenen Ergebnisse ist es sehr wahrscheinlich, dass die Pflichtangaben der Informationsmodelle in Mexiko, Deutschland und dem Gesetzesprojekt in Argentinien die Informationsverarbeitungskapazität eines durchschnittlichen Verbrauchers übersteigen. Wie viele Pflichtinformationen der Verbraucher in der konkreten Verkaufssituation bekommen muss, ist im argentinischen Recht, wie bereits aufgezeigt wurde, eine Auslegungsfrage des Art. 4 LDC, wobei wohl etwa mindestens 15 Pflichtinformationen gegeben werden müssen. Nach dem argentinischen Gesetzesprojekt sind es mindestens circa 30 Pflichtinformationen zusätzlich der nach dem LDC notwendigen Pflichtangaben, nach mexikanischem Recht mindestens 25 und nach deutschen Recht circa 30. Aufgrund der festgestellten Begrenzung der Aufnahmekapazität wird kaum mit einer Aufnahme und Verarbeitung aller Pflichtinformationen durch den Verbraucher zu rechnen sein, zumal noch zusätzlich AGB und weitere Informationen seitens des Anbieters auf ihn einströmen werden. Der quantitativ begrenzten Informationsverarbeitungskapazität des Individuums wird die derzeitige argentinische Rechtssituation mit weniger Pflichtinformationen gegenüber den deutschen und mexikanischen Normen gerechter. Eine Verbesserung könnte aber nicht nur durch eine Verringerung der Pflichtinformationen erreicht werden, sondern auch dadurch, dass im Online-Shopping die Möglichkeit besteht, die Informationen auf verschiedenen Seiten zu verteilen. In der jetzigen Praxis werden alle Pflichtinformationen regelmäßig etwa durch Anklicken eines entsprechenden Links auf einer Webseite angezeigt.

Wo der kritische Punkt der Überlastung liegt, hängt allerdings nicht nur von der Menge der Informationen ab, sondern wie Untersuchungen mit mehrdimensionalen Reizen zeigten, auch von deren Komplexität und der Präsentation der Information. Die Komplexität der Information als eine die Informationsverarbeitungskapazität beeinflussende Determinante hängt in erster Linie von deren Menge und Vielfalt ab.[685] Vergegenwärtigen kann man sich dies an einem von *Berndt* im Rahmen der Untersuchung der Zigarettenwerbung gefundenen Bedingungszusammenhangs. In Zigarettenanzeigen mit relativ hoher Informationsmenge sind die Informationsaufnahme und –wiedererkennungswerte für die Schadstoffinformationen niedriger als in Anzeigen mit relativ geringer Informationsmenge. Anbieter können daher durch eine Informationsüberlastung gezielt von den gesetzlichen Pflichtangaben ablenken.[686] Von besonderem Einfluss war hierbei auch die Platzierung der Angaben.[687] Diese Gefahr, dass der Verbraucher bestimmte Informationen fehleinschätzt oder die Pflichtangaben erst gar nicht aufnimmt, wird noch aufgrund der Komplexität der Vielzahl der Informationen

685 *Lamouroux*, S. 197.

686 *Berndt*, Konsumentenentscheidung, S. 295.

687 *Berndt*, Konsumentenentscheidung, S. 295.

im Online-Shopping und der Einflussmöglichkeit des Anbieters erhöht sein. Es strömen neben den Pflichtinformationen weitere unterschiedlichste Angaben auf den Verbraucher ein, Informationen des Anbieters über das Produkt oder andere Produkte und nicht zuletzt eine Vielzahl von AGB. Zudem ist zu berücksichtigen, dass der User im Internet mehrdimensionalen Reizen ausgesetzt ist, da er die Informationen liest, gleichzeitig oft Bilder eingespielt werden und/oder Musik abläuft, wodurch vermutlich zwar ein höherer kognitiver Aufwand verursacht wird, die Aufmerksamkeit bei erhöhter Informationskonkurrenz für die einzelnen Angaben aber sinken wird. Ferner muss er sich mit verschiedenartiger Werbung, auch durch plötzlich erscheinende Fenster, beschäftigen, die ablenken können. Es besteht mithin also die Gefahr, dass ein Anbieter durch eine Vielzahl von weiteren Informationen und ihrer geschickten Platzierung von den Pflichtangaben ablenken kann und mithin ihre Wirkung weiter eingeschränkt wird.

(2) Subjektive Informationsüberlastung

Die objektiv bestehende Informationsüberlastung des Verbrauchers muss aber nicht mit der wahrgenommenen Informationsüberlastung korrespondieren.[688] Eine subjektive Informationsüberlastung wird anhand der Zufriedenheit des Individuums mit seiner getroffenen Entscheidung beurteilt. Subjektiv schätzt der Verbraucher seine Entscheidung mit steigender Zahl der Gesamtinformationen optimaler ein, obwohl objektiv sowohl Entscheidungseffizienz als auch Erinnerungsleistung sinken.[689] Hinzu kommt, dass mit der steigenden Zufriedenheit der Wunsch nach zusätzlichen Informationen über die gewählte Marke und deren Alternativen sinkt.[690] Konsequenz dieses Phänomens ist, dass mit der steigenden Zufriedenheit eine objektiv vorhandene Verschlechterung der Kaufentscheidung nicht als solche empfunden wird. Diese nicht empfundene Informationsüberlastung macht ihre Auswirkungen besonders gefährlich, weil das Problem des „Information-Overload“ hierdurch noch verschärft wird.[691] Es ist mit diesen Überlegungen anzunehmen, dass der Online-Shopping-User die Komplexität der Vielzahl der im Internet zur Verfügung gestellten Pflichtinformationen zusätzlich weiterer möglicher Angaben durch den Anbieter nicht als Überlastung empfinden wird, trotz einer objektiv vorhandenen Verschlechterung seiner Kaufentscheidung.

---

688 Mit dieser Thematik beschäftigt sich ausführlich *Hagemann*, S. 131ff., 181ff..

689 *Berndt*, Konsumentenentscheidung, S. 200f., 211.

690 *Berndt*, Konsumentenentscheidung, S. 123; siehe auch *Hagemann*, S. 95 jeweils zu Untersuchungen von Jacoby u.a..

691 *Berndt*, Konsumentenentscheidung, S. 211.

c) Beurteilung anhand des Involvements

(1) Konzept des Involvements

Zu berücksichtigen ist weiter, dass eine genügend große Verarbeitungskapazität nichts nützt, wenn keine Verarbeitungsmotivation gegeben ist.[692] In der Vielzahl der Situationen handelt der Verbraucher beim Kauf eines Produktes unmotiviert, spontan oder nachlässig, er engagiert sich nur wenig. Natürlich gibt es Fälle, in denen der Verbraucher hoch motiviert sämtliche Informationen sammelt, bewertet und auf dieser Basis eine Entscheidung trifft.

Das Konzept des Involvements versucht, diesen Verhaltensmustern gerecht zu werden. Das Involvement prägt die Bereitschaft des Konsumenten, Informationen aufzunehmen und zu verarbeiten und kann definiert werden als der Aktivierungsgrad zur objektgerichteten Informationssuche, - aufnahme und – speicherung.[693] Der Zustand der Aktivierung kann durch innere Vorgänge (z. B. Nachdenken) oder durch äußere Reize (z. B. Musik) ausgelöst sein.[694] In der Mehrzahl der Untersuchungen werden nur Teilaspekte untersucht, die das Involvement und damit das Informationsverhalten beeinflussen können. Der Grad des Involvements ist regelmäßig aber abhängig von der mehrdimensionalen Konstellation psychischer Zustände des Konsumenten und einer mehrdimensionalen Stimulussituation, insbesondere auch durch die eingesetzten Informationsmedien;[695] es wird also durch objekt-, personen-, reiz- und situationsspezifische Faktoren hervorgerufen.[696]

Charakteristika eines High-Involvements sind die aktive Informationssuche, die aktive Auseinandersetzung mit den Informationen, eine hohe Verarbeitungstiefe, eine vergleichende Bewertung vor dem Kauf, die Beachtung von vielen Merkmalen, eine hohe Gedächtnisleistung mit dem Ziel der „Optimierung“. Charakteristika eines Low-Involvements sind etwa eine passive Informationssuche und eine geringe Verarbeitungstiefe, die Bewertung einer Vielzahl von Kriterien allenfalls nach dem Kauf und eine geringe Gedächtnisleistung.[697]

---

692 *Berndt*, Konsumentenentscheidung, S. 131.

693 *Pepels*, S. 163; *Trommsdorff*, S. 56.

694 *Trommsdorff*, S. 36; 48f..

695 *Trommsdorff*, S. 56.

696 *Jeck-Schlottmann*, S. 68; *Pepels*, S. 164f.. Auf die Untersuchung personenbezogener Aspekte wird weitest gehend verzichtet werden.

697 Vgl. zu den Charakterista unterschiedlichen Involvements *Pepels*, S. 163f.; *Trommsdorff*, S. 56.

(2) Objektspezifische Faktoren und wahrgenommenes Risiko

(a) Ergebnisse aus der Konsumentenverhaltensforschung

Teilweise wird angenommen, dass die Ausprägung des Involvements produktspezifisch sei.[698] Allerdings hat sich die Annahme, dass ein hochpreisiges Produkt automatisch mit einem hohen Involvement verbunden sei und ein niedrigpreisiges Produkt entsprechend zu einem niedrigen Involvement führe, als falsch herausgestellt.[699] Die Problematik solcher Klassifikationen zeigte sich anhand von verschiedenen Studien, die in verschiedenen Ländern durchgeführt wurden. Es wurde festgestellt, dass ein niedrigpreisiges Produkt in einem Land mit einem hohen Involvement verbunden wird und in einem anderen eher mit einem niedrigen Involvement.[700] Auch der relative Wohlstand einer Gruppe kann nur bedingt Aufschluss über das Involvement einer Person geben.[701]

Es müssen vielmehr weitere Umstände für die Beurteilung des Involvements berücksichtigt werden. Hierzu gehört etwa das wahrgenommene Kaufrisiko.[702] Das „empfundene Kaufrisiko" ist ein psychischer Spannungszustand des Konsumenten vor einem beabsichtigten Kauf, der von der Unsicherheit des Konsumenten abhängt, für wie wahrscheinlich der Eintritt und die Größe negativer Folgen bei einer Kaufentscheidung gehalten wird.[703] Das Informationsverhalten ist als Reaktion auf ein vom Käufer wahrgenommenes Risiko zu sehen, das in finanzieller, funktionaler, gesundheitlicher, psychologischer und sozialer Hinsicht bestehen kann,[704] wobei dem Qualitätsrisiko, dem sozialen und dem finanziellen Risiko große Bedeutung zukommt.[705]

Ein schwaches Vertrauen in die richtige Einschätzung des Produkts wird als Motivator für die Informationssuche angesehen.[706] Dabei ist zu beobachten, dass sich Personen mit einem niedrigeren Einkommen mit ihrer Qualitätsbeurteilung weniger sicher fühlen als solche mit einem höheren Einkommen und

---

698 Vgl. hierzu *Jeck-Schlottmann*, S. 71.

699 Vgl. hierzu *Jeck-Schlottmann*, S. 71.

700 Vgl. hierzu die Beispiele bei *Trommsdorff*, S. 58.

701 *Trommsdorff*, S. 306.

702 *Berndt*, Marketing, S. 53; *Jeck-Schlottmann*, S. 71; *Trommsdorff*, S. 59.

703 *Bebié*, S. 182; *Grunert*, S. 1; *Pepels*, S. 166.

704 *Berndt*, Konsumentenentscheidung, S. 34. Der Einfluss eines Produktes auf das Involvement wird hier im Zusammenhang mit einem sozialen Bezugsgruppeneinfluss klar; vgl. *Jeck-Schlottmann*, S. 71 mit Fn. 1.

705 Vgl. zu diesen Aspekten *Bebié*, S. 181; *Pepels*, S. 163, 166.

706 *Bebié*, S. 183.

mögliche Konsequenzen ihrer Kaufentscheidung dadurch verringern, dass sie sich auf eine bestimmte Herstellermarke verlassen.[707]

(b) Übertragung der Ergebnisse auf einen Kauf im Internet

Überträgt man diese Annahmen auf einen Kauf im Internet, kommt man zu den folgenden Ergebnissen: Die Tatsache, dass im Internet in großem Maße preiswertere Produkte geordet werden, wie etwa Bücher, CDs und Software spricht für einen Low-Involvement-Kauf. Regelmäßig ist mit ihrem Erwerb weder ein hohes finanzielles Risiko verbunden, noch handelt es sich um Produkte, die auf die soziale Stellung des Käufers von besonderem Einfluss sind. Zudem wird das wahrgenommene Risiko bei Produkten, die sich nicht oder nur gering voneinander unterscheiden, regelmäßig als gering eingestuft.[708] Die Kaufentscheidung läuft ohne großes Engagement ab. Intensive Informationssuche und sorgfältige Alternativvergleiche erübrigen sich auch bei relativ ähnlichen Marken.[709] In den benannten Fällen des Erwerbs liegt die Klassifikation als Low-Involvement-Käufe nahe.

Werden aber verstärkt im Internet auch andere Produkte, wie etwa Kleidung, erworben, würden diese Annahmen nicht mehr zutreffen. Nach verschiedenen Untersuchungen handelt es sich um Produkte, die einen hohen normativen Stellenwert haben und zu den stark involvierenden Produkten zählen.[710] Dementsprechend wird der Verbraucher bei dem Erwerb dieser Produkte stärker involviert und bereit sein, sich intensiver mit Informationen auseinander zusetzen.

Mit Blick auf das wahrgenommene Risiko des Verbrauchers bei Internetgeschäften lässt sich aufgrund der vielfältigen Produktpalette und der zu erwartenden wachsenden Nutzung des Internet durch Käufergruppen unterschiedlicher sozialer Verhältnisse hier wohl in der Zukunft kein einheitlicher Maßstab für das Involvement der Käufer festmachen. In der Mehrzahl der Fälle wird allerdings derzeit von einem geringen Involvement im Hinblick auf Produktwahl und das empfundene Risiko auszugehen sein.

(3) Medienspezifisches Involvement

Die spezifische Kommunikationsweise der unterschiedlichen Medien kann den Grad der Aktiviertheit beeinflussen. Einfluss auf die Stärke des Involvements

[707] *Bebié*, S. 182.

[708] *Jeck-Schlottmann*, S. 72.

[709] *Jeck-Schlottmann*, S. 72.

[710] Siehe hierzu *Jeck-Schlottmann*, S. 71.

haben hierbei etwa die Vermeidbarkeit der Aufnahme, die Abschaltbarkeit des Mediums und die Unterscheidung nach bild- oder textbetonter Information. Allgemein sind elektronische Medien wie Rundfunk und Fernsehen besser für Low-Involvement-Kommunikation geeignet, da sie von einer passiven, bildhaft-episodischen Informationsaufnahme gekennzeichnet sind. Printmedien hingegen sind besser für einen starken Grad der Aktivierung geeignet, weil Lesen eine aktive Beteiligung erfordert.[711] Vor diesem Hintergrund ist das Internet als prototypisches High-Involvement-Medium, entsprechend den klassischen textbasierten Printmedien, jedoch mit wesentlich mehr Möglichkeiten der Involvementbeeinflussung durch audiovisuelle Effekte, einzustufen.[712] Positiv wird sich auf die Aktivierung des Nutzers die Interaktivität bei einer Bestellung auswirken, da sich der Nutzer regelmäßig stärker mit der Kaufsituation bewusst auseinandersetzen wird.[713]

Im Hinblick auf die personenspezifische Determinante zählen Nutzer von Online-Medien aufgrund der Systemanforderungen meist zu den Personen, die ein höheres Informationsverarbeitungsniveau erreichen und in Bezug auf die für sie wichtigen Botschaften höher involviert sind.[714] Durch die bewusste Inanspruchnahme dieser kognitiven Kapazitäten kann so eine tiefere Verarbeitung der Botschaft erreicht werden.[715]

Der Grad des Involvements wird aber auch maßgeblich von der Gestaltung der konkreten Webseite bestimmt, da es zahlreiche Gestaltungsmöglichkeiten, wie etwa emotionale, kognitive und physische Reize gibt, die die Aktivierungskraft bestimmen.[716] Aus diesem Grund wird im Internet abhängig von der konkreten Gestaltung der aufgesuchten Webseite eine unterschiedliche Motivierung der Individuen bestehen, die Verbraucherinformationen aufzunehmen.

Zur Bestimmung des Beeinflussungsgrads der verschiedenen Medien für die Verarbeitung großer Informationsmengen ist ferner maßgeblich darauf abzustellen, wieviel Zeit dem Nutzer zur Verfügung steht, um sich mit der Information zu beschäftigen, weshalb Fernsehen und Rundfunk negativer für die Verarbeitungskapazität als Printmedien eingeschätzt werden.[717] Mit dieser Prämisse dürfte auch das Internet zu einer Erleichterung erhöhter Informationsmengen führen, da es dem User freisteht, eine Webseite so lange aufzurufen, wie er es wünscht. Ferner kann er auf vorher aufgerufene Seiten regelmäßig zurückkli-

---

711 Alles Vorstehende *Trommsdorff*, S. 60.

712 So *Trommsdorff*, S. 60.

713 Positiv auch etwa zum BTX *Berndt*, Konsumentenentscheidung, S. 153 aufgrund eines bewussten Zugriffs der Interessenten.

714 *Trommsdorff*, S. 241 spricht sogar von hohem Involvement.

715 *Trommsdorff*, S. 241.

716 Siehe *Weinberg/Diehl/Terlutter*, S. 26ff. mit Bespielen unterschiedlichster Webseiten.

717 Hierzu *Berndt*, Konsumentenentscheidung, S. 133.

cken; Links mit Pflichtinformationen kann er mehrmals aufrufen. Das Internet hat daher einen positiveren Einfluss auf die Aktivierung des Individuums zur Informationsaufnahme als andere Medien.

3. Strategien gegen Informationsstress

Obwohl die Zufriedenheit mit der eigenen Wahl parallel zur Informationsmenge steigt, empfindet der Organismus die Überfülle an Informationen als Informationsstress. Die Vielzahl und Mehrdimensionalität der Informationen im Online-Shopping führt trotz eines erhöhten kognitiven Aufwandes zu einem „Information-Overload" des Individuums, wobei sich auf die Informationsverarbeitungskapazität verschiedene Faktoren, die das Involvement bestimmen, auswirken können. Die Informationskapazität wird daher vermutlich höher liegen als etwa bei Printmedien.

Das im Online-Shopping zu findende Reizangebot, das zur Aufnahme und Verarbeitung zur Verfügung steht, ist im Allgemeinen wesentlich größer als der Bedarf und die Verarbeitungskapazität des Individuums. Auf diese Informationssituation wird der Verbraucher mit Strategien zur Vermeidung einer Überlastung reagieren. Zu den die Informationsverarbeitungskapazität senkenden Strategien gehört u. a. die selektive Informationsverarbeitung.[718] Es handelt sich um einen Rationalisierungsmechanismus infolge Reizüberflutung, der unter Zeitdruck noch verstärkt eingreift.[719] Durch die Selektion werden nicht mehr alle Angaben in ihrem vollen Bedeutungsgehalt wahrgenommen, sondern es wird nur noch auf bestimmte Schlüsselinformationen im Sinne des „chunking" zugegriffen, um den Informationsstress abzubauen.[720] Beim sogenannten „chunking" fasst das Individuum zur Erleichterung der Informationsaufnahme bestimmte zusammengehörige Informationen zu einer feststehenden Einheit zusammen.[721] In der Konsumentenforschung werden vom Individuum in Informationsvorgaben identifizierte Schlüsselreize oder Schlüsselinformationen als „chunks" bezeichnet.[722] Der Konsument erwartet von solchen Schlüsselinformationen insbe-

---

[718] *Pepels*, S. 170. Vgl. hierzu und zu sonstigen Abwehrmechanismen *Berndt*, Konsumentenentscheidung, S. 138f..

[719] *Hagemann*, S. 110.

[720] *Berndt*, Konsumentenentscheidung, S. 135; *Hagemann*, S. 108f.; *Pepels*, S. 171. Der Begriff wurde bereits von *Miller*, 81, 93 entwickelt.

[721] *Hagemann*, S. 108f..

[722] *Hagemann*, S. 108.

sondere Auskünfte über die Produktqualität.[723] Zentrale „chunks" sind etwa der Preis, Markenname, Testergebnis und Herkunftskennzeichnung.[724]

Diese für klassische Medien gefundenen Ergebnisse lassen sich auf Online-Medien mit einigen Einschränkungen übertragen. Die Vielzahl und Komplexität der Informationen im Internet zwingt den Verbraucher auch beim Online-Kauf zu selektieren, um die subjektiv wichtigen Informationen herauszufinden und aufzunehmen. Positiv zu berücksichtigen ist aber, dass die neuen Medien dem Verbraucher die Selektionsarbeit durchaus erleichtern können.[725] Online-Medien besitzen typischerweise ein hohes Individualisierungs- und Differenzierungspotenzial. Dies kann aber nur bedingt gelten, wenn die Seiten modulartig und strukturiert mit einer einfachen Handhabung der einzelnen Informationswege aufgebaut sind.[726] In diesem Fall wird dem Verbraucher die Möglichkeit zur Selbstselektion geboten, jede Zielgruppe kann die für sie interessanten Informationen abfragen.[727] Bei entsprechender Strukturierung erlauben Online-Medien daher eine viel größere Informationsmenge.[728]

Beeinflusst wird die Selektion auch durch das Involvement, wobei die Selektion durch die Reize selbst oder durch personenspezifische Faktoren bedingt sein kann.[729] Ein einströmender Reiz kann dabei durch seine Art und Stärke derart aktivieren, dass er zur weiteren Verarbeitung selektiert wird.[730] Bei der Untersuchung der Selektionsprozesse des Informationserwerbs kommt es aber nicht nur auf die Auswahl unter isoliert stehenden Reize an, sondern auch auf die Auswahl innerhalb eines komplexen, ganzheitlichen Stimulus.[731] Es besteht daher die Gefahr, dass aufgrund der Komplexität der Informationssituation und der Informationskonkurrenz („Reizflut") zwischen Pflichtangaben und anderen Informationen, die Pflichtangaben nicht zuletzt durch eine besondere Gestaltung und Hervorhebung weiterer Angaben durch den Anbieter in den Hintergrund treten und aus dem Selektionsprozess herausfallen.[732] Hierbei wird sich negativ

---

723 *Berndt*, Konsumentenentscheidung, S. 136.

724 *Berndt*, Konsumentenentscheidung, S. 135; *Pepels*, S. 171.

725 *Trommsdorff*, S. 240f.; ähnlich auch *Berndt*, Konsumentenentscheidung, S. 153 zum BTX.

726 Auch *Trommsdorff*, S. 241 verweist auf die Bedeutung eines solchen Aufbaus.

727 *Trommsdorff*, S. 241.

728 So für das BTX *Berndt*, Konsumentenentscheidung, S. 153.

729 *Trommsdorff*, S. 246.

730 Nach *Berndt*, Konsumentenentscheidung, S. 138 setzen sich auffälligere Reize bei der Selektion leichter durch; siehe auch *Trommsdorff*, S. 247 (Geräusch bei Stille).

731 *Trommsdorff*, S. 248.

732 So auch für Zigarettenwerbung *Berndt*, Konsumentenentscheidung, S. 295.

auswirken, dass Bildelemente zuerst und wahrscheinlicher aufgenommen werden als Textelemente.[733]

4. Folgerungen für ein sachgerechtes Informationsmodell

Im Ergebnis ist somit festzuhalten, dass der Verbraucher trotz einer subjektiv empfundenen Zufriedenheit aufgrund der Vielzahl der Informationen objektiv mit hoher Wahrscheinlichkeit informationsüberbelastet sein wird. Dafür, dass die Informationskapazität höher liegen mag als bei Printmedien, sprechen verschiedene Aspekte, um den Grad des Involvements einer Person zu messen, wobei maßgeblichen Einfluss auf die Aktivierung die Gestaltung der einzelnen Webseite haben wird. Für ein hohes Involvement mit einer positiven Wirkung auf die Informationsaufnahme spricht auch die personenspezifische Determinante insbesondere aufgrund der Systemanforderungen und bewussten Entscheidung des Mediums Internet zum Erwerb von Produkten. Gegen eine höhere Aktivierung lässt sich insbesondere aber anführen, dass regelmäßig niedrigpreisige Produkte erworben werden, mit derem Erwerb weder ein hohes finanzielles Risiko verbunden sein wird, noch Produkte erworben werden, die auf die soziale Stellung des Käufers von besonderem Einfluss sind. In den Fällen, in denen Produkte mit finanziell oder sozial höherem Risiko erworben werden, muss man hier aber zu einer anderen Beurteilung gelangen.

Auf die notwendige Selektion als Folge einer objektiven Informationsüberlastung kann sich eine gute Strukturierung von Webseiten und die Interaktivität des Mediums Internet positiv auswirken. Webseiten bieten dem Anbieter aber auch die Möglichkeit von den Pflichtinformationen durch entsprechende Gestaltung abzulenken, so dass die Verbraucherinformation im schlechtesten Fall durch den Verbraucher nicht mehr verarbeitet wird.

Der Gesetzgeber sollte die beschriebenen natürlichen Abwehrmechanismen aufgrund einer nicht auszuschließenden enormen Informationsüberlastung daher dadurch Rechnung tragen, dass er diese bei der Ausgestaltung der Pflichtinformationen berücksichtigt. Dabei geht es vor allem darum, welche Informationsarten man dem Konsumenten in welcher qualitativen Form geben sollte. Um eine Informationsüberlastung zu vermeiden, sollte er sich auf ein Minimum an Pflichtinformationen beschränken, wobei in qualitativer Hinsicht auf ein Angebot von Schlüsselinformationen im Sinne des „chunking“ hingewirkt werden

[733] Vgl. *Trommsdorff*, S. 248; *Pepels*, S. 171. *Jeck-Schlottmann*, S. 194 hat bei Messungen mittels Blickaufzeichnung festgestellt, dass Bilder gegenüber Textelementen unabhängig von der Stärke des Involvements stärker fixiert, d.h. bevorzugt werden.

sollte.[734] Wichtig sind insbesondere mit den obigen Überlegungen Angaben zu einem (bewährten) Firmennamen, zur Produktqualität und zum Preis.

D. Einheitliche Grundsätze und Vereinfachung: Information und Mindestharmonisierung auf europäischer Ebene

Aufgrund der Mindestklausel in Art. 14 der Fernabsatzrichtlinie ist es den Mitgliedstaaten der EU erlaubt, strengere nationale Bestimmungen zu erlassen oder aufrechtzuerhalten, mit Hilfe derer ein höheres Schutzniveau für die Verbraucher geschaffen wird. Über die gemeinschaftsweite Festlegung von Mindeststandards kommt es daher zu unterschiedlichsten weiter gehenden Normen in den einzelstaatlichen Rechtsordnungen.

Beispielsweise ist der deutsche Gesetzgeber in § 312c Abs. 1 Satz 1 Nr. 1 BGB i.V.m. § 1 Nr. 5 BGB-Info VO von Art. 4 Fernabsatzrichtlinie abgewichen, da die Fernabsatzrichtlinie keine Verpflichtung der Angabe eines Vorbehalts, eine in Preis und Qualität gleichwertige Leistung (Ware oder Dienstleistung) zu erbringen, und auch keine Angabeverpflichtung über einen Vorbehalt, die versprochene Leistung im Fall ihrer Nichtverfügbarkeit nicht zu erbringen, aufweist. Ferner wurde in § 312c Abs. 1 Satz 1 Nr. 1 BGB i.V.m. § 1 Nr. 2 BGB-InfoV von der Verpflichtung zur Angabe der Anschrift nach Art. 4 Abs. 1 a) Fernabsatzrichtlinie abgewichen.

Abweichungen von der EU-Vorgaben finden sich auch in anderen Mitgliedstaaten. Gleichfalls ist Art. 78 Nr. 1 des belgischen Gesetzes über die Handelspraktiken sowie die Aufklärung und den Schutz von Verbraucher eine Abweichung von Art. 4 Abs. 1 a) Fernabsatzrichtlinie erfolgt, da auch hier der Anbieter seine geografische Anschrift unabhängig von einer Vorleistungspflicht angeben muss.[735] Der spanische Gesetzgeber hat durch das Gesetz 37/2002 vom 11.07.2002[736] die E-Commerce-Richtlinie und durch Gesetz 47/2002 vom 19.12.2002[737] die Fernabsatzrichtlinie in nationales Recht umgesetzt. Diese Regelungen weichen in verschiedenen Punkten von den beiden Richtlinien ab. In Art. 40 Abs. 1 Gesetz 47/2002 muss der Anbieter seine Anschrift ebenfalls abweichend von Art. 4 Abs. 1 a) Fernabsatzrichtlinie unabhängig von einer Vor-

---

734 Hier wird auch von einem „prechunking" gesprochen, vgl. *Berndt*, Konsumentenentscheidung, S. 140.

735 „Loi sur les practiques du commerce" v. 14.07.1991; vgl. bereits Fn. 238.

736 B.O.E. núm. 166 v. 12.07.2002, 25388-25403 (Ley de servicios de la sociedad de la información y de comercio eletrónico).

737 B.O.E. núm. 304 v. 20.12.2002, 44759-44764. Durch das Gesetz wurde das spanische Einzelhandelsgesetz (Ley 7/1996 de Ordenación del Comercio Minorista) geändert.

leistungspflicht angeben. Ferner wurden in Art. 40 Abs. 1 j) und k) 47/2002 über den Wortlaut der Fernabsatzrichtlinie hinausgehende Pflichtinformationen dem Anbieter aufgebürdet. Der Anbieter muss nach Art. 40 Abs. 1 j) 47/2002 über die Umstände und Konditionen informieren, bei deren vorliegen, der Verkäufer ein in Qualität und Preis gleichwertiges Produkt als Ersatz für das von dem Verbraucher bestellte Produkt liefern kann, wenn man diese Möglichkeit vorsehen möchte. Ferner muss er gegebenenfalls vor Vertragsschluss nach Art. 40 Abs. 1 k) 47/2002 angeben, ob er über ein außergerichtliches Streitbeilegungsverfahren verfügt oder einem solchen angehört.

Vor dem Hintergrund einer anzunehmenden Informationsüberlastung der Verbraucher aufgrund der Vielzahl der nach der Fernabsatzrichtlinie und der E-Commerce-Richtlinie bereits bestehenden Informationspflichten wird ein pauschales „Mehr“ an Informationen keinen höheren Verbraucherschutzstandard bringen und mithin nicht von der Mindestklausel in Art. 14 der Fernabsatzrichtlinie gedeckt sein. Zudem ist zweifelhaft, ob durch eine uneinheitliche zusätzliche Vielzahl von Informationspflichten in den einzelnen Mitgliedstaaten auch der Zweck der Vorschriften über den elektronischen Geschäftsverkehr erreicht wird, der darin besteht, die Gegebenheiten eines bestimmten Marktes festzulegen und gleiche rechtliche Voraussetzungen für die auf diesem Markt tätigen Wettbewerber zu schaffen.[738] Der Grundsatz der Minimalharmonisierung mit der Folge unterschiedlicher Informationsmodelle in den EU-Mitgliedstaaten ist im Ergebnis zu kritisieren, da er die Einheitlichkeit der Lösungen, die der Binnenmarkt im elektronischen Geschäftsverkehr erfordert, nicht gewährleistet.

E. Zusammenfassung und Fazit

Im elektronischen Geschäftsverkehr setzen die nationalen Gesetzgeber zum Schutze der Verbraucher verstärkt auf Verbraucherinformationen. Während sowohl in Mexiko als auch in Deutschland bereits besondere Informationspflichten im elektronischen Geschäftsverkehr vorhanden sind, entbehrt das argentinische Recht solcher speziellen Regelungen. Zwar ist der Verbraucher nicht schutzlos gestellt, da die allgemeinen Informationspflichten des LDC anwendbar sind, diese sind aber wesentlich begrenzter ausgestaltet als in den Vergleichsrechtsordnungen, wobei in Deutschland auch gegenüber Mexiko eine umfangreichere und detailliertere Informationsverpflichtung der Anbieter besteht. Über den deutschen Pflichtangabenkatalog geht das argentinische Gesetzesprojekt zum elektronischen Geschäftsverkehr noch in seiner Vielzahl der Informationspflichten hinaus.

---

[738] Vgl. etwa Erwägungsgrund (3) und (7) der E-Commerce-Richtlinie.

Eine geeignete und effiziente Verbraucherinformation im Online-Shopping bedarf im Rahmen einer Situationsanalyse der Erforschung der Informationslage auf den Märkten, des Informationsbedarfs sowie des Informationsverhaltens der Verbraucher.

Es wurde festgestellt, dass nicht alle Informationspflichten tatsächlich im elektronischen Geschäftsverkehr abweichend vom herkömmlichen Handel mit Sinn und Zweck der Regelungen notwendig sind, um eine Ungleichgewichtslage zwischen den Vertragsparteien auszugleichen. Im Ergebnis ist zu befürworten, dass die Mindestangaben, die dem Unternehmer im elektronischen Geschäftsverkehr auferlegt werden, sich auf die wesentlichen Faktoren im Zusammenhang mit dem Vertrag und der Seriosität des Anbieters beziehen sollten. Ferner sind mit dem Ziel der Förderung des E-Commerce die Angaben über ein Widerrufsrecht des Verbrauchers, über Mittel zur Fehlerkorrektur und dem Abruf und der Speicherung des Vertragstextes sinnvoll. Diesen Anforderungen wird die aktuelle argentinische Rechtslage nicht gerecht. Es wäre daher sinnvoll, wenn der argentinische Gesetzgeber im Hinblick hierauf, die gesetzliche Informationsverpflichtung überarbeiten würde. Ein Ansatz in die richtige Richtung stellt die argentinische Gesetzesinitiative zum E-Commerce dar. Allerdings gehen die dortigen Informationspflichten über das nach Notwendige hinaus.

In Deutschland könnte hingegen auf diverse Informationspflichten verzichtet werden, wie etwa die Erklärung des Vertragsschlussmechanismus und die Angabe der Umsatzsteuernummer. Die Informationspflichten in Mexiko sind im Großen und Ganzen bis auf einige Einzelpunkte ausreichend und sachgerecht. Hier muss der Anbieter die wesentlichen Informationen insbesondere über seine Identität und seinen physischen Firmensitz, seine Telefonnummer und weitere Kommunikationsmittel sowie über die Einzelheiten des Produktes und der Aufschlüsselung des Preises sowie eventueller Lieferkosten und – bedingungen geben. Es wird aber empfohlen, die Pflicht zur Information über Mittel zur Fehlerkorrektur in den Katalog noch mitaufzunehmen.

Weiter wird empfohlen, zur Bestimmung eines sachgerechten Informationsmodells das Konsumentenverhalten anhand von empirischen Befunden anderer Fachdisziplinen zu berücksichtigen. Ein gegenteiliger Effekt der Schutzvorschriften wird nämlich dann erreicht, wenn die Vielzahl der Informationen zu einer Informationsüberlastung des Verbrauchers in der konkreten Geschäftssituation des Online-Shopping führt. Die Untersuchung der vorhandenen einzelnen Informationsmodelle hat unter Berücksichtigung solcher partialanalytischen Ansätze zur Erforschung des Konsumentenverhaltens gezeigt, dass die dringende Befürchtung einer Informationsüberlastung der Verbraucher nach der mexikanischen und der deutschen Rechtslage und dem argentinischen Gesetzesprojekt nicht von der Hand zu weisen ist. Eine Ausrichtung der Informationsmodelle anhand von für die Verbraucherentscheidung wichtigen Schlüsselinformationen erscheint daher sinnvoll und bestätigt zusätzlich die Annahme, dass auf eine Anzahl von Informationen verzichtet werden könnte.

Letztlich kommt es auf EU-Ebene aufgrund der Mindestklausel in Art. 14 Fernabsatzrichtlinie in den nationalen Rechtsordnungen zur Normierung von Informationspflichten, die über den Katalog der Fernabsatz- und der E-Commerce-Richtlinie hinausgehen. Eine Erhöhung der Anzahl der Informationspflichten über das Mindestmaß wird aber nicht von Art. 14 Fernabsatzrichtlinie getragen, da hierdurch nicht ein höheres Verbraucherschutzniveau erreicht werden kann. Dies folgt bereits daraus, dass es aufgrund der vorhandenen Pflichten zu einer Informationsüberlastung zu kommen vermag. Ferner erscheinen die unterschiedlichen Regelungen nicht förderlich für den E-Commerce in einem gemeinsamen Binnenmarkt, da keine gleichen Voraussetzungen für die einzelnen Mitbewerber bestehen. Es wird daher empfohlen, ein kohärentes Informationsmodell im elektronischen Geschäftsverkehr auf EU-Ebene zu Schutze der Verbraucher zu schaffen.

6. Teil: Rechtsverbindlichkeit von Webseiten

A. Webseite als Publikumsofferte oder „invitatio ad offerendum" nach argentinischem Verbraucherrecht

Im argentinischen Verbraucherschutzrecht besteht anders als im deutschen Recht die Besonderheit der gesetzlichen Regelung einer Publikumsofferte in Art. 7 LDC. Gleichzeitig wird im Handelsrecht in Art. 454 C.Com. die Unverbindlichkeit insbesondere von Angeboten in Katalogen normiert. Welche rechtlichen Konsequenzen dies für die Qualifikation von Webseiten im Online-Shopping als „invitationes ad offerendum" oder Publikumsofferten zur Folge hat, wird Gegenstand der folgenden Untersuchung sein.

In einem ersten Schritt werden zunächst allgemein die Grundlagen und Besonderheiten zur Publikumsofferte im argentinischen Recht erörtert. Im folgenden Punkt wird dann untersucht, ob die Präsentation einer Leistung auf einer Webseite, die eine genaue Produktbeschreibung sowie den Preis desselben enthält, eine rechtlich bindende Willenserklärung im Sinne eines verbindlichen Angebots auf Abschluss eines Vertrages darstellt oder ob sie lediglich eine „invitatio ad offerendum", eine Aufforderung zur Abgabe eines Angebots ist.[739] In einem dritten Schritt wird analysiert, ob die Wertungen der argentinischen Gesetze in das deutsche Recht und in das europäische Gemeinschaftsrecht mit dem Ziel eines verbesserten Verbraucherschutzes im elektronischen Geschäftsverkehr eingeführt werden sollten.

I. Publikumsofferte als Verbraucherschutzinstrument

Charakteristisch für eine „invitatio ad offerendum" ist, dass der Erklärende durch die Aufforderung nicht gebunden wird, er nicht haftbar gemacht werden kann und es ihm frei steht, einen daraufhin ergangenen Antrag anzunehmen oder nicht.[740] Zur Abgrenzung, ob es sich um ein Angebot oder eine „invitatio ad offerendum" handelt, ist darauf abzustellen, ob sich die Erklärung an eine bestimmte Person richtet. Dies folgt aus dem Wortlaut des Art. 1148 C.C., wonach ein Angebot für den Anbieter nur verpflichtend ist, wenn es sich an eine bestimmte Person oder einen bestimmten Personenkreis richtet. Richtet sich die Erklärung, die alle übrigen „essentialia negotii" enthält, dagegen an eine unbe-

---

[739] Vgl. zum Begriff der „invitatio ad offerendum" *Alterini*, S. 279; *Stiglitz*, Contratos Civiles, S. 185.

[740] *Mosset Iturraspe*, Contratos, S. 95; *Stiglitz*, Contratos Civiles, S. 185; *Zago*, S. 65.

stimmte Person, handelt es sich in der Regel um eine „invitatio ad offerendum“.[741]

Während in Art. 454 C.C. die „invitatio ad offerendum“ im Código de Comercio für den handelsrechtlichen Kauf im Sinne des Art. 450f. C.Com. explizit geregelt ist, findet sich im Verbraucherschutzgesetz eine spezielle Norm zur Publikumsofferte in Art. 7 LDC. Nach Art. 454 C.Com. sind unbestimmte Angebote in einem Prospekt oder einem Rundschreiben für den Anbieter nicht verpflichtend, wobei Art. 454 C.Com. sowohl die Auslage von Prospekten als auch das Zusenden von Prospekten an Haushalte erfasst.[742] Mit der h. M. wird Art. 454 C.Com. in Anlehnung an und in Übereinstimmung mit Art. 1148 C.C. dahingehend ausgelegt, dass es sich um Erklärungen an einen unbestimmten Personenkreis handelt, die im Übrigen alle notwendigen Bestandteile eines Angebots enthalten können.[743] Es liegt im Handelsrecht in diesen Fällen kein Angebot, sondern eine „invitatio ad offerendum“ vor.[744]

Entgegengesetzt ist die Regelung in Art. 7 LDC. Nach Art. 7 LDC sind Erklärungen gegenüber einer unbestimmten Zahl von Verbrauchern bei dem Abschluss von bestimmten Verträgen, wozu auch der Kaufvertrag zählt, rechtlich verbindlich. Durch Erlass des Art. 7 LDC wurde der Streit, auf welchen Zeitpunkt für die Bestimmtheit der Person im Sinne des Art. 1148 C.C. abzustellen ist, ausdrücklich vom Gesetzgeber für Verbraucherverträge entschieden.[745]

---

741 López *de Zavalía*, S. 114ff.; *Lorenzetti*, S. 187; *Mosset Iturraspe*, Contratos, S. 95; *Vázquez Ferreyra*/Romera, zu Art. 7, S. 36. Schilder mit der Aufschrift „Zu verkaufen“ oder „Zu vermieten“ werden schon deshalb als „invitationes ad offerendum“ qualifiziert, weil sie die notwendigen „essentialia negotii“, wie beispielsweise den Preis nicht enthalten, vgl. *Zago*, S. 65.

742 *López de Zavalía*, S. 120.

743 H. M. *Garrido/Zago*, S. 483f.; *López de Zavalía*, S. 120; *Lorenzetti*, S. 185; *Stiglitz*, Contratos Civiles, S. 193; nach a. A. soll der Begriff Angebot („oferta“) in Art. 454 C.Com. als Anzeige („anuncio“) verstanden werden und die Unbestimmtheit soll sich nicht auf den angesprochenen Personenkreis beziehen, sondern vielmehr sei die Unbestimmtheit der Anzeige selbst gemeint; *Farina*, S. 129f..

744 *Lorenzetti*, S. 185.

745 Teilweise wurde in Anlehnung an den ausdrücklichen Wortlaut des Art. 1148 C.C. vertreten, dass die Person bereits bei der Abgabe des Angebots bestimmt sein müsse, so etwa *Borda*, S. 42; *Garrido/Zago*, S. 480f.; *López de Zavalía*, S. 118. So auch in Abgrenzung zum Wortlaut des Art. 454 C.Com, vgl. *Alterini*, LL 1980-D-1108, 1110. Während die konträre Literaturansicht die Bindungswirkung eines unbestimmten Angebots bejaht hatte, soweit diese die übrigen notwendigen Bestandteile eines Angebots enthielt; siehe *Zavala Rodriguez*, S. 42ff.. Die weite Ansicht stützte sich in ihrer Argumentation maßgeblich auf die „Nota“ zu Art. 1148 C.C., die sie derart auslegte, dass die Bestimmbarkeit des Annehmenden ausreichend sein sollte. Die Diskussion wurde insbesondere im Verbraucher-

Das Angebot muss nach Art. 7 LDC den Beginn und das Ende seiner Wirksamkeit sowie dessen Modalitäten, Konditionen und Beschränkungen enthalten. Art. 7 LDC befreit aber nicht von den übrigen notwendigen Voraussetzungen, die ein Angebot im Sinne des Art. 1144 C.C. aufweisen muss, sondern macht nur insofern eine Ausnahme, als dass sich das Angebot abweichend von allgemeinen zivilrechtlichen Bestimmung des Art. 1148 C.C. an einen unbestimmten Personenkreis richten kann.[746] Bei Fehlen der „essentialia negotii" ist nicht davon auszugehen, dass sich die Partei rechtlich binden möchte, es liegt daher kein Angebot im Sinne des Art. 7 LDC vor.[747] Die Publikumsofferte wird somit im Verbraucherrecht zum Regelfall, sofern diese die übrigen „essentialia negotii" enthält.[748]

Weitere Besonderheit einer Publikumsofferte im Verbraucherrecht ist, dass nach Art. 7 LDC i.V.m. Dekret 1798/94 deren Bindungswirkung auf ihre Wirksamkeit begrenzt ist. Daher muss das Angebot den Beginn der Bindung und dessen Ende bezeichnen. In dem Zeitraum der Geltungsdauer kann der Anbietende sein Angebot nicht ändern. Ihm steht es aber frei, eine Beschränkung seines Angebots auf eine bestimmte Warenanzahl vorzunehmen (Dekret 1798/94 zu Art. 7 LDC). Der Anbietende kann sich nach Art. 7 Abs. 2 LDC dadurch von seinem Angebot lösen, dass er es auf dieselbe Weise widerruft, in der er es veröffentlicht hat.

Handelt es sich nicht um Erklärungen im Rahmen eines Verbrauchervertrages nach dem LDC, ist die Problematik nach wie vor nach Art. 454 C.Com. und Art. 1148 C.C. zu beurteilen,[749] wobei Art. 1148 C.C. als Auffangtatbestand dient.[750]

---

recht im Bereich des Massenverkehrs geführt; vgl. *Gnielinski*, S. 37; *Vázquez Ferreyra/Romera*, zu Art. 7, S. 37. Beispielsweise sah die h. M. in der Aufstellung von Verkaufsautomaten bereits ein bindendes Angebot, dass als Publikumsofferte so lange Geltung beitzen sollte, wie Waren der entsprechenden Art im Automaten vorhanden waren; vgl. so auch *Alterini*, S. 295; *Borda*, S. 42; *López de Zavalía*, S. 121. Strittig war weiter die rechtliche Einordnung von Warenbeschreibungen in Anzeigen, in Katalogen, Zeitungsinseraten, Radio und Fernsehen oder Schaufensterauslagen, die von der h. M. als bindende Angebote und nicht als „invitationes ad offerendum" angesehen wurden; vgl. zum Streitstand *Borda*, S. 42f.; *Farina*, S. 130f.; *Garrido/Zago*, S. 480f.; *Mosset Iturraspe*, Contratos, S. 100 mit Fn. 50; a. A. für Prospekte, Rundschreiben und Zeitungsanzeigen, *Zago*, S. 62.

746 *Farina*, S. 127; *Parellada*, S. 89, 91; *Tinti*, S. 33f..

747 *Farina*, S. 132f..

748 *Farina*, S. 126f.; so auch *Gnielinski*, S. 129.

749 *Lorenzetti*, S. 188; *Stiglitz/Stiglitz*, S. 195. Nach *Vázquez Ferreyra/Romera*, zu Art. 7, S. 38 verbleibe für Art. 454 C.Com. kein Anwendungsbereich mehr, weshalb die Autoren dessen Streichung befürworten. Unklar bleibt allerdings, ob dies nur für die Fälle gelten

II. Rechtliche Qualifikation einer Webseite beim Online-Shopping als Publikumsofferte nach Art. 7 LDC

Im Bereich des Online-Shopping zwischen einem Unternehmer und einem Verbraucher ersetzen Webseiten einerseits den gedruckten Katalog und lassen somit keine unmittelbare Kontaktaufnahme wie beispielsweise über ein Bestellformular zu, andererseits werden gerade hier zumeist interaktive Webseiten mit Bestellsystemen genutzt.[751] Typischerweise sind beide Arten von Webseiten an einen unbestimmten Personenkreis gerichtet, weisen aber im Übrigen meist alle sonstigen wesentlichen Vertragsbestandteile auf, wie beispielsweise die Bezeichnung des Anbietenden, Einzelheiten über die Waren, einen bestimmten Preis und die Menge sowie die notwendigen Schritte zur Vertragsdurchführung und Zahlungsmodalitäten.

Mit den allgemeinen Überlegungen zu den notwendigen Voraussetzungen einer Publikumsofferte nach Art. 7 LDC werden Warenpräsentationen zu einem bestimmten Preis auf Webseiten im B2C von der h. M. nicht als bloße „invitatationes ad offerendum", sondern als Angebote „ad incertas personas" rechtlich qualifiziert.[752] Gegen diese rechtliche Charakterisierung spricht nicht, dass sich in Art. 7 LDC keine explizite Auflistung der Medien findet, die zur Verbreitung des Angebots genutzt werden können. Die Norm wird dahingehend weit ausgelegt, dass Publikumsofferten auf verschiedene Art und Weise verbreitet werden können, beispielsweise durch alle Massenverbreitungsmedien wie Kataloge, Ta-

soll, die vom Anwendungsbreich des LDC erfasst werden. Für virtuelle kommerzielle Warenangebote auf Webseiten, die sich an potentielle kommerzielle Geschäftspartner richten, soll nach h. M. Art. 454 C.Com. analog aufgrund der Vergleichbarkeit mit Prospekten anzuwenden sein, weshalb alle Webseiten als „invitationes ad offerendum" zu qualifizieren seien; *Lorenzetti*, S. 187f.; *Pardini*, S. 160; *Zabale/Beltramone*, S. 4f..

750 *Farina*, S. 127.

751 In der deutschen Literatur wird zwischen passiven und interaktiven Webseiten unterschieden, vgl. *Glatt*, S. 34, 36ff..

752 *Lorenzetti*, S. 187f.; *Zabale/Beltramone*, S. 4f.. In einer anderen Ausarbeitung wird zwischen Webseiten unterschieden, die als Angebote oder als "invitatio ad offerendum" zu qualifizieren sind, ohne aber die Kriterien für diese Differenzierung festzulegen, vgl. *Beltramone/Zabale*, S. 88f.. Weist aber eine Webseite – als Ausnahme im Online-Shopping-Bereich - nicht alle notwendigen „essentialia negotii" auf, sind diese nicht als Publikumsofferten sondern vielmehr als „invitationes ad offerendum" zu kategorisieren, da Art. 7 LDC im Hinblick auf die allgemeine Regelung des Art. 1148 C.C. nur von dem Merkmal der *bestimmten Person* eine Abweichung zulässt, das Angebot geht dann von dem Verbraucher aus; vgl. so auch im Ergebnis die allgemeinen Ausführungenzu Angebot und Annahme bei Verbraucherverträgen im elektronischen Geschäftsverkehr *Parellada*, S. 89, 91.

geszeitungen, Zeitschriften, Fernsehen oder ähnliche Medien, in jeglicher Art von Werbung, Schaufensterauslagen und auch durch persönliches Marketing.[753] Das Internet wird als typisches Massenverbreitungsmedium vom Anwendungsbereich des Art. 7 LDC erfasst. Es kommt insoweit nicht darauf an, ob es sich um eine passive Webseite handelt, die den gedruckten Katalog ersetzt, oder um eine interaktive Webseite mit einem Bestellsystem, denn bereits beim ersten Aufrufen dieser Webseiten erscheinen regelmäßig die Waren mit einer Preisauszeichnung. Aufgrund dieser Charakteristika sind solche Webseiten durchaus vergleichbar mit Schaufensterauslagen oder Katalogen als einem typischen Anwendungsfall des Art. 7 LDC.

Der rechtlichen Qualifikation von Webseiten als Publikumsofferten steht auch nicht entgegen, dass es regelmäßig keiner gängigen Internetpraxis entspricht, den zeitlichen Anfang des Angebots sowie dessen Beendigung anzugeben und somit regelmäßig nicht die gesetzlichen Anforderungen nach Art. 7 Abs. 1 LDC i.V.m. Dekret 1798/94 erfüllt werden. Während nach Art. 1150 C.C. für den Bereich des allgemeinen Zivilrechts der Anbieter frei entscheiden kann, ob er sein Angebot zeitlich begrenzt, wird im Verbraucherschutzrecht die zeitliche Begrenzung der Geltungsdauer eines Angebots für Angebote außerhalb des Verkaufsortes zwar zur Pflicht, bei diesen Angaben handelt es sich aber nicht um konstitutive Elemente der Publikumsofferte.[754] Die Gegenansicht[755] verkennt den Grundsatz der günstigsten Interpretation für den Verbraucher nach Art. 3 LDC. Ferner würde es gerade nicht mit Sinn und Zweck der Regelung im Einklang stehen, wenn durch das Weglassen der Angaben der Anbieter die Bindungswirkung ausschließen könnte.[756]

Im Mittelpunkt der Einordnung aller Webseiten steht somit im Ergebnis mit den allgemeinen Überlegungen zu Art. 7 LDC und Art. 1148 C.C., ob sich eine Webseite, die an einen unbestimmten Personenkreis gerichtet ist, alle übrigen notwendigen Essentialien eines verbindlichen Angebots aufweist. Bei Bejahung dieser Frage liegt eine verbindliche Publikumsofferte im Sinne des Art. 7 LDC vor, sonst handelt es sich um eine „invitatio ad offerendum“. Ohne Einfluss auf diese rechtliche Qualifikation sind fehlende Informationen des Anbieters, wie die Bezeichnung der Gültigkeitsdauer des Angebots, da es sich hier nicht um konstitutive Elemente handelt.

---

[753] *Farina*, S. 132; *Vázquez Ferreyra/Romera*, zu Art. 7, S. 39.

[754] So im Ergebnis auch *Alterini*, S. 302f..

[755] So etwa *Pardini*, S. 161.

[756] *Alterini*, S. 303. Fehlen die Angaben über den Gültigkeitszeitraum des Angebots, dann ist mit den allgemeinen zivilrechtlichen Regeln der Beginn mit der Abgabe des Angebots und das Ende der Gültigkeit mit dem Widerruf der Erklärung anzunehmen; vgl. *Alterini*, S. 302f..

B. Einführung einer Publikumsofferte ins deutsche Verbraucherrecht?

I. Einleitung

Die explizite Legitimation einer Publikumsofferte, die die beschriebene Qualifikation von Warenpräsentation auf Webseiten im B2C regelmäßig als verbindliche Angebote zulässt, ist dem deutschen Recht fremd. Ob ein verbindliches Vertragsangebot nach § 145 BGB oder eine „invitatio ad offerendum" vorliegt, bestimmt sich vielmehr gemäß §§ 133, 157 BGB danach, wie der Benutzer eine Erklärung im Einzelfall nach Treu und Glauben unter Berücksichtigung der Verkehrssitte verstehen muss.[757] Entscheidend ist für die Auslegung empfangsbedürftiger Willenserklärungen aber nicht der wirkliche Wille des Erklärenden, sondern der objektive Empfängerhorizont.[758] Das gilt nicht nur für den möglichen Inhalt einer empfangsbedürftigen Willenserklärung, sondern schon für die Frage, ob eine Willenserklärung überhaupt vorliegt.[759]

Produktpräsentationen in Zeitungsinseraten, Prospekten, Versandkatalogen, u.ä. werden ebenso wie Schaufensterauslagen[760] - anders als im argentinischen Recht nach Art. 7 LDC - im Allgemeinen als „invitationes ad offerendum" qualifiziert, da objektiv der Bindungswille fehlt.[761] Wesentlicher Grund hierfür wird darin gesehen, dass der Anbieter sich regelmäßig noch nicht binden will, weil sein Vorrat möglicherweise nicht ausreicht oder er Bedenken gegen bestimmte Kunden hat. Bei einer Publikumsofferte muss sich der Anbieter aber an seiner Offerte eine gewisse Zeitspanne festhalten lassen, ohne sich bei absehbarer Leistungsunfähigkeit von dem Angebot lösen zu können (§§ 130 I, 146, 147 BGB). Die Gefahr von Mehrfachverpflichtungen, denen er nicht nachkommen könnte, wäre für ihn dann zu seinem Nachteil mit Schadensersatzansprüchen verbunden.

Blickt man auf die Redaktionszeit des BGB, ist festzustellen, dass keine unbewusste Regelungslücke für Erklärungen gegenüber mehreren Personen im BGB besteht. Im Gegensatz zur Redaktionszeit des BGB hat die Kommunikation regelmäßig zwischen zwei Personen stattgefunden, es bestand kein Bedürfnis, die Kommunikation einer Person mit einer Vielzahl von Individuen zu reg-

[757] St. Rspr. vgl. BGHZ 36, 30, 33; 47, 75, 78; 56, 204, 210; vgl. zur Auslegung empfangsbedürftiger Willenserklärungen *Heinrichs*, in: Palandt, § 133 BGB, Rn. 9

[758] BGHZ 56, 204, 210; *Heinrichs*, in: Palandt, § 145, Rn. 2; *Jauernig*, in: Jauernig, § 133, Rn. 6, 10.

[759] BGHZ 36, 30, 33; *Jauernig*, in: Jauernig, § 133, Rn. 1; *Muscheler/Schewe*, Jura 2000, 565.

[760] § 2 PAngV ändert daran nichts, vgl. BGH NJW 1980, 1388.

[761] *Heinrichs*, in: Palandt, § 145 BGB, Rn. 2; *Jauernig*, in: Jauernig, § 145, Rn. 3.

lementieren. Letztendlich erachtete der Gesetzgeber eine ausdrückliche Regelung nicht für notwendig, da sich aus der Natur des Antrags im Sinne des heutigen § 145 BGB ergebe, dass eine bloße Aufforderung zur Abgabe eines Angebots noch kein verbindliches Angebot darstelle.[762]

Die Kommunikationsmethoden und -mittel haben sich aber gravierend weiter entwickelt, weshalb heute keine juristischen Bedenken mehr dagegen bestehen, dass ein Angebot auch an eine unbestimmte Zahl von Personen gerichtet sein kann. Angebote „ad incertas personas“ (Publikumsofferten) werden von der h. M. ausnahmsweise etwa bei Warenautomaten angenommen.[763] Strittig ist hingegen, wie Warenauslagen in Selbstbedienungsläden zu werten sind.[764] Überzeugend ist die Ansicht, die die Warenauslage als Angebot qualifiziert und der Vertrag mit Vorzeigen der Ware an der Kasse zustande kommt. Vom objektiven Empfängerhorizont aus sind keine Gründe ersichtlich, warum sich der Anbieter nicht binden möchte. Die Gefahr von Mehrfachverpflichtungen besteht nicht, da der Kunde das Angebot nur annehmen kann, solange noch Ware im Regal vorhanden ist.[765] Für die hier in Rede stehenden Webseiten ist die rechtliche Einordnung strittig, wie die folgenden Ausführungen zeigen werden.

Während im deutschen Recht also Publikumsofferten nicht den Regelfall darstellen, hat der argentinische Gesetzgeber im LDC für Verträge, die ein Unternehmer mit einem Verbraucher abschließt, die Publikumsofferte als Regelfall angesehen, wovon auch, wie aufgezeigt, Webseiten erfasst werden, wenn diese alle wesentlichen Vertragsbestandteile aufweisen.

Es ist daher zu fragen, welche Besonderheiten von Webseiten der Online-Anbieter und des Einsatzes des Kommunikationsmediums Internet zum Vertragsabschluss für eine Einführung von Publikumsofferten im elektronischen Geschäftsverkehr ins deutsche Verbraucherrecht sprechen könnten.

---

[762] Vgl. *Mugdan* I, 167, S. 444.

[763] *Flume*, S. 636; *Heinrichs*, in: Palandt, § 145 BGB, Rn. 7; *Kramer*, in: MünchKommBGB, § 145, Rn. 10, jeweils m.w.N..

[764] Teilweise wird angenommen, dass die ausgestellte Ware bereits das Angebot darstellt, wobei der Vertrag durch Vorzeigen der Ware an der Kasse zustande kommen soll, vgl. *Hart*, in: AK-BGB, § 145, Rn. 22; *Heinrichs*, in: Palandt, § 145 BGB, Rn. 8; *Kramer*, in: MünchKommBGB, § 145, Rn. 10 m.w.N.; *Medicus*, AT, S. 141, Rn. 363; für eine „invitatio ad offerendum“ *Jauernig*, in: Jauernig, § 145, Rn. 3 m.w.N.; offen gelassen in BGHZ 66, 52, 55.

[765] *Muscheler/Schewe*, Jura 2000, 565, 567.

II. Übermäßige Einschränkung der Vertragsabschlussfreiheit als Folge einer gesetzlich anerkannten Publikumsofferte?

1. Risikoverteilung und Vertrauensschutz

Zu beachten ist, dass die Regelungen der §§ 145 BGB von der Vertragsfreiheit der Parteien geprägt sind. Die Vertragsfreiheit wird herkömmlicherweise in die zwei Hauptaspekte Abschlussfreiheit und Gestaltungsfreiheit (oder Inhaltsfreiheit) unterschieden.[766] Das Angebot und seine Bindung sind Ausdruck dieser Vertragsfreiheit, wobei die Abgabe eines zeitweilig bindenden Vertragsangebots sich auf die Vertragsabschlussfreiheit bezieht.[767] Eine gesetzliche Publikumsofferte würde den Anbieter in dieser Vertragsabschlussfreiheit einschränken. Es wird zu zeigen sein, ob eine Änderung von Struktur und Konzept der deutschen Rechtsgeschäftslehre mit Blick auf einen verbesserten Verbraucherschutz zu befürworten ist.

Mit den obigen angestellten allgemeinen Überlegungen zur Rechtfertigung des Verbraucherschutzes[768] ist zu analysieren, ob der Verbraucher eines besonderen Schutzes seiner Entschließungsfreiheit über die u.a. bereits durch die Fernabsatzrichtlinie und deren Umsetzung ins deutsche Recht eingeführten Verbraucherschutzinstrumente in der konkreten Situation des Online-Shopping bedarf. Bei Bejahen dieser Fragestellung ist weiter zu prüfen, ob ein solches Schutzbedürfnis sinnvoll durch eine Publikumsofferte befriedigt werden kann.

Im Mittelpunkt der Analyse muss stehen, ob die widerstreitenden Unternehmer- und die Verbraucherinteressen durch eine Norm im Sinne des Art. 7 LDC und in der Ausführungsverordnung zu Art. 7 LDC Dekret 1798/94 a) in ein ausgewogenes Verhältnis gebracht werden und ob es zu keinem unverhältnismäßig großen Einschnitt in die traditionelle Rechtsgeschäftslehre des deutschen BGB kommt. Allerdings kann die Publikumsofferte hierbei nicht abstrakt beurteilt werden, sondern ist vielmehr in dem juristischen System von Bindungswirkung, Widerrufsmöglichkeit und der zeitlichen Geltungsdauer einer Willenserklärung zu betrachten. Hierbei wird analysiert, ob sich die Regelung der Publikumsofferte in Art. 7 LDC auf das deutsche Rechtssystem übertragen lässt und welcher Gesetzesmodifizierungen es möglicherweise bedarf.

Für eine Einschränkung der Vertragsfreiheit könnten einerseits Risikotragungs- und Vertrauensschutzgesichtspunkte als Ausdruck einer strukturellen Unterlegenheit sprechen. Auf der anderen Seite ist zu fragen, ob der Unternehmer schutzwürdige Interessen hat, sich von der starken Bindungswirkung eines

---

766 *Kramer*, in: MünchKommBGB, v. § 145, Rn. 8.

767 *Hart*, in: AK-BGB, § 145, Rn. 2.

768 Vgl. 3. Teil A..

Angebots nach § 145 BGB zu befreien. Besondere Berücksichtigung müssen hier die Interessen der Kleinunternehmer finden, die nicht durch eine Publikumsofferte benachteiligt werden dürfen.

Weiter ist zu berücksichtigen, dass im E-Commerce einfacher Geschäfte mit grenzüberschreitendem Charakter geschlossen werden. Mit Blick auf den bedeutsamen Gesichtspunkt der Rechtssicherheit soll daher analysiert werden, ob auf EU-Ebene eine Publikumsofferte einzuführen ist und wie dies erreicht werden könnte.

a) Risikoverteilung bei Mängeln in der Vertragsgestaltung beim Einsatz von Massenkommunikationstechniken

(1) Verlust der Individualität

Dem Verständnis des BGB liegt ein Individualvertrag zugrunde, wobei dem endgültigen Angebot regelmäßig Vertragsverhandlungen vorausgehen. Moderne Geschäftsmethoden durch Einsatz von massiven Verkaufstechniken zum Vertrieb von Waren gehen aber typischerweise mit einem Verlust der Individualität des Vertragabschlusses einher.[769] Der Vertragsinhalt wird vielmehr durch den Anbieter am Markt, der aber in zahlreichen Fällen nicht mit dem vertragrechtlich Anbietenden übereinstimmt, festgelegt. Vertragsverhandlungen gehen regelmäßig dem Vertragsschluss nicht voraus, da der persönliche Kontakt zwischen den Vertragsparteien fehlt.[770] Der Verbraucher kann lediglich über das „ob" eines Vertrages entscheiden, auf den Vertragsinhalt hat er, einmal abgesehen von der Auswahl der einzelnen Waren, keinen Einfluss.

Diese Charakteristika weist auch die Vertragssituation im Online-Shopping auf. Insbesondere kommt es bei Angeboten auf Webseiten, die in zahlreichen Fällen alle „essentialia negotii" enthalten, - anders als beim vom BGB gemeinten Individualvertrag - regelmäßig nicht zu Vertragsverhandlungen zwischen den Parteien. Es steht dem Verbraucher im Online-Shopping bei automatisierten Bestellsystemen typischerweise lediglich ein Computer gegenüber, der eine Willenserklärung des Anbieters in Form einer Computererklärung abgibt. Gerade beim Einsatz des Internet als typischem Medium des Massenverkehrs ist ein explizites Nachfragen des Verbrauchers also zum Zeitpunkt des Vertragsabschlusses nicht möglich.

Diese Situation entspricht regelmäßig dem Interesse des Unternehmers, nämlich den Angebotsinhalt zu bestimmen, ohne Anbieter zu sein, wodurch ihm

---

[769] Siehe zum Verlust der Individualität bereits oben 3. Teil A. I. 2..

[770] *Szafir*, S. 82.

die Inhaltsbestimmung verbleibt und er gleichzeitig aber eine unverbindliche Erklärung abgibt.[771] Der Verbraucher wird bei solchen Verträgen in die Rolle des Antragenden gedrängt, ohne dass er den Antrags- oder den Vertragsinhalt bestimmen kann, während der Anbieter der Bindungswirkung entgeht, ohne die Inhaltskontrolle aufzugeben. Diese Situation, die typischerweise bei Leistungsbeziehungen im Massenverkehr unter umfassender Verwendung von Allgemeinen Geschäftsbedingungen besteht, wird im Hinblick auf Willensmängel als unausgewogene Regelung angesehen, da das Anfechtungsrisiko und damit das Schadensersatzrisiko nach § 122 BGB auf den Konsumenten übergeht, ohne dass dieser Einfluss auf die Erklärung hat.[772] Bei der Abgabe einer elektronischen Willenserklärung verbleibt das Irrtumsrisiko der Anfechtung[773] ebenso regelmäßig bei dem Verbraucher. Eine Abgrenzung zwischen einem verbindlichen Angebot im Sinne des § 145 BGB und einer „invitatio ad offerendum" soll daher auch unter Risikotragungsgesichtspunkten erfolgen, insbesondere im Hinblick auf eine gerechte Verteilung des Anfechtungsrisikos.[774] Es müsse deswegen bei der „Inhaltskontrolle" der Vertragsabschlussfreiheit die Vertragsgestaltungsfreiheit für die Auslegung der Erklärung Berücksichtigung finden.[775] Vertragabschlusskontrolle und Vertraginhaltskontrolle seien in einem auch regulatorischen Vertragsrecht nicht mehr voneinander zu trennen.[776]

Dieser Situation eines Vertragsschlusses bei Einsatz von massiven Verkaufstechniken unter Verlust der Individualität des Vertragsschlusses soll im argentinischen Recht gerade durch eine Regulierung der Publikumsofferte Rechnung getragen werden. Mit den soeben angestellten Erwägungen erscheint die Regelung des Art. 7 LDC auf den ersten Blick sachgerecht zu sein, da der Anbieter als die Person, die den Vertragsinhalt festlegt, auch tatsächlich zum Anbietenden wird.

---

771 *Hart,* in: AK-BGB, § 145, Rn. 2, 4 für Prospekte, Kataloge, etc..

772 So *Hart,* in: AK-BGB, § 145, Rn. 4. Nach *Hart,* in: AK-BGB, § 145, Rn. 2 handelt es sich um die typische Situation bei dem Abschluss von „Massenverträgen", worunter der Autor offensichtlich auch solche versteht, die unter Einsatz von Massenkommunikationsmitteln zu Stande kommen, vgl. *Hart,* in: AK-BGB, § 145, Rn. 19. So auch bei einseitiger Vertragsgestaltung durch umfassende Allgemeine Geschäftsbedingungen *Kemper*, S. 291.

773 Siehe allgemein zur Anfechtung nach §§ 119, 120 BGB von über das Internet abgegebenen Willenserklärungen: *Baetge*, in: Kaminski/Henßler/Kolaschnik/Papathoma-Baetge, S. 112ff., Rn. 30-33; *Hoeren*, Grundzüge des Internetrechts, S. 189; *Köhler/Arndt*, S. 32, Rn. 100-104, jeweils m.w.N..

774 *Hart,* in: AK-BGB, § 145, Rn. 7.

775 So *Hart,* in: AK-BGB, § 145, Rn. 4. Vgl. hierzu auch BGHZ 91, 324, 327ff..

776 So zutreffend *Hart,* in: AK-BGB, § 145, Rn. 4ff. m.w.N..

(2) Kontrolle von AGB

Gegen eine gesetzliche Festlegung der Rollen der Vertragsparteien könnte aber sprechen, dass dem Verbraucher im Hinblick auf das Schadensersatzrisiko nach § 122 BGB ein Ausgleich durch eine AGB-Kontrolle gewährt wird. Das deutsche Recht weist weitgehende und differenzierte Lösungsansätze zur Überprüfung von AGB in §§ 307–309 BGB auf, an denen sich etwa ein Unternehmer orientieren kann.[777] Insbesondere wird durch das Transparenzgebot in § 307 Abs. 1 Satz 2 BGB die Rechtstellung des Verbrauchers gegenüber unklaren Vertragsbedingungen verbessert.[778] Die Regelungen zur Kontrolle von AGB führen letztlich dazu, dass die Gefahr von Mängeln der Gestaltung des Vertrages, die in unangemessener Weise auf den Verbraucher durch seine Position als „Angebotssteller" abgewälzt wird, durch die geschaffenen Instrumentarien zu Lasten des Unternehmers geht. Das Gestaltungsrisiko wird letztlich dem Verwender auferlegt, da sich die Unwirksamkeit auf die einzelne Klausel bezieht und nicht auf den gesamten Vertrag (§ 306 Abs. 1 BGB).[779] Allgemein wird dem Verbraucher also ein Ausgleich durch die gesetzlich festgelegte Inhaltskontrolle von AGB gegeben, die eine ungerechtfertigte Risikoverteilung mithin kompensiert.[780] Es bedarf also keiner Berücksichtigung des § 122 BGB bei der Festlegung der Rollenverteilung, wobei sich im Einzelfall Ausnahmen ergeben mögen. Es ist daher weiter zu untersuchen, ob die Spezifika des Mediums Internet beim Vertragsschluss eine solche Ausnahme rechtfertigen können.

(3) Besondere Irrtumsanfälligkeit in der konkreten Vertragssituation

Ein Abweichen von dem gefundenen Ergebnis könnte bei Warenpräsentationen auf Webseiten also nur dann mit einer ungerechten Risikoverteilung im Sinne des § 122 BGB begründet werden, wenn die Vertragssituation besonders irrtumsanfällig ist und das Irrtumsrisiko dann gegebenenfalls nicht dem Verbraucher aufzubürden ist. Hierfür spricht, dass die Schutzbedürftigkeit des Verbrauchers im elektronischen Geschäftsverkehr sich auch aus der Schnelligkeit und der Flüchtigkeit der Aussagen und Inhalte, die per Fernkommunikation vermittelt werden, ergibt.[781] Wie bereits festgestellt wurde, besteht in der konkreten Geschäftssituation im Internet eine besondere Irrtumsanfälligkeit der Willenser-

[777] In Argentinien ist die Überprüfung von AGB in Art. 37 LDC geregelt.
[778] *Kemper*, S. 295.
[779] *Kemper*, S. 297f..
[780] A. A. wohl *Kemper*, S. 299.
[781] *Fuchs*, ZIP 2000, 1273.

klärung des Verbrauchers.[782] Richtigerweise wird die Regelung des § 122 BGB aufgrund der Schnelligkeit und Flüchtigkeit des Mediums Internet im Vergleich zu Vertragsschlüssen, die auf einem körperlichen Träger aufbauen[783] oder vorangegangenen Vertragsverhandlungen als nicht sachgerecht angesehen.[784]

(4) Informationspflichten und Widerrufsrecht

Gegen das Argument einer ungerechtfertigten Risikoverlagerung kann ferner möglicherweise die umfassende Informationsverpflichtung des Anbieters nach § 312c Abs. 1 Nr. 1 BGB i.V.m. § 1 BGB-InfoV und § 312eAbs. 1 Nr. 2 BGB i.V.m. § 3 BGB-InfoV und das Widerrufsrecht des Verbrauchers angeführt werden, wenn hierdurch ein ausreichendes Schutzniveau geschaffen wird.[785] Bejahendenfalls muss in der Regelung einer Publikumsofferte mit dem Grundsatz der Verhältnismäßigkeit der Verbraucherschutzinstrumente ein unverhältnismäßiger Eingriff in die Vertragsabschlussfreiheit als Ausdruck der Privatautonomie gesehen werden, denn nach dem Grundsatz der Verhältnismäßigkeit darf ein bestimmtes Verbraucherschutzinstrument zur Kompensation nicht verwendet werden, wenn es ein im Verhältnis zur formalen Privatautonomie weniger belastendes Instrument gibt, um dieses Versagen auszugleichen,[786].

In einem weiten Sinn gehören alle Regelungen zur Vertragsabschlusskontrolle, die garantieren sollen, dass sich die Vertragspartner des Vertragsschlusses und ihrer Rechte bewusst werden, hierzu gehören insbesondere Informationspflichten, die vorsehen, die wichtigsten Vertragsdaten offenzulegen und Widerrufsrechte für Verbraucher.[787] Informationspflichten stellen den geringsten Eingriff in die formale Privatautonomie dar, weil sie die Entscheidung über den

---

782 Vgl. hierzu bereits im 5. Teil C. I. 2. b) (2).

783 Wie beispielsweise im Versandhandel mit einer Bestellkarte.

784 *Reich*, in: Schulte-Nölke/Schulze, 79, 92.

785 Nach *Waldenberger* sind Spezialregelungen für Verträge, die in einem bestimmten Medium geschlossen werden aus keinem Grund erforderlich, vgl. *Waldenberger*, EuZW 1999, 296, 300. Dies gelte nach Ansicht *Waldenbergers* gerade für den Verbraucherschutz, dem durch die einschlägigen Vorschriften; z.B. über AGB, die Fernabsatzrichtlinie, u. a. ausreichend Rechnung getragen werde. Im Mittelpunkt der Überlegungen des Autors steht das Vertragsschlusssystem für Online-Verträge, das die EU-Kommission in dem Richtlinienvorschlag einer E-Commerce-Richtlinie vorgestellt hatte, vgl. zum ursprünglichen Vorschlag KOM (98) 586 endg. v. 18.11.1998; Richtlinientext und Erwägungsgründe sind veröffentlicht im ABl. EG 1999, Nr. C 30/4-16.

786 Nach *Drexl*, S. 449f. sollte der Gesetzgeber beispielsweise keine Inhaltskontrolle vorsehen, wenn Informationspflichten zum Schutz des Verbrauchers ausreichen.

787 *Kramer*, in: MünchKommBGB, v. § 145, Rn. 23.

Vertragsschluss und den Inhalt des Vertrages bei den Vertragspartnern belassen.[788] Das dem Vertragsrecht zu Grunde liegende Prinzip der Eigenverantwortlichkeit spricht dafür, dem Verbraucher eine kritische Beurteilung der Erklärung des Anbieters abzuverlangen und eine Festschreibung einer Publikumsofferte überflüssig zu machen. Für diese Annahme könnte auch sprechen, dass den Anbieter zahlreiche Informationspflichten nach § 312c Abs. 1 BGB und § 312e Abs. 1 BGB jeweils i.V.m. der BGB-InfoV treffen. Durch die Informationsverpflichtung soll aber für den Verbraucher ein möglichst hohes Maß an Transparenz des Vertrags*inhalts* erreicht werden.[789] Insbesondere muss der Anbieter nach § 312c Abs. 1 Nr. 1 i.V.m. § 1 Abs. 1 BGB-InfoV den Verbraucher klar und verständlich über die Einzelheiten des Vertrages informieren. Daneben muss der Unternehmer nach § 312e Abs. 1 Nr. 2 BGB i.V.m. § 3 Nr. 1 BGB-InfoV den Verbraucher aber auch über die einzelnen technischen Schritte, die zu einem Vertragsschluss führen klar und verständlich erläutern.

Der Gesetzgeber setzt eine Verschärfung der Informationspflichten im elektronischen Geschäftsverkehr und im Fernabsatz mit einer Verbesserung des Verbraucherschutzes gleich, da er davon ausgeht, dass der Verbraucher durch ausreichende Informationen in seiner Entscheidungsfreiheit gestärkt wird.[790] Hiergegen ist aber anzuführen, dass Zweifel angebracht sind, ob diese Informationspflichten mit Blick darauf, dass es Grenzen der Aufnahme- und Verarbeitungsmöglichkeiten des Verbrauchers gibt, diesen aufgrund ihrer Vielzahl nicht überfordern.[791] Zudem versagt das Informationsmodell dort, wo es nicht die spezifische Gefahr einer ungerechtfertigten Risikoverlagerung abdeckt. Die spezifische Gefahr einer ungerechtfertigten Risikoverlagerung wird insbesondere in dem Fall nicht abgedeckt, in dem der Anbieter seinen Informationspflichten nicht nachkommt und dies dazu führt, dass der Kunde etwas anderes erklärt, als er wollte.[792]

Wichtig ist an dieser Stelle die Wechselwirkung der Informationsverpflichtung mit dem Widerrufsrecht. Hervorzuheben ist, dass der Gemeinschaftsrechtsgeber dem Verbraucher ein Widerrufsrecht einräumt, das konsequenterweise, wenn man davon ausgeht, dass der Verbraucher bei Einhaltung der In-

---

788 So zutreffend *Drexl*, S. 451.

789 *Frings*, VuR 2002, 390, 397.

790 Vgl. (11) Erwägungsgrund der Fernabsatzrichtlinie; siehe auch *Micklitz*, ZEuP 1999, 875, 880.

791 Vgl. hierzu bereits den 5. Teil C. II..

792 Nach *Ulmer*, CR 2002, 208, 210 muss sich der Anbieter seinem Anspruch auf Ersatz des Vertrauensschadens aus § 122 BGB bei Verletzung der ihm obliegenden Informationspflichten entgegenhalten lassen, dass dessen Geltendmachung im Widerspruch zum Verstoß gegen die Informationspflichten steht, was seinen Anspruch nach § 242 BGB ausschließe.

formationspflichten eine ausreichende Entscheidungsgrundlage hat, wohl nicht notwendig wäre. Das Widerrufsrecht soll gerade die fehlende Überprüfungsmöglichkeit der Ware für den Verbraucher kompensieren[793] und ihm ein nachträgliches Recht gewähren, sich von dem geschlossenen Vertrag zu lösen.[794] Ihm wird also die Möglichkeit eingeräumt, nach einer Überprüfung der Ware erneut über den Vertrag zu reflektieren.[795] Die mit dem Fernabsatz für den Verbraucher verbundenen Risiken, die sich auch nicht durch eine umfangreiche Informationsgewährung ausgleichen lassen, sollen über ein Vertragslösungsrecht abgefangen werden.[796]

Das Widerrufsrecht besteht auch bei gültigen und unanfechtbar geschlossenen Verträgen ohne Anlass in der Art des Vertragsschlusses (Irrtum oder arglistige Täuschung) oder der Vertragsdurchführung (Nichterfüllung oder Mangelhaftigkeit).[797] Das Widerrufsrecht geht somit sogar über das Anfechtungsrecht hinaus, da es ohne Angabe von Gründen, anders als bei der Anfechtung nach §§ 119, 120 BGB ausgeübt werden kann. Zudem ist der User in den Rechtsfolgen besser gestellt, da ihn anders als bei der Anfechtung keine Schadensersatzverpflichtung nach § 122 BGB trifft. Allerdings ist die Effektivität des Widerrufsrechts mehr als fraglich. Untersuchungen zu anderen gesetzlichen Widerrufsrechten haben gezeigt, dass der Widerruf nur selten ausgeübt wird.[798] Ferner gilt das Widerrufsrecht im Fernabsatz nicht für die § 312d Abs. 4 Nr. 1 - 5 BGB aufgelisteten Verträge.

Selbst wenn man den aktuellen Verbraucherpflichtinformationen aufgrund einer Informationsüberlastung und dem Widerrufsrecht aufgrund der niedrigen Widerrufszahlen keinen eindeutigen besonderen Schutzwert zu weisen kann, ist zu berücksichtigen, dass daneben vom Gesetzgeber ein weiterer Ausgleich zugunsten der Verbraucher gewährt wird, indem der Anbieter verpflichtet wird, technische Mittel zur Verfügung zu stellen, um dem Verbraucher die Feststellung und Berichtigung von Eingabefehlern vor Abgabe der Bestellung zu er-

---

793 Vgl. Erwägungsgrund (14) der Fernabsatzrichtlinie.

794 So zutreffend *Micklitz*, ZEuP 1999, 875, 884.

795 Vgl. allgemein zur Verlängerung der Überlegungsfrist durch Widerrufsrechte *Drexl*, S. 466ff. und speziell zur FARL *Drexl*, S. 478f..

796 *Micklitz*, ZEuP 1999, 875, 885.

797 Zum Widerrufsrecht und seinen Ausnahmen, beispielweise beim Online-Download, siehe *Lorenz*, JuS 2000, 839 (noch zu § 3 Abs. 2 FernAbsG).

798 Bei Abzahlungsgeschäften etwa lag die Widerrufsquote zur Zeit der Geltung des Abzahlungsgesetzes unter 0,5%; vgl. Begründung zum Regierungsentwurf des Verbraucherkreditgesetzes, BT-Drs. 11/5462, S. 21. Vgl. auch zu ähnlich niedrigen Widerrufsquoten BT-Drs. 8/234, S. 4. Bei freiwillig eingeräumten Widerrufsrechten lag nach Angaben der Gesetzesbegründung zum HWiG 1982 die Quote der „rückgängig" gemachten Verträge bei 1,8%; vgl. BT-Drs. 10/2876, S. 7f..

möglichen. Hält man sich diese Situation vor Augen, besteht bei Einsatz des Internet als Massenkommunikationsmedium bei vorhandenen Korrektureinrichtungen eine Geschäftssituation, die keiner Ergänzung und Korrektur unter Risikotragungsgesichtspunkte im Hinblick auf das Schadensersatzrisiko nach § 122 BGB durch eine gesetzliche Publikumsofferte bedarf.

b) Vertrauensschutz der Verbraucher und Unternehmerinteressen

Für die Einführung einer Publikumsofferte ins deutsche Recht könnte möglicherweise argumentiert werden, dass der Verbraucher bei Warenangeboten auf Webseiten häufiger als im herkömmlichen Handel außerhalb der Datennetze darauf vertraut, dass die Erklärungen verbindlichen Charakter haben. Sinn und Zweck des Art. 7 LDC ist das Vertrauen des Kunden in die Angaben des Verkäufers zu schützen.[799] Die Notwendigkeit, das maßgeblich vom Anbieter geweckte Verbrauchervertrauen zu schützen, wird aus dem allgemeinen Rechtsprinzip des „Guten Glaubens" („buena fe") hergeleitet.[800] Vertrauensprinzipien durchziehen auch das gesamte deutsche Privatrechtssystem.[801] Ausfluss einer Vertrauensrechtfertigung im Schuldrecht ist der Grundsatz von „Treu und Glauben",[802] der nach § 157 BGB bei der Auslegung von Verträgen zu beachten ist.

Mit der h. M. in der Literatur[803] und mit der Rechtsprechung[804] wäre dies aber zu verneinen, da Webseiten eines Online-Anbieters mangels eines endgül-

---

799 *Andino Dorato*, in: Ameal/Tanzi, 533, 537; *De los Ángeles Calogero*, S. 151; *Farina*, S. 138; CN Fed. Cont.-Adm., Sala II, 6/4/00: „Aerolíneas Argentinas c. Secretaría de Comercio e Inversiones", abgedruckt bei *Stiglitz*, Derecho del Consumidor, 73, 75.

800 *Szafir*, S. 81f..

801 Weit verzweigt ist der Vertrauensgedanke in der Lehre vom Schutz der Gutgläubigkeit, vgl. insbesondere §§ 892, 932 BGB. Ausdrücklich kommt das Wort „vertrauen" vor in den §§ 122 Abs. 1, 179 Abs. 2 BGB.

802 *Eichler*, S. 9. Vgl. insbesondere auch §§ 157, 242 BGB.

803 So etwa *Ernst*, BB 1997, 1057; *Hoeren*, MMR 1999, 192, 198; *Hoeren/Oberscheidt*, VuR 1999, 371; *Holzbach/Süßenberger*, in: Moritz/Dreier, S. 397f., Rn. 204 (Vergleich mit Katalog); *Köhler/Arndt*, S. 30, Rn. 93; *Rehbinder/Schmaus*, UFITA 2000, 313, 317f.; *Scherer/Butt*, DB 2000, 1009, 1012; *Waldenberger*, BB 1996, 2365; *Wildemann*, S. 31, jeweils m.w.N.. Nach a. A. liegt ein rechtlich verbindliches Angebot ad „incertas personas" vor, es sei denn der Anbieter hat durch einen einschränkenden Zusatz die Bindungswirkung ausgeschlossen, vgl. *Muscheler/Schewe*, Jura 2000, 565, 568f.; *Mehrings*, MMR 1998, 30, 32 geht davon aus, dass „in einer Reihe von Fällen in der Präsentation einer Ware im Internet ein verbindliches Angebot liegen" wird und empfiehlt daher einen klarstellenden Hinweis, wie etwa „unverbindlich" oder „solange der Vorrat reicht".

804 AG Butzbach, Urteil v. 14.6.2002, 51 C 25/02 (71), VuR 2003, 34, 35.

tigen Rechtsbindungswillens - ähnlich wie im klassischen Versandhandel - lediglich als „invitationes ad offerendum“ zu qualifizieren seien. Die Interaktivität des Bestellvorgangs könne zwar den Eindruck einer individuellen Warenpräsentation erwecken, letztlich entsprächen die Webseiten aber nur dem gedruckten Katalog.[805] Nach der h. M. gehe das Angebot durch Ausfüllen und Absenden eines Bestellformulars regelmäßig vom Kunden aus. Im Vordergrund der Überlegung der h. M. stehen die Unternehmerinteressen. Zur Begründung werden im wesentlichen zwei Hauptargumente angeführt:

(1) dass der Anbieter sich die Entscheidung über einen möglichen Vertragsschluss offen halten wolle, da er zunächst seinen Warenbestand überprüfen wolle, um die Situation zu vermeiden, dass er bei einer höheren Nachfrage als sein zahlenmäßig begrenzter Warenbestand möglicherweise Schadensersatzansprüchen ausgesetzt würde; und

(2) dass der Anbieter möglicherweise ein Interesse habe, die Identität des Kunden im Hinblick auf dessen Bonität zu klären.[806]

Eine pauschale Einordnung von Webseiten als „invitationes ad offerendum“ ist aber zu kritisieren, da diese den Besonderheiten der angebotenen Produkte, den Besonderheiten der Ausgestaltung von Webseiten und den technischen Möglichkeiten des Internet im Gegensatz zum herkömmlichen Handel nicht gerecht wird.

Eine abweichende Beurteilung wird richtigerweise überwiegend dann angenommen, wenn die angebotenen Produkte und Dienstleistungen direkt vom Rechner des Offerenten bezogen werden können.[807] Dies ist beispielsweise dann der Fall, wenn Gegenstand des Vertrages nicht der Verkauf von Waren, sondern

---

805 So etwa *Hoeren/Oberscheidt*, VuR 1999, 371. Vgl. auch *Waldenberger*, BB 1996, 2365.

806 *Schmidt/Prieß*, in: Spindler/Börner, S. 180; *Holzbach/Süßenberger*, in: Moritz/Dreier, S. 397f., Rn. 204f., wobei gerade im B2B allerdings öfter von einem Angebot auszugehen sei; *Taupitz/Kritter*, JuS 1999, 839, 840; AG Butzbach, Urteil v. 14.6.2002, 51 C 25/02 (71), VuR 2003, 34 (Online-Bestellung).

807 So auch *Ernst*, VuR 1999, 397, 404; *Gimmy*, in: Kröger/Gimmy, S. 67; *Glatt*, S. 44; *Winter* Anmerkung zu AG Butzbach, Urteil v. 14.06.2002, 51 C 25/02 (71), VuR 2003, 34, 36; *Busse*, CR 1996, 389, 390; *Rehbinder/Schmaus*, UFITA 2000, 313, 318f. (bei sofortiger Entrichtung des Entgelts); *Scherer/Butt*, DB 2000, 1009, 1012, jeweils m.w.N.; ähnlich auch *Schmitz*, S. 7f.; a. A. *Marly*, S. 103f., Rn. 231; *Taupitz/Kritter*, JuS 1999, 839, 840f.. Teilweise wird aber nur dann von einem Angebot ausgegangen, wenn der Kunde unmittelbar das Entgelt entrichten muss, wobei Vertragsschluss und Vertragserfüllung ähnlich dem Warenautomaten in einem Akt zusammenfallen sollen; vgl. *Rehbinder/Schmaus*, UFITA 2000, 313, 318f. m.w.N..

der entgeltliche Abruf von Daten oder Informationen ist. Ein Schadensersatzrisikos aufgrund mangelnder Verfügbarkeit besteht nicht, da der Anbieter nicht in seiner Leistungsfähigkeit, wie bei der Lieferung körperlicher Waren, beschränkt ist, vielmehr kann die Software vom Server des Anbieters beliebig oft heruntergeladen werden. Eine Verpflichtung des Anbieters über seine Leistungsfähigkeit hinaus ist nicht zu befürchten. Entsprechend hat er auch kein Interesse daran, sich die Entscheidungsfreiheit über den Vertragsschluss zu bewahren und vor dem verbindlichen Vertragsschluss noch seine eigene Leistungsfähigkeit zu überprüfen. Auch der Benutzer wird davon ausgehen, dass er sich die Software durch die vom Anbieter geschaffene Downloadmöglichkeit sofort herunterladen kann und sich der Anbieter bereits mit der Präsentation auf der Webseite vertraglich binden will.[808]

In der Literatur ist ferner die Tendenz zu beobachten, interaktive Webseiten mit Bestellsystemen von körperlichen Waren häufiger als verbindliche Offerten einzuordnen.[809] Im Online-Shopping wird typischerweise ein Bestellvorgang mittels eines sogenannten virtuellen Warenkorbes durchgeführt. Am Ende des Bestellweges liegen dem Kunden in der Webseite regelmäßig alle „essentialia negotii" vor. Wenn der Anbieter durch ein Computerprogramm die Möglichkeit hat, die Verfügbarkeit der Ware im Warenkorb und somit seine Lieferbereitschaft zu prüfen, wird die Darstellung der nach den individuellen Eingaben des Kunden gestalteten Webseite durch den Anbieter von diesem in der Regel mit Rechtsbindungswillen übermittelt worden sein.[810] Durch die Möglichkeit den Lagerbestand automatisch zu überprüfen, unterscheidet sich der Internethandel wesentlich vom herkömmlichen Versandhandel. Es kann dabei auch keinen Unterschied machen, ob der Händler ein solches System tatsächlich nutzt oder nicht,[811] da es für den Kunden in diesem Zeitpunkt nicht unmittelbar erkennbar sein muss, ob dies der Fall ist. Besitzt der Anbieter in dieser Situation dennoch keinen Rechtsbindungswillen, ist nämlich letztlich entscheidend für die rechtliche Einordnung der Erklärung, wie der Kunde als Erklärungsempfänger die Erklärung objektiv verstehen durfte.[812] Der Kunde wird regelmäßig bei einem derart gestalteten Bestellvorgang von der Lieferbereitschaft und –fähigkeit des Anbieters ausgehen, wenn dieser ihm auf der individuellen Webseite unter

---

[808] Vgl. zu allem Vorstehenden *Holzbach/Süßenberger,* in: Moritz/Dreier, S. 444, Rn. 347.

[809] *Baetge,* in: Kaminski/Henßler/Kolaschnik/Papathoma-Baetge, S. 96f., Rn. 5; *Glatt,* S. 41ff.; *Holzbach/Süßenberger,* in: Moritz/Dreier, S. 418, Rn. 266.

[810] So zutreffend *Holzbach/Süßenberger,* in: Moritz/Dreier, S. 418, Rn. 266; a. A. *Hoeren/Oberscheidt,* VuR 1999, 371.

[811] *Hoeren/Oberscheidt,* VuR 1999, 371 machen darauf aufmerksam, dass ein automatischer Abgleich mit dem Lager regelmäßig nicht stattfinde.

[812] Allgemein *Hart,* in: AK-BGB, §145, Rn. 14; BGHZ 56, 204, 210.

Angabe der vom Kunden eingegebenen Daten den „Warenkorb" darstellt.[813] E-benfalls anders als in Schaufensterauslagen wird das Produkt nicht lediglich nur dem Kunden präsentiert,[814] sondern vielmehr wird dem Kunden zugleich die Möglichkeit gegeben das Produkt durch einen einfachen Mausklick zu bestellen.[815] Dabei wird dem Kunden aufgrund der konkreten Ausgestaltung eine unmittelbare Zugriffsmöglichkeit auf die Produkte im Warenlager suggeriert.[816] Dem Anbieter wird das Gefühl eines realen Einkaufs, ähnlich wie in einem Selbstbedienungsladen vermittelt.[817] Der Kunde wird daher häufiger als im herkömmlichen Versandhandel auf die Verbindlichkeit der Angaben vertrauen.

Auch im Hinblick darauf, dass in Art. 4 Abs. 1 FARL und in § 312c Abs. 1 Satz 1 Nr. 1 i.V.m. § 1 Abs. 1 BGB-InfoV rechtsverbindliche Anforderungen an eine „invitatio ad offerendum" formuliert werden,[818] die derart detailliert sind, dass sie regelmäßig alle „essentalia negotii" enthalten müssen,[819] muss man sich doch vielmehr fragen, ob für den Verbraucher – vom objektiven Empfängerhorizont aus - nicht gerade der Eindruck erweckt wird, dass es sich um ein verbindliches Angebot handelt. Dies ferner vor dem Hintergrund, dass der Anbieter verpflichtet ist, über einen Liefervorbehalt (§ 312c Abs. 1 Satz 1 Nr. 1 BGB i.V.m. § 1 Abs. 1 Nr. 5 BGB-InfoV) oder eine Befristung des Angebots (§ 312c Abs. 1 Satz 1 Nr. 1 BGB i.V.m. § 1 Abs. 1 Nr. 11 BGB-InfoV) zu informieren. Dieser Umstand rührt daher, dass der Richtliniengeber in der E-Commerce-Richtlinie zunächst die Situation eines verbindlichen Angebots durch den Anbieter regeln wollte,[820] worauf die Informationspflichten „zugeschnitten" sind.

---

813 *Holzbach/Süßenberger*, in: Moritz/Dreier, S. 418, Rn. 266, 268.

814 So aber AG Butzbach, Urteil v. 14.06.2002, 51 C 25/02 (71), VuR 2003, 34, 35, wonach bei einer Warenanpreisung auf einer Internetseite mit interaktivem Bestellformular kein wesentlicher Unterschied zu einer Schaufensterauslage oder einer Zeitungsannonce bestehe.

815 *Baetge*, in: Kaminski/Henßler/Kolaschnik/Papathoma-Baetge, S. 97, Rn. 5.

816 *Winter* Anmerkung zu AG Butzbach, Urteil v. 14.6.2002, 51 C 25/02 (71), VuR 2003, 34, 36; *Baetge* in: Kaminski/Henßler/Kolaschnik/Papathoma-Baetge, S. 97, Rn. 5. Auch nach *Horen/Oberscheidt*, VuR 1999, 371 mit Fn. 1 komme es auf die konkrete Präsentation an.

817 *Muscheler/Schewe*, Jura 2000, 565, 568.

818 Vgl. zum subjektiven Recht auf Information in der FARL *Micklitz*, ZEuP 1999, 875, 880.

819 Insbesondere muss der Unternehmer den Verbraucher über seine Identität (§ 1 Abs. 1 Nr. 1 BGB-InfoV, Art. 4 Abs. 1 a) FARL), über wesentliche Merkmale der Ware oder Dienstleistung (§ 1 Abs. 1 Nr. 3 BGB-InfoV, Art. 4 Abs. 1 b) FARL) und über den Preis der Ware oder Dienstleistung (§ 1 Abs. 1 Nr. 6 BGB-InfoV, Art. 4 Abs. 1 c) FARL) informieren.

820 Vgl. hierzu *Glatt*, S. 82.

Das Argument, dass sich der Anbieter erst der Bonität des Kunden versichern will, erscheint im Online-Shopping, soweit interaktive Bestellsysteme genutzt werden, wenig hilfreich zur Abgrenzung,[821] da die Zahlungsfähigkeit und besonders auch die Zahlungsbereitschaft des Kunden sich regelmäßig erst nach Vertragsschluss, im Rahmen der Erfüllung zeigen wird.[822] Ob allerdings allein der Einsatz von Kreditkarten auf die Kreditwürdigkeit des Kunden schließen lässt, ist zumindest zweifelhaft.[823] Bei andersartigen Distanzgeschäften erklären sich die Anbieter auch oft nach den Angaben zur Kreditkartenkennzahlen mit einem Vertragsschluss bereit. Der Verkäufer hat in diesen Fällen regelmäßig gar nicht die Möglichkeit die Bonität des Kunden vorab zu prüfen.[824] Der Anbieter kann sich aber dadurch schützen, dass er bestimmte Zahlungsmodalitäten festlegt, die den Zug-um-Zug-Austausch von Ware und Bezahlung sicherstellen, wie beispielsweise Belieferung per Nachnahme.[825] Dementsprechend ist es dem Anbieter regelmäßig gleichgültig, mit wem er kontrahiert.

Aus der maßgeblichen Sicht des Empfängers müssen die Webseiten eines Online-Shops daher aufgrund ihrer Ausgestaltung häufiger als verbindliche Vertragsangebote qualifiziert werden,[826] sofern der Anbieter die Bindungswirkung nicht ausdrücklich ausgeschlossen hat.[827] Für eine Einführung der Publikumsofferte für Warenpräsentationen auf Webseiten ins deutsche Verbraucherrecht spricht also, dass aufgrund der Spezifika des elektronischen Geschäftsverkehrs die beiden Hauptargumente – Leistungsfähigkeit des Anbieters und Bonität des Kunden – häufiger als im herkömmlichen Handel, insbesondere im Versandhandel, nicht automatisch übertragbar sind. Die Frage, ob Webseiten als „invitatio ad offerendum“ oder als verbindliche Angebote einzuordnen sind, ist zwar wie in anderen herkömmlichen Geschäftsbereichen nach wie vor eine Einzelfallentscheidung, die Auslegung ergibt aber aufgrund der besonderen Eigenschaften des Internet öfter, dass bei Warenpräsentationen etwa auf Webseiten der Vertragsantrag vom Anbieter ausgeht. Insbesondere der entgeltliche Abruf von Daten auf Webseiten wird von der h. M. regelmäßig als Offerte qualifiziert und auch interaktive Webseite mit automatisiertem Bestellvorgang enthalten in zahlreichen Fällen einen Vertragsantrag. Der User wird im Ergebnis also häufiger darauf vertrauen, dass es sich bei einer Warenpräsentation auf einer Webseite

---

821 So auch kritisch *Glatt*, S. 43f. für Geschäfte geringeren Volumens.

822 *Muscheler/Schewe*, Jura 200, 565, 565, 566.

823 So aber *Muscheler/Schewe*, Jura 2000, 565, 566 mit Fn. 17.

824 Anders gestaltet ist die Situation ausnahmsweise beispielsweise bei Banken.

825 Eine Absicherung kann auch durch einen Eigentumsvorbehalt, etc. erfolgen; vgl. *Glatt*, S. 43.

826 So etwa *Glatt*, S. 44; *Holzbach/Süßenberger*, in: Moritz/Dreier, S. 418, Rn. 266.

827 So zutreffend *Baetge*, in: Kaminski/Henßler/Kolaschnik/Papathoma-Baetge, S. 97, Rn. 5; ähnlich auch *Holzbach/Süßenberger*, in: Moritz/Dreier, S. 418, Rn. 268.

um ein verbindliches Angebot handelt. Aus dem Gesichtspunkt des Vertrauensschutzes ist es daher wünschenswert, eine Publikumsofferte im Bereich der Geschäftsabschlüsse im Internet einzuführen.

2. Bindungswirkung des Angebots und Befreiungsmöglichkeiten

a) Bindungswirkung der Erklärung im deutschen und argentinischen Recht

Mit Blick auf die in den einzelnen europäischen Mitgliedstaaten existierenden unterschiedlichen Regelungen zur Bindungswirkung von Angeboten[828], insbesondere etwa in Frankreich,[829] bedürfe es in Deutschland aufgrund der starken Bindungswirkung in Gestalt der „invitatio ad offerendum" oder eines anderen funktionsäquivalenten Instituts eine Art „Offerte minderer Verbindlichkeit".[830] Im strengen juristischen Sinn ist eine „invitatio ad offerendum" aber keine Offerte minderer Qualität, sondern ein unverbindliches Institut.[831] Letztlich geht es hier um die bereits behandelte Frage einer Schadensersatzverpflichtung des Anbieters bei nicht mehr bestehender Liefermöglichkeit. Eines unverbindlichen Instituts bedarf es aber im deutschen Recht nur dann, wenn dem Anbieter Schadensersatzforderungen drohen, wie dies bei der pauschalen Annahme einer Publikumsofferte im Versandhandel aufgrund der starken Bindungswirkung anzunehmen wäre. Dies könnte allenfalls noch die Fälle erfassen, in denen der Anbieter bewegliche Waren anbietet und keine automatisierte Überprüfungsvorrichtung seines Warenbestandes eingerichtet hat oder die Webseiten lediglich als Katalogersatz nutzt. Gerade Kleinstanbieter würden aufgrund der Kostenintensität einer solchen EDV-Gestaltung keine bindenden Angebote abgeben wollen.[832] In diesen Fällen würden Schadensersatzforderungen bei der gesetzlichen Normierung einer Publikumsofferte drohen. Diese Anbieter dürfen aber nicht benachteiligt werden. Besitzen sie aber solche Systeme nicht, da sie nicht über die finanziellen Mittel zur Einrichtung von automatischen Systeme zur Warenbestandsprüfung verfügen, ist auf den ersten Blick nicht von der Hand zu weisen, dass die Frage nach der Zahl möglicher Schadensersatzforderungen eine beson-

---

828 Vgl. zur Bindungswirkung die Darstellung von *Zweigert/Kötz*, S. 350-358; *Wittwer/Barta*, S. 6ff..

829 Der Anbieter kann hier seine Publikumsofferte jederzeit widerrufen; vgl. hierzu *Renard/Barberis*, in: Spindler/Börner, S. 86, wobei allerdings unklar sei, ob diese Regel auf Internetverträge anzuwenden sei.

830 *Ann*, in: Hohl/Leible/Sosnitz, 53, 67.

831 *Kramer*, in: MünchKommBGB, § 145, Rn. 10 spricht von einer „bloßen unverbindlichen Mitteilung der Bereitschaft zum Vertragsschluss".

832 *Wildemann*, S. 31.

dere Brisanz besitzt, da die Anzahl aufgrund der Globalität des Internet wesentlich höher sein wird als in herkömmlichen Verkaufssituationen. Hier muss man sich nämlich vor Augen halten, dass weltweit unzählige User die Anbieterseite besuchen können.

Ob diese Problematik auch im argentinischen Recht besteht oder ob der Anbieter sein Angebot in dem Geltungszeitraum widerrufen kann, bleibt nach dem Wortlaut des Art. 7 LDC offen. Generell kann ein Angebot nach Art. 1150 C.C. solange widerrufen werden, wie es noch nicht angenommen wurde, es sei denn, es wurde befristet erklärt. Zwar ist in der Literatur umstritten, wie sich die Verpflichtung zur Angabe eines Gültigkeitszeitraums der Offerte nach Art. 7 LDC auf die Bindungswirkung der Erklärung „ad incertas personas" auswirkt, die besseren Argumente sprechen aber für die Bindungswirkung und Unwiderruflichkeit der Erklärung in dem angegebenen Zeitraum.[833] Diese Verpflichtung ist eine Verstärkung der bereits in Art. 1150 C.C. normierten Ausnahme der Widerrufsmöglichkeit bei befristeten Angeboten.[834] Der Ansicht *Szafirs,* dass das Angebot durch die gesetzliche Verpflichtung, dieses zeitlich zu befristen, nicht zu einer unwiderruflichen Offerte werde,[835] ist zu widersprechen. Entgegen ihrer Ansicht werden die widerstreitenden Interessen nicht erst dadurch, dass dem Anbieter die Möglichkeit verbleibt, das Angebot zu widerrufen, wenn sein Warenvorrat zur Neige geht und der Verbraucher ausreichend geschützt werde, indem er von dem Widerruf auf dieselbe Weise erfahre, wie von dem Angebot selbst, in ein ausgeglichenes Verhältnis gebracht.[836] Die Ansicht der Autorin ist nicht widerspruchsfrei, da sie dem Annehmenden im Falle eines frühzeitigen Widerrufs einen möglichen Schadensersatzanspruch zubilligt, da der Anbieter durch den Widerruf vor Fristablauf die Prinzipien des Guten Glaubens und des Vertrauens verletze.[837] So wird auch richtigerweise in der argentinischen Literatur angeführt, dass ein Widerrufsrecht zu Schwierigkeiten führe, die mit dem modernen Geschäftsverkehr, insbesondere mit der Rechtssicherheit des Verkehrs,[838] unvereinbar seien.[839]

Die Verpflichtung zur Befristung hat gerade den Zweck, das Vertrauen des Verbrauchers in die Angaben der Publikumsofferte zu schützen. Dieses Ziel wird aber erst mit einer rechtsverbindlichen Offerte erreicht. Eine andere Regelung wäre dem elektronischen Geschäftsverkehr abträglich, der gerade im Be-

---

[833] *Zabale/Beltramone*, S. 4, 5 m.w.N..

[834] *Tinti*, S. 33.

[835] *Szafir*, S. 85f..

[836] So aber *Szafir*, S. 85f..

[837] *Szafir*, S. 85.

[838] *Ameal*, in: Ameal/Tanzi, 507, 525 hält daher die deutsche Regelung allgemein für vorzugswürdig.

[839] *Alterini*, S. 277.

reich der Verbraucherverträge durch das mangelnde Vertrauen der Kunden weiterhin beeinträchtigt wird. Der argentinische Anbieter ist demnach nach Art. 7 LDC ähnlich wie im deutschen Recht nach § 145 BGB an seine Erklärung gebunden. Anders als im deutschen Recht wird im argentinischen Recht die Unwiderruflichkeit aber erst durch die gesetzliche Verpflichtung zur Angabe des Gültigkeitszeitraums, in dem der Anbieter das Angebot nicht ändern kann, erreicht. Es ist aber unbillig, dass der Anbieter bei pflichtwidriger Nichtangabe des Gültigkeitszeitraums über die Bindungswirkung letztlich bestimmen kann, da er in diesem Fall nach allgemeiner Ansicht nämlich ein Widerrufsrecht mit der Besonderheit eingeräumt bekommt, dass er die Form nach Art. 7 Abs. 2 LDC einhalten muss.[840]

Aus diesen Gründen ist die eindeutige deutsche Regelung vorzugswürdig. Wird nach deutschen Recht innerhalb der Bindungswirkung der Offerte der Widerruf erklärt, ergibt sich aus dem Gesetzeswortlaut eindeutig, dass dieser nicht etwa nur eine Schadensersatzverpflichtung auslöst, sondern rechtlich ohne jede Wirkung bleibt.[841] Bereits die Verfasser des BGB lehnten mit dem Argument des Verkehrsschutzes die Lösung ab, einen Widerruf mit einer Schadensersatzverpflichtung zu verbinden: „Der Verkehr erfordert eine glatte und rasche Abwicklung der Geschäfte, während die Verweisung auf Schadensersatz erfahrungsgemäß zu Prozessen heikler Art und von zweifelhaftem Erfolge führt und auf den Verkehr lähmend einwirkt.“.[842] Unsicherheiten der Rechtsgrundlage und der Höhe des Schadensersatzanspruchs bei Widerruf werden vermieden.[843] Das Vertrauen des Annehmenden in die Verbindlichkeit der Angaben ist bei Publikumsofferten nicht weniger schützenswert als bei individuellen Angeboten. Die Bindungswirkung von Angeboten führt dazu, dass der Kunde sicher disponieren kann.[844]

Letztlich ist noch anzumerken, dass auch in Argentinien ganz allgemein Bestrebungen bestehen, das deutsche Prinzip von Bindungswirkung und Widerrufsmöglichkeit einzuführen. Als letzte Initiative ist das Gesetzesprojekt zur Rechtsvereinheitlichung des Código Civil und des Código de Comercio (1998)[845] zu nennen, dass in Art. 925 und Art. 926 dem deutschen Recht ver-

---

[840] So für das Widerrufsrecht etwa *Vázquez Ferreyra/Romera*, zu Art. 7, S. 39; *Zabale/Beltramone*, S. 4, 5 sind der Ansicht, dass das Widerrufsrecht nach Art. 7 Abs. 2 LDC nur für diesen Fall gelte.

[841] *Zweigert/Kötz*, S. 355 mit Verweisen auf andere Rechtsordnungen, die diesem Modell folgen.

[842] *Mugdan* I, 166, S. 443.

[843] Siehe zu dieser Problematik im französischen Recht *Zweigert/Kötz*, S. 353ff..

[844] Siehe bereits zur Entstehung des BGB *Mugdan* I, 165, S. 443. *Zweigert/Kötz*, S. 356f.

[845] Siehe hierzu bereits Fn. 134. Nach Art. 925 soll der Anbieter außer in dem Fall eines widerruflichen Angebots verpflichtet sein, dieses während seiner Gültigkeitsdauer beizube-

gleichbare Regelungen zur Bindungswirkung und zum Widerruf des Angebots vorsieht.

b) Gesetzliche Befreiungsmöglichkeiten

Ob allerdings die starke Bindungswirkung tatsächlich als Argument gegen die Einführung einer Publikumsofferte im elektronischen Geschäftsverkehr dienen kann, muss sich auf den zweiten Blick noch danach beurteilen, ob durch die bestehenden gesetzlichen Befreiungsmöglichkeiten die Gefahr von Schadensersatzforderungen nicht sachgerecht ausgeräumt werden kann. Hier kommen als solche mehrere Möglichkeiten in Betracht:

(1) Die Frage der Lieferbereitschaft lässt sich anhand entsprechender technischer Vorrichtungen lösen.[846] Der Anbieter kann nämlich durch ein automatisiertes System, das unmittelbar auf jeden getätigten Kauf reagiert und den Warenbestand aktualisiert, auf der Webseite die noch zu verkaufenden Waren zahlenmäßig angeben und somit seine Bindung begrenzen, wie dies im Bereich des elektronischen Geschäftsverkehrs auch bereits von vielen Anbietern durchgeführt wird. So existieren beispielsweise Online-Shopping-Unternehmen, die mit oder ohne Warenkorbfunktion Sachen durch eine speziell konzipierte Lagerbestandsdatenbank automatisch fortwährend auf ihre die Lieferfähigkeit und - bereitschaft überprüfen und den genauen Vorrat angeben.

(2) Soweit eingewendet werden könnte, dass solche Vorrichtungen für Kleinstanbieter zu aufwendig seien,[847] ist nicht ersichtlich, warum im Internet eine Orientierung am Kleinstanbieter richtig sein sollte.[848] Eine solche Orientierung an den Interessen der Kleinstanbieter erscheint mit Blick darauf, dass dieser sich beispielsweise durch entsprechende Hinweise auf der Webseite von der Bindungswirkung befreien kann, wenig überzeugend. Gerade auch für Kleinstanbieter besteht die Möglichkeit den Warenvorrat, wie dies bei Warenautomaten als Angebote „ad incertas personas“ anerkannt ist, auf den Warenvorrat ausdrücklich zu begrenzen. Dies kann der Anbieter kostengünstig ohne großen technischen Aufwand durch den Hinweis „solange der Vorrat reicht“ auf seiner

---

halten. Nach Art. 926 Abs. 1 kann das Angebot nur wirksam widerrufen werden, wenn der Widerruf vor dem Angebot oder gleichzeitig mit diesem dem Empfänger zugeht. Diese Regel soll nach Art. 926 Abs. 2 auch auf Angebote, die sich an eine bestimmbare Person oder an die Öffentlichkeit richten, gelten. Allerdings muss der Widerruf in den Fällen des Art. 926 Abs. 2 durch gleiche Verbreitungsmedien erklärt werden, die für die Erklärung des Angebots benutzt wurden.

[846] So auch *Baetge*, in: Kaminski/Henßler/Kolaschnik/Papathoma-Baetge, S. 98, Rn. 5.

[847] *Wildemann*, S. 31.

[848] *Baetge*, in: Kaminski/Henßler/Kolaschnik/Papathoma-Baetge, S. 98, Rn. 5 mit Fn. 16.

Webseite erreichen. Er kann aber sein Angebot auch direkt auf eine bestimmte Stückzahl begrenzen, ohne dass es einer fortwährenden Anpassung der Stückzahl bedarf. Die Begrenzungsmöglichkeit der Offerte auf eine bestimmte Stückzahl ist in der argentinischen Umsetzungsverordnung in Art 7, 1798/94 explizit vorgesehen.

(3) Als weitere Möglichkeiten stehen dem Anbieter auch sogenannte Freiklauseln oder Widerrufsvorbehalte zur Verfügung, die er als Hinweis auf der Webseite aufführen kann. Er kann beispielsweise die Unverbindlichkeit durch den Zusatz „freibleibend", „unverbindlich" oder „ohne obligo" ausdrücken.[849] Schon für das Btx-System wurde ein solcher Hinweis diskutiert; aufgrund der beschränkten technischen Möglichkeiten wurde diese Idee aber als unpraktikabel verworfen.[850] Anders gestaltet sich hingegen die technische Situation im WWW,[851] wie die Praxis einzelner Online-Anbieter zeigt, indem sie gut sichtbar den Zusatz „Angebote freibleibend und solange der Vorrat reicht" über die Produktpalette geschrieben haben.[852]

(4) Ferner kann der Anbieter sein Angebot auf einen bestimmten Zeitraum befristen, wobei das Angebot mit Ablauf der Frist automatisch erlischt.

Dem Anbieter stehen somit nach deutschem Recht zahlreiche anerkannte Möglichkeiten zur Verfügung sich von der starken Bindungswirkung zu befreien. Das Argument einer auf EU-Ebene bestehenden unterschiedlichen Bindungswirkung von Willenserklärungen kann nicht überzeugend gegen die gesetzliche Einführung einer Publikumsofferte angeführt werden. Zudem ist zu berücksichtigen, dass ein weitergehendes Widerrufsrecht zugunsten des Anbieters der deutschen Rechtssystematik des BGB zuwiderlaufen würde und einen starken Einschnitt in dessen Konzeption darstellen würde.

c) Zeitliche Geltungsdauer der Erklärung

Hinsichtlich der gesetzlichen Verpflichtung, das Angebot zeitlich zu befristen, ist noch Folgendes zu sagen: Ein Bedürfnis nach einer gesetzlichen Verpflichtung zur Befristung, wie im argentinischen Recht - besteht im deutschen Recht nicht. Durch die starke Bindungswirkung im deutschen Recht wird dem Vertrauen des Verbrauchers bereits ausreichend Rechnung getragen. Abzulehnen ist daher auch einen gesetzlichen Mindestgültigkeitszeitraum – etwa von 48 Stunden – zu bestimmen, von dem der Anbieter nur durch Festlegen eines längeren

---

849 *Kramer*, in: MünchKommBGB, § 145, Rn. 7.

850 *Friedmann*, S. 52.

851 So auch Muscheler/Schewe, Jura 2000, 565, 568 mit Fn. 38.

852 Vgl. beispielsweise ACI-Online-Shops, https://ssl.vst.net/cgi-bin/cdshop/pcshop.cgi im Falle von Sonderangeboten.

Zeitraums abweichen dürfen soll, wie dies vereinzelt ganz allgemein gefordert wird.[853] Hierfür spricht einerseits, dass dem Anbieter im Rahmen seiner Vertragsfreiheit über die Gültigkeitsdauer seines Angebots selbst entscheiden sollte. Gerade die Möglichkeit einen kurzen Zeitraum zu bestimmen, beispielsweise bei Sonderangeboten und billigen Restposten mit einem begrenzten Vorrat, entspricht auch den Besonderheiten des Internet. Eine Großzahl von Personen kann weltweit die Webseite des Anbieters besuchen und es besteht deshalb die Möglichkeit, dass in kürzester Zeit zahlreiche Personen das Produkt ordern können. Dies gilt aber auch bereits für den potentiellen Kundenkreis in Deutschland. Die Gefahr, dass Kunden durch ein sehr kurzes Angebot möglicherweise nur angelockt werden könnten, mit dem Ziel sie zum Kauf eines anderen Produktes zu bewegen,[854] ist vor diesem Hintergrund vielmehr hinnehmbar, zumal dem Verbraucher nach allen Rechtsordnungen ein Widerrufsrecht eingeräumt wird.

Zudem erscheint eine Verpflichtung zur Befristung auch vor dem Hintergrund, dass der Anbieter bei Downloadverträgen sein Angebot regelmäßig nicht befristen möchte, da er die Software zeitlich unbegrenzt anbieten kann und für ihn kein Bedürfnis für eine Befristung besteht, mit Blick auf diese besondere Vertriebsform wenig sachgerecht. Eine Pflicht zur Befristung oder die Festlegung einer Mindestgeltungsdauer würde vor diesem Hintergrund eine unangemessene Einschränkung der Privatautonomie darstellen.

Durch die Verpflichtung, dass der Unternehmer sein Angebot, wie dies in Art. 7 LDC vorgesehen ist, zeitlich befristen muss, wird aber auch ein gewisser Schutz des Anbieters erreicht. Mit Ablauf der Frist erlischt nämlich das Angebot automatisch. Es wird hierdurch die Gefahr, dass er sich zeitlich unbegrenzt an seinem Angebot festhalten muss, eingegrenzt. Die Problematik, wann eine Publikumsofferte erlischt, kann aber letztlich mit den Grundsätzen, die bereits in der Literatur für Warenautomaten entwickelt wurden, sachgerecht gelöst werden. Hier wird angenommen, dass das Angebot solange gelte, wie sich Waren der entsprechenden Art in dem Gerät befinden.[855] Eine zeitliche Befristung bleibt freigestellt.

Eine andere Möglichkeit, die der Nutzungsart der Internet gerecht werden würde, kann in einer zusätzlichen gesetzlichen Formulierung wie „der Absender eines Angebots ist solange an sein Angebot gebunden, wie dieses elektronisch verfügbar ist“, gesehen werden.[856] Regelmäßig wird der Unternehmer die Ware von der Webseite nehmen, wenn diese nicht mehr verfügbar ist. Gerade beim Downloading wird ihm dergestalt ermöglicht, die Bindungsdauer des Angebots zu begrenzen. Hierdurch werden den Interessen des Verbrauchers ausreichend

---

[853] *Szafir*, S. 84.

[854] So etwa die Befürchtung von *Szafir*, S. 250.

[855] Vgl. *Kramer*, in: MünchKommBGB, § 145, Rn. 10 m.w.N..

[856] Vgl. etwa zu diesem Ansatz in Frankreich *Renard/Barberis*, in: Spindler/Börner, S. 86.

Rechnung getragen, da sein Vertrauen in die Angaben des Angebots nur solange schutzwürdig sein können, wie er das Angebot auf der Webseite aufrufen kann.

d) Ergebnis

Im Ergebnis spricht die starke Bindungswirkung im deutschen Recht nicht gegen die Regulierung einer Publikumsofferte. Die gegenstreitenden Interessen der Vertragsparteien können aufgrund der vorhandenen gesetzlichen Regelung auch bei Einführen einer Publikumsofferte in ein ausgewogenes Verhältnis gebracht werden. Eine Benachteiligung der Kleinanbieter ist nicht zu befürchten, da ihnen nach derzeitiger deutscher Rechtslage ausreichende Möglichkeiten zur Verfügung stehen, sich von der Bindungswirkung einer Erklärung zu befreien, sofern sie kein automatisches Warenbestandsüberprüfungssystem einführen können. Entgegen Art. 7 LDC ist eine Verpflichtung des Anbieters zur zeitlichen Befristung mit den angeführten Argumenten für das deutsche Recht nicht zu befürworten. Die zeitliche Geltungsdauer und das Erlöschen einer Publikumsofferte lässt sich mit den für Warenautomaten entwickelten Grundsätzen lösen oder mit der empfohlenen Formulierung, dass „der Absender eines Angebots solange an sein Angebot gebunden ist, wie dieses elektronisch verfügbar ist".

C. Einführung einer Publikumsofferte auf europäischer Ebene?

Schließlich ist zu analysieren, ob eine Publikumsofferte im elektronischen Geschäftsverkehr auf europäischer Ebene mit dem Ziel einer Rechtsvereinheitlichung der einzelstaatlichen Regelungen eingeführt werden sollte.

I. Rechtsvergleichende Überlegungen

Der private Internetnutzer hat vom heimischen Computer aus Zugriff auf die Webseiten von Anbietern, die ihren Firmensitz oder Wohnort außerhalb Deutschlands in anderen EU-Mitgliedstaaten haben. Während der Zeitpunkt des Vertragsschlusses für die Nutzung der traditionellen Medien in den nationalen Rechtsordnungen oder durch langjährige Rechtsprechung festgelegt ist, ist dies im Internet aufgrund des grenzüberschreitenden Charakters zahlreicher Verträge nicht klar. Der Verbraucher steht bei Klicken der Schaltfläche „Bestellen" eines Online-Shopping-Unternehmens vor einer erheblichen Rechtsunsicherheit, ob bereits ein Vertrag zu Stande gekommen ist, da in einigen Mitgliedstaaten die Webseite lediglich als „invitatio ad offerendum" angesehen wird. Beispielsweise werden in der Schweiz Webseiten regelmäßig nach Art. 7 Abs. 2 OR als Einladungen zur Offertstellung qualifiziert, wobei hier ähnliche Ausnahmen wie in Deutschland angenommen werden;[857] während in anderen Mitgliedstaaten die Rechtsmeinung bevorzugt wird, dass das Angebot bereits in der Webseite zu sehen ist und durch Anklicken der Schaltfläche der Verbraucher nur noch seine Annahme erklärt, beispielsweise in Italien nach Art. 1336 Codice Civile.[858] Die argentinische Qualifikation von Webseiten entspricht im Grundsatz auch der Auffassung der spanischen[859] und der belgischen[860] Rechtsexperten.[861] Ergänzend soll noch darauf hingewiesen werden, dass auch dem mexikanischen Recht[862] und anderen Ländern[863] Publikumsofferten nicht fremd sind, wobei diese nicht in allen Rechtsordnungen als spezielles Verbraucherschutzinstrument ausgestaltet sind.[864] Diese Situation zeigt eindeutig, dass eine Überprüfung der einzelnen Regelungen notwendig ist.

---

857 Vgl. *Netzle/Hayer*, in: Spindler/Börner, S. 630.

858 Vgl. *Mostardini/Neirotti/Travostino*, in: Spindler/Börner, S. 351f. mit zahlreichen Nachweisen.

859 Vgl. *Echegoyen/Girbau*, in: Spindler/Börner, S. 524f. zum Streitstand. Überzeugend ist hier die Ansicht, die Webseiten mit Angeboten an die Öffentlichkeit nach Art. 9.1. de la Ley de Comercio Minorista (Einzelhandelsgesetz) gleichsetzt. Nach Art. 9.1. verpflichten an die Öffentlichkeit gerichtete Angebote und die Ausstellung von Waren in Geschäftsräumen den Besitzer, diese Waren auch vorzuhalten und den Kunden zu verkaufen, die die Angebotsbedingeungen erfüllen. Dies gilt nicht für ausdrücklich vom Angebot ausgenommene Waren und solche, die eindeutig Einrichtungsgegenstände des Geschäftslokals sind.

860 Vgl. *Michaux/Van Camp*, in: Spindler/Börner, S. 29.

861 Auch in Frankreich werden Annoncen, Prospekte und sonstige Werbemaßnahmen des Anbieters als Vertragsangebote angesehen, vorausgesetzt, dass sich aus ihnen die essentialia negotii des Geschäfts ergeben; vgl. hierzu *Kemper*, S. 225 m.w.N.; siehe zu Frankreich ferner *Renard/Barberis*, in: Spindler/Börner, S. 86. Vgl. zu weiteren EU-Mitgliedstaaten: Spindler/Börner, E-Commerce-Recht in Europa und den USA, 2003.

862 Vgl. hierzu die allgemeinen Regelungen der Art. 1860, 1861 C.C.; Art. 39 und 42 LFPC sowie Art. 48 LFPC zur Rechtsverbindlichkeit von Sonderangeboten und anderen besonderen Angeboten im Sinne des Art. 46 LFPC. Siehe allgemein zu Publikumsofferten im mexikanischen Recht etwa *Zuloaga*, S. 21, 23, 25, 27.

863 Vgl. etwa die Bestrebungen eine Publikumsofferte im Verbraucherrecht im Mercosur durch Art. 15 Proyecto de Protocolo de Defensa del Consumidor aus dem 1997 einzuführen, abgedruckt mit Kommentierung bei *Szafir*, S. 215ff., 249. Auch in anderen lateinamerikanischen Ländern ist die Publikumsofferte gesetzlich anerkannt: vgl. in Uruguay war die Publikumsofferte bereits in dem alten Art. 12 Ley 17.189 v. 20.09.1999, D.O. v. 30.09.1999- N° 25368 und nach wie vor in Art. 12 Ley 17.250 v. 11.08.2000, D.O. 17.08.2000 – N° 25583 anerkannt; in Ecuador in Art. 148 Código de Comercio.

864 Vgl. etwa in Ecuador Art. 148 Código de Comercio.

II. Bestrebungen einer Rechtsvereinheitlichung und Stärkung des Verbrauchervertrauens im gemeinsamen Binnenmarkt

1. Entwicklung der E-Commerce-Richtlinie

Mangels einer einheitlichen Regelung steht der Verbraucher weiterhin vor einer gewissen Rechtsunsicherheit bei grenzüberschreitenden Verträgen. Bei der derzeitigen Rechtslage in der EU verbleibt es bei der Rechtsunsicherheit der unterschiedlichen Bindungswirkung von Webseiten und der Frage, ob der Verbraucher ein Angebot abgibt oder eine Annahme erklärt. Diese Problematik wurde bereits in der Begründung III. 3) des ursprünglichen Vorschlags für eine Richtlinie zur Regelung des elektronischen Geschäftsverkehrs als Hemmnis für die weitere wirtschaftliche Entwicklung des elektronischen Geschäftsverkehrs angesehen, da er das Vertrauen des Verbrauchers benötigt.[865]

Betrachtet man die Entwicklung der E-Commerce-Richtlinie, ist zu erkennen, dass erste Versuche unternommen wurden, eine Rechtsangleichung im Hinblick auf den Vertragsschluss im elektronischen Geschäftsverkehr zu erreichen. Bereits die EU-Kommission hat in der Entwicklungsphase der E-Commerce-Richtlinie speziell für den elektronischen Geschäftsverkehr die Mitgliedstaaten aufgefordert, „sämtliche Phasen des Zustandekommens von Verträgen" zu überprüfen und nicht „allein den Abschluss des Vertrages als solchen", insbesondere auch die Rechtskonstruktion der „invitatio ad offerendum".[866]

Dies führte zu einer Kontroverse in der Literatur. Es wurde vertreten, dass die Webseite des Anbieters nach dem Entwurf bereits als rechtsgeschäftlicher Antrag zu werten sei.[867] In dem ursprünglichen Vorschlag der EU-Richtlinie wurde das Ende der „invitatio ad offerendum" gesehen, da die Kommission offenbar jede Art der Präsentation von Waren und Dienstleistungen im Internet als bindendes Angebot ansehen wollte.[868] Nach der Kommentierung der Kommission behandelte der ursprüngliche Vorschlag aber nur den Fall, dass der Diensteanbieter ein konkretes Angebot unterbreitet hat und der Nutzer vor der Entscheidung steht, dieses Angebot anzunehmen.[869] Die vorgesehene Neurege-

---

865 So bereits die Begründung KOM (98) 586, S. 13; siehe http://europa.eu.int/comm/-internal_market/en/ecommerce/com586de.pdf.

866 Ursprünglicher Richtlinienvorschlag KOM (98) 586, Anhang: Kommentierung zu Art. 9, S. 27f.; siehe http://europa.eu.int/comm/internal_market/en/ecommerce/com586de.pdf.

867 *Hassemer*, AJAG-Servicio Informativo, Sondernummer/Mai 2001, 1, 3.

868 Vgl. *Brisch*, CR 1999, 235, 241; *Lehmann*, ZUM 1999, 180, 182.

869 Ursprünglicher Richtlinienvorschlags KOM (98) 586, Anhang: Kommentierung zu Art. 11, S. 29; siehe bereits Fn. 867. Siehe hierzu auch *Maennel*, MMR 1999, 187, 191.

lung zum Zustandekommen von Verträgen[870] unterschied sich erheblich von Rechtsordnungen der EU-Mitgliedstaaten.[871] Es wurde kritisiert, dass der Fall einer „invitatio ad offerendum“ des Anbieters nach deutschem Recht gar nicht erfasst worden wäre.[872] Auch nach dem geänderten Vorschlag sollte die Bestimmung des Zeitpunkts für das Zustandekommen elektronischer Verträge präzisiert und vereinfacht werden,[873] wobei weiterhin in Art. 11 des geänderten Vorschlags nur der Fall eines vom Anbieter ausgehenden Angebots erfasst werden sollte. Die E-Commerce-Richtlinie greift in der aktuellen Fassung des Art. 11 aber nicht mehr in bestehende Rechtsordnungen ein.[874] Die rechtliche Qualifizierung einer Warenpräsentation auf einer Webseite als bindendes Angebot oder „invitatio ad offerendum“ unterliegt weiterhin den nationalen Rechtsordnungen.[875]

Der Begründung des Rates zum Gemeinsamen Standpunkt, wonach eine Angleichung der einzelstaatlichen Rechtsvorschriften in Bezug auf den Zeitpunkt des Vertragsschlusses nicht sinnvoll sei,[876] kann aber nicht gefolgt werden. So hat auch bereits der Wirtschafts- und Sozialausschuss zu dem Vorschlag für die E-Commerce-Richtlinie zu Art. 11 auf diese Rechtsunsicherheit zutreffend hingewiesen. Hier heißt es wörtlich, „dass der Begriff „Angebot“ klar definiert werden müsse, um Umgehungsmöglichkeiten auszuschließen. So kann bei-

---

870 Nach Art. 11 (1) a) des ursprünglichen Vorschlages KOM (98) 586 sollten für das Zustandekommen eines Vertrages insgesamt 4 Willenserklärungen notwendig sein (Angebot, Annahme, Empfangsbestätigung, Bestätigung des Eingangs der Empfangsbestätigung), ABl. EG 1999, Nr. C 30/4-16.

871 So auch *Glatt*, S. 82.

872 Gegen den ursprünglichen Vorschlag wurde u. a. eingewandt, dass der viel wichtigere Regelfall eines vom Nutzer ausgehenden Angebots durch Art. 11 gar nicht erfasst würde; zum ursprünglichen Vorschlag: *Hoeren*, MMR 1999, 192, 198; *Waldenberger*, EuZW 1999, 296, 300; Stellungnahme des Bundesrates, Beschluss v. 19.03.1999, BR-Drs. 29/99, Nr. 19 zu Art. 5 des ursprünglichen Richtlinienentwurfs, KOM (98) 586 endg., S. 10; z. geänderten Vorschlag: *Landfermann*, ZUM 1999, 795, 800.

873 Begründung 2.2.2 zu Art. 11 des geänderten Vorschlags, KOM (99) 427 endg., S. 7; siehe http://europa.eu.int./eur-lex/de/com/pdf/1999/de_599PC0427.pdf.

874 *Tettenborn*, K&R 2000, 59, 62.

875 So im Ergebnis auch *Rehbinder/Schmaus*, UFITA 2000, 313, 321f..

876 Daher sei Artikel 11 umbenannt worden und beschränke sich nunmehr auf die Erteilung und den Eingang von Aufträgen online, vgl. Gemeinsamer Standpunkt (EG) Nr. 22/2000 v. 28.02.2000, v. Rat festgelegt am 28. Februar 2000 im Hinblick auf den Erlaß der Richtlinie (EG) Nr. .../2000 des Europäischen Parlaments und des Rates vom ... über bestimmte rechtliche Aspekte der Dienste der Informationsgesellschaft, insbesondere des elektronischen Geschäftsverkehrs, im Binnenmarkt („Richtlinie über den elektronischen Geschäftsverkehr“), ABl. EG 2000, Nr. C 128/32, S. 49.

spielsweise ein „Angebot" auf einer Webseite in einigen Mitgliedstaaten als „Einladung zur Angebotserstellung" durch den Kunden verstanden werden. Hier wäre eine Klärung erforderlich.".[877] Nach wie vor führen die unterschiedlichen mitgliedstaatlichen Regelungen zur rechtlichen Qualifikation der Erklärung des Anbieters als „invitatio ad offerendum" oder als Angebot „ad incertas personas" und der Unklarheit über den genauen Zeitpunkt des Vertragsschlusses zu einem Vertrauensverlust des Verbrauchers, sich zum Zwecke eines Vertragsschlusses des Internet zu bedienen.[878] Eine Auslegung im Einzelfall kann diese Rechtsunsicherheit nicht sachgerecht beseitigen. Zumal auch fraglich ist, wie eine solche Einzelfallentscheidung bei grenzüberschreitenden Geschäften im Hinblick auf den maßgeblichen objektiven Empfängerhorizont ausfallen muss. Eine typisierte Situation ist aufgrund unterschiedlicher nationalstaatlicher Regelungen in dem gemeinsamen europäischen Binnenmarkt nicht vorhanden.[879]

2. Vorschläge für ein europäisches Vertragsgesetzbuch

Betrachtet man die derzeitige Entwicklung für ein Europäisches Vertragsgesetzbuch, ist ferner die Tendenz zu beobachten, ganz allgemein ohne direkten Verbraucherschutzbezug eine Publikumsofferte gesetzlich festzuschreiben. Beispielsweise wird in Art. 2:201 der sogenannten „Lando-Principles" der Vorschlag gemacht, die Publikumsofferte gesetzlich anzuerkennen.[880] Nach Art. 2:201 (2) EP kann sich ein Angebot an eine Person, mehrere Personen oder an die Allgemeinheit richten. Nach Art. 2:201 (3) EP soll ein Vorschlag zur Lieferung von Gütern oder zur Leistung von Diensten zu festgesetzten Preisen, den ein professioneller Anbieter in einer öffentlichen Anzeige oder einem Katalog, oder durch eine Auslage von Gütern unterbreitet, im Zweifel als Angebot zum Verkauf oder zur Leistung zu diesem Preis gelten, bis der Vorrat an Gütern oder die Kapazität des Anbieters zur Leistung der Dienste erschöpft ist. Einen ähnli-

---

877 Stellungnahme des Wirtschafts- und Sozialausschusses zu dem „Vorschlag für eine Richtlinie des Europäischen Parlamentes und des Rates über bestimmte rechtliche Aspekte des elektronischen Geschäftsverkehrs im Binnenmarkt" v. 29.4.1999, ABl. EG 1999, Nr. C 169/36, 41.

878 *Brisch*, CR 1999, 235, 240.

879 So auch *Muscheler/Schewe*, Jura 2000, 565, 569.

880 Art. 2:201 EP: „*(2) An offer may be made to one or more specific persons or to the public. (3) A proposal to supply goods or services at stated prices made by a professional supplier in a public advertisement or a catalogue, or by a display of goods, is presumed to be an offer to sell or supply at that price until the stock of goods, or the supplier's capacity to supply the service, is exhausted.*"; vgl. bereits Fn. 501, deutsche Übersetzung in: *Schulze/Zimmermann*, Basistexte zum Europäischen Privatrecht, 2000.

chen Vorschlag hat die „Pavia-Gruppe" in ihrem Vorentwurf für ein Europäisches Vertragsgesetzbuch[881] in Art. 22 Abs. 1 gemacht, wonach ein öffentlich geäußerter Antrag, der die wesentlichen Bestandteile des abzuschließenden Vertrages enthält, als Antrag gilt, wenn sich aus den Umständen oder der Verkehrssitte nichts anderes ergibt. Mit den obigen Argumenten zu Art. 7 LDC lassen sich Warenpräsentation auf Webseiten, die alle „essentialia negotii" aufweisen, sowohl von Art. 2:201 (3) EP und von Art. 22 Abs. 1 der „Pavia-Gruppe" erfassen.

Ferner folgt der Wortlaut des Art. 2:201 (3) EP auch dem hier favorisierten Ansatz zum Erlöschen einer Publikumsofferte, nämlich ein öffentliches Angebot nicht einer Verpflichtung zur Befristung zu unterwerfen, sondern seine Geltungsdauer auf den Warenvorrat zu beschränken. Richtigerweise stellt die Formulierung in Art. 2:201 (3) EP einen tragfähigen Kompromiss - mit den obigen Argumenten für die Einführung einer Publikumsofferte - zwischen den europäischen mitgliedstaatlichen Rechtsordnungen dar.[882]

Im Hinblick auf die geübte Kritik, dass sich die Bindungswirkung in den einzelnen Mitgliedstaaten[883] stark voneinander unterscheidet,[884] ist noch anzumerken, dass dies in der Praxis zu nicht weit auseinanderliegenden Ergebnissen führt[885] und diese Unterschiedlichkeit daher nicht gegen eine explizite gesetzliche Publikumsofferte im elektronischen Geschäftsverkehr in Deutschland spricht, zumal in anderen europäischen Ländern gesetzliche Publikumsofferten im Verbraucherrecht existieren.[886] Trotz dieses in der Praxis nicht besonders bedeutsamen Unterschiedes sollten aber gleiche Bedingungen der Anbieter in den einzelnen Mitgliedstaaten geschaffen werden, indem eine einheitliche Bindungswirkung auf EU-Ebene eingeführt wird. Auch wenn sich das romanische Modell des Widerrufs etwa in Art. 16 CISG[887] und in Art. 2:202 (1) 1. HS. EP[888]

---

881 Vorentwurf eines Europäischen Vertragsgesetzbuches der Akademie Europäischer Privatrechtswissenschaftler, Koordinator: Prof. Dr. Dr. h.c. Guiseppe Gandolfi Pavia, Übersetzung des Ersten Buchs abgedruckt in ZEuP 2002, 139ff..

882 So auch *Wittwer/Barta*, S. 6.

883 Vgl. hierzu den rechtsvergleichenden Überblick von *Zweigert/Köck*, S. 350ff.. Empfehlenswert ist auch die kurze Übersicht zu einigen weltweiten Bestimmungen von *Alterini*, S. 277.

884 *Ann*, in: Hohl/Leible/Sosnitz, 53, 67.

885 So auch *Zweigert/Köck*, S. 358.

886 Beispielsweise in Spanien. Hierauf wird noch auf den folgenden Seiten ausführlicher eingegangen.

887 Nach Art. 16 Abs. 1 CISG kann ein Angebot widerrufen werden, wenn der Widerruf dem Empfänger zugeht, bevor dieser eine Annahmeerklärung abgesandt hat. Nach Art. 16 Abs. 2 CISG kann ein Angebot jedoch nicht widerrufen werden, a) wenn es durch Bestimmung einer festen Frist zur Annahme oder auf andere Weise zum Ausdruck bringt, daß es unwi-

als eine Art Kompromiss zwischen den wichtigen Systemen in Europa darstellt,[889] erscheint die deutsche Systematik mit den obigen Argumenten vorzugswürdig.[890] Hierfür spricht auch, dass sich der deutsche Anbieter von der Bindungswirkung befreien kann.

III. Fazit

Festzuhalten bleibt also, dass der Verbraucher in zahlreichen EU-Mitgliedstaaten auf die Verbindlichkeit der Erklärung auf einer Webseite vertrauen wird. Und auch der deutsche Verbraucher wird öfter darauf vertrauen, dass es sich aufgrund der Gestaltung von Webseiten um verbindliche Angebote handelt. Durch eine Publikumsofferte würde eine erhöhte Transparenz und Rechtssicherheit über die Verbindlichkeit der Erklärung geschaffen und gleichfalls das Vertrauen der Kunden geschützt, sowie mehr Gleichheit in die Verbraucherbeziehungen auf EU-Ebene gebracht werden. Hierdurch wäre auch ein Schritt in die Richtung, ein gleichmäßig hohes Verbraucherschutzniveau in der EU herbeizuführen, getan. Das Einführen einer Publikumsofferte kann somit als wichtige Voraussetzung zur Stärkung des elektronischen Geschäftsverkehrs im gemeinsamen Binnenmarkt angesehen werden.

D. Zusammenfassung und Ergebnis

Da Webseiten im Bereich des Online-Shopping typischerweise an einen unbestimmten Personenkreis gerichtet sind und im Übrigen meist alle sonstigen „es-

---

derruflich ist, oder b) wenn der Empfänger vernünftigerweise darauf vertrauen konnte, dass das Angebot unwiderruflich ist, und er im Vertrauen auf das Angebot gehandelt hat.

888 Nach Art. 2:202 (1) 1. HS. EP kann ein Angebot widerrufen werden, wenn der Widerruf dem Empfänger zugeht, bevor dieser eine Annahmeerklärung abgeschickt hat oder, in Fällen einer Annahme durch Verhalten, bevor der Vertrag gemäß Artikel 2:205 (2) oder (3) geschlossen worden ist; vgl. Fn. 501.

889 Vgl. *Zweigert/Köck*, S. 358. Diesem Modell folgt auch die Pavia-Gruppe in Art. 15 Abs. 1, wonach der Antrag kann so lange widerrufen werden, bis der Adressat die Annahmeerklärung abgegeben hat; vgl. ZEuP, 139, 142.

890 So auch zutreffend *Ameal*, in: Ameal/Tanzi, 507, 525. Vgl. ebenso im Rahmen der Diskussion um ein einheitliches europäisches Zivilgesetzbuch *Wittwer/Barta*, S. 8. Die Autoren lehnen richtigerweise die Kompromisslösung in Art. 16 CISG mit dem Argument der Rechtsunsicherheit ab. Auch *Zweigert/Kötz*, S. 358 favorisieren die deutsche Gesetzessystematik, sehen aber in Art. 16 CISG einen vernünfitigen Kompromiss.

sentialia negotii“ aufweisen, stellen diese im B2C stets eine verbindliche Publikumsofferte im Sinne des Art. 7 LDC dar. Im Gegensatz dazu ist im deutschen Recht vielmehr im Einzelfall nach §§ 133, 157 BGB zu beurteilen, ob ein verbindliches Vertragsangebot nach § 145 BGB oder eine „invitatio ad offerendum“ vorliegt. Entscheidend ist für die Auslegung dabei der objektive Empfängerhorizont.

Im Ergebnis sprechen mit der Entscheidung für einen gestärkten Verbraucherschutz und einer Steigerung des E-Commerce die besseren Argumente für eine gesetzliche Norm im deutschen Recht und auch auf EU-Ebene, die Webseiten als Publikumsofferten qualifiziert, wenn diese alle „essentialia negotii“ aufweisen und ein Verbraucher an dem Rechtsgeschäft beteiligt ist. Als sachgerechtes Beispiel kann mit gewissen Einschränkungen auf die argentinische Regelung in Art. 7 LDC zurückgegriffen werden.

Zwar kann für eine gesetzliche Regelung nicht auf das Argument einer ungerechtfertigten Verteilung des Schadensersatzrisikos nach § 122 BGB auf den Verbraucher zurückgegriffen werden, da ihm Informationen zur Vermeidung eines Irrtums, das weitergehende Widerrufsrecht und Korrekturvorrichtungen von Eingabefehlern eingeräumt werden. Für die Integration einer solchen Norm spricht aber vor allem der Sinn und Zweck des Art. 7 LDC. Sinn und Zweck der Norm ist, das Vertrauen des Kunden in die Angaben des Verkäufers zu schützen. Die Notwendigkeit wird aus dem allgemeinen Rechtsprinzip des „Guten Glaubens“ („buena fe“) hergeleitet. Vertrauensprinzipien durchziehen auch das gesamte deutsche Privatrechtssystem. Ausfluss einer Vertrauensrechtfertigung im Schuldrecht ist der Grundsatz von „Treu und Glauben“, der nach § 157 BGB bei der Auslegung von Verträgen zu beachten ist. Der Verbraucher vertraut im elektronischen Geschäftsverkehr häufiger als im herkömmlichen Handel darauf, dass es sich bei Webseiten um verbindliche Angebote handelt. Entgegen der h. M. ist eine pauschale Einordnung von Webseiten als „invitationes ad offerendum“ zu kritisieren.

Im Rahmen einer Abwägung wurde dargestellt, dass in den typischen Fällen des Online-Shopping durch interaktive Bestellformulare oder Downloadmöglichkeiten die Unternehmerinteressen, wie das Risiko seiner mangelnden Lieferbereitschaft als auch die Kreditwürdigkeit des Kunden, häufiger als im herkömmlichen Handelsverkehr nicht tangiert sind. Aus diesen Gründen ist es in zahlreichen Fällen gerechtfertigt, von verbindlichen Angeboten auszugehen. Der elektronische Geschäftsverkehr unterscheidet sich durch seine spezifischen technischen Möglichkeiten vom Versandhandel und vom BTX, so dass auf die dortige Argumentation auch nur bedingt zurückgegriffen werden kann. Für diese Beurteilung durch den Kunden kann ferner angeführt werden, dass in § 312c Abs. 1 Satz 1 Nr. 1 i.V.m. § 1 Abs. 1 BGB-InfoV rechtsverbindliche Anforderungen an eine „invitatio ad offerendum“ formuliert werden, die derart detailliert sind, dass sie regelmäßig alle „essentialia negotii“ enthalten müssen. Man müsste sich vielmehr fragen, ob für den Verbraucher – vom objektiven Empfängerhorizont aus - nicht gerade der Eindruck erweckt wird, dass es sich um ein verbindliches Angebot handeln soll.

Zudem wird der Anbieter durch eine solche Regelung nicht benachteiligt, da ihm ausreichende Möglichkeiten zur Verfügung stehen, sich von der Bindungswirkung der Offerte zu befreien. Hier kommen technische Vorrichtungen zur Überprüfung des Warenbestandes, eine Angabe einer bestimmten zu verkaufenden Stückzahl als auch sogenannte Freiklauseln oder Widerrufsvorbehalte in Betracht. Zu einer Aufgabe der „invitatio ad offerendum" würde es schließlich im Ergebnis nicht kommen, sondern man muss diese vielmehr ausdrücklich kenntlich machen oder sie ist immer dann anzunehmen, wenn die „essentialia negotii" fehlen. Letztendlich hat es der Unternehmer immer noch „in der Hand“ seine Erklärung rechtsverbindlich auszugestalten oder nicht. Bei Vorliegen der gesetzlichen Voraussetzungen hätte der Verbraucher Gewissheit darüber, dass er durch einen Mausklick seine Annahme erklärt, das Vertrauen in den elektronischen Geschäftsverkehr würde gesteigert.

Mangels unterschiedlicher Regelungen zur Bindungswirkung von Webseiten in den Mitgliedstaaten der EU steht der Verbraucher ferner weiterhin vor gewissen Rechtsunsicherheiten bei grenzüberschreitenden Verträgen, weshalb mit den angegebenen Argumenten auch auf EU-Ebene eine verbindliche Regelung eingeführt werden sollte.

Im Ergebnis ist daher festzuhalten, dass mit der Entscheidung für einen gestärkten Verbraucherschutz und einer Steigerung des E-Commerce in Deutschland und auf EU-Ebene eine Publikumsofferte eingeführt werden sollte, die Webseiten wie die argentinische Regelung als Angebote „ad incertas personas“ qualifiziert, soweit diese alle wesentlichen Vertragsbestandteile aufweisen. Platz für die „invitatio ad offerendum“ bleibt immer dann, wenn die Webseite die „essentialia negotii“ nicht aufweist oder sich der Anbieter ausdrücklich von der Bindungswirkung durch entsprechende Hinweise befreit. Die Regelung sollte aus Vertrauensschutzgesichtspunkten erfolgen. Die bestehenden Schutzmechanismen haben sich mit sachgerechten Argumenten nicht als ausreichend für den Verbraucherschutz im elektronischen Handel erwiesen. Der Zeitpunkt der Bindungswirkung kann allerdings im deutschen Recht beibehalten werden und entsprechend auf EU-Ebene vereinheitlicht werden. Der Zeitpunkt des Erlöschens der Offerte sollte in Form einer offenen Gesetzesformulierung gewählt werden, wie dies in Art. 2:201 EP vorgesehen ist.

7. Teil: Zusammenfassung der Ergebnisse

Im Einzelnen kommt die Untersuchung zu folgenden Ergebnissen:

- Verbraucher werden von den einschlägigen Bestimmungen des argentinischen, des mexikanischen und des deutschen Rechts beim Abschluss eines Online-Shopping-Vertrages erfasst. Im Hinblick auf die Schnittmenge des zu schützenden Personenkreises sind die Verbraucherbegriffe des LDC und des LFPC aber weiter als der deutsche Begriff in § 13 BGB, der juristische Personen aus dem schützenswerten Personenkreis ausnimmt. Auch in Ausnahmefällen hält der deutsche Begriff keine Schutz- und Interpretationsspielräume zugunsten juristischer Personen bereit. Der in § 13 BGB vereinheitlichte Verbraucherbegriff ist stark geprägt von der Rechtsentwicklung in der EU, die im vertragrelevanten Verbraucherschutzrecht auf einen engen Verbraucherbegriff unter Ausschluss juristischer Personen rekurriert, wie in Art. 2 Nr. 2 FARL. Dieser Umstand ist bei der gemeinschaftsrechtskonformen Auslegung des § 13 BGB, der der Rechtsvereinheitlichung dienen soll, zu berücksichtigen. Mit der Entscheidung für einen situativen Verbraucherschutz ist der prinzipielle Ausschluss juristischer Personen in der konkreten Geschäftssituation im elektronischen Geschäftsverkehr mit den oben dargelegten Argumenten nicht tragfähig. Eine Ausweitung des Schutzes auf juristische Personen kann der deutsche Gesetzgeber durch eine besondere gesetzliche Regelung erreichen. Gedeckt ist dies durch die vorhandene Mindestklausel in Art. 14 FARL.

- Es hat sich gezeigt, dass die Regeln des argentinischen und mexikanischen Rechts - wie das deutsche Recht - flexibel genug sind, auch das Zustandekommen von Verträgen im Internet in angemessener Weise zu erfassen. Wie im deutschen Recht ist die Problematik in den beiden lateinamerikanischen Rechtsordnungen über die allgemeinen Regeln für Willenserklärungen zu lösen. In Deutschland hat dies seine Anerkennung letztlich durch die Aufnahme der Formulierung „oder einer sonstigen technischen Einrichtung“ in § 147 Abs. 1 S. 2 BGB gefunden. Anders als der argentinische Gesetzgeber hat auch der mexikanische Gesetzgeber durch die Reform des Código Civil vom 29.05.2000 in Art. 1803 I. C.C. ausdrücklich normiert, dass Willenserklärungen durch elektronische Medien abgegeben werden können. Dass auch Computererklärungen als menschliche Willenserklärung zu qualifizieren sind, hat seine Anerkennung in Art. 90 C.Com. gefunden. Obwohl eine ausdrückliche Regelung hierzu im argentinischen Recht nicht existiert, wird der Tatbestand einer Willenserklärung durch die gewählte Form der Übermittlung per e-mail, Mausklick, Internettelefonie oder in Form einer Computererklärung nicht berührt. Es ergeben sich nach dem argentinischen Código Civil keine Unterschiede zu sonstigen technischen Übertragungsmitteln, wie etwa dem Telefon. Um Auslegungsschwierigkeiten zu vermeiden, erscheint eine ausdrückliche Aufnahme einer dem deutschen oder mexikanischen Recht ähnlichen Regelung in den argentinischen Código Civil aber empfehlenswert.

- Es bedurfte einer eingehenden rechtlichen Einordnung eines Vertrages über das Internet als Vertrag unter Anwesenden oder Abwesenden im argentinischen Recht, da hier ebenfalls anders als im mexikanischem und deutschem Recht eine ausdrückliche Auslegungshilfe, die Verträge, die telefonisch oder durch andere moderne Kommunikationssysteme, wie beispielsweise das Internet, abgeschlossen werden, fehlt. Die Problematik der einzelnen Kommunikationsformen lässt sich aber in analoger Rechtsanwendung der vorhandenen argentinischen zivilrechtlichen Normen erfassen. Im Hinblick auf eine erhöhte Rechtssicherheit, zumal eine höchstrichterliche Rechtsprechung fehlt, wäre aber eine explizite Regelung wünschenswert. § 147 BGB könnte als Vorbild dienen, da die vorgenommene Qualifizierung für das argentinische Recht der h. M. für die Einordnung nach § 147 BGB entspricht. Danach sind Erklärungen im Online-Shopping, die regelmäßig durch Ausfüllen eines interaktiven Bestellformulars oder durch e-mail oder auf Seiten des Anbieters durch eine Computererklärung abgegeben werden, als solche unter Abwesenden zu charakterisieren. Wünschenswert ist im Ergebnis, dass die gesamte Problematik, ob es sich um Erklärungen unter Abwesenden oder Anwesenden handelt, an der entscheidenden Stelle im Código Civil aufgenommen wird, insbesondere für den e-mail-Verkehr an den entsprechenden Stelle zum Vertragsschluss.

Es wird daher folgende Lösung vorgeschlagen: 1) Telefonische Erklärungen einheitlich als solche unter Anwesenden als Satz 2 des Art. 1151 C.C. zu normieren und 2) im Anschluss in diesem Satz 2 die Formulierung „oder einer sonstigen technischen Einrichtung“ im Wortlaut des Art. 1151 C.C. aufzunehmen. Durch die Aufnahme der telefonischen Kommunikation in Art. 1151 C.C. würde eine einheitliche Regelung für telefonische Geschäftsabschlüsse erreicht. Die Formulierung unter 2) würde das Internet erfassen. Zudem würde sich aus der Stellung der Formulierung hinter der telefonischen Kommunikation ergeben, dass die Erklärungen ähnlich wie bei einem telefonischen Kontakt, nämlich in Dialogform abgegeben werden müssen, um als solche unter Anwesenden eingeordnet werden zu können. Die Formulierung wäre flexibel genug, eine Abgrenzung nach den einzelnen Kommunikationsformen via Internet im Sinne der wohl h. M. zuzulassen und neue Kommunikationsformen in der Zukunft zu erfassen.

Anders als in Argentinien ist die Rechtssituation im mexikanischen Recht zu bewerten, da der mexikanische Gesetzgeber im Gegensatz zum argentinischen Gesetzgeber bereits eine Regelung zur Einordnung von Erklärungen, die über das Internet abgegeben werden, in Art. 1805 C.C. geschaffen hat. Art. 1805 C.C. bietet eine Auslegungshilfe, die mit § 147 BGB durchaus vergleichbar ist, da zur Unterscheidung einer Erklärung unter Abwesenden oder Anwesenden im Kern der Norm auf einen unmittelbaren Gesprächskontakt zwischen den Vertragsparteien abzustellen ist. Entgegen einer Anzahl mexikanischer Literaturmeinungen kommt man aber zu demselben rechtlichen Ergebnis wie in Deutschland und Mexiko. Einer Änderung der Regelung bedarf es mithin nicht; die Auslegung wird dann den Gerichten überlassen bleiben.

- Nach Aufzeigen der rechtlichen Konsequenzen des unterschiedlichen Zeitpunkts des Zustandekommens eines Vertrages bei Erklärungen unter Abwesenden in Argentinien nach der Übermittlungstheorie und Deutschland nach der Zugangstheorie wurde die Einführung dieser Theorie in Deutschland, als auch auf EU-Ebene, abgelehnt. Im Ergebnis sprechen die besseren Argumente für die Beibehaltung der Empfangstheorie im deutschen Recht, die ebenso jetzt in Mexiko gilt, bei Vertragsschlüssen auch im Online-Shopping. Dementsprechend wäre eine Einführung der Zugangstheorie ins argentinische Recht wünschenswert, wie dies auch bereits in dem Entwurf zur Rechtsvereinheitlichung des Código Civil und des Código de Comercio in Art. 915 und 917 C.C. vorgesehen ist. Gleiches gilt für ein Europäisches Vertragsgesetzbuch.

Bezüglich eines Formulierungsvorschlags für die Abgabe der Erklärung kann Art. 23 der argentinischen Gesetzesinitiative zum elektronischen Geschäftsverkehr dienen, für den Zugang der Erklärung Art. 11 Variante B. 2. der „Preliminary Draft convention on (international) contracts concluded or evidenced by data messages". Die derzeitigen mexikanischen Definitionen der Abgabe und des Zugangs einer Erklärung in Art. 91 bis C.Com., die sich an dem Wortlaut des Art. 15 des Modellgesetzes der UNCITRAL zum elektronischen Geschäftsverkehr orientieren, führen nicht zu sachgerechten Ergebnissen. Insbesondere die Definition des Zugangs wird richtigerweise als zu komplex und kompliziert empfunden.

Letztlich ist festzuhalten, dass ein zeitlicher Aufschub des Zustandekommens eines Vertrages via Internet aufgrund der dem Verbraucher eingeräumten Widerrufsfrist nach Art. 56 LFPC mit den bereits in der deutschen Literatur angeführten Argumenten gegen die ähnliche Konstruktion der „schwebenden Unwirksamkeit" abzulehnen ist.

- Im elektronischen Geschäftsverkehr setzen die nationalen Gesetzgeber zum Schutze der Verbraucher verstärkt auf Verbraucherinformationen. Während sowohl in Mexiko als auch in Deutschland bereits besondere Informationspflichten im elektronischen Geschäftsverkehr vorhanden sind, entbehrt das argentinische Recht solcher speziellen Regelungen. Zwar ist der Verbraucher nicht schutzlos gestellt, da die allgemeinen Informationspflichten des LDC anwendbar sind, diese sind aber wesentlich begrenzter ausgestaltet als in den Vergleichsrechtsordnungen, wobei in Deutschland auch gegenüber Mexiko eine umfangreichere und detailliertere Informationsverpflichtung der Anbieter besteht. Über den deutschen Pflichtangabenkatalog geht aber das argentinische Gesetzesprojekt zum elektronischen Geschäftsverkehr noch in seiner Vielzahl der Informationspflichten hinaus.

Eine geeignete und effiziente Verbraucherinformation im Online-Shopping muss sich an Sinn und Zweck der Regelungen ausrichten und bedarf ferner im Rahmen einer Situationsanalyse der Erforschung der Informationslage auf den Märkten, des Informationsbedarfs sowie des Informationsverhaltens der Verbraucher. Im elektronischen Geschäftsverkehr wird einheitlich als Grund für eine Imparität der Vertragsparteien die fehlende Überprüfungsmöglichkeit der bestellten Ware und des Vertragspartners genannt. Ferner darf die spezielle Situation der Vertragssituation, die durch eine besondere Schnelligkeit, Flüchtigkeit und Interaktivität geprägt ist, nicht zu einer Verringerung der dem Verbraucher für seine Entscheidung zur Verfügung stehenden Informationen führen. Es wurde festgestellt, dass nicht alle Informationspflichten in den einzelnen Regelungen tatsächlich im elektronischen Geschäftsverkehr abweichend vom herkömmlichen Handel mit Sinn und Zweck der Regelungen notwendig sind, um eine Ungleichgewichtslage zwischen den Vertragsparteien auszugleichen. Im Ergebnis ist zu befürworten, dass die Mindestangaben, die dem Unternehmer im elektronischen Geschäftsverkehr auferlegt werden, sich auf die wesentlichen Faktoren im Zusammenhang mit dem Vertrag und der Seriosität des Anbieters beziehen sollten. Ferner sind mit dem Ziel der Förderung des E-Commerce die Angaben über ein Widerrufsrecht des Verbrauchers, über Mittel zur Fehlerkorrektur und dem Abruf und der Speicherung des Vertragstextes sinnvoll. Diesen Anforderungen wird die aktuelle argentinische Rechtslage nicht gerecht. Es wäre daher sinnvoll, wenn der argentinische Gesetzgeber im Hinblick hierauf, die gesetzliche Informationsverpflichtung überarbeiten würde. Ein Ansatz in die richtige Richtung stellt die argentinische Gesetzesinitiative zum E-Commerce dar. Allerdings gehen die dortigen Informationspflichten über das Notwendige hinaus. In Deutschland könnte hingegen auf diverse Informationspflichten verzichtet werden, wie etwa die Erklärung des Vertragsschlussmechanismus und die Angabe der Umsatzsteuernummer. Die Informationspflichten in Mexiko sind im Großen und Ganzen bis auf einige Einzelpunkte ausreichend und sachgerecht. Hier muss der Anbieter die wesentlichen Informationen insbesondere über seine Identität und seinen physischen Firmensitz, seine Telefonnummer und weitere Kommunikationsmittel sowie über die Einzelheiten des Produktes und der Aufschlüsselung des Preises sowie eventueller Lieferkosten und – bedingungen geben. Es wird aber empfohlen, die Pflicht zur Information über Mittel zur Fehlerkorrektur in den Katalog aufzunehmen.

Weiter wird empfohlen zur Bestimmung eines sachgerechten Informationsmodells das Konsumentenverhalten anhand von empirischen Befunden anderer Fachdisziplinen zu berücksichtigen. Ein gegenteiliger Effekt der Schutzvorschriften wird nämlich dann erreicht, wenn die Vielzahl der Informationen zu einer Informationsüberlastung des Verbrauchers in der konkreten Geschäftssituation des Online-Shopping führt. Die Untersuchung der vorhandenen einzelnen Informationsmodelle hat unter Berücksichtigung solcher partialanalytischen Ansätze gezeigt, dass die dringende Befürchtung einer Informationsüberlastung der Verbraucher nach der mexikanischen und der deutschen Rechtslage und dem argentinischen Gesetzesprojekt nicht von der Hand zu weisen ist, auch wenn das Medium Internet eine höhere Informationsmenge als etwa das Fernsehen zulässt. Der Käufer trifft im Falle des „Information-Overload“ objektiv eine ineffektivere, d.h. gemessen an seinen eigenen Zielvorstellungen schlechtere Entscheidung, auch wenn er subjektiv bei erhöhter Informationsmenge mit der getroffenen Entscheidung zufriedener ist.

Auf Überforderungen der Informationsverarbeitungskapazität reagiert das Individuum automatisch mit Stressverminderungsstrategien. Hierzu gehört die selektive Informationsverarbeitung, die bei entsprechender strukturierter Gestaltung von Webseiten positiv, aber auch negativ beeinflusst werden kann. Letztlich hat der Unternehmer durch gezielte gestalterische Aufbereitung seiner Online-Angebote einen maßgeblichen Einfluss auf die Informationsverarbeitungskapazität des Individuums. Folge der selektiven Informationsverarbeitung des Individuums ist, dass die Person verstärkt auf bestimmte Schlüsselinformationen zurück greift. Eine Ausrichtung der Informationsmodelle anhand von für die Verbraucherentscheidung wichtigen Schlüsselinformationen erscheint daher sinnvoll und bestätigt zusätzlich die Annahme, dass auf eine Anzahl von Informationen verzichtet werden könnte.

Letztlich kommt es auf EU-Ebene aufgrund der Mindestklausel in Art. 14 Fernabsatzrichtlinie in den nationalen Rechtsordnungen zur Normierung von Informationspflichten, die über den Katalog der Fernabsatz- und der E-Commerce-Richtlinie hinausgehen. Eine Erhöhung der Anzahl der Informationspflichten über das Mindestmaß wird aber nicht von Art. 14 Fernabsatzrichtlinie getragen, da hierdurch nicht ein höheres Verbraucherschutzniveau erreicht werden kann. Dies folgt bereits daraus, dass es aufgrund der vorhandenen Pflichten zu einer Informationsüberlastung zu kommen vermag. Ferner erscheinen die unterschiedlichen Regelungen nicht förderlich für den E-Commerce in einem gemeinsamen Binnenmarkt, u.a. da keine gleichen Voraussetzungen für die einzelnen Mitbewerber bestehen. Es wird daher empfohlen, die Informationsmodelle im elektronischen Geschäftsverkehr auf EU-Ebene zu vereinheitlichen.

- Da Webseiten im Bereich des Online-Shopping typischerweise an einen unbestimmten Personenkreis gerichtet sind und im Übrigen meist alle sonstigen „essentialia negotii“ aufweisen, stellen diese stets eine verbindliche Publikumsofferte im Sinne des Art. 7 LDC im B2C dar. Im Gegensatz dazu ist im deutschen Recht vielmehr im Einzelfall nach §§ 133, 157 BGB zu beurteilen, ob ein verbindliches Vertragsangebot nach § 145 BGB oder eine „invitatio ad offerendum“ vorliegt. Im Ergebnis sprechen mit der Entscheidung für einen gestärkten Verbraucherschutz die besseren Argumente für eine gesetzliche Normierung der einer Publikumsofferte im deutschen Recht und auch auf EU-Ebene. Für die Integration einer solchen Norm spricht vor allem der Sinn und Zweck des Art. 7 LDC. Sinn und Zweck der Norm ist, das Vertrauen des Kunden in die Angaben des Verkäufers zu schützen. Entgegen der h. M. ist eine pauschale Einordnung von Webseiten als „invitationes ad offerendum“ zu kritisieren. Im Rahmen einer Abwägung wird dargestellt, dass in den typischen Fällen des Online-Shopping durch interaktive Bestellformulare oder Downloadmöglichkeiten die Unternehmerinteressen, wie das Risiko seiner mangelnden Lieferbereitschaft als auch die Kreditwürdigkeit des Kunden, häufiger als im herkömmlichen Handelsverkehr nicht tangiert sind, weshalb es in zahlreichen Fällen gerechtfertigt ist, von verbindlichen Angeboten auch im deutschen Recht in dieser Geschäftssituation auszugehen.

Als sachgerechtes Beispiel kann mit gewissen Einschränkungen auf die argentinische Regelung in Art. 7 LDC zurückgegriffen werden. Die gegenstreitenden Interessen der Vertragsparteien werden in der argentinischen Regelung in ein ausgewogenes Verhältnis gebracht, der Verbraucherschutz im Hinblick auf die Besonderheiten des Internet gestärkt. Eine Benachteiligung des Anbieters ist nicht anzunehmen, da ihm ausreichende Möglichkeiten zur Verfügung stehen, sich von der Bindungswirkung der Offerte zu befreien. Hier kommen als solche technische Vorrichtungen zur Überprüfung des Warenbestandes, die Angabe der Anzahl der zu veräußernden Waren als auch sogenannte Freiklauseln oder Widerrufsvorbehalte in Betracht. Zu einer Aufgabe der „invitatio ad offerendum” würde es schließlich im Ergebnis auch nicht kommen, sondern man muss diese vielmehr ausdrücklich kenntlich machen, und sie ist immer dann anzunehmen, wenn die „essentialia negotii” fehlen. Letztendlich hat es der Unternehmer immer noch „in der Hand“ seine Erklärung rechtsverbindlich auszugestalten oder nicht. Bei Vorliegen der gesetzlichen Voraussetzungen hätte der Verbraucher aber Gewissheit darüber, dass er durch einen Mausklick seine Annahme erklärt, das Vertrauen in den elektronischen Geschäftsverkehr würde maßgeblich gesteigert. Mangels unterschiedlicher Regelungen zur Bindungswirkung von Webseiten in den Mitgliedstaaten der EU steht der Verbraucher ferner weiterhin vor gewissen Rechtsunsicherheiten bei grenzüberschreitenden Verträgen, weshalb mit den angegebenen Argumenten eine Einführung dieses Rechtsinstituts auch auf EU-Ebene zu favorisieren ist.

Es hat sich gezeigt, dass sich der Vertragsschluss im Online-Shopping unter Beteiligung eines Verbrauchers von den Regelungen über Willenserklärungen in den drei Rechtsordnungen erfassen lässt. Trotz dieses Ergebnisses wird aber mit dem Grundsatz der Rechtsklarheit und –sicherheit empfohlen, die einzelnen Regelungen im Bereich des Zustandekommens von Verträgen im Sinne der hier entwickelten Vorschläge zu überarbeiten. Im Hinblick auf bestimmte verbraucherschützende Rechtsinstitute des argentinischen und mexikanischen Rechts wurde ein eingeschränkter Integrationswert für das deutsche Recht festgestellt, weshalb eigene Lösungsvorschläge zur Überarbeitung der einzelstaatlichen Regelungen entwickelt wurden, um der Situation des Online-Shopping gerecht zu werden. Die unterschiedlichen adaptionsfähigen Rechtsinstitute Argentiniens und Mexikos und die darüber hinausgehenden in dieser Studie entwickelten eigenen Vorschläge können auch für eine Harmonisierung des europäischen Verbrauchervertragsrechts im Bereich des elektronischen Geschäftsverkehrs nutzbar gemacht werden.

Literatur

A

Aberastegui, Ezequiel/***Bordaisco***, Leonardo, Comercio Electrónico, Primeras Jornadas Latinoamericanas de Derecho Informático, Mar del Plata, 2001, Diskette 2, 173–177

zitiert: *Aberastegui/Bordaisco*

Afemann, Uwe, Stand und Telekommunikation in Entwicklungsländern, in: Engels, Benno/Nielinger, Olaf, Elektronischer Handel in Afrika, Asien, Lateinamerika und Nahost, Hamburg, 2001, 21-45

zitiert: *Afemann*, in: Engels/Nielinger, 21

Alterini, Atilio A., Contratos, Teoría General, Buenos Aires, 1999

zitiert: *Alterini*

ders., Formas modernas de la Contratación, LL 1980-D-1108-1112

zitiert: *Alterini*, LL 1980-D-1108

Andino Dorato, Jimena, El consentimiento en los contratos informáticos, in: Ameal, Oscar J./Tanzi, Silvia Y., Obligaciones y Contratos en los Albores del Siglo XXI, Buenos Aires, 2001, 533-540

zitiert: *Andino Dorato*, in: Ameal/Tanzi, 533

Ann, Christoph, Internetverträge – Besonderheiten des elektronischen Vertragsschlusses, in: Hohl, Michael/Leible, Stefan/Sosnitz, Olaf, Vernetztes Recht – Das Internet als Herausforderung an eine moderne Rechtsordnung, Recht und Neue Medien, Band 1, Stuttgart, 2002, 53-70

zitiert: *Ann*, in: Hohl/Leible/Sosnitz, 53

Ameal, Oscar J., Formación del contrato, in: Ameal, Oscar J./Tanzi, Silvia Y., Obligaciones y Contratos en los Albores del Siglo XXI, Buenos Aires, 2001, 507-531

zitiert: *Ameal*, in: Ameal/Tanzi, 507

Aparicio, Juan Manuel, Contratos/1, Parte General, Buenos Aires, 1997

zitiert: *Aparicio*

Aparicio Vaquero, Juan Pablo, Los contratos electrónicos a la luz de la nueva ley de servicios de la sociedad de la información y del e-commerce, REDI N° 51, 10/2002, 1-13

zitiert: *Aparicio Vaquero*, REDI N° 51, 10/2002, 1

Arce, Maria, El e-commerce también sufre el impacto de la crisis y el "corralito", Clarín.com, 15.02.2002, http://old.clarin.com/diario/2002/02/15/e-347053.htm
zitiert: *Arce*

Arce Gargollo, Javier, Contratos Mercantiles Atípicos, 9. Auflage, Mexiko, 2002
zitiert: *Arce Gargollo*

Arnold, Dirk, Verbraucherschutz im Internet - Anforderungen an die Umsetzung der Fernabsatzrichtlinie, CR 1997, 526-532
zitiert: *Arnold*, CR 1997, 526

Arrighi, Jean Michel, Integration and Consumer Protection: The Case of Latin America, JCP 1992 (15), 179-190
zitiert: *Arrighi*, JCP 1992 (15), 179

Arroyo, Emiliano, Protección juridica del Consumidor en el Marco del Comercio Eletrónico, EcomDer 2000, 1-9, www.ecomder.com/registr-/trabajos-/ponen58.htm
zitiert: *Arroyo*, EcomDer 2000

Athié Gutiérrez, Amado, Derecho Mercantil, Mexiko, 1997
zitiert: *Athié Guetiérrez*

Artz, Markus, Hürden auf dem Weg zu einem Fernabsatzgesetz, VuR 1999, 393-397
zitiert: *Artz*, VuR 1999, 393

B

Barceló, Rosa Julia, Spanish Implementation of the E-Commerce Directive: Main features of the implementation of the E-Commerce-Directive in Spain, CRi 2002, 112-115
zitiert: *Barceló*, CRi 2002, 112

Batiz, Veronica, Mexico: Panaroma General del Marco Jurídico en Materia Informática en Mexico, Alfa-REDI N° 124, 1/2004, 1ff., http://www.alfa-redi.org/revista/data/68-8.asp
zitiert: *Batiz*, Alfa-REDI N° 124, 1/2004, 1

Bebié, André, Käuferverhalten und Marketing-Entscheidung, Wiesbaden, 1978
zitiert: *Bebié*

Becker, Jochen, Marketing-Konzeption, 7. Auflage, München, 2002
zitiert: *Becker*

Becker, Jürgen/***Hilty***, Reto M./***Stöckli***, Jean-Fritz/***Würtenberger***, Thomas (Hrsg.), Recht im Wandel seines sozialen und technologischen Umfeldes, Festschrift für Manfred Rehbinder, München, 2002

Beltramone, Guillermo/***Zabale***, Ezequiel, El Derecho en la Era Digital: Derecho informático de fin de siglo, Rosario, 1997
zitiert: *Beltramone/Zabale*

Berndt, Hermann, Konsumentenentscheidung und Informationsüberlastung – Der Einfluss von Quantität und Qualität der Werbeinformation auf das Konsumentenverhalten, München, 1983
zitiert: *Berndt,* Konsumentenentscheidung

Berndt, Ralph, Marketing 1: Käuferverhalten, Marktforschung und Marketing-Prognosen, 3. Auflage, Berlin, 1996
zitiert: *Berndt*, Marketing

Bierekoven, Christiane, Der Vertragsabschluß via Internet im internationalen Wirtschaftsverkehr, Köln, 2001
zitiert: *Bierekoven*

Biervert, Bernd/***Fischer-Winkelmann***, Wolf/***Rock***, Reinhard, Grundlagen der Verbraucherpolitik, Hamburg, 1977
zitiert: *Biervert/Fischer-Winkelmann/Rock*

Böcker, Franz, Marketing, 6. Auflage, Stuttgart, 1996
zitiert: *Böcker*

Boemke, Burkhard, Das Widerrufsrecht im allgemeinen Verbraucherschutzrecht und seine Ausübung in der Zwangsvollstreckung, AcP 197 (1997), 161-186
zitiert: *Boemke*, AcP 197 (1997), 161

Bonfanti, Mario A., Derecho del consumidor y del usario, Buenos Aires, 2001
zitiert: *Bonfanti*

Borda, Guillermo A., Manual de Contratos, 13. Auflage, Buenos Aires, 1988
zitiert: *Borda*

Borges, Georg, Verbraucherschutz beim Internet-Shopping, ZIP 1999, 130-136
zitiert: *Borges,* ZIP 1999, 130

Brauner, Karl-Ernst, Das Erklärungsrisiko beim Einsatz von elektronischen Datenverarbeitungsanlagen – Eine rechtsvergleichende Studie zu Problemen des irrtumsbehafteten Vertragsschlusses im englischen und deutschen Recht, Witterschlick/Bonn, 1988
zitiert: *Brauner*

Brisch, Klaus M., EU-Richtlinienvorschlag zum elektronischen Geschäftsverkehr, CR 1999, 235-244
zitiert: *Brisch*, CR 1999, 235

Brizzio, Claudia R., Contratación electrónica y contratos informáticos, LL 2000-A-921-937
zitiert: *Brizzio*, LL 2000-A-921

Bröcker, Marion, Verbraucherschutz im Europäischen Kollisionsrecht, Frankfurt a. M., 1998
zitiert: *Bröcker*

Bülow, Peter, Das neue Verbraucherkreditgesetz, NJW 1991, 129-134
zitiert: *Bülow*, NJW 1991, 129

ders., Unsinniges im Fernabsatz: das Widerrufsrecht im Referentenentwurf für ein Fernabsatzgesetz, ZIP 1999, 1293-1296
zitiert: *Bülow*, ZIP 1999, 1293

Bülow, Peter/***Artz***, Markus, Fernabsatzverträge und Strukturen eines Verbraucherprivatrechts im BGB, NJW 2000, 2049-2056
zitiert: *Bülow/Artz*, NJW 2000, 2049

Burgard, Ulrich, Das Wirksamwerden empfangsbedürftiger Willenserklärungen im Zeitalter moderner Telekommunikation, AcP 195 (1995), 74-136
zitiert: *Burgard*, AcP 195 (1995), 74

Busse, Aliki, Softwarevertrieb in Netzen, CR 1996, 389-393
zitiert: *Busse*, CR 1996, 389

C

Cara Correa, Gustavo A., Responsabilidad e Informática, 23.07.2002, http://www.foroabogadossanjuan.org.ar/Doctrina_Provincial/articulo_doctrina_decara.htm
zitiert: *Cara Correa*

Carrion, Hugo Daniel, Comercio Electrónico - Contratos Informáticos, 12.01.2002, www.delitosinformaticos.com/ecommerce/contratos.shtml
zitiert: *Carrion*

Castán Tobeñas, José/***Castán Vázquez***, José María/***López Cabana***, Roberto M., Sistemas jurídicos contemporáneos, Buenos Aires, 2000
zitiert: Castán Tobeñas/Castán Vázquez/López Cabana (Bearbeiter kursiv)

Certa, Patrick, Widerruf und schwebende Unwirksamkeit nach den Verbraucherschutzgesetzen, Mannheim, 2000
zitiert: *Certa*

Cichon, Caroline, Internetverträge: Verträge über Internet-Leistungen und E-commerce, Köln, 2000 zitiert: *Cichon*

Clemens, Rudolf, Die elektronische Willenserklärung – Chancen und Gefahren, NJW 1985, 1998-2005

zitiert: *Clemens*, NJW 1985, 1998

Colomé, Rinaldo A./***Neder***, Enrique/***Ceballos Ferroglio***, Carlos, Regulación para la competencia en el mercado de las telecomunicaciones en Argentina, 31.08.1999, www.aaep.org.ar/espa/anales/pdf_99/colome_neder_ceballos-ferroglio.pdf

zitiert: *Colomé/Neder/Ceballos Ferroglio*

Correa, Carlos M./***Batto***, Hilda, N./***Czar de Zalduendo***, Susana/***Nazar Espeche***, Félix A.,Derecho Infórmatico, Buenos Aires, 1987

zitiert: *Correa/Batto/Czar de Zalduendo/Nazar Espeche*

Custodio, Cecilia/***Mariño***, Matías, La formación del contrato electrónico, V Congreso Internacional de Derecho Civil, Salto, 2001

zitiert: *Custodio/Mariño*

D

D'Alessio, Eduardo/***Harris***, Louis, International Research Online, Características del Mercado de Internet y E-Commerce en Argentina, 3/2000, im Internet zu finden unter: http://www.dalessio.com.ar

zitiert: *D'Alessio/Harris*, International Research Online

Damm, Reinhard, Verbraucherrechtliche Sondergesetzgebung und Privatrechtssystem, JZ 1978, 173-180

zitiert: *Damm*, JZ 1978, 173

Danzin, André M., Die gesellschaftlichen Auswirkungen der Informationstechnologien, München, 1978

De los Ángeles Calogero, María, Defensa del Consumidor y Lealtad Comercial, Buenos Aires, 2000

zitiert: *De los Ángeles Calogero*

Delpech, Horacio Fernández, Internet: Su Problemática Juridíca, Buenos Aires, 2001

zitiert: *Delpech*

De Pina Vara, Rafael, Elementos de Derecho Mercantil Mejicano, 27. Auflage, Mexiko, 2000

zitiert: *De Pina Vara*

Devoto, Mauricio, Comercio Electrónico y Firma Digital, Buenos Aires, 2001

zitiert: *Devoto*

Devoto, Mauricio/***Palazzi***, Pablo Andrés, La Contratación electrónica en la Argentina - Documento electrónico y Firma Digital, http://www.qmw.ac.uk-/-~tl6345/Argen-tina.htm
zitiert: *Devoto/Palazzi*

Dilcher, Hermann, Typenfreiheit und inhaltliche Ausgestaltung bei Verträgen, NJW 1960, 1040-1043
zitiert: *Dilcher*, NJW 1960, 1040

Dilger, Petra, Verbraucherschutz bei Vertragsabschlüssen im Internet, München, 2002
zitiert: *Dilger*

Domínguez Martínez, Jorge Alfredo, Derecho Civil, Parte General: Personas, Cosas, Nogocio Jurídico e Invalidez, 7. Auflage, Mexiko, 2000
zitiert: *Domínguez Martínez,* Parte General

ders., Derecho Civil, Teoría del Contrato: Contratos en Particular, Mexiko, 2000
zitiert: *Domínguez Martínez*, Teoría del Contrato

Dreher, Meinrad, Der Verbraucher - Das Phantom in der opera des europäischen und deutschen Rechts?, JZ 1997, 167-178
zitiert: *Dreher*, JZ 1997, 167

Drexl, Josef, Die wirtschaftliche Selbstbestimmung des Verbrauchers – Eine Studie zum Privat- und Wirtschaftsrecht unter Berücksichtigung gemeinschaftsrechtlicher Bezüge, Tübingen, 1998
zitiert: *Drexl*

ders., Der Bürge als deutscher und europäischer Verbraucher, JZ 1998, 1046-1058
zitiert: *Drexl,* JZ 1998, 1046

Drygala, Tim, Wohnungsmietverträge als Haustürgeschäft?, NJW 1994, 3260-3266
zitiert: *Drygala*, NJW 1994, 3260

E

Eichler, Hermann, Die Rechtslehre vom Vertrauen – Privatrechtliche Untersuchungen über den Schutz des Vertrauens, Tübingen, 1950
zitiert: *Eichler*

Enderlein, Wolfgang, Rechtspaternalismus und Vertragsrecht, München, 1996
zitiert: *Enderlein*

Engels, Benno/***Nielinger***, Olaf, Elektronischer Geschäftsverkehr in Afrika, Asien, Lateinamerika und Nahost, Hamburg, 2001
zitiert: *Engels/Nielinger*

Ernst, Stefan, Verbraucherschutzrechtliche Aspekte des EU-Richtlinienvorschlags zum Electronic Commerce, VuR 1999, 397-409
zitiert: *Ernst*, VuR 1999, 397

ders., Wirtschaftsrecht im Internet, BB 1997, 1057-1062
zitiert: *Ernst*, BB 1997, 1057

F

Fleischer, Holger, Vertragsschlussbezogene Informationspflichten im Gemeinschaftsprivatrecht, ZEuP 2000, 772-798
zitiert: *Fleischer*, ZEuP 2000, 772

Faber, Wolfgang, Elemente verschiedener Verbraucherbegriffe in EG-Richtlinien, zwischenstaatlichen Übereinkommen und nationalem Zivil- und Kollisionsrecht, ZEuP 1998, 854-892
zitiert: *Faber*, ZEuP 1998, 854

Farina, Juan M., Defensa del Consumidor y del usario, Buenos Aires, 1995
zitiert: *Farina*

Feldstein de Cárdenas, Sara L., Contratos Internacionales: Contratos celebrados por ordenador, Autonomía de voluntad, Lex mercatoria, Buenos Aires, 1995
zitiert: *Feldstein de Cárdenas*

Fischer, Nikolaj, Europäischer Verbraucherschutz im deutschen Privatrecht – Einige kritische Anmerkungen -, VuR 2003, 20-25
zitiert: *Fischer*, VuR 2003, 20

Fischer, Kai Christian, Verbraucherschutz im spanischen Vertragsrecht im Lichte der europäischen Rechtsangleichung – Eine Studie mit rechtsvergleichenden Bezügen zum deutschen Recht, Frankfurt a.M., 2000
zitiert: *Fischer*

Flume, Werner, Allgemeiner Teil des Bürgerlichen Rechts - Das Rechtsgeschäft, 2. Band, 3. Auflage, Berlin, 1979
zitiert: *Flume*

Förschler, Frank, Kritische Betrachtungen zum HWiG – Ein Beitrag zur Gesetzgebungslehre, Tübingen, 1991
zitiert: *Förschler*

Friedmann, Bildschirmtext und Rechtsgeschäftslehre, Köln, 1986 zitiert: *Friedmann*

Frings, Michael, Das neue Verbraucherschutzrecht im BGB 2002, VuR 2002, 390 – 398

zitiert: *Frings*, VuR 2002, 390

Fringuelli, Pietro Graf/***Wallhäuser***, Matthias, Formerfordernisse beim Vertragsschluss im Internet, CR 1999, 93-101

zitiert: *Fringuelli/Wallhäuser*, CR 1999, 93

Fuchs, Andreas, Das Fernabsatzgesetz im neuen System des Verbraucherschutzrechts, ZIP 2000,1273-1287

zitiert: *Fuchs*, ZIP 2000,1273

Fuentes Pinzón, Fernando, Contratos sobre Informática, EcomDer 2000, http://www.ecomder.com/registr/trab2001/ponen10.htm.

zitiert: *Fuentes Pinzón*

G

Gärtner, Rudolf, Zum Standort des Verbraucherrechts, JZ 1992, 73-79

zitiert: *Gärtner*, JZ 1992, 73

Gaibrois, Luis Mauricio, El Flujo de Información. Internet: Problemas jurídicos que presenta, Congreso Internacional, Derechos y Garantías en el Siglo XXI, Comisión N° 13: Derecho y Nuevas Tecnologías, Buenos Aires, 28.-30.04.1999, http://www.aaba.org.ar/bi151301.htm

zitiert: *Gaibrois*

Galdós, Jorge Mario, Correo Electrónico, Privacidad y Daños, Alfa-Redi N° 102, 3/2002, 1ff., http://www.alfa-redi.org/upload/revista/22702--12-25-COREO%20-ELECTRONICO,%20PRIVACIDAD%20Y%20DAÑOS.doc

zitiert: *Galdós*, Alfa-Redi N° 102, 3/2002, 1

Garrido, Roque Fortunato/***Zago***, Jorge Alberto, Contratos Civiles y Comerciales, Parte General, Buenos Aires, 1987

zitiert: *Garrido/Zago*

Gilles, Peter, Das Gesetz über den Widerruf von Haustürgeschäften und ähnlichen Geschäften, NJW 1986, 1131-1147

zitiert: *Gilles*, NJW 1986, 1131

Glatt, Christoph, Vertragsschluss im Internet: Unter Berücksichtigung der Rechtsentwicklung in der Europäischen Union und des internationalen Verbrauchervertrages, 1. Auflage, Baden-Baden, 2002

zitiert: *Glatt*

Gnielinski, Oliver, Das argentinische Verbraucherschutzrecht, Hamburg, 2000 zitiert: *Gnielinski*

Godefroid, Christoph, E-Commerce aus der Sicht des deutschen Vertragsrechts, DStR 2001, 400-408
zitiert: *Godefroid*, DStR 2001, 400

Gößmann, Christine, Electronic Commerce – Die EU-Fernabsatzrichtlinie und ihre Auswirkungen auf den Handel über neue Medien, MMR 1998, 88-92
zitiert: *Gößmann*, MMR 1998, 88

Grigoleit, Christoph, Besondere Vertriebsformen im BGB, NJW 2002, 1151-1158
zitiert: *Grigoleit*, NJW 2002, 1151

ders., Rechtsfolgenspezifische Analyse „besonderer" Informationspflichten am Beispiel der Reformpläne für den E-Commerce, WM 2001, 597-604
zitiert: *Grigoleit*, WM 2001, 597

Grunert, Klaus G., Das Konzept des empfundenen Kaufrisikos und seine Anwendung auf Probleme der Verbraucherinformation, Projekt: Strategien der Verbraucherinformation, Vergleichende Analyse der Effizienz informationspolitischer Maßnahmen, Arbeitspapier Nr. 2, Universität Hohenheim, Stuttgart, 1978
zitiert: *Grunert*

Guibourg, Ricardo A./***Alende***, Jorge O./***Campanella***, Elena M., Manual de informática jurídica, Buenos Aires, 1996
zitiert: *Guibourg/Alende/Campanella*

Günther, Eva, Verbraucherinformation - mehr als Zugangsrechte, VuR 2003, 25-30
zitiert: *Günther*, VuR 2003, 25

Guerriero, Gabriela, Los Derechos del Consumidor Tecnológico y el Orden Público Tecnológico, Asociación Argentina de Derecho de Alta Tecnología, http://www.aadat.org/derechos_consumidor21.htm
zitiert: *Guerriero*

H

Hagemann, Hans Werner, Wahrgenommene Informationsbelastung des Verbrauchers: Eine empirische Untersuchung zum Zusammenhang von Bildung, Produktwissen und wahrgenommener Informationsbelastung bei Vorgabe komplexer Verbraucherinformation, München, 1988
zitiert: *Hagemann*

Hassemer, Michael, Vertragsschluss im Internet – Die Richtlinie über den elektronischen Geschäftsverkehr und ihre Umsetzung durch den deutschen Gesetzgeber, AJAG-Servicio Informativo, Sondernummer/Mai 2001, 1-11

zitiert: *Hassemer*, AJAG-Servicio Informativo, Sondernummer/Mai 2001, 1

Heinbuch, Holger, Theorien und Strategien des Verbraucherschutzes – am Beispiel des Fernunterrichtsgesetzes, Frankfurt a.M., 1983

zitiert: *Heinbuch*

Herget, von, Harald/***Riemer***, Mathias, Rechtsformen und Inhalte von Verträgen im Online-Bereich, DStR 1996, 1288-1294

zitiert: *Herget/Riemer*, DStR 1996, 1288

Herzog, Roman/***Hoffmann***, Bert/***Schulz***, Markus, Internet und Politik in Lateinamerika - Regulierung und Nutzung der Neuen Informations- und Kommunikationstechnologien im Kontext der politischen und wirtschaftlichen Transformationen,

Teilband IV: Internet und Politik in Lateinamerika: Mexiko,

Teilband V: Internet und Politik in Lateinamerika: Argentinien, Schriftenreihe des Instituts für Iberoamerika-Kunde in Hamburg, Band 55, Frankfurt a. M., 2002

zitiert: *Bearbeiter*, in: Herzog/Hoffmann/Schulz, Teilband

Heun, Sven-Erik, Die elektronische Willenserklärung, CR 1994, 595-600

zitiert: *Heun*, CR 1994, 595

Hilbert, Martin R., Latin America on its path into the digital age: Where are we?, Series Cepal, Desarrollo productivo N° 104, LC/L.1555-P, CEPAL, Santiago de Chile, 2001, http://www.cepal.org/publicaciones/DesarrolloProductivo/5/LCL1555P/Lcl1555.pdf

zitiert: *Hilbert*, Desarrollo productivo N° 104

ders., From industrial economics to digital economics: an introduction to the transition, Series Cepal, Desarrollo productivo N° 100, LC/L. 1497, Santiago de Chile, 2001, http://www.cepal.org/publicaciones/DesarrolloProductivo/-7/LCL1497P/LCL1497.pdf

zitiert: *Hilbert*, Desarrollo productivo N° 100

Hilbert, Martin R./***Katz***, Jorge, Building an Information Society: a Latin American and Caribbeean Perspective, LC/L.1845/I, CEPAL, Santiago de Chile, 2003, http://www.cepal.org/cgibin/getProd.asp?xml=/publicaciones/-xml/2/11672/P11-672.xml&xsl=/tpl/p9f.xsl&base=/tpl/top-bottom.xsl

zitiert: *Hilbert/Katz*

Hippel, von, Eike, Der Schutz des Schwächeren, Tübingen, 1982

zitiert: *von Hippel*, Der Schutz des Schwächeren

ders., Verbraucherschutz, RabelsZ 40 (1976), 513-534
zitiert: *von Hippel*, RabelsZ 40 (1976), 513

Hoenike, Mark/***Hülsdonk***, Lutz, Die Gestaltung von Fernabsatzangeboten im elektronischen Geschäftsverkehr nach neuem Recht, MMR 2002, 415-420
zitiert: *Hoenike/Hülsdonk*, MMR 2002, 415

Hönn, Günther, Kompensation gestörter Vertragsparität, Ein Beitrag zum inneren System des Vertragsrechts, München, 1982
zitiert: *Hönn*

Hoeren, Thomas, Internetrecht, Stand: 6/2003, im Internet zu finden unter: http://www.uni-muenster.de/Jura.itm/hoeren/
zitiert: *Hoeren*, Internetrecht

ders., Grundzüge des Internetrechts, 2. Auflage, München, 2002
zitiert: *Hoeren*, Grundzüge des Internetrechts

ders., Vorschlag für eine EU-Richtlinie über E-Commerce, MMR 1999, 192-199
zitiert: *Hoeren*, MMR 1999, 192

ders., Rechtsfragen des e-commerce: Eine erste Übersicht, FIW-Schriftenreihe, Heft 184, Köln, 2001, 19-37
zitiert: *Hoeren*, FIW-Schriftenreihe 2001 (184), 19

Hoeren, Thomas/***Queck***, Robert (Hrsg.), Rechtsfragen der Informationsgesellschaft, Berlin, 1999

Hoeren, Thomas/***Oberscheidt***, Jörn, Verbraucherschutz im Internet, VuR 1999, 371-387
zitiert: *Hoeren/Oberscheidt*, VuR 1999, 371

Hommelhoff, Peter, Verbraucherschutz im System des deutschen und europäischen Privatrechts, Heidelberg, 1996
zitiert: *Hommelhoff*

ders., Zivilrecht unter dem Einfluss europäischer Rechtsangleichung, AcP 192 (1992), 71-107
zitiert: *Hommelhoff*, AcP 192 (1992), 71

Hommelhoff, Peter/***Wiedemann***, Kai-Udo, Allgemeine Geschäftsbedingungen gegenüber Kaufleuten und unausgehandelte Klauseln in Verbraucherverträgen, ZIP 1993, 562-572
zitiert: *Hommelhoff/Wiedemann*, ZIP 1993, 562

Horn, Christian, Verbraucherschutz bei Internetgeschäften, MMR 2002, 209 – 214
zitiert: *Horn*, MMR 2002, 209

Horna, Pierre Martin, Evaluating some recurring themes on E-Commerce under the European Perspective, Alfa-Redi N° 118, 7/2003, 1ff., http://www.alfa-redi.org/upload/revista/70103--11-1-Evaluating%20some%20recurring%20-themes%20on%20E-commerce.pdf

zitiert: *Horna*, Alfa-Redi N° 118, 7/2003, 1

I

Iasoni, Marie, Comercio Electrónico, Aspectos Legales: Un desafío para el Derecho Peruano, Lima, 2002

zitiert: *Iasoni*

dies., Peru: El consumidor peruano en el marco de una venta en Internet: un consumidor vulnerable, Alfa-Redi N° 101, 2/2002, 1ff., www.alfa-redi.org/-revista/data/45-9.asp

zitiert: *Iasoni*, Alfa-Redi N° 101, 2/2002, 1

Iriarte, Erick, Peru: la realidad de hacer E-Commerce III (o La Brecha Digital como factor negativo), Alfa-Redi N° 105, 6/2002, 1ff., www.alfa-redi.org/revista-/data/49-1.asp

zitiert: *Iriarte*, Alfa-Redi N° 105, 6/2002, 1

J

Jauernig, Othmar (Hrsg.), Bürgerliches Gesetzbuch, 8. Auflage, München, 1997

zitiert: *Bearbeiter*, in: Jauernig, § ..., Rn. ...

Jeck-Schlottmann, Gabi, Visuelle Informationsverarbeitung bei wenig involvierten Konsumenten, Saarbrücken, 1987

zitiert: *Jeck-Schlottmann*

John, Uwe, Grundsätzliches zum Wirksamwerden empfangsbedürftiger Willenserklärungen, AcP 184 (1984), 385-412

zitiert: *John*, AcP 184 (1984), 385

K

Kainz, Martin, Die Umsetzung der Verbraucherschutzrichtlinien und ihre Auswirkungen im nationalen Recht - Länderbericht Deutschland, in: Heusel, Wolfgang, Neues europäisches Vertragsrecht und Verbraucherschutz: Regelungskonzepte der Europäischen Union und ihre Auswirkungen auf die nationalen Zivilrechtsordnungen, Köln, 1998, 63-79

zitiert: *Kainz*, in: Heusel, 63

Kalbhen, Uwe/***Krückeberg***, Fritz/*Reese*, Jürgen (Hrsg.), Gesellschaftliche Auswirkungen der Informationstechnologie – Ein internationaler Vergleich, Frankfurt, 1980

Kaminski, Bert/***Henßler***, Thomas/***Kolaschnik***, Helge/***Papathoma-Baetge***, Anastasia, Rechtshandbuch E-Business – Rechtliche Rahmenbedingungen für Geschäfte im Internet, Neuwied, 2002

zitiert: *Bearbeiter*, in: Kaminski/Henßler/Kolaschnik/Papathoma-Baetge

Kapnopoulou, Elissavet N., Das Recht der missbräuchlichen Klauseln in der Europäischen Union – Das griechische Verbraucherschutzgesetz als Beitrag zum Europäischen Privatrecht, Tübingen, 1997

zitiert: *Kapnopoulou*

Karollus, Martin, Grundfälle zum Verbraucherkreditgesetz, JuS 1993, 651-654

zitiert: *Karollus*, JuS 1993, 651

Kath, Peter/***Riechert***, Anne, Internet-Vertragsrecht, Berlin, 2002

zitiert: *Bearbeiter*, in: Kath/Riechert

Katz, Jorge, M., Structural reforms, productivity and technological change in Latin America, CEPAL, LC/G.2129-P/I, Santiago de Chile, 2001, http://www.cepal.org/publicaciones/DesarrolloProductivo/9/LCG2129P/LCG2129.pdf

zitiert: *Katz*

Kemper, Rainer, Verbraucherschutzinstrumente, Baden-Baden, 1994

zitiert: *Kemper*

Kind, Sandra, Die Grenzen des Verbraucherschutzes durch Information – aufgezeigt am Teilzeitwohnrechtegesetz, Berlin, 1998

zitiert: *Kind*

Kleidermacher, Arnoldo/***de Aguinis***, Ana María M., Nuevas formas de contratacón. Contratación por ordenador, LL 1987-C-892-899

zitiert: *Kleidermacher/de Aguinis*, LL 1987-C-892

Köhler, Helmut, Die Rechte des Verbrauchers beim Teleshopping (TV-Shopping, Internet-Shopping), NJW 1998, 185-190

zitiert: *Köhler*, NJW 1998, 185

Köhler, Markus/***Arndt***, Hans-Wolfgang, Recht des Internet, 2. Auflage, Heidelberg, 2000

zitiert: *Köhler/Arndt*

Kröger, Detlef/***Gimmy***, Marc A., Handbuch zum Internetrecht: Electronic Commerce – Informations-, Kommunikations- und Mediendienste, Berlin, 2000

zitiert: *Bearbeiter*, in: Kröger/Gimmy

Krüger, Thomas/***Bütter***, Michael, Elektronische Willenserklärungen im Bankgeschäftsverkehr: Risiken des Online-Banking, WM 2001, 221-231

zitiert: *Krüger/Bütter*, WM 2001, 221

Kübel, von, Recht der Schuldverhältnisse, Teil 1, Allgemeiner Teil, Nachdruck: Die Vorlagen der Redaktoren für die erste Kommission zur Ausarbeitung des Entwurfs eines Bürgerlichen Gesetzbuches – Die Vorentwürfe der Redaktoren, Berlin, 1980

zitiert: *von Kübel*

L

Lackum, von, Jens, Der Richtlinienvorschlag der EU-Kommission zum elektronischen Geschäftsverkehr - Teil I, JurPC Web-Dok. 130/1999, Abs. 1 – 50, http://www.jurpc.de/aufsatz/19990130.htm

zitiert: *von Lackum*, JurPC Web-Dok. 130/1999, Abs.

Lamouroux, Hedwig, Das Informationsverhalten der Konsumenten: Eine mikroökonomische Analyse, Göttingen, 1979

zitiert: *Lamouroux*

Landfermann, Hans-Georg, Der Richtlinienvorschlag „Elektronischer Geschäftsverkehr" – Ziele und Probleme, ZUM 1999, 795-802

zitiert: *Landfermann*, ZUM 1999, 795

Lehmann, Michael, Electronic Commerce und Verbraucherschutz in Europa, EuZW 2000, 517-521

zitiert: *Lehmann,* EuZW 2000, 517

ders., Rechtsgeschäfte und Verantwortlichkeit im Netz – Der Richtlinienvorschlag der EU-Kommission, ZUM 1999, 180-184

zitiert: *Lehmann*, ZUM 1999, 180

Lieb, Manfred, Sonderprivatrecht für Ungleichgewichtslagen? Überlegungen zum Anwendungsbereich der sogenannten Inhaltskontrolle privatrechtlicher Verträge, AcP 178 (1978), 196-226

zitiert: *Lieb,* AcP 178 (1978), 196

Llambías, Jorge Joaquín/***Alterini***, Atilio A., Código Civil Anotado, Doctrina-Jurisprudencia, Band III-A, Artículos 1137 á 1433, Buenos Aires, 1998

zitiert: *Llambías/Alterini,* zu Art. ..., S. ...

Löhnig, Martin, Die Einbeziehung von AGB bei Internetgeschäften, NJW 1997, 1688-1689

zitiert: *Löhnig*, NJW 1997, 1688

López Ayllón, Sergio, Las transformaciones del Sistema Jurídico y los Significados Sociales del Derecho en México. La Encrucijada entre Tradición y Modernidad, Mexiko, 1997, www.bibliojuridica.org/-libros/libro.htm?l=157

zitiert: *López Ayllón*

López de Zavalía, Fernando J., Teoría de los Contratos, Parte general, Band 1, 3. Auflage, Buenos Aires, 1984

zitiert: *López de Zavalía*

López Monroy, José de Jesús, La revolución francesa de 1789 y su influencia en el derecho civil mexicano, in: Bicentenario de la Revolución Francesa, Mexiko, 1991, 165-173, http://www.bibliojuridica.org/libros/libro.htm?l=410

zitiert: *López Monroy,* 165

Lorenz, Stephan, Im BGB viel Neues: Die Umsetzung der Fernabsatzrichtlinie, JuS 2000, 833-843

zitiert: *Lorenz*, JuS 2000, 833

ders., Schwebende Unwirksamkeit und Präklusion im Zwangsvollstreckungsrecht, NJW 1995, 2258-2263

zitiert: *Lorenz*, NJW 1995, 2258

Lorenzetti, Ricardo L., Comercio Electrónico, Buenos Aires, 2001

zitiert: *Lorenzetti*

ders., Comercio Electrónico y Defensa del Consumidor, LL 2000-D-1003ff.

zitiert: *Lorenzetti*, LL 2000-D-1003

Lovece, Graciela I., El daño por el Exceso de Información y la Responsabilidad Empresarial, in: Weingarten, Celia/Ghersi, Carlos A., Daños, Globalización – Estado – Economía, Buenos Aires, 2000, 151-164

zitiert: *Lovece*, in: Weingarten/Ghersi, 151

Lütcke, Jens, Fernabsatzgesetz – Kommentar zu den §§ 312b-312f BGB, München, 2002

zitiert: *Lütcke*, §... BGB, Rn. ...

M

Maennel, Frithjof A., Elektronischer Geschäftsverkehr ohne Grenzen – der Richtlinienvorschlag der Europäischen Kommission, MMR 1999, 187-192

zitiert: *Maennel*, MMR 1999, 187

Maldonado, Sergio, Comunidad Europea: Formación y Validéz del Contrato Electrónico: Estudio Comparado, Alfa-Redi N° 109, 10/2002, 1-10, www.alfa-redi.org/revista/data/53-7.asp

zitiert: *Maldonado*, Alfa-Redi N° 109, 10/2002, 1

Mankowski, Peter, Fernabsatzrecht: Informationen über das Widerrufsrecht und Widerrufsbelehrung bei Internetauftritten, CR 2001, 767-775

zitiert: *Mankowski*, CR 2001, 767

Mantilla Molina, Roberto L., Derecho Mercantil, Introducción y Conceptos Fundamentales - Sociedades, 29. Auflage, Mexiko, 1999

zitiert: *Mantilla Molina*

Marc, Juan José, La infraestructura de comunicación y el estado de desarrollo técnico en Argentina, Documento de Trabajo No. 2, Institut für Iberoamerka-Kunde, Hamburg, 10/1999

zitiert: *Marc*

Marly, Jochen, Softwareüberlassungsverträge, 3. Auflage, München, 2000

zitiert: *Marly*

Martinek, Michael, Verbraucherschutz im Fernabsatz – Lesehilfe mit Merkpunkten zur neuen EU-Richtlinie, NJW 1998, 207-208

zitiert: *Martinek*, NJW 1998, 207

Martínez Fazzalari, Raúl, Normativa de Internet en la República Argentina, http://www.redetel.gov.ar/Ambito%20Academico/Papers/paper1.htm

zitiert: *Martínez Fazzalari*

ders., Régimen Público de Internet, Buenos Aires, 1999

Márquez, José Antonio, Mexico: ¿Cuando se perfecciona un contrato?. Sobre Contratación Electrónica, Alfa-Redi N° 36, 7/2001, 1ff., http://www.alfa-redi.org/revista/data/37-7.asp

zitiert: *Márquez*, Alfa-Redi N° 36, 7/2001, 1

ders., Mexico: La Contratación Electrónica en los Códigos Civiles, Alfa-Redi N° 98, 11/2001, 1-7, http://www.alfa-redi.org/revista/data/40-8.asp

zitiert: *Márquez*, Alfa-Redi N° 98, 11/2001, 1

ders., México: Las preguntas más comunes en la contratación electrónica, REDI N° 43, 2/2002, 1ff., http://v2.vlex.com/es/ppv/doctrina/resultados.asp?-query_doc=130326&n_orden=0

zitiert: *Márquez*, REDI N° 43, 2/2002, 1

Marvitz, Petra, Sind Unternehmes-Homepages Werbung?, MMR 1998, 188-191

zitiert: *Marvitz*, MMR 1998, 188

Medicus, Dieter, Allgemeiner Teil des BGB, 8. Heidelberg, 2002

zitiert: *Medicus*, AT

ders., Abschied von der Privatautonomie im Schuldrecht?, Köln, 1994
zitiert: *Medicus*, Abschied von der Privatautonomie im Schuldrecht?

ders., Schutzbedürfnisse (insbesondere der Verbraucherschutz) und das Privatrecht, JuS 1996, 761-767
zitiert: *Medicus*, JuS 1996, 761

Meents, Jan Geert, Verbraucherschutz bei Rechtsgeschäften im Internet, Köln, 1998
zitiert: *Meents*

ders., Ausgewählte Probleme des Fernabsatzgesetzes bei Rechtsgeschäften im Internet, CR 2000, 610-614
zitiert: *Meents*, CR 2000, 610

Mehrings, Josef, Vertragsschluss im Internet - Eine Herausforderung für das „alte" BGB, MMR 1998, 30-33
zitiert: *Mehrings*, MMR 1998, 30

Melullis, Klaus-J., Zum Regelungsbedarf bei der elektronischen Willenserklärung, MDR 1994, 109-114
zitiert: *Melullis*, MDR 1994, 109

Merz, Michael, E-Commerce und E-Business: Marktmodelle, Anwendungen und Technologien, 2. Auflage, Heidelberg, 2002
zitiert: *Merz*

Messina de Estrella Gutiérrez, Graciela, Defensa del Consumidor en la Contratación Electrónica, in: Ameal, Oscar J./Tanzi, Silvia Y., Obligaciones y Contratos en los Albores del Siglo XXI, Buenos Aires, 2001, 827-836
zitiert: *Messina de Estrella Gutiérrez*, in: Ameal/Tanzi, 827

Micele, Mario R. , La Ley de defensa del consumidor, LL 1994-A-900-943
zitiert: *Micele*, LL 1994-A-900

Micklitz, Hans-W., Die Fernabsatzrichtlinie 97/7/EG, ZEuP1999, 875-902
zitiert: *Micklitz*, ZEuP 1999, 875

ders., Zur Notwendigkeit eines neuen Konzepts für die Fortentwicklung des Verbraucherrechts in der EU, VuR 2003, 2ff.
zitiert: *Micklitz*, VuR 2003, 2ff.

Micklitz, Hans-W./***Tonner***, Klaus, Vertriebsrecht – Haustür-, Fernabsatzgeschäfte und elektronischer Geschäftsverkehr, Baden-Baden, 2002
zitiert: *Bearbeiter*, in: Micklitz/Tonner, § ..., Rn. ...

Miller, George. A., The magical number seven, plus or minus two: some limits in our capacity for processing information, Psychological Review, 1956, 81-97 zitiert: *Miller*, 81

Möschel, Wernhard, Dogmatische Strukturen des bargeldlosen Zahlungsverkehrs, AcP 186 (1986), 187-236

zitiert: *Möschel,* AcP 186 (1986), 187

Molina Quiroga, Eduardo, Contratos Informáticos, 2001, zu finden unter: http://www.lineajuridica.com/ar; auch veröffentlicht in: Plenario 12/2000 (Veröffentlichung der Asociación de Abogados de Buenos Aires), http://www.aaba.org.ar/ple00106.htm

zitiert: *Molina Quiroga*

ders., La Buena Fe en la Etapa Precontractual. Contratos Infomáticos, in: Ameal, Oscar J./Tanzi, Silvia Y., Obligaciones y Contratos en los Albores del Siglo XXI, Buenos Aires, 2001, 849-856

zitiert: *Molina Quiroga,* in: Ameal/Tanzi, 849

Moritz, Hans-Werner/***Dreier***, Thomas, Rechts-Handbuch zum E-Commerce, Köln, 2002

zitiert: *Bearbeiter,* in: Moritz/Dreier

Moritz, Hans-Werner, Quo vadis elektronischer Geschäftsverkehr?, CR 2000, 61-72

zitiert: *Moritz,* CR 2000, 61

Mosset Iturraspe, Jorge, La excepción de incumplimiento en el contrato informático y la codena condicional, LL-A-1991-402f.

zitiert: *Mosset Iturraspe*, LL-A-1991-402

ders., Jorge, Contratos, Buenos Aires, 1984

zitiert: *Mosset Iturraspe*, Contratos

ders., Como contratar en una Economía de Mercado, Santa Fe, 1996

zitiert: *Mosset Iturraspe*, Economía de Mercado

Mugdan, B., Die gesammelten Materialien zum Bürgerlichen Gesetzbuch für das Deutsche Reich, Band I, Berlin, 1899

zitiert: *Mugdan* I

Muiño Matienzo, María Cecilia, El Comercio Electrónico y el Vacio normativo argentino, 2000, http://www.portaldeabogados.com.ar/noticias/derin01.htm

zitiert: *Muiño Matienzo*

Muscheler, Karlheinz/*Schewe*, Markus, Die invitatio ad offerendum auf dem Prüfstand, Jura 2000, 565-570

zitiert: *Muscheler/Schewe*, Jura 2000, 565

N

Nohlen, Dieter (Hrsg.), Lexikon Dritte Welt – Länder, Organisationen, Theorien, Begriffe, Personen, Hamburg, 1998
zitiert: *Nohlen*

O

Oechsler, Jürgen, Gerechtigkeit im modernen Austauschvertrag: Die theoretischen Grundlagen der Vertragsgerechtigkeit und ihr praktischer Einfluss auf Auslegung, Ergänzung und Inhaltskontrolle des Vertrages, Tübingen, 1997

Ossola, Federico/***Vallespinos***, Gustavo, La Obligación de Informar, Córdoba, 2001
zitiert: *Ossola/Vallespinos*

Ovalle Favela, José, Comentarios a la Ley Federal de Protección al Consumidor, Mexiko, 1995
zitiert: *Ovalle Favela*, Ley Federal

ders., Derechos del Consumidor, 2. Auflage, Mexiko, 2001
zitiert: *Ovalle Favela*, Derechos

P

Pacón, Ana María, Markenrecht und Verbraucherschutz in Lateinamerika – Eine Untersuchung am Beispiel von Argentinien, Brasilien, Mexiko und Peru, Baden-Baden, 1999
zitiert: *Pacón*

Palacios, Juan J.,Globalization of E-Commerce: Growth and Impacts in Mexico, Guadalajara, 2001, zu finden unter: www.aladi.org
zitiert: *Palacios*

Palandt, Otto, Bürgerliches Gesetzbuch, 59. Auflage, München, 2000
zitiert: *Bearbeiter*, in: Palandt (2000)

Palandt, Otto, Bürgerliches Gesetzbuch, 63. Auflage, München, 2004
zitiert: *Bearbeiter*, in: Palandt

Palazzi, Pablo, Argentina: Comercio Electrónico y Mercosur, Alfa-Redi N° 5, 12/1998, 1ff., http://www.alfa-redi.org/revista/data/6-5.asp
zitiert: *Palazzi*, Alfa-Redi N° 5, 12/1998, 1

ders., Estudio sobre la responsabilidad civil derivada del problema del año 2000, 25.08.1999, www.ulpiano.com/2000_palazzi_doc.doc
zitiert: *Palazzi*

Paolloro, Martin J./***Veltani***, Juan D., Jurisdicción y ley aplicable a los contratos internacionales celebrados por Internet, País: Argentina, Primeras Jornadas Latinoamericanas de Derecho Informtico, Mar del Plata, 2001, Diskette 1, 155-159
zitiert: *Paolloro/Veltani,* 155

Pardini, Aníbal A., Derecho de Internet, Buenos Aires, 2002
zitiert: *Pardini*

Parellada, Carlos A., El Comercio Electrónico y los Derechos de los Consumidores en la República Argentina, XIV Congreso Internacional del Consejo Latinoamericano de Estudiosos de Derecho Internacional y Comparado, Derecho v2.1, Coladic, Mendoza, Buenos Aires, 23.–28.4.2001, 89-96, www.geocities.com/Santiagoch/Congreso_Argentina_2001/ponencias/0011.doc
zitiert: *Parellada*

Pepels, Werner, Marketing, 2. Auflage, München, Wien, 1998
zitiert: *Pepels*

Pernice, Ina Maria, Informationspflichten im Internet, Meckenheim, 2000
zitiert: *Pernice*

Pfeiffer, Thomas, Der Verbraucherbegriff als zentrales Merkmal im europäischen Privatrecht, in: Schulte-Nölke, Hans/Schulze, Reiner, Europäische Rechtsangleichung und nationale Privatrechte, Baden-Baden, 1999, 21-43
zitiert: *Pfeiffer*, in: Schulte-Nölke/Schulze, 21

Piaggi, Ana I., El Comercio Electrónico y el Nuevo Escenario de los Negocios, LL 1999-E-1186ff.
zitiert: *Piaggi*, LL 1999-E-1186

Plaza Penadés, Javier, Breve comentario a la Ley de Servicios de la Sociedad de la Información y Comercio Electrónico, Alfa-Redi N° 107, 8/2002, 1ff., www.alfa-redi.org/upload/revista/80102--11-52-articulo.pdf
zitiert: *Plaza Penadés*, Alfa-Redi N° 107, 8/2002, 1

Prati, Catherine, Apuntes sobre la influencia de la legislación civil francesa en el Código Civil de 1884, in: Un siglo de derecho civil mejicano. Memoria del II Colloquio Nacional de Derecho Civil, Mexiko, 1985, 95-101, http://www.bibliojuridica.org/libros/libro.htm?l=371
zitiert: *Prati*, 95

R

Rebmann*, *von, Kurt/***Säcker***, Franz Jürgen (Hrsg.), Münchener Kommentar zum Bürgerlichen Gesetzbuch, Band 1, 4. Auflage, München, 2001

zitiert: *Bearbeiter,* in: MünchKommBGB, §..., Rn. ...

Rehbinder, Manfred/***Schmaus***, Stefan, Rechtsprobleme beim Vertragsschluss im Internet, UFITA 2000, 313-351

zitiert: *Rehbinder/Schmaus*, UFITA 2000, 313

Reich, Norbert, Zivilrechtstheorie, Sozialwissenschaften und Verbraucherschutz, ZRP 1974, 187-194

zitiert: *Reich*, ZRP 1974, 187

ders., Der Vorschlag der EG-Kommission für eine Richtlinie des Europaparlaments und des Rates über bestimmte rechtliche Aspekte des elektronischen Geschäftsverkehrs im Binnenmarkt vom 23.12.98 und seine Auswirkungen auf das Vertragsrecht, in: Schulte-Nölke, Hans/Schulze, Reiner, Europäische Rechtsangleichung und nationale Privatrechte, Baden-Baden, 1999, 79-106

zitiert: *Reich,* in: Schulte-Nölke/Schulze, 79

ders., Die neue Richtlinie 97/7/EG über den Verbraucherschutz bei Vertragsabschlüssen im Fernabsatz, EuZW 1997, 581-589

zitiert: *Reich*, EuZW 1997, 581

ders., Markt und Recht: Theorie und Praxis des Wirtschaftsrechts in der Bundesrepublik Deutschland, Neuwied, Darmstadt, 1977

zitiert: *Reich,* Markt und Recht

Reich, Norbert/***Micklitz***, Hans-W., Verbraucherschutzrecht in den EG-Staaten: Eine vergleichende Analyse, New York, 1981

zitiert: *Reich/Micklitz*

Reich, Norbert/***Nordhausen***, Annette, Verbraucher und Recht im elektronischen Geschäftsverkehr, Baden-Baden, 2000

zitiert: *Bearbeiter*, in: Reich/Nordhausen

Reinhart, Gert, Zur Auslegung des Begriffs „Verbraucher" im Kollissionsrecht, in: Festschrift für Reinhold Trinkner zum 65. Geburtstag, Lebendiges Recht – Von den Sumerern bis zur Gegenwart, Heidelberg, 1995, 657-667

zitiert: *Reinhart*, in: FS Trinkner, 657

Remien, Oliver, AGB-Gesetz und Richtlinie über missbräuchliche Klauseln - Verbrauchervertragsklauseln in ihrem europäischen Umfeld, ZEuP 1994, 34-66

zitiert: *Remien*, ZEuP 1994, 34

ders., Verbraucherrecht oder allgemeines Privatrecht für die Europäische Union?, in: Schulte-Nölke, Hans/Schulze, Reiner, Europäische Rechtsangleichung und nationale Privatrechte, Baden-Baden, 1999, 107-117

zitiert: *Remien*, in: Schulte-Nölke/Schulze, 107

Reyes Krafft, Alfredo Alejandro, Mexico: La Firma electrónica, Alfa-Redi N° 123, 12/2003, 1ff., www.alfa-redi.org/upload/revista/121003--0-22-firma3.pdf

zitiert: *Reyes Krafft*, Alfa-Redi N° 123, 12/2003, 1

Rock, Reinhard/***Rosenthal***, Klaus, Der Wandel von der Produktionswirtschaft zur Kommunikationswirtschaft, Ökonomische Konsequenzen der Einführung neuer Informations- und Kommunikationstechnologien, Verbraucherpolitische Hefte 1985, Heft 1, 43-52

zitiert: *Rock/Rosenthal*, Verbraucherpolitische Hefte 1985, Heft 1, 43

Rossi, Jorge Oscar, La regulación jurídica del correo electrónico y su incidencia en el Derecho de los Contratos, V Congreso Internacional de Derecho Civil, Salto, 2001, zu finden im Internet unter: http://www.diariojudicial.com

zitiert: *Rossi*

Roth, Herbert, EG-Richtlinien und Bürgerliches Recht, JZ 1999, 529-538

zitiert: *Roth*, JZ 1999, 529-538

Roth, Wulf-Henning, Europäischer Verbraucherschutz und BGB, JZ 2001, 475-490

zitiert: *Roth*, JZ 2001, 475

Rott, Peter, Die Umsetzung der Haustürwiderrufsrichtlinie in den Mitgliedstaaten, Baden-Baden, 2000

zitiert: *Rott*

S

Sánchez Medal, Ramón, De los Contratos Civiles, 15. Auflage, Mexiko, 1997

zitiert: *Sánchez Medal*

Sarmiento, María Gabriela, Legislacion sobre Comercio Electrónico en los Países Miembros de la Comunidad Andina, 6/2002, http://www.itu.int/ITU-D/e-strategy/publicationsarticles/pdf/Legislacion%20Comercio%20Electronico-%20-CAN1.pdf

Sarra, Andrea Viviana, Comercio electrónico y derecho, Aspectos jurídicos de los negocios en Internet, Buenos Aires, 2001

zitiert: *Sarra*

Scherer, Josef/***Butt***, Mark Eric, Rechtsprobleme bei Vertragsschluss im Internet – Unter Berücksichtigung der EG-Fernabsatzrichtlinie, der Signaturrichtlinie und der geplanten E-Commerce-Richtlinie –, DB 2000, 1009-1017
zitiert: *Scherer/Butt*, DB 2000, 1009

Schindera, Frank T., e-Business und die Steuerung teilautonomer Organisationseinheiten, Wiesbaden, 2001
zitiert: *Schindera*

Schmid, Christoph, Legitimitätsbedingungen eines Europäischen Zivilgesetzbuchs, JZ 2001, 674-683
zitiert: *Schmid*, JZ 2001, 674

Schmitz, Dirk, Die vertraglichen Pflichten und die Haftung der Informationsanbieter im Internet, Stuttgart, 2000
zitiert: *Schmitz*

Schünemann, Wolfgang B., Mündigkeit versus Schutzbedürftigkeit: Legitimationsprobleme des Verbraucherleitbilds, in: Festschrift für Hans Erich Brandner, Köln, 1996, 279-298
zitiert: *Schünemann*, in: FS Brandner, 279

Schulze, Reiner/***Zimmermann***, Reinhard (Hrsg.), Basistexte zum Europäischen Privatrecht, Baden-Baden, 2000

Sendoya, Contratos Informáticos, http://personales.ciudad.com.ar/roble/contratosinformaticos.htm
zitiert: *Sendoya*

Senff, Thomas, Wer ist Verbraucher im internationalen Zivilprozess? – Gerichtsstandsvereinbarungen in Verbrauchersachen im EuGVÜ/LugÜ und in Spanien und Deutschland, Frankfurt a.M., 2001
zitiert: *Senff*

Soergel, Theodor, Kommentar zum Bürgerlichen Gesetzbuch (neu hrsg. v. Siebert, W.), Band 2, 13. Auflage, Stuttgart, 1999
zitiert: *Bearbeiter*, in: Soergel, §..., Rn. ...

Sonnenberger, Hans Jürgen, Der Ruf unserer Zeit nach einer europäischen Ordnung des Zivilrechts, JZ 1998, 982-991
zitiert: *Sonnenberger*, JZ 1998, 982

Spindler, Gerald/***Börner***, Fritjof (Hrsg.), E-Commerce-Recht in Europa und den USA, Berlin, 2003
zitiert: *Bearbeiter*, in: Spindler/Börner

Stathopoulos, Michael, Europäisches Recht Vertragsrecht und ratio scripta – Zuständigkeiten und Perspektiven, ZEuP 2003, 243-265
zitiert: *Stathopoulos*, ZEuP 2003, 243

Steinmüller, Wilhelm, Die zweite industrielle Revolution hat eben begonnen: Über die Technisierung der geistigen Arbeit, Verbraucherpolitische Hefte 1985, Heft 1, 7-42

zitiert: *Steinmüller*, Verbraucherpolitische Hefte 1985, Heft 1, 7

Stephens, Rob, Experiencias Internacionales en el Fomento de la Economía del Conocimiento, Mirando hacia el Futuro de las Telecomunicaciones en México, Segundo Foro Anual del Programa Telecom, Mexiko, 31.03.-01.04.2003, http://telecom.cide.edu/foro%20Marzo/Presentaciones/Rob%20-Stephens.pdf

zitiert: *Stephens*

Stiglitz, Rubén S., Contratos Civiles y Comerciales, Parte General, Band 1, Buenos Aires, 1998

zitiert: *Stiglitz,* Contratos Civiles

Stiglitz, Gabriel A., Derecho del Consumidor, Rosario, 2001

zitiert: *Stiglitz,* Derecho del Consumidor

ders., Consumer Law in Argentina and the MERCOSUR, JCP 1994 (17), 459-469

zitiert: *Stiglitz*, JCP 1994 (17), 459

ders., Anteproyecto de declaración de los derechos del consumidor en la reforma constitucional, in: Stiglitz, Gabriel A., Derecho del Consumidor, Rosario, 1994, 53-82

zitiert: *Stiglitz*, in: Stiglitz, 53

Stiglitz, Gabriel A./***Stiglitz***, Rubén S., Derechos y defensa de los consumidores, Buenos Aires, 1994

zitiert: *Stiglitz/Stiglitz*

Strauß, Ralf E./***Schoder***, Detlef, Electronic Commerce – Herausforderungen aus Sicht der Unternehmen, in: Hermanns, Arnold/Sauter, Michael, Management-Handbuch Electronic Commerce, München, 1999, 61-74

zitiert: *Strauß/Schoder*, in: Hermanns/Sauter, 61

Szafir, Dora, El consumidor en el derecho comunitario – Proyecto de Protocolo de Defensa del Consumidor del Mercosur, Montevideo, 1998

zitiert: *Szafir*

dies., El consumo y la información, in: Ameal, Oscar, J./Tanzi, Silvia, Y, Obligaciones y Contratos en los Albores del Siglo XXI, Buenos Aires, 2001, 961-966

zitiert: *Szafir,* in: Ameal/Tanzi, 961

T

Taupitz, Jochen/***Kritter***, Thomas, Electronic-Commerce – Probleme bei Rechtsgeschäften im Internet, JuS 1999, 839-846

zitiert: *Taupnitz/Kritter*, JuS 1999, 839

Tettenborn, Alexander, E-Commerce-Richtlinie: Politische Einigung in Brüssel erzielt, K&R 2000, 59-63

zitiert: *Tettenborn*, K&R 2000, 59

Thiedig, Klaus, Suggestivwerbung und Verbraucherschutz, Frankfurt a.M., 1973

zitiert: *Thiedig*

Tinti, Guillermo Pedro, Derecho del Consumidor, Córdoba, 1994

zitiert: *Tinti*

Tonner, Das neue Fernabsatzgesetz – oder: System statt "Flickenteppich", BB 2000, 1413-1420

zitiert: *Tonner*, BB 2000, 1413

Trommsdorff, Volker, Konsumentenverhalten, 5. Auflage, Stuttgart, 2003

zitiert: *Trommsdorff*

U

Ulmer, Detlef, Online-Vertragsschluss – Ein Verfahren wird populär?, CR 2002, 208–213

zitiert: *Ulmer*, CR 2002, 208

Ultsch, Michael L., Zugangsprobleme bei elektronischen Willenserklärungen - Dargestellt am Beispiel der Electronic Mail, NJW 1997, 3007-3009

zitiert: *Ultsch*, NJW 1997, 3007

V

Valero, Antonio, España: Momento de Perfección del Contrato Celebrado por Dispositivos Automáticos, Alfa-Redi N° 113, 2/2003, 1-10, www.alfa-redi.org/revista/data/57-11.asp

zitiert: *Valero*, Alfa-Redi N° 113, 2/2003, 1

Vásquez del Mercado, Óscar, Contratos mercantiles, 7. Auflage, Mexiko, 1997

zitiert: *Vásquez del Mercado*

Vázquez Ferreyra, Roberto, A./*Romera*, Oscar Eduardo, Protección y Defensa del Consumidor, Buenos Aires, 1994 zitiert: *Vázquez Ferreyra/Romera*

Vehslage zu OLG Frankfurt, Beschluss v. 17.04.2001, CR 2001, 783

zitiert: *Vehslage* zu OLG Frankfurt, Beschluss v. 17.04.2001, CR 2001, 783

W

Waldenberger, Arthur, Grenzen des Verbraucherschutzes beim Abschluss von Verträgen im Internet, BB 1996, 2365-2371

zitiert: *Waldenberger*, BB 1996, 2365

ders., Electronic Commerce: der Richtlinienvorschlag der EG-Kommission, EuZW 1999, 296-303

zitiert: *Waldenberger*, EuZW 1999, 296

Wassermann, Rudolf (Hrsg.), Alternativkommentare, Kommentar zum Bürgerlichen Gesetzbuch, Allgemeiner Teil, Band 1, Neuwied, 1987

zitiert: *Bearbeiter,* in: AK-BGB, § ..., Rn. ...

Weinberg, Peter/*Diehl*, Sandra/*Terlutter*, Ralf, Konsumentenverhalten – angewandt -, München, 2003

zitiert: *Weinberg/Diehl/Terlutter*

Weingarten, Celia, La Confianza en el Sistema Jurídico: Contratos y Derecho de Daños, Mendoza, 2002

zitiert: *Weingarten*

Weitnauer, Der Schutz des Schwächeren im Zivilrecht, Karlsruhe, 1975

Westermann, Harm Peter, Verbraucherschutz, in: Gutachten und Vorschläge zur Überarbeitung des Schuldrechts, Bundesminister der Justiz (Hrsg.), Band III, Köln, 1983, 1-122

zitiert: *Westermann,* in: Gutachten (Hrsg. Bundesminister der Justiz), 1

Wieacker, Franz, Das Sozialmodell der klassischen Privatrechtsgesetzbücher und die Entwicklung der modernen Gesellschaft, in: ders., Industriegesellschaft und Privatrechtsordnung, Frankfurt a.M., 1974, 9-35

zitiert: *Wieacker*, 9

Wildemann, Daniela, Vertragsschluss im Netz, München, 2000

zitiert: *Wildemann*

Willingmann, Armin, Auf dem Weg zu einem einheitlichen Vertriebsrecht für Waren und Dienstleistungen in der Europäischen Union? – Die Richtlinie über den Verbraucherschutz bei Vertragsabschlüssen im Fernabsatz (97/7/EG), VuR 1998, 395-402

zitiert: *Willingmann*, VuR 1998, 395

Winter, Anmerkung zu AG Butzbach, Urteil v. 14.06.2002, 51 C 25/02 (71), VuR 2003, 34ff.

zitiert: *Winter*, Anmerkung zu AG Butzbach, Urteil v. 14.06.2002, 51 C 25/02 (71), VuR 2003, 34

Wittwer, Alexander/***Barta***, Heinz, Mitteilung zum europäischen Vertragsrecht, Oktober 2001, 1-15, http://europa.eu.int/comm/consumers/cons_int/safe_-shop/fair_bus_pract/cont_law/comments/5.25.pdf

zitiert: *Wittwer/Barta*

Wolf, Manfred, Gesetz und Richterrecht bei Allgemeinen Geschäftsbedingungen, JZ 1974, 465-470

zitiert: *Wolf*, JZ 1974, 465

Z

Zabale, Ezequiel/***Beltramone***, Guillermo, La Ley del Consumidor y las Ventas Electrónicas, Boletín Hispanoamericano de Informàtica y Derecho N° 1, 5/1998, 4-5, http://www.ulpiano.com/boletin1.doc

zitiert: *Zabale/Beltramone*

Zago, Jorge, Alberto, El consentimiento en los contratos y la teoría de la lesión, Buenos Aires, 1981

zitiert: *Zago*

Zamora y Valencia, Miguel Àngel, Contratos Civiles, 9. Auflage, Mexiko, 2002

zitiert: *Zamora y Valencia*

Zavala Rodriguez, Carlos Juan, Código de Comercio y Leyes Complementarias, Band 2, Buenos Aires, 1972

zitiert: *Zavala Rodriguez*

Zermeño González, Ricardo, Aprovechamiento de las tecnologías de información y comunicaciones para el desarrollo de México, Boletín de politíca informatíca 2002, N° 3, INEGI

zitiert: *Zermeño González*, Boletin de politica informática 2002, N° 3

Zöllner, Wolfgang, Regelungsspielräume im Schuldvertragsrecht, AcP 196 (1996), 1-36

zitiert: *Zöllner*, AcP 196 (1996), 1

Zuloaga, Carlos Enrique, Pacto Contractual y Contratos Atípicos, Mexiko, 2000

zitiert: *Zuloaga*

Zweigert, Konrad/***Kötz***, Hein, Einführung in die Rechtsvergleichung auf dem Gebiete des Privatrechts, 3. Auflage, Tübingen, 1996

zitiert: *Zweigert/Kötz*

Weitere Materialien

Boston Consulting Group, Online-Retailing in Latin America, Beyond the Storefront, Boston, 10/2000, www.bcg.com/publications/files/Online_Retailing_Latin_America_Report_Oct00.pdf

zitiert: *Boston Consulting Group*, Online-Retailing 2000

Boston Consulting Group, Online-Retailing in Latin America 3.0: Breaking Constraints, Boston, 11/2001, www.bcg.com/publications/files/eng_Latin_-America_Focus_report_11_01.pdf

zitiert: *Boston Consulting Group*, Online-Retailing 2001

CICOMRA, .com.ar - La Revolución de las Tecnologías de la Informática y la Comunicación en la Argentina, 10/2000, http://www.princecooke.com/pdf/-cicomra.pdf

zitiert: *CICOMRA*, .com.ar

CEPAL (= Economic Commission for Latin America and the Carribean - ECLAC), Globalización y desarrollo, LC/G.2157 (SES.29/3), Brasil, 4/2002, http://www.cepal.org/cgibin/getProd.asp?xml=/publicaciones/xml/6/10026/P10026.xml&xsl=/tpl/p9f.xsl&base=/tpl/top-bottom.xsl,

Kapitel 7:

http://www.cepal.org/publicaciones/SecretariaEjecutiva/3/LCG2157SES293/Globa-c7.pdf

zitiert: *CEPAL,* Globalización y desarrollo

CEPAL, Electronic Commerce, International Trade and Employment: Rewiew of the Issues, LC/WAS/R.22, Washington, 2002, http://www.cepal.org/-publicaciones/Washington/2/LCWASR22/lcwasr22.pdf

zitiert: *CEPAL*, Eletronic Commerce, LC/WAS/R.22,

CODIAC, Boletín de política informática 2001, N°5, INEGI

zitiert: *CODIAC*, Boletín de política informática 2001, N°5

Consumers International, Consumers@Shopping - An international comparative study of electronic commerce, 9/1999, http://www.consumersinternational.org/document_store/Doc504.pdf

Consumers International's Office for Developed and Transition Economies (ODTE), Should I Buy? - Shopping online 2001: An international comparative study of electronic commerce, 9/2001, http://www.consumers-international.org/document_store/Doc33.pdf

Consumer WebWatch, A matter of Trust: What Users want from Web Sites, 1/2002, www.consumerwebwatch.org/news/report1.pdf

Deutscher Bundestag (Hrsg.), Enquete-Kommission „Zukunft der Medien in Wirtschaft und Gesellschaft: Deutschlands Weg in die Informationsgesellschaft", Verbraucherschutz in der Informationsgesellschaft, Bonn, 1998

zitiert: *Enquete-Kommission* „Zukunft der Medien in Wirtschaft und Gesellschaft; Deutschlands Weg in die Informationsgesellschaft"

Deutscher Bundestag, Enquete-Kommission – Globalisierung der Weltwirtschaft – Herausforderungen und Antworten, Schlussbericht, BT-Drs. 14/9200 v. 12.06.2006, http://dip.bundestag.de/btd/14/092/1409200.pdf

zitiert: *Enquete-Kommission* – Globalisierung der Weltwirtschaft

E-Commerce-Center Handel, Die Begriffe des eCommerce - ein Wörterbuch für "Old" und "New Economists", Frankfurt a.M., 2001

zitiert: *E-Commerce-Center Handel*

EOS GALLUP EUROPE, „Consumers survey", 1/2002, http://europa.eu.int/-comm/dgs/health_consumer/events/event42/eu_report_en.pdf

InfoAmericas, Tendencias: Latin American Market Report, Consumer E-Commerce in Latin America: Where is the end of the Rainbow?, Miami, 2001, http://tendencias.infoamericas.com/market_reports/2000/0200_industry_analysis.pdf

zitiert: *InfoAmericas*, Consumer E-Commerce

InfoAmericas, Tendencias: Latin American Market Report, E-Commerce & Logistics – A reluctant marriage takes hold, Miami, 2001, http://tendencias.-infoamericas.com/article_archive/2000/0600/0600_industry_analysis.pdf

zitiert: *InfoAmericas*, E-Commerce & Logistics

Internetshopping Report 2001, Symposium Publishing, Düsseldorf

zitiert: *Internetshopping Report 2001*

ITU, Challenges to the Network, Executive Summary, Genf, 1999, www.itu.-int/ITUD/ict/publications/inet/1999/chal_exsum.pdf

zitiert: ITU, Challenges to the Network

Prince&Cooke, Wired.com, Argentine Economy a Net Loss, 26.03.2002, www.wired.com/news/business/0,1367,51294,00.html?tw=wn_ascii

zitiert: *Prince&Cooke*, siehe: Wired.com, Argentine Economy a Net Loss, 26.03.2002

UNCTAD, E-Commerce and Development Report 2002, UNCTAD/SDTE/ECB/2, New York, 2002, http://r0.unctad.org/ecommerce/-docs/edr02_en/ecdr02.pdf

zitiert: *UNCTAD*, E-Commerce an Development Report 2002

UNCTAD, E-Commerce an Development Report 2003, UNCTAD/SDTE/ECB/2003/1, New York, 2003, http://r0.unctad.org/ecommerce/docs/edr03_en/ecdr03.pdf

zitiert: *UNCTAD*, E-Commerce an Development Report 2003

UNCITRAL, UN, General Assembly, Working Group IV, Legal aspects of electronic commerce - Electronic contracting: provisions für a draft convention, 41st session, 5-9. May 2003, A/CN.9/WG.IV/WP.100, New York, www.uncitral.org/english/workinggroups/wg_ec/wg4-wp100e.pdf

UNCITRAL, UN, General Assembly, Report of the working group on Electronic Commerce on its thirty-ninth session, 11.-15.03.2002, A7CN.9/509, New York, http://www.uncitral.org/english/sessions/unc/unc-35/509e.pdf

Verband Deutscher Zeitschriftenverleger (VDZ), Stellungnahme des Verbands Deutscher Zeitschriftenverleger (VDZ) zum Vorschlag der Europäischen Kommission für eine Richtlinie über bestimmte rechtliche Aspekte des elektronischen Geschäftsverkehrs im Binnenmarkt, 3/1999, http://www.vdz.de-/mediabase/documents/europa_04.pdf

Anhang: Entwicklung der Internetregeln in Argentinien

Dekret 62/90[891]	Bereits 1990 wurde durch das Dekret 62/90, das am 05.01.1990 verabschiedet wurde, im Zuge der Privatisierung der Telekommunikation eine erste Regelung zu den Mehrwertdienstleistungen, die heute im Netz angeboten werden („servicios de valor agregado“) geschaffen, zu einem Zeitpunkt als das Internet und die Mehrwertdienste noch nicht die Entwicklungsstufe besaßen, die sie in der Gegenwart besitzen und man auch noch nicht vorhersehen konnte, dass die Serviceanbieter täglich Millionen von Computern weltweit verbinden würden. Durch dieses Dekret wurde der rechtliche Rahmen für die Auslandsverbindung ins WWW festgelegt. Im Anhang Kapitel IX der Vergabebedingungen unter Punkt 9.1 und Punkt 9.2 des Dekretes 62/90 wurde ein Verfahren der Exklusivität der Gewährung von internationalen Verbindungen verabschiedet. Von diesem Verfahren wurden neben den internationalen Telefonaten auch die Mehrwertdienste erfasst, soweit eine internationale Anbindung beantragt wurde. Für den Internetzugang wurde somit ein zweifaches Verfahren festgelegt, auf der einen Seite wurde die Verbindung ins Ausland einem exklusiven Verfahren unterworfen, auf der anderen Seite blieb der freie Wettbewerb für den nationalen Bereich. Welche Mehrwertdienste allerdings konkret erfasst werden sollten, wurden in dem Dekret nicht definiert.
Resolution 1083/95[892]	Erst fünf Jahre später im Jahre 1995 mit Beginn der kommerziellen Nutzung des Internet wurden die Mehrwertdienste durch Erlass der Resolution 1083/95 seitens der Nationalen Kommission für Kommunikation („Comisión Nacional de Comunicaciones“) näher geregelt und definiert. Ausdrücklich wurde in der Begründung der Resolution 1083/95 auf die Mehrwertdienstleistungen in dem Dekret 62/90 Bezug genommen. Es wurde nämlich festgelegt, dass die internationalen Verbindungen, über die die Mehrwertdienstleistungen angeboten würden, mit den Bedingungen in Annex I Punkt 9.2 des Dekrets 62/90 und seinen Modifikationen übereinstimmen müssten.

[891] Vgl. B.O. v. 12.01.1990, S.3ff., siehe Text: http://infoleg.mecon.gov.ar/txtnorma/2520.-htm.

[892] Vgl. B.O. v. 15.05.1995, S. 12.

	Begründung zur Resolution 1083/95: „...*que corresponde ratificar que cuando los servicios de valor agregado, sean prestados con alcance internacional, los enlaces deberán proveerse de conformidad con lo establecido en el punto 9.2 Anexo I del decreto Nro. 62/90 del 5 de enero de 1990 y sus modificatorios.*“ Erstmalig erfolgte in dem Anhang der Resolution 1083/95 eine allgemeine und eine spezielle Definition der Mehrtwertdienste. Im ersten Teil des Anhangs wurde eine allgemeine Definition gegeben: Bei den Mehrwertdiensten handelt es sich sinngemß übersetzt, um solche Dienstleistungen, die als Transportmedien Netze, Verbindungen und/oder andere Kommunikationssysteme benutzen und Besonderheiten oder Erleichterungen anbieten, wodurch sie sich vom Grundservice unterscheiden. Dabei wenden sie solche Prozesse an, die die Informationen verfügbar machen, die Bearbeitung ermöglichen oder auch die Interaktion des Teilnehmers mit derselben erlauben. Anhang zur Resolution 1083/95: „*Aquellos servicios que, utilizando como soportes redes, enlaces y/o sistemas de comunicaciones, ofrecen facilidades que los diferencian del servicio base, aplicando procesos que hacen disponible la información, actúan sobre ella o incluso permiten la interacción abonado con la misma.*“ Die allgemeine Definition der Mehrwertdienstleistungen enthielt letztendlich eine Begriffsbestimmung dafür, was das Internet sein könnte, obwohl namentlich das Internet in der Verordnung nicht genannt wurde. Im zweiten Teil des Anhangs der Resolution 1083/95 wurden die Mehrwertdienstleistungen im Detail aufgeführt. Insbesondere handelte es sich um e-mail, Versand eines Faxes per e-mail, Versand von Sprachnachrichten und Informationsdienste.
Resolutionen 81/96, 97/96[893] und 194/96[894]	Die ersten speziellen Normen zur Regelung des Internet, in denen das Internet explizit erwähnt wurde, wurden ab 1996 in dem lateinamerikanischen Land erlassen. Das Kommunikati-

[893] Vgl. B.O. v. 30.09.1996, S. 3, siehe Text: http://infoleg.mecon.gov.ar/txtnorma/39557.-htm.

onsstaatssekretariat („Secretaría de Comunicaciones") verabschiedete mehrere Verordnungen, die verschiedene Themen mit direktem Bezug zum Internet regelten; die Resolutionen 81/96, 97/96 und 194/96. Jede dieser Resolutionen regelte einen Teilbereich der folgenden Themen: die rechtlichen Bedingungen für den Service der Verbindungsbereitstellung zum Web, für die internationalen Anbindungen sowie für den Internetzugang im nationalen Bereich, die von den Providern eingehalten werden mussten.

Durch die Resolution 81/96 wurde innerhalb des Kommunikationsstaatssekretariates („Secretaría de Comunicaciones") eine Internetkommission („Comisión de Internet") mit dem Zweck gebildet, die Entwicklung des Internet in Argentinien zu beobachten und zu fördern.[895]

Gemäß Artikel 1 der Resolution 97/96 erhielt das Unternehmen Telecomunicaciones Internacionales de Argentina (Telintar S.A.) eine Lizenz, für das Anbieten der bereits in dem Dekret 62/90 und der Resolution 1083/95 aufgeführten Mehrwertdienste im nationalen und internationalem Bereich, soweit ein Antrag auf einen internationalen Zugang zum Internet gestellt wurde. Telintar wurde somit zum Monopolanbieter für die internationalen Anbindungen zum WWW. In der Begründung der Resolution wurde zudem zum ersten Mal die Behandlung des Internet als Mehrwertdienst angegeben.

> Begründung: „*...para que se aprueben tarifas de acceso para prestar servicios de valor agregado, Internet entre otros.*"

Die Resolution 194/96 klärte diverse Rechtsfragen mit dem Ziel die Entwicklung der Mehrwertdienstleistungen im Netz zu fördern. Dem Monopolanbieter Telintar wurde die Verpflichtung auferlegt, den Internetserviceprovidern die von diesen beantragten internationalen Verbindungen im Rahmen der technischen Möglichkeiten zu gewähren.

---

894 Vgl. B.O. v. 13.11.1996, S. 7.

895 *Martínez Fazzalari*, S. 7.

Dekret 554/97[896]	Der Regelungsprozess wurde 1997 mit politischen Entscheidungen im administrativen Bereich fortgesetzt. Dabei standen wirtschaftliche und soziale Themen und die Inhalte im WWW im Vordergrund. Durch das Dekret 554/97 des Innenministeriums („Ministerio del Interior“) vom 18. Juni 1997 wurde der Zugang für alle argentinischen Staatsbürger zum weltweiten Internet zum nationalen Interesse („Interés Nacional“) erklärt. Dies war die erste Deklaration dieser Art in der höchsten Verwaltungsebene des Landes und zeigt die besondere Bedeutung dieses Kommunikationsmediums. In Artikel 2 des Dekretes 554/97 wurde das Kommunikationsstaatssekretariat („Secretaría de Comunicaciones“) als zuständige Behörde verpflichtet, einen strategischen Plan für die Expansion des Internet in Argentinien zu entwickeln und die aktuelle Tarifsituation zu analysieren sowie Alternativen zu finden, um die Nutzung des Internet zu fördern. Neben diesen wirtschaftlichen Aspekten wurde in der Begründung des Dekretes 554/97 besonders hervorgehoben, dass sich das Internet selbst reguliere. Aufgrund seiner globalen Struktur wurde das Internet nahezu als rechtsfreier Raum, ohne die Notwendigkeit einer Regulierung angesehen. Begründung: „*...autogestión transforma a Internet en un fenómeno digna de reflexión, precisamente por su configuración descentralizada, con arquitectura abierta, masividad de acceso y autoregulación normativa.*“
Resolution 2132/97[897]	Es wurde aber schnell erkannt, dass es notwendig ist, einen rechtlich verbindlichen Rahmen für das Internet zu schaffen, um Rechtsmissbrauch vorzubeugen und Rechtssicherheit zu schaffen. In der Resolution 2132/97, durch die die erste öffentliche Anhörung zum Thema Internet durch das Kommunikationsstaatssekretariat („Secretaría de Comunicaciones“) einberufen wurde, wurde die Regelung des Internet als neue Herausforderung betont, weil durch die Existenz des Internet geografische, wirtschaftliche und zeitliche Grenzen verwischt und überwunden würden. Das Prinzip der Selbstregulierung wurde explizit eingeschränkt und die Herausforderung einer Regulierung des WWW aufgrund seiner grenzüberschreitenden Wirkungen - sowohl im wirtschaftlichen als auch im rechtlichen

[896] Vgl. B.O. v. 23.06.1997, S. 2, siehe Text: http://infoleg.mecon.gov.ar/normas/44083.htm.

	Bereich - erkannt.
Resolutionen 2765/97[898] und 2814/97[899]	Teil der Diskussion der ersten öffentlichen Anhörung war neben den rechtlichen und technischen Aspekten die wirtschaftliche Förderung des Internet. Im Anschluss an die öffentliche Anhörung, in der die Internetserviceprovider ausdrücklich auf die Notwendigkeit einer Kostenreduzierung für die internationalen Anbindungen aufmerksam gemacht hatten, damit das Internet in Argentinien expandieren könne, wurden die Resolutionen 2765/97 und 2814/97 mit dem Ziel erlassen, eine Reduzierung der Tarife für die Verbindungen ins WWW zu erreichen.[900] In der Resolution 2765/97 wurde die Reduzierung der Preise für die internationalen Verbindungen geregelt. Durch die Resolution 2814/97 wurde die Telefonnummer 0610 für das Internet eingeführt. Mit dieser neuen Nummer erhielten die Internetserviceprovider eine spezielle Einwahlnummer, wodurch ein normales Telefongespräch von einem Telefongespräch, durch das der User mit dem Internet verbunden wurde, unterschieden wurde. Für ein Gespräch ins Netz über diese Einwahl wurden niedrigere Tarife als für ein normales Ortsgespräch festgelegt.
Dekret 1279/97[901]	Des weiteren wurde am 25.11.1997 auf der Grundlage der Artikel 14 und 32 der argentinischen Verfassung das Dekret 1279/97 erlassen. Artikel 14 der argentinischen Verfassung garantiert allen argentinischen Staatsbürgern das Recht auf freie Meinungsäußerung und das Recht, ihre Meinung ohne staatliche Zensur zu veröffentlichen. Nach Artikel 32 der Verfassung darf der nationale Kongress keine Gesetze verabschieden, die die Pressefreiheit einschränken würden. In Artikel 1 des Dekretes 1279/97 wird sinngemäß festgelegt, dass

[897] Vgl. B.O. v. 15.07.1997, S. 2, siehe Text: http://infoleg.mecon.gov.ar/normas/44458.htm.

[898] Vgl. B.O. v. 25.09.1997, S. 6, siehe Text: http://infoleg.mecon.gov.ar/txtnorma/45976.-htm.

[899] Vgl. B.O. v. 25.09.1997, S. 7, siehe Text: http://infoleg.mecon.gov.ar/txtnorma/45977.-htm.

[900] *Devoto/Palazzi*, S. 2; *Martínez Fazzalari*, S. 13.

[901] Vgl. B.O. v. 01.12.1997, S. 3, siehe Text: http://infoleg.mecon.gov.ar/normas/47583.htm.

	das Internet – wie alle anderen Kommunikationsmedien - den Schutz dieser konstitutionellen Garantien genießt.[902] Art. 1 Dekret 1279/97: „*Declárase que el servicio de INTERNET, se considera comprendido dentro de la garantía constitucional que ampara la libertad de expresión, correspondiéndole en tal sentido las mismas consideraciones que a los demás medios de comunicación social.*"
Resolution 499/98[903]	Im Jahr 1998 wurden in der Resolution 499/98 in Ergänzung zu der Resolution 2814/97 die Modalitäten für die Rechnungserstellung und die Tarife für die Einwahl 0610 ins Internet durch das Kommunikationsstaatssekretariat („Secretaría de Comunicaciones") festgelegt.
Resolution 999/98[904] und Dekret 1293/98[905]	Durch die Resolution 999/98 wurde das Programm „Internet 2" im Bereich des Kommunikationssekretariates („Secretaría de Communicaciones") geschaffen. Ziel des Projektes war nach Artikel 1, 1) der Resolution 999/98 ein Netz mit hoher Übertragungsgeschwindigkeit zu entwickeln, das im Bildungs- und Wissenschaftssektor genutzt werden sollte. Das Projekt „Internet 2" wurde durch das Dekret 1293/98 schließlich zum nationalen Interesse erklärt.
Resolution 1235/98[906]	Im selben Jahr wurden durch Artikel 1 der Resolution 1235/98 die Internetserviceprovider dazu verpflichtet, in ihren Rechnungen in einem Anhang anzugeben, dass der Staat die Inhalte im Web weder kontrolliert noch reguliert. Art. 1 Resolution 1235/98: „*Las facturas emitidas por los Internet Provider deberán incluir la siguiente inscripción: "El Estado Nacional no controla ni regula la información disponible en INTERNET".*"
Dekret 1018/98[907]	Durch Artikel 1 des Dekretes 1018/98 wurde das nationale Programm „argentin@internet.todos" zur Förderung und Wei-

[902] *Devoto*, S. 61ff.; *Martínez Fazzalari*, S. 14.

[903] Vgl. B.O. v. 24.02.1998, S. 3, siehe Text: http://infoleg.mecon.gov.ar/txtnorma/49372.-htm.

[904] Vgl. B.O. v. 13.04.1998, S. 7, siehe Text: http://infoleg.mecon.gov.ar/txtnorma/50269.-htm.

[905] Vgl. B.O. v. 10.11.1998, S. 4, siehe Text: http://infoleg.mecon.gov.ar/txtnorma/54155.-htm, aktualisierte Fassung: http://infoleg.mecon.gov.ar/txtnorma/texactdto1293-1998.htm.

[906] Vgl. B.O. v. 28.05.1998, S. 5, siehe Text: http://infoleg.mecon.gov.ar/txtnorma/51057.-htm.

	terentwicklung der Telekommunikation ins Leben gerufen. Zweck des Programms ist nach Artikel 2 des Dekretes 1018/98 die Entwicklung der Infrastruktur für die Telekommunikation im gesamten Land mit gleichen Bedingungen in allen Landesteilen, in allen sozialen Schichten, der Ausbau und die Weiterentwicklung der nationalen und regionalen Netze sowie die Schaffung von zahlreichen Internetzugängen. Diese Ziele sollen durch die Schaffung von Technologiezentren („Centros Tecnológicos Comunitarios“) erreicht werden. Trotz einer positiven Entwicklung des Telekommunikationssektor im Zuge der Deregulierung und Privatisierung, wurde das ehrgeizige Ziel, gleiche Bedingungen für die Telekommunikation zu schaffen und allen Staatsbürgern einen Zugang zum Netz zu bieten, bis dato aber nicht erreicht. Vielmehr orientiert sich die Verteilung der Telekommunikation und der Internetinfrastruktur an der Verteilung der Finanz- und Wirtschaftskraft im Land.
Dekret 1081/98[908]	Im Juli 1998 wurde im Bereich des Wirtschaftsministeriums („Ministerio de Economía“) eine Arbeitsgruppe für E-Commerce und Auslandshandel („Grupo de Trabajo sobre Comercio Electrónico y Comercio Exterior“) mit dem Ziel gegründet Empfehlungen zu den wirtschaftlichen und rechtlichen Rahmenbedingungen des E-Commerce abzugeben. Dem kam die Arbeitsgruppe durch einen ersten Bericht des Entwicklungsstandes des E-Commerce nach.
Resolution 2651/98[909]	Im Bereich des Kommunikationsstaatssekretariates („Secretaría de Comunicaciones“) wurde durch die Resolution 2651/98 die interdisziplinäre Gruppe „Autobahnen der Information“ („Autopistas de Información“) mit dem Zweck geschaffen (Annexo I, b.), das Kommunikationsstaatssekretariat („Secretaría de Comunicaciones“) bei der Ausarbeitung und Ausführung eines strategischen Plans zur Entwicklung und Expansion des Internet in Argentinien im Sinne des Dekretes 554/97 zu unterstützen.

907 Vgl. B.O. v. 07.09.1998, S. 2, siehe Text: http://infoleg.mecon.gov.ar/txtnorma/52763.-htm, aktualisierte Fassung: http://infoleg.mecon.gov.ar/txtnorma/texactdto1018-1998.htm.

908 Im Internet zu finden unter: http://www.mecon.gov.ar/comercio/electronico/default1.htm.

909 Vgl. B.O. v. 18.12.1998, S. 12, siehe Text: http://infoleg.mecon.gov.ar/normas/55023.-htm.

	Annex I, b. der Resolution 2651/98: *„Asistir al Secretario de Comunicaciones en la elaboración del Plan Estratégico para la expansión de INTERNET en la República Argentina, de acuerdo a lo normado por el Decreto N° 554/97 ...“* Tatsächlich wurde ein solcher strategischer Plan bis heute nicht entwickelt. Einzelne Fragestellungen, die die Ausweitung der Internetnutzung in Argentinien betrafen, wurden in den letzten Jahren lediglich punktuell ohne Gesamtkonzept geregelt.[910]
Resolution 412/99[911] und Resolution 1248/99[912]	In der Resolution 412/99 und 1248/99 hat die Arbeitsgruppe für E-Commerce und Aussenhandel weitere Empfehlungen für die Entwicklung der rechtlichen Rahmenbedingungen des E-Commerce - insbesondere zur Implementierung der elektronischen Signatur - ausgesprochen.
Dekret 1335/99[913]	Im Rahmen des Programms argentin@internet.todos (Dekret 1018/98) wurde im Jahre 1999 das Projekt „Eine e-mail-Adresse für jeden argentinischen Bürger“ („Una dirección de correo eletrónico para cada argentino“) durch das Dekret 1335/99 zum nationalen Interesse erklärt. Ziel ist, dass jeder argentinische Bürger ein kostenloses e-mail-Postfach mit einer sicheren e-mail-Adresse erhält.
Resolution 4536/99[914] und Resolution 3/99[915]	Durch Artikel 3 des Dekretes 1018/98 wurde das nach Artikel 2 zuständige Kommunikationsstaatssekretariat („Secretaría de Comunicaciones“) ermächtigt, die argentinische amtliche Post damit zu beauftragen, alle Mechanismen und Prozesse zur Realisierung des Projektes argentin@internet.todos umzusetzen. Durch die Resolution 4536/99 wurde die staatliche Post Argentiniens mit der Umsetzung der ihr in der Resolution 1335/99 zugewiesenen Aufgaben betraut. Die Resolution 4536/99 ist ein repräsentatives Beispiel für das Fehlen eines strategischen Plans. Sie beinhaltet eine bunte Mi-

910 *Devoto*, S. 72; *Devoto/Palazzi*, S. 1f..

911 Im Internet zu finden unter: http://www.mecon.gov.ar/comercio/electronico/resolu.htm und unter: http://www.geocities.com/SiliconValley/Circuit/4888/res412.htm.

912 Im Internet zu finden unter: http://www.mecon.gov.ar/download/comercio/electronico/-informe2/reso1248.pdf.

913 Vgl. B.O. v. 19.11.1999, S. 3, siehe Text: http://infoleg.mecon.gov.ar/normas/dec1335%-D99.htm.

914 Vgl. B.O. v. 21.12.1999, S. 9.

915 Vgl. B.O. v. 31.12.1999, S. 20.

	schung aus diversen Regelungen u.a. zu den Themen E-Commerce, digitale Unterschrift, Domainnamen, e-mail für alle Bürger und zur Infrastruktur der digitalen Unterschrift im Bereich der Verwaltung. Der staatlichen Post wurde zudem ein Paket an verschiedenen Aufgaben zugewiesen. Sie wurde zur offiziellen Zertifizierungsstelle für die digitale Unterschrift und zur Verwaltungsbehörde für das Domainnamenregister. Zudem wurde die Post ermächtigt, alle juristischen Akte zur Verwirklichung des Projektes vorzunehmen. Die Resolution 4536/99 wurde in der Literatur stark kritisiert. Sie beinhalte eine konzeptlose Regelung, zudem sei es nicht vertretbar, dass die Post als private Einrichtung mit der weiteren Umsetzung des Projektes betraut wurde.[916] Die Rechtsgültigkeit der Verordnung wurde im Zuge des Regierungswechsels im Jahre 1999 durch die gemeinsame Resolution 3/99 des Staatssekretariates für Wissenschaft, Technologie und produktive Innovation („Secretaría para la Ciencia, Tecnología y la Innovación Productiva") und des Kommunikationsstaatssekretariates („Secretaría de Comunicaciones") gehemmt. Resolution 3/99: „*Que por tanto resulta la necesidad y conveniencia abrir un compás de espera en la aplicación de la resolución precitada...*"
Dekret 20/99[917] und Dekret 243/01[918]	Nachdem die neu gebildete Regierung am 12.09.1999 ihre Regierungstätigkeit aufgenommen hatte, wurde durch das Dekret 20/99 eine neue Struktur für die Staatssekretariate festgelegt.[919] Ab diesem Zeitpunkt wurde das neu geschaffene Staatssekretariat für Technologie, Wissenschaft und produktive Innovation („Secretaría para la Tecnología, la Ciencia y la Innovación Productiva") mit allen Fragen, die das Internet betreffen, betraut. Durch das Dekret 243/01 wurde die Zuständigkeit für das Thema Internet später erneut dem Kommunikationsstaatssekretariat („Secretaría de Comunicaciones") zugewiesen.

[916] *Devoto*, S. 75f..

[917] Vgl. B.O. v. 15.12.1999, S. 2, siehe Text: http://infoleg.mecon.gov.ar/txtnorma/65958.-htm.

[918] Vgl. B.O. v. 02.03.2001, S. 2, siehe Text: http://infoleg.mecon.gov.ar/txtnorma/66306.-htm.

[919] *Devoto*, S. 76.

Dekret 252/00[920]	Per Dekret 252/00 wurde ein weiteres Programm, nämlich das nationale Programm für die Informationsgesellschaft („Programa Nacional para la Sociedad da la Información“) verabschiedet. Ziel dieses Programms war - wie bei allen anderen Projekten auch - die Förderung der neuen Informationstechnologien.[921]
Resolution 2226/00[922]	Durch die Resolution 2226/00 wurden die Vergaberegeln für Domainamen in Argentinien festgelegt, die von dem NIC-Argentina zu beachten sind.
Resolution 42/01[923] und Dekret 764/00[924]	Des weiteren wurde ein allgemeines Reglement für die Installation der Telekommunikation in Gebäuden („Reglamento General de Instalaciones de Telecomunicaciones en Inmuebles“) durch die Resolucion 42/01 und das Dekret 764/00 erlassen, um die Deregulierung der Telekommunikation voranzutreiben („Desregulación del Mercado de las Telecomunicaciones“) und somit eine fortschreitende Entwicklung des mit der Telekommunikation eng verpflochtenen Internet zu erreichen.
Dekret 1023/2001[925]	Durch das Dekret 1023/2001 wurde u. a. der elektronische Vertragsabschluss in der der öffentlichen Verwaltung („Régimen de Contrataciones de la Adminstración Nacional“) gesetzlich geregelt.

920 Vgl. B.O. v. 22.03.2000, S. 1, siehe Text: http://infoleg.mecon.gov.ar/normas/62548.htm, aktualisierte Fassung: http://infoleg.mecon.gov.ar/txtnorma/texactdto252-2000.htm.

921 *Devoto*, S. 77f..

922 Vgl. B.O. v. 29.08.2000, siehe Text: http://infoleg.mecon.gov.ar/txtnorma/64151.htm.

923 Vgl. B.O. v. 26.04.2001, S. 4, siehe Text: http://infoleg.mecon.gov.ar/txtnorma/66781.-htm.

924 Vgl. B.O. v. 05.09.2000, S. 2, siehe Text: http://infoleg.mecon.gov.ar/txtnorma/64222.-htm.

925 Vgl. B.O. v. 16.8.2001, siehe Text: http://infoleg.mecon.gov.ar/txtnorma/68396.htm.

FSC
www.fsc.org
MIX
Papier | Fördert gute Waldnutzung
FSC® C083411

Kolibri 360 GmbH
Ferdinand-Jühlke-Straße 7
99095 Erfurt, Deutschland
produktsicherheit@kolibri360.de

Druck:
CPI Druckdienstleistungen GmbH
im Auftrag der
Kolibri 360 GmbH
Ferdinand-Jühlke-Str. 7
99095 Erfurt